安徽省哲学社会科学基金项目（AHSK03-04D38）成果
本书得到安徽财经大学著作出版基金资助

ZHONGGUO NONGCUN JINGJI FAZHI JIANSHE LILUN YU SHIJIAN YANJIU

中国农村经济法制建设理论与实践研究

欧阳仁根等◎著

人民出版社

目　　录

前　言

本专著是安徽省哲学社会科学规划办课题《农村法制建设中的理论与实践问题研究》(项目批准号:AHSK03－04D38)的最终成果。

一、研究的目的和意义

在建设社会主义新农村和构建和谐社会的大背景下,“三农”问题是关系到我国经济和社会发展全局性的根本问题,也是党中央、国务院长期致力于解决的至为关键的问题,而农村法制建设是促进农村经济和社会发展的重要方面。党和政府一直重视农村法制建设问题,为此在不同时期均采取了一系列政策和措施,包括进行相关立法等。但值得注意的是,我国农村迄今所进行的改革,是在一种制度特别是作为正式制度的法律供给不足的情况下推进的,农村法制建设尤其是在农村立法方面但仍显得滞后,难以适应社会主义市场经济条件下农村各项事业的发展要求,存在着一系列问题,制约和影响着农民积极性的发挥。可以说,农村的改革、发展与稳定尚缺乏系统、全面而又强有力的法律制度支撑。

为与我国法制建设的步伐相适应,我国法学界对农村法制建设开展了一定的研究。例如,在有关农村村民自治法律制度、农村土地法律制度、农业法律制度、合作经济法律制度、民间法、农村司法制度改革等方面均取得了一定的成果。但是,我国有关农村经济法制建设的研究仍然显得薄弱。这种薄弱性总体上表现为不仅在与国外尤其是发达国家的同类研究相比有较大差距,而且与我国现阶段的其他法学研究领域相比也有很大差距。这种研究的薄弱性不仅表现为

研究成果不多,而且表现为相关研究队伍也明显不足。

因此,为繁荣我国法学学科和更好地指导我国农村法制建设的实践,从制度层面促进新农村建设,有必要对农村法制建设中的理论及实践问题进行多角度的深入研究。

二、成果的主要内容和观点

本课题的研究运用了实证分析与规范分析相结合、实践调研与理论探讨相结合、法律分析与经济分析相结合、宏观分析与微观分析相结合、外国相关法律制度比较分析、社会调查分析等方法对我国农村法制建设的主要理论及实践问题进行比较全面、系统的研究和探讨。

我们认为,本课题研究的基本体系及重点应主要集中在以下几个方面。

1. 农村法制建设的基础理论研究

结合农民权益法律调整过程中有悖于社会公正现象的实证分析、农村法制建设状况分析、农村法制建设与我国整体法制建设的关系、农村法制建设与农村经济社会发展的关系等方面对农村法制建设的必要性进行研究。从法律文化传统、二元经济社会结构、经济体制转轨、农村居民法律意识、农村法制理论研究状况等方面分析其对农村法制建设的影响,进一步论证强化农村法制建设的重要性。从农村法制建设的促进经济发展功能、加快民主建设进程功能、稳定农村社会功能、维护社会公平公正功能、保护国家集体和个人的合法权益功能等方面对农村法制建设的功能进行研究,进而从农村立法的观念更新、农村立法的原则、农村法律体系的构建和立法体制的完善等方面提出了完善农村法律制度、实现对农民权益的公正法律调整建议。

2. 部分国家和地区农村法制建设的经验研究

选择了美国、日本等发达国家、印度等发展中国家和我国台湾地区作为主要考察对象,从总体状况、具体法律制度构建和相关配套法

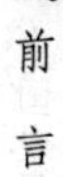

律制度构建等方面探索其在经济社会发展过程中农村法制建设特别是农业法律制度和农村社会法律制度的发展、演变的轨迹，总结其发展规律、提炼其经验，进而为我国农村法制建设提供借鉴。

3. WTO 体制下我国农业支持法律制度完善研究

本专题从国际组织法原理、经济法原理、"三农"问题、农业法律制度等方面论证实施 WTO 农业支持政策的依据，梳理我国现行农业法律规范，找出中国农业法律制度安排与 WTO 规则之间存在的不一致之处。在此基础上，分析我国农业法律制度调整的指导思想和基本原则，并合理吸收农业经济学界关于我国加入 WTO 后农业政策调整的有关建议和国外成熟的农业立法经验，具体地、有针对性地从农业投入及农业利益分配、农产品流通、农业生产安全、农业资源保护、农业科技教育、支农产业发展、农产品国际贸易、农业宏观调控等方面提出操作性强的立法建议尤其是适应 WTO 现有规则和新一轮农业谈判主要议题的农业调控和农业支持政策立法建议。

4. 农村经济组织法律支持体系研究

在界定农村经济组织法律支持体系的内涵、分析农村经济组织法律支持体系的机理、评析农村经济组织法律支持体系立法状况的基础上，提出了农村经济组织法律支持体系的框架、阐述了农村经济组织法律支持体系的基本构成。

5. 我国农村土地制度与合作社发展的法律问题

分析、探讨了农村土地及其制度改革与合作社发展的密切关联，试图从中寻求解决我国农村土地问题的可行途径，并重点分析了现行农村土地制度的局限性。在结合当前农民的土地制度创新实践的基础上，指出了今后农村土地制度改革与完善的方向，最后勾画了农村土地与合作社发展的相关法律制度设计，希望能够为我国农村土地法制建设提供某些有益的参考。

6. 农村合作金融法律制度构建研究

鉴于农民专业合作社法已经制定，而合作金融在农村经济发展中具有重要的地位和作用。因此，有必要对农村合作金融法律制度

进行细致研究。本部分在总结我国信用合作社的立法过程及经验教训的基础上,就信用合作社立法的形式、合作制原则的坚持、社员主体资格的规范、内部治理结构的完善、信用合作社的责任形式、加强合作金融监管、构建存款保险制度等方面提出具体的建议。

7. 我国农业知识产权法律制度完善研究

在世界各国特别是西方国家不断强化保护本国的知识产权之际,我国的知识产权特别是以农业自主知识产权为根本的农业知识产品的研发、保护等相关工作相对滞后,加强农业知识产权的相关工作特别是从法律上规制、促进农业知识产权的发展乃是我国全民奔小康的总体目标能否实现的决定性一环。本部分探讨了农业知识产权法律制度的价值取向及应遵循的基本原则,提出了完善保护与管制并举的农业生物技术立法、农产品地理标志法律保护制度、农产品商标法律制度以及农业领域商业秘密法律制度的建议。

8. 农村经济法制建设中的法律实施问题研究

关于农村依法行政问题,重点研究农村基层政府行政的法律要求及违法行政的救济。从现实的情况看,我国当前农村行政执法中存在的问题是十分突出的。归纳起来,主要有执法不力和执法不规范两个方面。为此,应在体制、机制和制度创新上进行探索,为完善农村法制建设积累新的经验。实行综合执法是规范化建设的重要内容,要普遍在县级形成综合执法的工作格局。对农村司法问题重点从公平与效率相结合的角度探讨农村司法实践中存在的问题及适应农民对法律需求的司法制度改革。在农村法律服务方面,重点研究能够适应农民需求的作为准公共产品的农村法律服务体系及其服务内容的构建,特别是对农村法律援助和农村公益诉讼的制度构建进行了有益的探索。

三、成果的学术价值和实践意义

当前,我国正在建构社会主义市场经济体制,并已着手实施依法

治国、建设社会主义法治国家的治国方略。如何以此为契机，通过法律的力量，巩固农村既有的改革成果，推动农村改革的进一步深化、统筹城乡经济社会协调发展、全面建设小康社会，真正建立起保障和促进农村改革、发展与稳定的法律机制，这业已成为我们必须面对和解决的重大课题。通过对"中国农村经济法制建设问题研究"这一课题的深入、系统研究，进一步探讨农村法制建设的必要性以及功能、分析影响农村法制建设的重要因素、探寻农村经济法制建设中有关农村经济立法的体系；进而提出农村法实施过程中的一系列法律对策。这不仅对丰富和完善我国法学理论尤其是农村法制理论有着较大学术价值，而且对切实维护农村稳定、促进农村经济和社会发展有着现实的指导意义。

专题一：农村法制建设的理论分析

后农业税时代的来临深刻改变着农村的社会关系，隐性矛盾显性化，"三农"问题的解决路径也随之从税费改革的单兵作战推向综合配套改革阶段。中央因时顺势提出建设社会主义新农村，极大地调动了社会各方面的热情，新农村建设已成为农村工作理论界和实务界炙手可热的焦点。从总体上看，对新农村建设如何开展及其工作重点的分歧，可以概括为是重经济建设，还是重文化和社会建设；是从拉动内需着手，还是从推进制度创新和组织创新着手；是用更加市场化的办法，还是在市场化以外想办法。

任何轻视法治的行动，历史必将为其留下深深的喟叹。我们无意评述各种见解，但必须指出一点，无论新农村建设以何种方式切入和推进，在法律成为现代化建设主流强势话语的情景中，对法律作用的忽略将如同以往的农村改革一样，极大地妨碍其实施效果。"建国以来，农业发展出现的多次波动和起伏，除了别的因素之外，在很大程度上应归咎于农业发展缺乏必要的制度规范，没有强有力的法律制度的制约和保障，就难以避免发生主观随意或片面性的影响"。①"我国农村迄今所进行的改革，是在一种制度、特别是作为正式制度的法律供给严重不足的情况下推进的，因此，农村的改革、发展与稳定尚缺乏系统、全面而又强有力的制度支撑"。②就改革所试图建立的农村市场机制而言，"农村市场机制必须依靠法制的完备，

① 王保树等著：《中国市场经济法治走向》，昆仑出版社2001年版，第35页。

② 李昌麒、许明月等：《农村法治建设若干基本问题的思考》，载《现代法学》2001年第2期。

因而只有建立和健全农村中的各种法律规范，实行依法治村，才能调整好农村的各种利益关系，才能使农村经济在市场经济发展过程中健康发展”。[①]“可以断言，没有农村的法治化，就没有整个中国的法治化，依法治国就不可能成功”。[②]

从国外经验看，韩国推行新村运动也离不开法律的引导和保障，制定了包括《农业基本法》、《农村振兴法》、《农业现代化法》、《农渔村整顿法》、《农渔村计划法》、《农业协同组合法》等一系列法律，并及时立、改、废，为新村运动保驾护航；日本经验表明，“健全的法律体系是保证农村工业化迅速完成的重要条件之一”。[③] 我国推进新农村建设，不但无法以任何理由漠视法律作用的存在，反而必将依托法律的价值，利其器以善其事。

一、社会主义新农村建设过程中的法律供求分析

（一）法律需求分析：新农村建设立法之必要性

任何法律制定的首要前提是社会存在对法律的需求。缺乏社会需求之法律只能是空中楼阁，不但无助于实际反而会以法侵害现实。“促使法律产生的原动力是社会，真正的法律需求主体是社会”。[④]另一方面，有法律需求而无法律供给，亦对社会秩序产生极大的负面影响。“作为社会构成要素的法，与知识一样，会渗透到社会的每一个角落，欠缺法律的社会是不可想象的”，“任何生活领域里只要没有法，就没有持续的社会秩序”。[⑤] 社会主义新农村建设的立法研

① 陈奇伟、刘正和：《对农村法治建设的理性思考》，载《江西农业大学学报》（社会科学版）2004 年第 4 期。

② 刘建发、舒健：《试论农村法治建设的障碍与对策》，载《理论月刊》2001 年第 4 期。

③ 方天堃、王慧：《法律手段对农村工业化发展的作用——日本农村工业化的法律与我国农村工业化立法》，载《沈阳农业大学学报》（社会科学版）2005 年第 1 期。

④ 唐宏强：《社会需求：法律生命之源》，载《江西社会科学》2003 年第 7 期。

⑤ 唐宏强：《社会需求：法律生命之源》，载《江西社会科学》2003 年第 7 期。

究,也必须在“需求—供给”框架下抛弃一腔热情式的冲动为其准确定位。社会主义新农村建设的法律需求分析,实际上就是探讨新农村建设立法的必要性和立法基础。法律需求之存在,决定着相应的法律供给。

1.“三农”问题之复杂性对新农村建设的法律需求

“三农”问题千头万绪而交织成错综复杂的网络图景,“当前农业和农村发展仍然处在艰难的爬坡阶段,农业基础设施脆弱、农村社会事业发展滞后、城乡居民收入差距扩大的矛盾依然突出,解决好‘三农’问题仍然是工业化、城镇化进程中重大而艰巨的历史任务”。①

从法律视角揭去“三农”问题复杂性的面纱,是由于历史与现实、体制与机制等原因造成长期无法解决农民基本生存与发展的问题,导致恶性循环,使得农村、农业、农民与城市、东部与西部之间出现了前所未有的差距,最终使农民阶层日益弱势化。② 建国后,我国奉行工业化带动现代化的国家发展战略使“三农”无法主动参与现代化进程,“三农”的现代化权利难以实现。农民为了生存以“十八个血手印”的方式决心去争取发展,从而揭开了农村现代化改革的新局面。为了进一步拓展生存空间,他们又开展兴建乡镇企业的热潮,从而使“草根工业”处于“三分天下有其一”的地位。20 世纪 80 年代中后期,农村乱收费现象使农民深受其害,政策文件重视和实践操作脱节的悖论,使得在全社会存在事实上的“抑农重工”现象。“回首过去,对农民来说那是一个权利难以保障的时代”,“三农”问题的本质不仅是经济问题、社会问题,也是一个法律问题,即如何充分保障农民的权利问题,如何把农村纳入国家法治现代化战略的问题。③ 社会

---

① 《中共中央、国务院关于推进社会主义新农村建设的若干意见》。

② 文小勇、石颖:《“三农”问题:社会公正与社会排斥》,载《华南农业大学学报》2005 年第 2 期。

③ 王少杰:《权利保护、法律供给与“三农”问题》,载《中南民族大学学报》2005 年第 1 期。

主义新农村建设的核心是通过国家整合，将资源尽可能地向乡村配置并激活农村内在的动力[①]，社会主义新农村建设是一个统领“三农”工作的总纲，除了依靠政策外，还应从法律角度切入，立足于“三农”问题的现实国情周密立法，层层保护农民权利，促进农村发展。“在保障、实现人的权利的过程中，必须通过法律把权利落实”，“法是权利的保障，在现代社会，需要通过法律实现权利”。[②] 这就迫切要求国家以法律整合各种资源，对权利进行总体平衡的分配和保障。

社会主义新农村建设战略的提出，无疑是这一要求水到渠成的反映。新农村建设契合和内涵着对法律的需求，“新农村建设之新，关键还在于通过新的法律与制度，把农村、农民、农业重新植入一个新的法律环境和制度环境中，并以法律和制度保障新农村获得更多的发展空间与发展动力”。[③] 新农村建设进程必须与国家的法治建设进程同步，新农村也必将是法治的农村。

2. 农村法治建设之必然性对新农村建设的法律需求

法治理念的勃兴和法治洪流的无可阻挡，影响着那些有小农思想的农民，横扫着不合时宜的传统观念。我们固然不能怀“法律万能论”之浪漫主义思想，亦不能徘徊于法治化的边缘。一方面，社会主义新农村建设以统筹城乡、全面建设小康社会、构建社会主义和谐社会为目标，以农村综合改革为动力，通过国家力量，全面改善农村面貌。新农村建设是涉及“三农”问题的一次大变革，是在“以工促农，以城带乡”背景下振兴长期被忽略的农村，“使 9 亿农民所依托生存的农村成为中国现代化的蓄水池和稳定器，使农村成为助推中国现代化的力量”；[④]另一方面，农村法治是指在遵循“依法治国，建设社会主义法治国家”的治国方略下，运用农村法律制度和法律手段管理农村的各项事务，使农民的政治、经济、文化等多方面的生活

---

① 徐勇：《国家整合与社会主义新农村建设》，载《社会主义研究》2006 年第 1 期。
② 柯卫：《论权利的法律实现途径》，载《山东社会科学》2004 年第 3 期。
③ 喻中：《新农村建设呼唤法治创新》，载《宿迁日报》2006 年 3 月 17 日第 3 版。
④ 贺雪峰：《新农村建设中的六个问题》，载《小城镇建设》2006 年第 3 期。

做到有法可依、有法必依、执法必严、违法必究，为农村的改革、发展和稳定提供强有力的法律保障，促进农业和农村经济持续、稳定、协调发展，推进基层民主政治建设和精神文明建设的治理措施或治理方式。[①] 农村法治下的法律具有其他规范难以比拟的制约、导向、预见、调节和保障等功能，“充分利用法律的这些功能，把国家对农业和农村的调控，以及农村经济组织、农户和农民的各项活动纳入到法律的调整之中，无疑有利于实现改革、发展与稳定农村的国家意志，并在农村建立改革、发展与稳定所必需的秩序”。[②]

第一，农村法治对农村各个领域的全面规范和有效引导不允许新农村建设另起炉灶和自成一体，脱离法律的治理。新农村建设作为综合改革，势必对农村进行全面优化，而农村法治的内涵，意在使整个农村纳入到法治框架下，充分发挥法律的价值。如果新农村建设抛弃法律的运用，一则与“依法治国”的历史趋势不相协调而有损农村法治的有效性和权威性；二则易使新农村建设缺乏法律保障难以有效推进，偏离新农村建设之既定目标。

第二，农村法治的不完善，要求新农村建设通过立法活动重新整合。我国当前的农村立法，存在以下问题：(1)具有浓重的计划管理色彩和痕迹，难以适应市场经济的要求；(2)政策性、原则性强，规范性和可操作性差；(3)权利、义务配置不合理，难以保护农民合法权益；(4)农村法律观念薄弱，与农村经济及各项事业发展的要求不相适应。[③] 农村法律存在的问题致使其远远落后于现实发展的需要，亟须新一轮变革推进农村法治进程。新农村建设是作为经济基础之农村的社会生活的变革，亦是作为上层建筑之法律的相应变革。我们理应把握新

---

① 丁关良：《农村法治涵义和基本内容及现实意义研究》，载《山东农业大学学报》2005 年第 3 期。

② 李昌麒、许明月等：《农村法治建设若干基本问题的思考》，载《现代法学》2001 年第 2 期。

③ 欧阳仁根：《农村法律体系的构建与立法体制的完善》，载《政治与法律》1998 年第 3 期。

农村建设的契机,促进农村法治进程的更快发展。

第三,新农村建设内涵的价值意蕴契合农村法治的追求。在深层次意义上,二者的价值追求是一致的。和谐是新农村建设的主题,解决农村的不和谐是解决中国社会不和谐的重点和难点,新农村建设的最终目标是达到城乡一体化,建设和谐社会,实质上是实现农民与市民的公平、农村与城市的公平、农业与其他产业的公平,使三者呈现良性互动的态势;从另一方面看,农村社会系统是一个不断发展的动态过程,系统内部因素作用和系统外部环境的影响,引起农村政治、经济、文化等各要素不断发展变化,这种变化促进了法治建设的发展,反过来法治建设又促进其他各要素的进步,这种进步又进而加快了法治建设的速度。在循环往复的不断发展运动中,农村社会系统中各要素朝着有利于现代法治建设的方向发展。因此,"建立在内部、外部现实起点之上的农村法治建设将会具有'中国特色',但追求法律至上、公平、正义等现代法治精神与制度将始终是我们的价值追求"。①

3. 政策治理农村之局限性对新农村建设的法律需求

农村改革初期,其主要任务是放活而不是规范。"政策正是在这一点上发挥了巨大威力,扮演着一个发动机、启动器的角色,启动农民冲破以往种种不合理的束缚。政策在一系列问题上触发了农民迫切要求解放的兴奋点","同时,强大的行政系统有力地保证了政策的贯彻,而农民的文化素质也决定他们对简便易懂的政策易于理解,并且接受党在战争年代就形成的运用政策的习惯"。② 但是,以政策治理农村的模式,有其严重的固有缺陷和局限性,这是由政策自身的特点决定的。政策通常主要甚至完全由原则性规定组成,可以只规定行为的方向而不规定具体规则,除党和国家的基本政策外,大

① 张鸿霞、宋改平:《中国农村法治建设的现实起点和价值追求》,载《广西政法管理干部学院学报》2000 年第 1 期。

② 王文举主编:《保护调动农民积极性问题研究》,安徽人民出版社 1998 年版,第 681 页。

量的具体政策必须依据形势的变化而随时调整；政策主要依靠宣传教育和行政手段加以贯彻实施，对仅仅违反政策的行为，只能给予党纪、政纪处分，而不能进行法律制裁。① 政策的这些特点，决定了它不足以为社会提供权威和稳定的行为规范；以政策治理农村，不足以消除农村社会、经济活动中的无规则和规则不力的状态，也导致了"干部盼红头文件，农民怕政策变"的心态普遍存在；由于政策自身的抽象、模糊，没有程序的保证、规范和可操作性差等弱点，使政策的灵活、易懂、启动性等优点，在日益纷繁的经济关系和其他社会关系面前，逐渐失去了昔日势如破竹的势头。一旦政策越出了自己的领地，就显得力不从心。

政策治理模式的局限性，要求必须转换成新的治理模式，寻求一种可以克服政策局限性的治理机制。这种治理机制无可厚非地落到法治的身上：法律规定了农村领域内主体在社会生活中的权利和义务，为主体提供明确的行为模式和法律后果，提高了可预期性；法律的实施以国家强制力作为后盾，以相应的法律责任制裁违法者；法律虽然应根据实际情况的变化而发展，但其废、改、立必须遵循严格的法律程序，从而为主体提供相对稳定的行为准则，减少和避免其他手段的随意性。这些优点把法治推向了治理农村的历史地位。

新农村建设是新一轮的农村改革，是在社会主义条件或社会主义制度下，反映一定时期农村社会以经济发展为基础，以社会全面进步为标志的社会状态，是家庭联产承包责任制的制度效率逐渐减弱后的必然选择，其历史意义不次于上一轮农村改革。政策治理的局限性警示我们不能再走政策主导治理的老路，以随意性代替规范性，缺乏合理的规划和引导。新农村建设这个浩大工程如果没有法律在其中充分发挥作用，后果必将是片面的、偏颇的，必将以牺牲法治作为代价。因此，新农村建设必然要走法治的路径。

---

① 李昌麒、许明月等：《农村法治建设若干基本问题的思考》，载《现代法学》2001 年第 2 期。

4. 新农村建设之运动化倾向性对新农村建设的法律需求

封建社会的长期刑罚统治培育了农民的顺从意识,泛滥几千年的"官本位"思想劣根难除,官僚系统政绩观的阴影作祟,以及建国后一段时期党和政府运用政策依靠政治运动掀起建设高潮的习惯,导致了历次农村改革运动化的倾向。时至今日,运动的后遗症在个别地方仍然存在。主要表现在以下几个方面:一是刮风。热衷于造声势,刷标语喊口号,做表面文章,以发动群众之名行运动群众之实。二是一刀切。修路和盖房一个标准一个模式,强求一律,没有特色,搞形式主义,不注重实效。从图纸出发,而不是从实际出发。三是树样板,搞"形象工程"。脱离经济条件,搞大拆大建,侵犯农民的利益,加重农民负担。四是达标评比,劳民伤财。名目繁多的各种达标评比,往往导致弄虚作假、盲目攀比,形式主义盛行。①

虽则经历了一系列运动的惨痛教训,然而依赖运动手段的顽症难除,并无可避免地渗透到新农村建设中。第一,有些地方政府习惯于开会和发文件,并未真正切实推进新农村建设。轰轰烈烈的高调子和波澜不惊的实际推诿形成鲜明对比,有些地方政府在贯彻中央的战略部署时工作不力。第二,工作重点有偏差。新农村建设是一项系统工程,并非是边边角角的缝补。在实际操作中,存在着片面追求"村容整洁",而忽略或漠视对"生产发展"、"生活宽裕"、"乡风文明"和"管理民主"的全面协调发展。其原因是"村容整洁"是有形的、可以度量的,容易纳入政绩的考核范畴,其他方面则难立竿见影。第三,新农村建设工作还需得到群众的更多支持。农民有些成了旁观者,各级干部成了主力军,农民和政府在新农村建设中的角色错位。政府干部工作方式存在问题,部分农民也并没有真正理解新农村建设的意义。其实,农民一向最讲实际利益,那些脱离现实构造新农村的办法是无法调动农民积极性的。第四,新农村建设的急功近利。地区和乡镇村落经济实力的非均衡性,导致了某些热衷于搞形

---

① 王青苏:《运动"后遗症"》,载《哈尔滨日报》2006 年 3 月 10 日第 5 版。

象建设的地方政府习惯于把经济条件好的村当示范点，给予大量资金扶持，农民负担相对较少。新农村建设要求全面改善农村面貌，但各级政府财力有限，于是农民成了资金的主要供给者。这些资金又大多集中用在没有实际意义的面子工程上，导致了“上级不满意，群众不乐意，单位负担过重，干部压力太大，群众积极性不高”的真实状况。①

避免形式主义一定要有科学的评价体系，主要包括环保、公共设施、人均教育水平、医疗设施、人均收入、人均居住面积、村容村貌等，②而这种评价体系的建立必须由有权机关以法律形式制定，才能够切实有效地发挥作用。同时，新农村建设的系统性、全面性、长期性和艰巨性，决定了新农村建设不能是一时一地的短暂热情。新农村建设必须作为一项长期目标和战略固定下来，使其制度化，不能因领导人的看法和注意力的转变而转变，不能因领导人的更替而改变。这就要求我们必须通过稳定程度高的法律来保障新农村建设成为一项制度，长期稳步推进。这一方面有利于克服官僚系统的弊病，一方面有利于稳定民心，真正调动社会各方面的参与热情。因此，遏制运动化的倾向和新农村建设的内在特性，蕴涵着新农村建设的法律需求。

（二）法律供给分析：新农村建设之立法基础

新农村建设法律的供给分析，首先必须克服一个不正确的认识，即新农村建设法律必须是新农村建设战略提出后的法律供给。新农村建设在名义上真正提出的时间较短，但其实质却是自“三农”问题存在时就隐含其中，也即是说，新农村建设法律并非是仅以新农村命名或新农村建设提出后的立法，而是包含了所有在事实上有利于推进新农村建设的法律规范。

---

① 徐晓斌：《新农村建设搞成了贪功冒进》，载《乡镇论坛》2005年第8期。

② 李北方：《“新农村”的决策背景》，载《南风窗》2006年第6期。

1. 新农村建设法律供给之回顾

改革开放前，农村立法以行政法规和部委规章为主，主要集中于经济性的行政法领域，在规范性上缺乏严密的法律结构，具有浓厚的政策形式色彩。① 改革开放后，伴随着农村改革的深入推进和法制建设的蓬勃发展，农村立法在数量上大量增加，且立法体制日益规范，初步形成了以《农业法》作为统率，以《乡镇企业法》、《土地管理法》、《农业技术推广法》、《村民委员会组织法》等人大及其常务委员会通过的农村法律为辅助，以《基本农田保护条例》、《乡村集体所有制企业条例》、《农民承担费用和劳务管理条例》、《农村五保供养工作条例》等国务院通过的行政法规以及地方法规和各种规章为补充的农村法律体系。

与改革前相比，改革后的农村法律存在着明显特点。第一，从立法层次和法律层次上看，由全国人大常务委员会所立农村法律的数量不断增加，在法律名称上也逐渐趋于规范。第二，从法律部门上看，全国人大常委会所颁布的农村法律主要集中于资源与环境保护方面，行政法规和各种规章主要集中于经济性的行政法领域。第三，从规范性上看，农村法律法规的法律逻辑结构逐渐严密，稳定性增强。第四，从调整对象的性质看，主要是“与不断深化的以家庭联产承包责任制为基础的农村经济体制改革相适应，去努力规划有计划的商品经济关系以及在此基础之上的其他社会关系”。② 我国的农业立法还不健全，在不少方面还只是有了基本框架，就整体来说，仍然非常薄弱。已有的法律法规不仅种类有限、覆盖面窄，而且数量也少，行政法规和部门规章居多，规格和层次普遍偏低，缺乏必要的权威性和法律约束力。③ 同时，存在农业立法滞后、农业方面的行政法

---

① 王文举主编:《保护调动农民积极性问题研究》,安徽人民出版社 1998 年版,第 676 页。

② 王文举主编:《保护调动农民积极性问题研究》,安徽人民出版社 1998 年版,第 680 页。

③ 王存学:《农业和农村法律建设基本问题》,载《中国农村观察》1999 年第 4 期。

规分布不均匀、带有浓厚的计划管理痕迹、《农业法》配套法规跟不上的问题。①

新农村建设是在城乡关系、工农关系上的第三次重大调整，是实现以工哺农、以城带乡的具体化方案，是解决“三农”问题的实际措施。这些缺陷与新农村建设不协调，必须予以调整。第一，浓厚的计划色彩与新农村建设统筹城乡发展的趋势和坚持“放活”的方针不相协调；第二，对农业立法的侧重和新农村建设对振兴农村、关怀农民的趋势不相协调；第三，立法层次太低、立法质量不高、权威性差与新农村建设要求国家全面整合各种资源和调动全社会参与的要求不相协调；等等。

2. 新农村建设的立法基础与立法时机

新农村建设立法不是单纯的立法程序履行和立法机关表决通过的程序过程，而是一个实体过程。立法程序只是对实体过程的反映，“不过是表明和记载物质生活条件的活动而已”。② 在这一过程中，有更多的实体内容如新农村建设立法所依赖的经济因素、政治条件、制度文明、法律观念和社会本身需要关注和论证。

(1)新农村建设的立法基础分析

第一，社会主义市场经济的发展是新农村建设立法的经济基础。新农村建设立法不是停留在文本上，而要以实际的经济生活作为其根基。新农村建设法律既产生于市场经济又反作用于市场经济。首先，社会主义市场经济发展到一定阶段，其经济水平和国家财力能够使新农村建设立法要求的国家责任得以实现。其次，农村市场经济稳定发展。稳定的农村市场经济形成相对稳定的农村社会关系，只有农村社会关系相对稳定，法律对其调控作用才能得以良好实现。再次，市场经济发展引致的主体利益多元化。国家需对利益冲突进行调和，尽力削减和缓解其负面影响，使各种社会力量的利益大体平

① 丁关良：《农业法律体系框架研究》，载《河北法学》1999 年第 5 期。

② 周旺生：《立法学》，法律出版社 2000 年第 2 版，第 56 页。

衡而不致激化。根据国情来看，已初步具备了这一条件。“两个趋势”的论断，表明了经济发展到了“以工促农，以城带乡”的程度；经过几十年的改革，农村市场经济相对稳定发展，也是世所公认；农村主体利益多元化分化也已露出苗头，如按照劳动力就业类型划分为农业劳动者阶层、农民工阶层、雇工阶层、农民知识分子阶层、个体劳动者和个体工商户阶层、私营企业主阶层、乡镇企业管理者阶层、农村管理者阶层等八个阶层。① 从市场经济的负面效应看，可以通过新农村建设立法弥补利用市场手段无法实现在农村基础性领域提供公共产品的局限，由政府通过立法将农村政策法律化、公共服务制度化，为农村市场经济的长远发展和制度建构提供法律保障。

第二，农村市民社会的觉醒。“计划经济体制下，国家政治与农村社会结合在一起，具有高度的同质性和同构性，农村社会缺乏自主权和自治权”。② 家庭联产承包责任制、村民自治以及其他农村改革措施的实施，加速了我国农村整体性、同构性瓦解，激活了农村对物质利益的欲求。农村社会解构后出现了相对独立的社会、社团组织、个人与社会力量，为农村市民社会的觉醒创造了条件。农村市民社会的初步复苏培养了新农村建设立法所需的具有权利意识的农民，培育了新农村建设所需的相对独立的法制环境（如村民自治的勃兴）。

第三，“依法治国”和“新农村建设”战略的推行是新农村建设立法的政治基础。宪法第五条规定，“实行依法治国，建设社会主义法治国家”，是我国的治国方略和最高原则，一切活动必须围绕这个原则展开。“十一五规划”提出建设社会主义新农村的重大历史任务，随后以中共中央、国务院一号文件的形式制定了《关于推进社会主义新农村建设的若干意见》，并在行政系统内大力部署和全社会展开强势宣传。党和政府对农村的重视达到一个历史时期的顶点，政

① 秦开运：《农村社会阶层正在发生的微妙分化》，载《中国改革》2005 年第 3 期。

② 吴业苗：《转型期农村社会的解构及市民社会的构建》，载《内蒙古社会科学》2002 年第 3 期。

府对农村的管理从传统的管理型转向现代的服务型，国家开始扮演循循善诱的引导者、大公无私的投资者和任劳任怨的服务者角色。反映到立法上，应强化政府的服务推动义务，激励基础领域的参与者发挥主观能动性，强化政府的法律责任。①

第四，立法经验的相对成熟是新农村建设立法的法制基础。表现在几个方面：一是立法机关促进型立法的运用。促进型立法主要解决"供给"问题，通常针对那些社会关系尚未得到良好发育、市场规模并未形成而急需鼓励形成市场规模的领域，②具有积极的和主要的促进导向，对社会发展具有引导意义，主旨是促进基础、薄弱产业或事业的发展。③ 立法机关在《中小企业促进法》、《科学技术进步法》、《农业技术推广法》等立法活动中积累了大量的促进型立法经验，为促进新农村建设的立法准备了法制技术基础。二是立法机关在农村立法活动中积累了大量解决农村问题的法律经验。改革开放后至今，我国制定了大量的农村法律，稳定了一部分农村社会关系，积累了诸多解决农村问题的法律经验。三是地方立法机关蓬勃的农村立法和新农村建设立法活动为新农村建设立法准备了大量立法素材。新农村建设提出后，地方政府开展了试点工作，地方立法机关针对新农村建设提出立法规划和进行相应立法活动。④ 四是国外立法经验的可资借鉴。韩国"新村运动"、日本"造村运动"以及新近提出的"一村一品运动"对我国新农村建设具有重要借鉴意义，其立法经验为新农村建设提供了参考和范本。

第五，社会参与度提高是新农村建设立法的社会基础。对新农村建设，社会各界参与热情蓬勃高涨，逐步深入探讨新农村建设的各

---

① 陈永屹：《论"促进型立法"的形成背景》，载《北京行政学院》2005 年第 1 期。

② 杨紫煊主编：《经济法》，北京大学出版社、高等教育出版社 1999 年版，第 284 页。

③ 李艳芳：《"促进型立法"研究》，载《法学评论》2005 年第 3 期。

④ 各省紧锣密鼓地为新农村建设立法，如湖南、陕西等。

方面问题，参与事项广泛深入，为新农村建设立法准备了理论基础和社会基础。

(2)新农村建设的立法时机分析

“掌握立法时机，是指立法机关在制定法律时，对是否具备立法条件进行研究、论证工作”。[①] 立法时机的成熟与否，根据法学界的主流观点，应具备以下几个条件：①有关社会问题客观存在，对这一社会问题的认识也已基本清楚；②这一社会问题应当通过立法途径加以解决，对造成这一问题的责任人可追究法律责任；③找到了通过建立法律制度解决这一社会问题的办法；④有顺利实施法律的社会基础，不会引发社会问题。[②] 新农村建设立法必须掌握好立法时机，一方面要防范立法的“不及”，另一方面也要防范立法的“过”，过犹不及。既不能片面突出立法时机成熟而盲目立法，崇尚法律万能论，也不能不顾实际立法条件，忽略和错过立法时机。上述分析表明，在大的方面已经具备了立法基础。结合立法时机成熟的条件，我们的基本判断是：社会主义新农村建设的立法时机相对成熟，但还不充分、不完备。

第一，客观存在的“三农”问题严峻，解决“三农”问题的迫切性已成为社会共识。首先，我国农业的脆弱地位未获得根本改变。改革开放推行家庭联产承包责任制引致的“恢复”性增长只具有短期意义，低水平地解决了温饱问题，但没有使农业走上良性循环的轨道。农业生产总成本增加和成本收益率下降，农民收入止步不前，1997 年之后农民收入增长速度连续 4 年下降。2000 年仅比上年增加了 43 元，与 1997 年的 164 元相比，少增加 121 元。一些贫困地区和粮食主产区的农民收入甚至出现负增长。[③] 其次，农民阶层并未享有与其他阶层平等的经济和社会权益，其既缺乏利用市场进行交

---

① 周旺生：《立法技术手册》，中国法制出版社 1999 年版，第 65 页。

② 周旺生：《立法技术手册》，中国法制出版社 1999 年版，第 65 ~ 70 页。

③ 国家统计局：《中国统计年鉴》，中国统计出版社 2002 年版。

换的经验和能力，又缺乏自我表达和自我组织能力。再次，农村生存状况不佳，教育、医疗和其他公共产品难以满足实际需要，农村市场萧条，农村金融萎缩。①

第二，法律视角内的"三农"问题，立法保护需要加强的社会现实。前已分析，"三农"问题必然要归结到作为生产力能动要素的农民身上。农民作为法律主体，在法律上表现为一系列权利的集合体。"我国'三农'问题长期存在的根本原因是农民权利的缺失"，②要彻底解决"三农"问题，必须要从权利公平角度入手，加快赋予农民平等的经济权利、社会权利、政治权利和文化权利，对权利资源进行重新分配，而对权利进行分配最公平有效、最具权威性的依据是法律。根据国外经验看，新农村建设作为综合改革战略，是解决"三农"问题的有效途径，而农民是新农村建设的主体，农民是新农村建设的主要承担者和建设者。因此，新农村建设从主体意义和权利角度上讲，其实质应是对农民权利的再分配，表明新农村建设应当而且必然要通过立法加以解决，并对妨碍和侵害农民权利的行为进行制裁以保障新农村建设的顺利推进。

第三，"三农"难题的破解，中央的工作思路是通过新农村建设来解决。通过作为实体制度的新农村建设，统筹发展，全面振兴新农村。虽然对新农村建设具体如何推进还存在争议，但任何思路都脱离不开农民本身则是共性。这就为从农民角度切入进行立法提供了可行性。这一思路也只有通过立法转化为法律制度，才能保证其长期性、稳定性和有效性。

第四，新农村建设存在深厚的社会基础。上文已有分析，此不赘述。

所以，新农村建设的立法时机相对成熟。说其相对，是因其还不

---

① 文小勇、石颖：《"三农"问题：社会公正与社会排斥》，载《华南农业大学学报》2005年第2期。

② 张屹山、齐红倩：《"三农"问题与农民权利研究》，载《学习与探索》2005年第2期。

是完全成熟,原因在于新农村建设推进的子制度尚未充分建立。对这个问题,仍需一定时间进行立法准备,包括地方新农村建设试点工作的推进和新农村建设的地方立法活动予以配合。但这是否意味着否定了新农村建设立法的必要性呢?解决这个貌似悖论的问题,需要一种规范:既不过分管制侵害新农村建设子制度的创新,又不能过于宽泛放弃法律在新农村建设中的应有价值;既需要从整体上搭建新农村建设之法律框架,又不能危及到框架内容。这种规范有且只有促进型立法才能够担当。所以,笔者认为否认立法的观点是错误的,是对新农村建设法律具有促进型法属性的无知或有意无意的忽视。“促进型立法既保留了传统法律部门的普遍性,又在这一普遍性的基础上赋予法律以特殊性和专业性的特征,从而使法律具有明显的政策性、灵活性和政府主导性”。① 归根结底,立法基础的特殊性决定了新农村建设法律不但要立,而且要强调其“促进性”,这是和传统法律的不同之处,也是促进型立法相对于传统法律的优越性之所在。

从“三农”问题的现实看,我国是一个农业大国,农业是国民经济的基础,农业的稳步发展是国民经济健康协调发展的前提和保障;农村占据国土资源的绝大多数并容纳了绝大部分的人口;农民的经济、政治、文化和社会进步,是全社会进步和发展的主体内容。因此,加快农业发展步伐,彻底改变农村面貌,大幅提高农民收入,从根本上解决“三农”问题,是社会主义新农村建设和实现小康社会奋斗目标的关键所在。而其中农民问题的解决,切实维护农民经济权益,有效实现农民收入增长则是从根本上解决“三农”问题的核心内容。

从理论研究来看,目前关于维护和保障农民经济权益的个案性问题的理论研究正在逐步深入,其中也偶有涉及有关法律调整等制度设计的社会公正问题,但是少有学者从社会公正的制度安

---

① 李艳芳:《“促进型立法”研究》,载《法学评论》2005 年第 3 期。

排角度来系统地、全面地审视农民经济权益保护及其充分实现问题。

从涉农经济法制建设实践来看，在我国社会主义市场经济法律体系尚未完全形成的形势下，涉农经济法制建设更是落后于经济发展的现实需要。有限的涉农经济立法不仅数量不足、内容原则、体系不全，而且在内容体系、价值定位上亦同实现经济效率和社会公正有机统一这一经济法律价值目标存在差距。这与发达国家为保护农业、稳定农业基础地位，在发展市场经济过程中都先后采取了一系列的政策和法律调整措施来调控和保护农业且成效显著形成鲜明的反差。

为此，我们的研究立足于切实维护和保障具有极为重要的经济、政治和法制意义的农民经济权益，采取实证研究方法，系统阐释现行涉农经济法律制度以及农民经济权益实现和维护机制中所存在的违背社会公正的现象，并有针对性地提出了立法完善建议，以期对根本解决"三农"问题，促进农村加快奔小康的步伐和社会主义新农村建设提供一定的理论借鉴。

二、实现农民经济权益法律调整社会公正的现实意义和理论价值

（一）农民财富的积累是实现小康社会目标的重中之重

1."三农"问题的根本解决是构建和谐社会和深入落实科学发展观的关键所在

农村、农业和农民的状况如何，对全国政治经济社会形势有着决定性的影响。20 世纪 50 年代以来，"三农"问题一直是党和政府重视和关注的重大问题，尤其是改革开放以来，历次党的重要会议都把农村、农业的改革和发展放在重要的议事日程，几乎每次的政府工作报告，都把农业问题放在首位来论述。党的十六大报告在明确提出"全面建设小康社会"的奋斗目标的同时，也强调我们"必须看到，我

国正处于并将长期处于社会主义初级阶段,现在达到的小康还是低水平的、不全面的、发展很不平衡的小康,人民日益增长的物质文化需要同落后的社会生产之间的矛盾仍然是我国社会的主要矛盾。……城乡二元经济结构还没有改变,地区差距扩大的趋势尚未扭转,贫困人口还为数不少;……巩固和提高目前达到的小康水平,还需要进行长时期的艰苦奋斗"。为此,统筹城乡经济社会发展,建设现代农业,发展农村经济,增加农民收入,是全面建设小康社会的重大任务。

《中共中央国务院关于推进社会主义新农村建设的若干意见》也指出:"近几年,党中央、国务院以科学发展观统领经济社会发展全局,按照统筹城乡发展的要求,采取了一系列支农惠农的重大政策。各地区各部门认真落实中央部署,切实加强'三农'工作,农业和农村发展出现了积极变化,迎来了新的发展机遇","但必须看到,当前农业和农村发展仍然处在艰难的爬坡阶段,农业基础设施脆弱、农村社会事业发展滞后、城乡居民收入差距扩大的矛盾依然突出,解决好'三农'问题仍然是工业化、城镇化进程中重大而艰巨的历史任务"。"三农"问题是否能够尽快解决及其解决状况如何,可以说是中国现代化前途之所系。实现小康社会目标的关键和难点也正在于"三农"问题的根本解决。全面建设小康社会,不仅要加快经济、政治、文化等各方面的发展,而且在此基础上,建设一个和谐的社会,促进人的全面发展。党的十六届三中全会明确提出了科学发展观,强调要坚持发展为第一要务,实现以人为本、全面协调可持续发展,努力做到"五个统筹",而贯穿其中的核心思想实际上就是整个社会各个方面的和谐,就是建设和谐社会,"三农"问题的彻底解决无疑是构建和谐社会、落实科学发展观的重中之重。

2. 实现农民经济利益增长是解决"三农"问题的核心任务

我们必须清醒地看到从根本上解决"三农"问题,是一项长期而艰巨的任务,需要坚持不懈地努力。其中关键问题集中在农民收入

增长缓慢、城乡差别扩大上，①并由此直接造成诸多不良的社会后果：影响农民生产积极性，制约农户的生产投入、动摇农业基础地位、危及粮食安全；加大就业压力，危害社会稳定；降低农民收入，降低农民消费水平；无法实现扩大内需的宏观经济政策；最终影响国民经济良性循环，妨碍城乡经济协调发展。② 因而，不解决农民收入增长问题，"三农"问题就无法真正解决，实现小康社会的奋斗目标也将无从谈起。为此十六大报告提出要"建立健全农业社会化服务体系。加大对农业的投入和支持，加快农业科技进步和农村基础设施建设。改善农村金融服务。继续推进农村税费改革，减轻农民负担，保护农民利益"。因而政府应当千方百计增加农民收入，减轻农民负担。要把发展农业和农村经济、增加农民收入，作为经济工作的重中之重。要统筹城乡经济社会发展，切实做好"三农"工作。

3. 法律公正调整是农民减负增收的重要条件

影响农民收入增长的因素固然很多，但是其根本原因之一就是

---

① "表面上看，农民的人均年收入在增加，1993 年增加到 921 元，但扣除物价因素后，农民的实际收入增长缓慢，1979～1984 年农民人均纯收入每年递增 15.1%；1985～1988 年农民人均年纯收入每年递增 5%；1989～1992 年农民年人均纯收入每年递增 1.88%（1989 年已是负增长 1%）；1993 年名义增加 17.4%，实际只增长 3.2%，而同年城市居民收入实际增加 10.2%，相差 7 个百分点"（陆学艺：《"三农论"——当代中国农业、农村、农民研究》，社会科学文献出版社 2002 年 11 月第 1 版，第 150 页）；"'九五'纲要提出要增长 4%，实际上达到了 4.7%。具体情况是 1996 年 9%，1997 年 4.6%，1998 年 4.3%，1999 年 3.8%，2000 年只有 2.1%，呈逐年下降。'十五'期间要实现农民人均纯收入年平均 5% 的增长速度，难度相当大"（金祥荣：《转型期农村制度变迁与创新》，中国农业出版社 2002 年 9 月第 1 版，第 7～8 页）；"到 2000 年底中国农村生活在生理生存贫困线以下的人口约有 3 000 万左右，占全国农村人口的 3.2%。如果以人均纯收入 900 元作为农村社会生存贫困线，全国农村贫困人口约 1 亿左右，贫困发生率约为 10.6%"（万宝瑞：《农业软科学研究新进展（1999—2000）》，中国农业出版社 2001 年 12 月第 1 版，第 59 页）。

② 农村消费市场的萎缩，必然进而造成企业经营困难、下岗职工增多，以致城乡经济发展的恶性循环。比如，彩电、洗衣机、冰箱、照相机等的普及率，城市达到 70%，农村只有 15%，然而这些耐用品的生产能力严重过剩，几乎一半处于开工不足或停工状态。据估计，农村与城市两大消费集团的消费水平差距大约在 15 年左右。

现行制度和相关体制中存在的不合理因素，尤其是现行法律制度对农民经济权益的调整和维护并不完全符合社会公正的要求，最终导致农民负担过重等问题的出现。为此，要实现农民收入增长，关键还是“农民的权利需要提高。农民的公民权，包括农民的财产权，农民作为纳税人的权利，农民作为有权利的公民，应该享有同等的义务等。如果在这方面，我们实现了平权，那么中国的农民问题基本上就解决了”。① 由此，实现对农民经济权益的公正法律调整是实现农民减负增收的重要条件。

（二）实现社会公正是经济法律制度的核心价值

1. 利益调整是经济法律制度的基本使命

利益反映的是人与其周围世界中对其生存和发展具有一定意义的各种事物和现象之间的关系，它表现为人们受客观规律制约的需要与满足该需要的手段、措施之间的关系。一定社会的需要具体化为利益，就会成为政权主体立法活动的出发点，认识到这种利益，才会导致政权主体立法动机和立法意志的形成，因而法律一旦达到目的，也就满足了立法主体的需要，实现了其利益安排。为此，法在本质上，是一定社会物质生活条件下，由政权主体通过公共权力意志形式确立和保障实施的，促成、协调和分配各种利益资源的社会关系调整措施，其基本使命在于实现符合创制主体意志和利益要求的社会秩序状态。特别是其中经济法律制度的这一本质特征更加鲜明，因为“经济法调整的具有直接社会性的经济关系，是发生在社会生产和再生产过程之中的直接影响社会和公众利益的物质利益关系。……经济法对这种关系的调整，是调整这种社会关系的社会性和经济性兼具的方面，以多方面社会利益的平衡以及经济效率与社会正义的协调为出发点，这既是经济法得以产生的原因和根据，也是

① 农业部农村经济研究中心、当代农业史研究室编：《中国共产党“三农”思想研究》，中国农业出版社 2002 年 3 月版，第 147 页。

经济法的独特价值所在及其在法律体系中占有独立地位的基础”。①

（1）人民利益决定着经济法律制度的内容及发展

原始社会末期随着生产力水平的不断提高，先是有了剩余产品，进而有了私有制（即社会经济利益结构发生了重大变化），并进一步导致阶级划分、阶级对立（即社会政治结构发生了重大变化），在此基础上，正在形成中的统治阶级，为了自己的经济利益、社会地位等，迫切需要新的、区别于原始习惯的社会调整措施。法作为一种新的、必不可少的社会调整措施也就得以逐步形成：在原始习惯中逐步融入阶级性的基础上先是有了“习惯法”（法的萌芽），然后才产生了“法”。从法的这一历史起源过程看，正是利益分化才导致法的产生。在阶级社会里，也正是由于利益分化和利益差别的存在，决定了阶级的划分以及集中体现其中统治阶级根本利益和整体意志要求的法的存在：“从某一阶级的共同利益中产生的要求，只有通过下述方法才能完成，即由这一阶级夺取政权，并用法律的形式赋予这些要求以普遍的效力”。② 也正是从这个意义上讲，包括经济法律制度在内的社会主义法的存在和本质，从根本上说是以工人阶级为领导的、以工农联盟为基础的广大人民群众的根本利益和整体意志的要求和反映。

除此之外，也正是由人民利益的内部分化和发展直接决定着社会主义经济法律制度的变革和发展。法律发展指的是与社会经济、政治和文化相适应、相协调，包括制度变迁、精神转换、体系重构等在内的法律进步。尽管法律发展的受制因素众多（经济、政治、哲学、宗教、文化、艺术等），但最终经济基础起决定性作用，社会基本矛盾的运动是法律发展的社会原因：由于社会生产力水平的不断进步和提高，导致新的社会利益的产生、原有社会利益的重新分化；由于社会利益的增长和重新分化，导致社会关系主体经济地位的此消彼长，最终直接表现为法律制度的变更和发展——利益主体通过法律手段

① 王源扩等：《经济效率与社会正义——经济法学专题研究》，安徽大学出版社 2001 年 10 月版，第 18 ~ 19 页。

② 《马克思恩格斯全集》第 21 卷，人民出版社 1979 年版，第 567 ~ 568 页。

重新确认和界定新的利益资源，并通过立法促进和保障新的利益增长。① 日益增长的社会文化生活需要与落后的社会生产力之间的矛盾仍然是现阶段我国社会的主要矛盾。相对于各级、各类，各行、各业的社会关系主体的社会文化生活需要，现阶段社会利益及其资源还相当有限，利益分化、利益差别、利益冲突、利益矛盾成为必然。决定于以工人阶级为领导的、以工农联盟为基础的人民民主专政的社会主义国家性质的社会主义法，特别是其中的经济法律制度，一方面，在本质和特征上要反映和体现这一根本利益分配的具体要求，另一方面在内容上也要对包括农民在内的广大人民群众的经济利益格局做出具体确认、维护、保障、协调和分配。

(2)经济法律制度对人民利益的形成、实现和发展具有能动的反作用

法律作为上层建筑中制度领域的核心内容，因其有国家强制力保障，具有不可替代的规制作用，所以社会关系主体的行为选择不得违背法律制度所设置的相应行为模式，否则就会遭受不利的法律制裁。事实上，由于经济法律制度在内容和本质上是一种利益安排，所以社会关系主体依据相关法律制度产生、形成、变更和发展的，表现为社会关系主体之间法律权利和法律义务关系的各种具体经济法律关系，说到底也是一种利益关系，正如庞德曾指出的："法律的功能在于调节、调和与调解各种错杂和冲突的利益，……以便使各种利益中大部分或我们文化中最重要的利益得到满足，而使其他的利益最少的牺牲"。② 为此，现行经济法律制度的内容设计，实际上具体界定了社会关系主体的各个具体利益空间，在这一制度空间里面，不同主体的不同利益要求，或者得到促进和发展，或者受到限制和阻碍。新中国私营经济的坎坷历程与我国宪法、法律制度的相应变革、发展

---

① 如同利益法学派法学家黑克所说："法律是所有法的共同社会中物质的、国民的、宗教的和伦理的各种利益相互对立、谋求承认而斗争的成果"，"立法者决不是幽灵，他的使命是概括地表述作为原因的利益的记号"（转引自何勤华：《西方法学史》，中国政法大学出版社 1996 年 6 月版，第 225 页）。

② 付子堂：《法律功能论》，中国政法大学出版社 1999 年 8 月版，第 87 页。

足以说明了这一道理。① 所以如果说经济法律的创制过程就是立法主体认识、取舍、协调、分配利益的过程，那么经济法律的实施（遵守和适用）就是实现利益、调整利益的过程。

2. 实现社会公正是经济法律制度的核心价值追求

法的价值是指主体为形成、促进、发展、协调和实现一定利益的需要与作为客体的法能够满足此种需要的属性（特有方法和手段）之间的关系，它在内容上非常丰富，其中"公正"是法在实现其利益调整功能过程中必须遵从的价值定位，并且尤其是经济法律制度的核心价值所在。具体可以从"公平"、"正义"两个方面来把握经济法律制度中"公正"价值的主要内涵。

（1）经济法律制度体现和追求社会公平

公平和平等等相关概念的含义基本一致，在本质上指人与人的同等对待关系，其最基本的要求是：在相关范围内政治地位、社会地位的平等。②

---

① 甚至许多规范性法律文件更是明确表明自身所界定、保护的利益主体、利益范围等内容。比如：现行宪法典中分别对不同主体的利益做出了保护性规定（"利益"一词达 15 个）；《证券法》第一条规定："为了规范证券发行和交易行为，保护投资者的合法权益，维护社会经济秩序和社会公共利益，促进社会主义市场经济的发展，制定本法"；《合同法》第一条规定："为了保护合同当事人的合法权益，维护社会经济秩序，促进社会主义现代化建设，制定本法"，该法第七条规定："当事人订立、履行合同，应当遵守法律、行政法规，尊重社会公德，不得扰乱社会经济秩序，损害社会公共利益"等。

② "平等是人在实践领域中对自身的意识，也就是人意识到别人是和自己平等的人，人把别人当做和自己平等的人来对待。平等是法国的用语，它表明人的本质的统一、人的类意识和类行为、人和人的实际的统一，也就是说，它表明人对人的社会关系或人的关系"（《马克思恩格斯全集》第 2 卷，第 48 页）；"一切人，作为人来说，都有某些共同点，在这些共同点所及的范围内，他们是平等的，这样的观点自然是非常古老的。但是现代的平等要求是与此完全不同的；这种平等要求更应当是，从人的这种共同特性中，从人就他们是人而言的这种平等中，引伸出这样的要求：一切人，或至少是一个国家的一切公民，或一个社会的一切成员，都应当有平等的政治地位和社会地位"（《马克思恩格斯全集》第 20 卷，第 113 页）；"所谓公平，从根本上讲就是人与人的利益关系及关于人与人利益关系的原则、制度、做法、行为等合乎社会发展之义"，"分配关系问题是整个人与人利益关系的核心问题，也即分配公平问题是整个社会公平问题的核心"（戴文礼：《公平论》，中国社会科学出版社 1997 年版，第 10、42 页）。

尽管不同历史时期、不同社会背景下的不同主体，即使同一时期、同一社会背景下的不同主体，也由于所处利益条件以及各自具有不同利益要求，他们对公平（平等）有着不同的具体理解和把握，但是公平（平等）既不等同于平均，也排斥特权、歧视。“不患寡而患不均”的平均主义思想在我国历史上由来已久、源远流长。新中国历史上计划经济体制下造就了“干好干坏一个样，干多干少一个样，干与不干一个样”的“大锅饭”现象，就是平均主义的具体表现，其结果只能是阻碍生产力的发展和生产效率的提高，只能是滋生不劳而获、少劳多获等懒惰、贪婪的剥削思想。正是家庭承包经营责任制，打破了广大农村平均主义的“大锅饭”，从制度上解放了生产力，开创了农村经济体制改革的历程。特权、歧视天生就是公平（平等）的对立物：在特权之下、歧视面前，不可能有公平（平等）的存在。① 如果说“劳心者治人，劳力者治于人”的古训说明了我国封建社会制度下，体力劳动者遭受社会歧视、制度歧视现象的社会性和广泛性，那么今日中国在就业等经济生活中农民与城里人、农民工与城里人甚至与外籍人员不能享受同等的待遇，②显然是与包括经济法律制度在内的社会主义法的本质不符的。

首先，实现社会公平是经济法律制度的重要目标价值。公平（平等）、正义、自由、安全、秩序、效益等共同构成法的目的价值系统，而且它们彼此之间是有机联系在一起，其中公平（平等）具有基础性意义。正义要以公平（平等）为依据，“任何法都只有以必要的平等为条件才能够主持正义、维护正义，成为正义的法。正义的法或

① “特权的享有者往往是对他人的‘掠夺’和‘欺侮’，而歧视的承受者则往往是被他人‘掠夺’和‘欺侮’。特权拥有者的权利在扩张，歧视承受者的权利被侵害。特权者的权利超出了一般人的限度，歧视承受者的权利低于一般人的水平”（卓泽渊：《法的价值论》，法律出版社1999年7月版，第429页）。

② 根据新闻报道，在南京市取消了年后一个月内禁止招收“农民工”的原有规定的同时，广东省却重申了相关规定。参阅人民网2003年2月13日报道《观点碰撞：广东“六不准”是对民工的歧视?》。

法的正义都离不开平等。背离平等的法和背离平等的事实都没有正义可言。尽管平等的并非都正义，但正义的必须都平等。法离不开正义价值，也离不开平等价值”。① 安全作为法的目的价值之一，也是每个社会关系主体的生产、生活所必不可少的。但是，在一个不平等、丧失公正的环境里，有谁能真正安全呢？其财产、人格、人身都有可能遭受优位者的侵害，而且无从寻求救助。秩序是一个组织、一个社会、一个国家所必不可少的，否则只能是一盘散沙。但秩序的维持，尤其是持久稳定的秩序，需要公正（平等）的保障。“王子犯法，与庶民同罪”从老百姓的渴望逐步成为现实这一历史演进过程，不仅说明了公平（平等）是人们的终极追求之一，也说明了秩序的存在少不了公平（平等）的保障。效益的提高，最重要的决定因素是“人”这一最活跃的生产要素的解放和进步，“人”只有在公平（平等）的机会面前、公平（平等）的制度环境下，才有可能最大限度地实现自我、发展自我，从而为社会的进步和发展做出奉献。总而言之，公平（平等）因其在法的目的价值体系中所处的重要地位，成为社会主义经济法律制度的重要目标追求——“经济法的目的是要实现经济持续稳定增长和社会与经济的良性运行和协调发展，它以实现经济公平和社会公平为动机、以积极引导促进为手段、以市场无功能为作用范围，是对市场主体间法律关系的直接介入，其价值判断以结果公平或实质意义的公平为标准”，并且经济法“赋予公平以更丰富的含义，对公平的关怀更趋实质，使其在经济生活中得以更有效的实现，亦使结果公平成为政府经济行为所追求的价值目标之一”。② 为此，只有运用法律实现对农民经济权益的公平保护，才谈得上全面实现社会主义法的各项价值：体现社会主义社会的制度正义和分配正义；保障全体社会成员的人身、财产安全；维护以在经济、政治、法律、文化等

① 卓泽渊：《法的价值论》，法律出版社1999年7月版，第438页。

② 吕红梅等：《规范政府之法——政府经济行为的法律规制》，法律出版社2001年6月版，第148、173页。

各方面人人平等为核心的社会秩序;调动全体社会成员生产积极性以增强和提高现代化建设中各项效益。

其次,社会主义经济法律制度是社会公平(平等)的重要评价依据和实现保障。不同主体对“公平(平等)”有着不同的具体理解和把握,利益纷争也就成为阶级社会的必然现象,确立一定的公平(平等)准则来解决这些纷争,成为社会管理者的基本需要。经济法律就是能够满足这种需要的主要公平(平等)准则之一,“在许多情况下,人民往往把公平看做法律的同义词”,①“经济法在我国法律体系中的独立地位,建立在现代经济关系日益复杂、法律调整日趋综合化的客观基础之上,以社会利益协调和经济效率与社会正义相统一这一独特的调整目标作为标志,以具有直接社会性的经济关系为依据”,②也就是说,经济法律制度作为社会主义法律体系的一个重要组成部分,同样应该集中体现以工人阶级为领导的、以工农联盟为基础的广大人民的共同意志和根本利益要求,其目的就是通过对社会关系主体的利益要求和利益资源进行分配和确认(表现为权利和义务的规定),通过政治职能和社会职能的发挥,确认、保障和发展符合全体人民共同意志和根本利益要求的社会关系和社会秩序。与此同时,各项经济法律制度对社会关系主体的利益要求和利益资源的分配和确认既然是建立在社会公平(平等)的价值判断和价值选择上,它一旦被颁布实施,就当然具有了规范性、明确性、肯定性、概括性等基本特征,就是一种社会存在,因而也就能够在现实中各项利益资源的具体分配和有效保障、各种利益纷争的协调和处理上,提供一个具有强制性、规范性、明确性、肯定性的公平(平等)评价准则。

(2)经济法律制度确立和保障社会正义

不同社会物质生活条件下的人们的正义观是不同的。在伦理意义

① 彼得·斯坦、约翰·香德,王献平译:《西方社会的法律价值》,中国人民公安大学出版社 1990 年版,第 74 页。

② 王源扩等:《经济效率与社会正义——经济法学专题研究》,安徽大学出版社 2001 年 10 月版,第 31 页。

上讲，正义被认为是人类精神的某种态度，一种公平的意愿以及承认他人要求和需要的意愿。它要求人们各得其所，满足其合理的需要和要求。这是人们关于正义的最抽象的规定。然而，这种伦理意义上的正义仅仅是正义观念的初始形态，当它运用于社会生活时，就具体化为行为的正义、政治的正义、经济的正义等。其中，政治正义、经济正义等构成了社会制度的正义。社会制度的正义是指一种与社会发展的理想相符合，足以保证人们的合理需要和利益的制度。社会制度的正义正是解决怎样合理地将社会合作所创造的价值、财富和其他利益以及社会合作的负担或责任分配给社会成员的问题，因此，社会制度的正义才是正义的首要问题。综合起来看，社会制度正义的基本要求主要有二：①其一，所有的社会基本价值——自由和机会、收入和财富、自尊的基础——都要平等地分配，除非对其中一种或所有价值的一种不平等分配合乎每一个人的利益。其二，政治正义要求一切公民都有平等的政治权利和自由，而且这些政治权利和自由应该在社会政治和经济条件所允许的范围内来讲是最广泛的。经济正义要求社会每个人提供平等的机会，并在保障每个人基本生活需要的前提下，实行按贡献分配的原则，使对社会做出等量贡献的人们获得等量的报酬。

任何阶级社会中，任何一种分配原则都不可能满足每个人的要

---

① 刘旺洪教授认为制度正义有三项基本原则：(1)在经济、政治和社会的各个领域为每个成员的自由发展和才能的发挥提供公正平等的机会和手段；(2)社会提供一套合理分配社会资源和利益的社会程序规范和程序制度，使社会资源和利益，社会主体的权利和义务得到公平的分配；(3)社会具有一种合理的纠偏机制，即"当社会资源、利益的分配和社会主体的权利义务关系的配置和分享出现明显不均衡的时候，能够为社会主体提供有效的救济和纠正机制，以维护社会的正义和公平"(参见公丕祥主编：《法理学》，复旦大学出版社 2002 年 9 月版，第 93 页)。罗尔斯也指出："对我们来说，正义的主要问题是社会基本结构，或更准确地说，是社会主要制度分配基本权利，决定由社会合作产生的利益之划分方式。所谓主要制度，我的理解是政治结构和主要的经济和社会安排"，"所以，这些原则调节着对一种政治宪法和主要经济、社会体制的选择。一个社会体系的正义，本质上依赖于如何分配基本的权利义务，依赖于在社会的不同阶层中存在着的经济机会和社会条件"(参见[美]约翰·罗尔斯著，何怀宏等译：《正义论》，中国社会科学出版社 1988 年版，第 5 页)。

求，围绕各种利益资源的社会冲突和纠纷在所难免，因此，包括经济法律在内的具有国家强制力的法律便成为实现社会正义的重要手段和有力保障——国家政权通过立法、司法、执法等法制活动，确认、维护、保障和实现正义。这也是法律和正义关系的基本连接点。一方面，正义对法律有积极的评价作用。尽管统治阶级及其掌控的国家政权直接决定了相应法律制度的本质规定性，但是任何历史时代的法律制度最终意义上要根植于社会经济条件的需要。正义不仅构成法律制度的存在基础，而且任何法律制度的出台，都要接受社会民众的价值判断：是良法还是恶法。这一价值判断的核心标尺就是是否符合社会正义。在现代法治社会中，人们受符合社会正义的“良法”的调整，并有权抵制违背社会正义的“恶法”的统治。另一方面，正义对法律进化和发展具有极大的推动作用。从法的发展历程看，正是随着社会自身的不断进步，代表社会正义的法逐渐取代了专制统治者的权威，不断将法推上至上地位，不断推动着法律精神的进化、法律内部结构的完善、法律实效的提高，最终促成法治国家的高级形态——宪政国家的建立。正因为社会正义构成社会主义法的存在基础和核心价值追求，实现社会正义成为社会主义法的基本功能（分配权利以确立正义、惩罚罪恶以伸张正义、补偿损失以恢复正义），所以实现对农民经济权益法律调整的社会公正也正是社会主义经济法律制度建设的题中之意。

3. 经济法律制度在人民利益调整过程中应当遵循的几项基本原则

既然经济法律制度的基本使命和核心功能在于利益调整，而且在其调整过程中，核心价值是实现社会公正（公平、正义），那么社会主义经济法律制度在人民利益调整过程中应当遵循哪些基本原则呢？结合国情，根据当前经济、政治等基本制度定位，基于现有法制建设实际，应当主要遵循以下基本原则：

（1）利益兼顾、不损害社会利益原则

社会主义经济法律制度在利益调整过程中，应当正确处理国家

利益、社会利益、集体利益与个人利益，眼前利益与长远利益，局部利益与整体利益，中央利益与地方利益、民族利益、部门利益，以及城市居民利益与农民利益等不同层次、不同范围、不同行业的不同主体利益之间关系，要根据相关利益群体之间内在互动性关系要求，平衡他们的不同利益要求、协调彼此之间的利益冲突，而不能违背社会主义本质要求，失之偏颇，甚至违背社会公正的价值标准，对社会弱者的利益任意割舍，造成社会不公。大公无私、先人后己等要求只能限于道德提倡范围，而不能强制规定。当然，由于个体的存在和发展脱离不了社会这个大家庭，而且，只有社会的快速发展和繁荣昌盛才能更好地为个人发展提供可能和具体条件，所以，任何情况下都不允许损公肥私之类的行为合法化。党的十六大报告指出，党领导人民建设中国特色社会主义必须坚持的基本经验是，“在经济发展的基础上，促进社会全面进步，不断提高人民生活水平，保证人民共享发展成果”，另外也特别强调“要尊重和保护一切有益于人民和社会的劳动。不论是体力劳动还是脑力劳动，不论是简单劳动还是复杂劳动，一切为我国社会主义现代化建设做出贡献的劳动，都是光荣的，都应该得到承认和尊重”。这些论断都具体反映了利益兼顾、不损害社会利益的原则要求。

(2)缩小利益差别、少数利益受到保护原则

现阶段我国由于区域之间、行业之间的经济、文化发展水平差异，生产力发展水平差异，必然存在一定的利益差别。法律不可能禁止也不应当禁止，必然也应当允许一定范围和合理限度的利益差别存在。但是法律也不能放任自流、听之任之，应当基于整个国民经济的良性循环、城乡经济协调发展的需要，基于“最终实现共同富裕”的历史使命，通过社会利益再分配，运用财政税收等经济杠杆，缩小区域、行业等之间的利益差别。正如党的十六大报告所特别强调的“更要高度重视和关心欠发达地区以及比较困难的行业和群众，特别要使困难群众的基本生活得到保障，并积极帮助他们解决就业问题和改善生活条件，使他们切实感受到社会主义社会的温暖”。特

别是对那些主体范围虽然是属于“少数”的合法利益，同样当做出特别法律保护，这是社会公正的内在要求。

(3)效率优先，兼顾公平原则

公平与效率都是社会主义市场经济建设所追求的价值目标。新中国的社会主义建设实践，从正反两方面告诉我们应当“效率优先，兼顾公平”，党的十四届三中全会提出了这一原则，十五大报告也重申了这一原则，并在提出“深化分配制度改革”时强调指出：“理顺分配关系，事关广大群众的切身利益和积极性的发挥。……坚持效率优先、兼顾公平，既要提倡奉献精神，又要落实分配政策，既要反对平均主义，又要防止收入悬殊。初次分配注重效率，发挥市场的作用，鼓励一部分人通过诚实劳动、合法经营先富起来。再分配注重公平，加强政府对收入分配的调节职能，调节差距过大的收入。规范分配秩序，合理调节少数垄断性行业的过高收入，取缔非法收入。以共同富裕为目标，扩大中等收入者比重，提高低收入者收入水平。”对此我们应有正确的理解和把握：其一，强调“效率优先”，这是生产力标准和社会主义本质的基本要求，也是实现社会公平的前提和基础，更是社会主义市场经济建设的内在需要，是完成社会主义根本任务的有效保障。其二，强调“兼顾公平”，是因为公平原则的实现，可以最大限度地调动一切积极因素，充分调动广大人民群众的积极性和主动性，促进社会整体效率的快速提高，“消灭剥削，消除两极分化，最终达到共同富裕”。其三，“效率优先”应当是侧重在“初次分配”领域以及在改革开放初期发展成为主要目标的特殊社会时期的首选法律价值定位。“兼顾公平”则应该是侧重在“再分配”领域以及现今城乡差别、地区差别、行业差别扩大，调整收入差别和协调地区发展成为主要矛盾的新时期的首选法律价值定位。其四，效率与公平实质上是一对互相促进的价值取向，效率可以为实现公平提供充足的物质条件，而只有实现公平，才可能实现更久远、更高的效率。特别是“作为新兴法律部门的经济法，则演绎着自身独特的公平理念，将社会经济生活的准入、交易、结果等当做一个系统进行公平价值分析，并

以此作为自己的追求目标”，“经济法秉承的公平观是基于发展的公平观，不是利益的简单均衡，而是着眼于更深远层次的发展”。①

尽管农业比较利益偏低是一个客观存在的社会经济现象，而且正因为农业比较利益的偏低，才产生了非农产业发展的诱导性力量，从而推动着国民经济的持续增长，然而，一个健全的农业部门是促进国民经济持续增长的重要条件。特别是在我国现阶段，农业是国民经济的基础产业，粮食是基础的基础。在建立社会主义市场经济体制的经济条件下，无论是在产品市场竞争中，还是在经济资源配置中，作为农业发展主体力量，或者说作为农村的重要市场经济主体的农民，往往处于软弱和不利的地位：因分散、力薄而无法抵御市场风险和自然风险；因文化水平偏低、信息不对称而难以应对市场变化；因组织化程度低、交易方式落后、流通费用高而无法参与平等市场竞争。事实上，即使我们完全实现了“机会公平、竞争公平、交易公平”的“市场公平”，但是“市场经济只保护市场公平，不解决市场以外的收入公平即社会公平，社会公平要靠政府的收入政策来调节”。② 为此，政府必须充分发挥其独有的宏观调控作用，对农民实行特殊利益保护，绝不能简单地把农业推向市场，农民不仅要“找市场”，而且也要“找市长(县长)”。因而，如何充分运用法律制度公正、合理调控国民经济体系中各个行业之间利益关系，尤其是如何充分发挥经济法律制度的利益调控职能，③尽快解决农民收入增长缓慢、城乡差别扩大问题，合理维护和保障作

---

① 单飞跃：《经济法理念与范畴的解析》，中国检察出版社2002年11月版，第9、17页。

② 林国先：《市场化制度变迁与中国农业发展》，中国环境科学出版社2001年11月版，第107页。

③ “经济法是对私法秩序的实质性修正，因而已超出私法范畴。如果说私法是对市场经济关系的第一次调整，那么经济法则是对市场经济关系的再次调整，在私法秩序中失衡的经济关系需要在经济法中得到矫正。市场经济的组织关系与交易关系需要更加深层次、专业化的法律规制，这种新的法律秩序是私法所不能容纳的，仅靠私法救济方法也是难以维系的”（参阅胡小红：《经济法学视野中的行政法》，载《安徽大学法律评论》2001年第1卷，第117～124页）。

为弱质产业的农业、作为弱势群体的农民的经济利益，最终在实现整个国民经济协调、稳定发展的同时，实现包括农民在内的全体公民经济权益法律调整的社会公正，不仅是新世纪我国实现小康社会目标过程中面临的突出难题之一，①也是在实现“依法治国、建设社会主义法治国家”的民主政治体制改革目标过程中，围绕如何实现我国经济法律制度建设的经济效率与社会公正的有机统一这一核心价值追求，开展法学理论研究和法制建设实践的重要课题之一。

三、完善农村法律制度，实现对农民权益的公正法律调整

（一）我国农村法制建设滞后的原因分析

改革开放以来，为适应以家庭联产承包责任制和双层经营体制改革为主要内容的农村经济体制改革和农村事业不断发展的要求而进行了大量的立法，但仍显得滞后，难以适应社会主义市场经济条件下农村各项事业的发展要求。存在着一系列问题，制约和影响着农民积极性的发挥。

我国农村立法滞后并存在诸多问题，有着深刻和复杂的原因。

1. 历史传统观念：选择以伦理规范为中心的社会秩序

历史地看，在规范或规则意义上，人类社会在漫长的发展历程中，曾选择了习惯、法律准则、宗教规则、人伦规范、行政政策五种手段。中国虽曾以中华法系闻名于世，过去两千多年中，差不多每一大

① 社会主义民主法制建设不仅是小康社会内涵要求，也是实现小康社会的重要保证。党的十六大报告提出全面建设小康社会的具体目标中包括：“城镇人口的比重较大幅度提高，工农差别、城乡差别和地区差别扩大的趋势逐步扭转。社会保障体系比较健全，社会就业比较充分，家庭财产普遍增加，人民过上更加富足的生活。”“社会主义民主更加完善，社会主义法制更加完备，依法治国基本方略得到全面落实，人民的政治、经济和文化权益得到切实尊重和保障。基层民主更加健全，社会秩序良好，人民安居乐业”。

的封建王朝都有体系庞大的法典，立法文化传统绵延不绝。但所遗憾的是，这种法律手段首先和主要的是为支撑封建大厦而产生和存在的，是专制集权统治者手中治民的器具。总体来看，中国并没有像西方国家那样确立起法律的权威，而是确立了以伦理规范为中心的社会秩序。即使是封建王朝所制定的庞大法典，也是为了维护封建统治所需要的以宗法制为主要形式的人伦规范。这种人伦规范是以自然血缘为基础的，在奴隶、封建社会漫长的发展过程中进一步被泛化。推及到整个社会、国家而产生社会人伦化、国家家族化现象。

同时，由于中国没有像西方国家那样经历资本主义的生产方式，也就缺乏在马克斯·韦伯看来使得西方法律理性化的两种作用力量，即严格的形式法律及法律程序（它需要法律依可以预知的方式发生作用）和行政活动的理性化（要求制度的法典化及官僚们运用法律实施管理）。因此中国古代的法律虽然有久远的传统且自成体系，但如果以形式的或经济的"期待"来衡量是极不合理的。

正是这种传统的以伦理规范为中心的观念影响深远，缺乏理性的法律秩序观念传统，使得农村立法缺乏深厚的法律文化传统的基础。这也就成为导致难以运用法律这种主要手段的重要原因之一。

2. 计划经济体制：排斥对权利义务进行规范的法律手段的运用

解放以后，我国实行的是计划经济体制。在生产资料所有制方面，通过对私有制的社会主义改造普遍建立了公有制，农村的生产资料实行三级（人民公社、生产大队、生产队）所有队为基础的公有制形式，排斥私有经济的存在。在资源配置手段上，实行高度的计划体制，采用严格的计划手段，排斥市场的资源配置作用。为实行高度的计划体制，通过建立严密的行政系统，把经济主体作为行政的附属，使得行政手段得以充分地运用和发挥。公有制、高度计划体制、行政手段的充分运用，这三者互相配合，形成与西方私有制—市场—法律这个铁三角相对应的另一个铁三角：公有制—计划—行政。行政化，是中国干预经济的普遍现象。在这种高度计划经济体制的条件下，

管理经济及各项事业工作主要围绕所制定的特定时期计划，通过行政决定或命令等方式加以贯彻和实施。而计划的制定又主要通过政策的形式加以引导。对权利义务进行明确规范的法律既无实施的必要，也不可能具备相应的条件（如经济主体地位的平等、自主经营、自负盈亏、自我发展等）。

3. 政策倾斜城市：农村发展及农民权益保护未受到应有重视

从新中国成立以来的经济发展历程来看，迫于国际和国内复杂原因，走的是一条以牺牲农业发展工业，牺牲农村利益确保工业和城市利益的发展道路，形成了客观上不平等的城乡关系。这种不平等关系通过一系列的向城市倾斜的政策及其执行得以实现。首先，一方面，在工农产品价格差别上，我国工业化的资金积累主要是通过工农产品剪刀差形成获取的。可以说，是剪刀差奠定了中国工业现代化的初步基础。另一方面，过大剪刀差明显地削弱了农业自身扩大再生产的能力，限制了农民生活水平的提高。剪刀差是造成先进的城市、落后的农村，先进的工业、落后的农业这种二元经济结构的经济根源。其次，在社会保障和社会福利上，国家对城市居民从生活必需品到就业、教育、医疗、退休、住房等方面采取大量的补贴措施。而农民的生老病死均由自己负担，集体的公益全都是来自农民自己的收入，国家的扶贫、救济有限，且往往针对特殊情况而采取。最后，在参与社会和政治事务上，农民受文化素质、通信、交通等条件的制约。

国家为了保证这种战略的实施，采取了一系列配套的措施，实行着严格的计划经济体制。这些措施的根本点在于确保工业体系的建立和促进城市的发展，对农村发展和农民权益的保护没有引起足够的重视。

4. 农村改革进程：难以使社会关系及时得到法律规范

农村改革开始以后，在发展有计划商品经济的基本思想指导下，二十多年来农村商品经济有了初步的发展，农民追逐利润的意愿越来越多地在市场上得到实现。市场的兴起，在一定程度上刺激了农村法律的需求，突出地表现在以农户和乡镇企业为主要主体的民事

主体激增，农业承包合等合同关系大量发生，市场组织和管理任务加大，诉讼纠纷增多。但是由于农村改革是逐步深化的，尽管有这种法律的需求，也难以通过及时的农村立法来加以满足。这主要是由于任何一部好的法律都要对相对比较稳定的特定社会关系进行调整。当这种社会关系本身处于不断变动过程中时，如果过早地上升为法律关系而进行法律调整，就可能阻碍这种社会关系的进一步发展（不允许突破法律所规范的特定范围）或者不断变动法律来适应不断变化的社会关系的发展要求（此时使得法律处于不稳定状态而影响其实施）。

为了解决这一法律供求矛盾，党和国家在农村改革后的头十几年进程中制定大量的农村政策，既对农村改革的进程加以推动，又提供一定的规范（通过一定的政策措施加以引导）。正是由于在农村改革进程中诸多社会关系有一个不断展开、形成、稳定的过程，同时农村政策又在一定程度上满足了这种社会关系变革的需求，使得农村立法尤其是规范农村经济主要社会关系方面的立法滞后有着一定的客观原因。

（二）我国农村立法的观念更新

为更好地调动农民积极性，维护其合法权益，促进农村经济的发展，应当加快农村立法步伐。而解放思想、更新观念是加快农村立法步伐的前提和基础。

1. 牢固树立依法治农观念

社会主义市场经济体制的确立，客观上要求转变重人治轻法治、重政策轻法律的倾向，要求牢固地树立法治观念。历史已无可辩驳地证明发展农业和农村经济，人治是靠不住的。人治风险往往比自然风险和市场风险给农业造成的损失更大、更重、更难以恢复和补救。政策虽然具有适时性、导向性和灵活性，但缺乏法律的稳定性、规范性和强制性。在人治观念占有很大市场的条件下，即使对农业和农村工作发展很有利和很重要的政策，在执行过程中也难免不会

走样，如有些领导干部在开展农村工作中不是依法办事，而是以上级领导者个人的意见、讲话、指示或自己的主观意愿为转移。人治观念仍然是加强农村法制建设的严重障碍。

只有牢固树立法治观念，才能更好地适应农村经济发展的要求，制定和完善农村法律内容体系，并在农村立法的基础上严格依法办事；才能充分利用法律手段对农村事业的发展进行引导、监督、调控和保护。当然，在农村工作中树立法治观念、充分利用法律手段并不是一概排斥政策手段和一定程度上对领导者及政府威信的利用，而恰恰相反，仍要发挥政策和一定程度上人的补充作用。在农业和农村工作中的主要方面建立起了法律框架后，仍需政策在法律没有规范的方面进行引导。

2. 确立农村法律相对独立的思想观念

根据我国的统计标准，我国农村一般是指县（除县辖建制镇）以下的广大地区，居住在这些地区的人主要是持农业户口的农民，现在已有9亿多人，但这些人并非都是从事农业生产的。与改革前相比，农村在产业结构、居住地、职业、价值观念上都发生了深刻的变化。要使农村仅在具有居住地意义的这一点上与城市相区别，有一个漫长的过程。农村在现阶段及相当长的一个时期内，还具有就业、价值观念等方面的特殊意义。因而农村法律不仅仅是一个地域意义上的法律，也不仅是法律体系中关于农村内容的总称，而且还包含深远的文化意义，是一类与城市文明不同的法律。

也许有人认为，要促进农村市场的发育、消除城乡差别，必须充分运用民商法，必须使经济活动调节民法化。的确，作为市场规则的民商法，是统一调整城乡经济的重要法律，它所设定的法律关系是一般的、普通的法律关系，并不向城市或乡村哪一方倾斜，进入法律关系的主体是平等的，民商法体现的调整方法属于统一调整方法。但要做到这一点，实现民商法所肯定的自由竞争、自由配置资源、自由地缔结契约等内容，必须以充裕的时间进行发展和充裕的资源可供利用两个前提为基础，而这又恰恰是我们所缺乏的。因此为了弥补

市场自由竞争的不足、争取时间和发挥现有资源的最大效益，国家对农村经济和社会的发展进行干预是十分必要的。在适用民商法的同时，不能排斥非民商法尤其是经济法的作用，或者说，在一定时期内更应重经济法等非民商法的运用。

正是由于农村现实发展相对滞后，而促进其发展又有着特殊重要的意义，因此制定相对独立的农村法律不仅是有必要的，而且是一种必然的选择。这就要求在思想观念上确立农村法律相对独立的思想。唯有如此，才能设计和制定出符合中国农村改革进程和农村特殊性的法律体系，为最终缩小乃至消除城乡差别、工农差别，实现城乡根本上的融合创造条件。

3. 树立民本位、权利本位思想观念

树立民本位、权利本位思想观念就是要改变官本位体制及关于农村立法过程中在法律内容上的重义务、轻权利的义务本位观念。官本位体制的主要特征就是只确认国家为权利主体和唯一的利益主体，而漠视乃至否认公民、法人等权利主体的合法存在。其实质是“有官无民”：它强化权力，轻视（公民）权利对（国家）权力的制约；用超经济的手段管理经济，使经济活动主体没有自己的独立性。改革开放前，中国农民被编制在行政色彩极强的单位中，对农村经济活动实行高度的计划管理，通过工分制度、口粮制度、户口制度等将农民与城市隔绝开来。改革开放以后，农民的财产和身份都发生了变革。农民财产状况得到了极大的改善，如其家庭财产得到了重建，新财产主体大量涌现尤其是乡镇企业的发展已成为农村经济的主要支柱，集体财产实力增大。

正是由于国家经济体制由计划经济体制向社会主义市场经济体制转变和农民财产及身份双重变奏的内在要求，使得我们在制定农村法律的过程中，必须牢固树立民本位和与之相应的权利本位思想观念。摒弃计划经济体制下的官本位和与之相应的义务本位观念。唯有如此，才能充分利用法律手段深化农村经济体制改革，促进农村经济和各项事业的发展。

(三)完善我国农村立法的原则

1. 农村立法要符合市场经济体制要求的原则

农村立法符合市场经济体制要求的原则,首先要求农村立法符合价值规律、供求规律、竞争规律等经济规律的原则。充分利用市场竞争机制,形成资源的优化配置,创造最佳的经济效益。农村立法首要的就是创造平等的竞争环境。其一,对农村市场的多元主体进行立法保护,加快有关农村市场主体立法的步伐。如完善合作经济组织立法,乡镇企业的配套法规及其他涉及企业的立法等。其二,完善有关农村财产权的立法,如有关农地产权制度的完善等。其三,完善调整农村经济关系、规定市场交易行为、维护市场秩序的立法。如农产品流通法、农资市场管理法,农村土地承包经营合同法律法规的完善等。

农村立法符合市场经济体制原则,其次要求农村立法体现兼顾效率和公平的原则。体现效率优先,一方面要求在市场经济以利益为本位,要求经济主体能够独立地进行经济活动,其权益应受到法律保护,同时保护公平有序竞争。另一方面要求在农村立法时间选择上,先把发展农村事业急需、重要的法律优先制定出来,以充分发挥立法资源的高效利用、降低立法成本。兼顾公平,一方面是要求部分农村立法校正市场机制本身带来的缺陷,另一方面是要体现社会主义本质的要求。兼顾公平主要体现在对处于相对弱者地位的农民进行保护和农村社会保障、区域平衡发展等方面的立法。

农村立法符合市场经济体制原则,再次要求农村立法体现国家对农村经济进行宏观调控的原则。在市场调节中,各市场主体对自身利益的追求,容易导致市场机制的紊乱,农村经济在国家经济发展中更易受到冲击,从而不能使农村事业乃至国民经济保持长期稳定和健康发展。这就要求国家利用法律手段对农村经济进行必要的干预和宏观调控。

2. 农村立法既要大胆借鉴外国经验，更应适合中国农村国情的原则

当今世界农业和农村经济发达的国家都有比较成功的农村立法经验，尤其是在农业立法方面制定了健全的农业法律体系。从农业立法方面看，由于各国的经济、政治、社会和历史条件的不同，发达国家农业发展和运用法律手段的背景、早晚和快慢也有差异。但是，从根本上说，为保证本国经济的综合平衡和协调发展，各国无不运用法律武器对农业给予特殊的保护和支持。农业的产业特性和共性，决定了各国农业立法的基本目的和主要内容有许多相同或相近之处。制定农业法是各国普遍用来引导和管理农业的一种行之有效的科学方法，凝结着各国人民合理利用农业资源、科学组织农业生产经营活动和有效协调经济、社会关系的丰富经验，是人类社会的共同财富。从农村其他方面立法看，各国存在差异性的基础上，同样有着一定的共同性。如在处理城乡的平等性问题上，有着经济起飞前的大体平等到经济起飞（工业化的过程）阶段的不平等再到后工业化过程中又趋于平等这样一个共性。因此，在我国的农村立法过程中，要深入研究、大胆借鉴、合理吸收外国在此方面的经验和成果，以加快我国农村立法步伐。

但是，我国的农村立法更应符合中国农村发展的实情。这包括农村经济发展水平、法律历史文化传统、价值观念的要求和取向、中国农村发展面临的特殊压力和困难（如土地稀缺、劳力过剩等）、我国经济的整体发展水平、社会主义制度的本质要求等。如果一味地照搬其他国家的经验和做法，所进行的农村立法或者可能没有执行的基础和条件，或者不符合社会主义制度的本质要求反而成为农村发展的障碍。

3. 农村立法要体现国家保护、支持原则

农村立法体现国家保护、支持原则的依据主要有四个方面：第一，农业的产业特性决定着农业立法的支持保护性。农业的产业特性明显地表现为既有自然风险又有市场风险的高度风险性、本身效

益小社会效益大的效益矛盾性和作为国民经济基础产业的产业重要地位等方面。第二,农村市场主体的相对弱者地位性。农村市场主体以农户、乡镇企业及其他经济组织为主。他们与其他市场经济主体相比,或者由于自身的经济规模小、人员素质差、信息的获得难或者所承担的特有义务多(如乡镇企业的支农义务、农民或者农户承担的农村公益事业义务等),总体所处的地位要低,在市场竞争中一般处于劣势。这就客观上要求通过支持和保护来进行校正,以利于实现真正意义上公平竞争。第三,农村发展的极端重要性。农村发展的快慢对我国现代化的进程起着关键的促进或制约作用。无论是从缩小乃至消灭城乡差别、工农差别和地区差别的角度,还是从城市自身发展的角度来看,都应把农村发展放在一个极端重要的位置。否则中国发展进程必然受阻、发展目标难以实现。这就要求把农村立法摆到应有的位置并贯彻切实的保护、支持的原则。第四,农村、农民巨大贡献的补偿性。人所共知,在我国经济发展的几十年历程中,农民为国家经济发展做出了巨大牺牲。在农村立法中,必须转变和改变这一状况,保护农民利益并在一定程度上给予支持,尤其是在农村社会保障、农民权益保护等方面要尽快立法以完善现有相关法律制度。

(四)我国农村法律体系的构建和立法体制的完善

1. 以农业立法和农村经济立法为重心的农村法律内容体系的构建

今后一个时期是我国建设社会主义新农村的重要时期。农村立法的重点是农业立法、农村经济立法,同时包括农村社会发展、农村文教卫生事业、农村行政等方面的立法。初步形成农村法律体系的基本框架。

(1)农业立法

农业立法的总体目标应当是确立农业在国民经济中的基础地位,逐步理顺农业的产前、产中、产后的各种经济和行政关系,保证农

业持续、健康发展。农业法律体系的基本框架包括四个层次，第一层次为农业法，在农业法律体系中处于基础地位；第二层次为就农业中某些重要领域进行规定的专门法律和法规；第三个层次为实施专门法律而制定的全国性法规和规章；第四层次为地方性农业法规和规章。农业法律体系基本框架主要应包括以下几方面内容：

(a)农用土地使用制度方面法律、法规。在土地管理法等法律法规的基础上，完善有关土地承包经营权及其转让方面的法律法规，在稳定家庭联产承包责任制政策的基础上鼓励农用土地的使用权向种田能手转移，以利土地的规模经营。

(b)农业投入及农业利益分配方面的法律法规。如《农业投入法》、《农业信贷法》、《农产品价格保护法》等，以利增加农业投入，保护农民从事农业生产的正常利益等。

(c)农产品流通方面的法律法规，如《粮食管理法》、《农产品批发市场条例》、《农产品期货贸易条例》等。

(d)农业生产安全方面的法律法规，除继续完善现有有关动植物检疫、水域交通安全管理等方面法律法规外，主要侧重制定《农业保险法》、《农药管理法》、《肥料法》、《饲料管理法》、《乡镇企业环保管理条例》等法律法规。

(e)农业资源保护方面的法律法规。主要是完善现有的相关法律法规，同时制定《蔬菜基地管理条例》、《商品粮基地管理条例》、《水利工程管理条例》等。

(f)农科教方面的法律法规，除继续完善农业科技推广法律制度外，抓紧制定农业教育法、农业科研法，以确保农业科研、教育、技术推广方面的投入增长，为农业发展提供知识和技术动力。

(g)支农产业方面的法律、法规。首先，针对以化肥工业为重点的农用工业，包括农膜、农药、农机具、农产品加工机械等行业的支农特点，体现产业倾斜的要求，制定相应法律、法规。其次，在乡镇企业法的基础上，制定有关乡镇企业的支农义务条例以贯彻乡镇企业法的要求。最后，对为农业提供系列化服务的农村服务业制定相应条

例予以规范和鼓励。

(2)农村经济立法

农村经济立法的目的就是充分利用农村劳动力资源,继续把发展乡镇企业作为繁荣农村经济的重点,搞好农村小城镇建设等,同时规定农村市场运行秩序,加强国家对农村经济的宏观引导和管理。其立法重点包括:

(a)农村市场主体立法,明确农村市场主体的地位、建立农村市场主体的组织结构制度,规范其运作行为。主要包括:在《农民专业合作社法》的基础上制定《合作社法》,在《乡镇企业法》的基础上制定配套的法规和规章,对农民自营服务组织立法,如基金会条例、农业系列化服务组织条例等。

(b)农村劳动力资源利用方面的立法,以充分利用农村劳动力资源,提高农村劳动力素质和鼓励农村劳动力向非农产业有序合理流动为宗旨。如农村积累劳动用工条例、乡镇企业职工素质教育条例、农村劳动力流动管理条例等。

(c)农村市场运行秩序立法,主要是在总体市场秩序立法的基础上,针对农村市场的特殊性制定相应的实施条例。

(d)农村经济的宏观管理立法,主要是针对农村经济宏观管理的特殊性制定相应的法律法规,如《农村金融法》、《农村财政支持法》、《农业投入法》等。

(e)农村小城镇建设立法,以鼓励发展乡镇企业与小城镇建设相结合,有条件的城镇发展为小城市,充分发挥其经济、信息、文化等方面的辐射功能。如《农村小城镇规划条例》等。

(3)农民权益保障和农村社会保障立法

主要体现公平原则,保障农民合法利益不受侵害和逐渐实现城乡平等的社会保障制度。主要包括以下方面:

第一,农民权益保障立法,首先从总体制定《农民权益保障法》,受保障的权益不仅包括经济权益(如土地承包经营权、务农合理收益权、拒绝额外承担费用负担权等),而且包括受教育权、就业权、政

治经济生活的民主权等多方面。其次针对农民权益易受侵害的特定方面制定条例等法规和规章，如完善农民承担费用负担条例和制定《农村义务教育实施条例》等。

第二，农村社会保障立法，旨在初步建立农村社会保障体系，规范对农村社会保障的管理，为最终实现城乡社会保障一体化逐步创造条件。其立法主要包括《农村社会保障法》、《农民养老保险条例》、《农村新型合作医疗条例》、《农村最低生活保障条例》、《农村社会救助工作条例》、《农村优待抚恤工作条例》及完善《农村五保供养工作条例》等。

(4)农村基层政权立法

农村政权组织，按照现有法律规定分为县、乡两级。然而按人们的习惯和实际工作情况，村在很大程度上是被当做一级基层政权看待的。关于农村基层政权的立法，其侧重点是处理两个方面关系：第一，如何处理县级政权尤其是县政府职能部门的下派机构与乡级政权的关系；第二，如何处理乡级政权与村民自治的关系。在这两对关系中，乡(镇)政府处于重要和关键地位。因此制定《乡(镇)政府组织法》和《乡(镇)政府工作条例》是其主要内容。《乡(镇)政府组织法》应体现精简、效能原则，对该级政府的机构设置、政府行为界定做出明确规定。其中两个方面应得到充分考虑：第一，对县政府职能部门的下派机构在精简的前提下实行双重领导体制，如公安派出所、财政所、工商所、税务所等。第二，在村一级建立村公所，作为乡(镇)政府的延伸，以解决村级组织职能不清、事实上是基层政权的状况。《乡(镇)政府工作条例》是依据《乡(镇)政府组织法》制定的法规，是其政府行为的细化，主要规范其职能范围、工作程序，工作人员的奖惩等。

(5)农村社会、文化等方面立法

这方面立法主要是对农村人口、农村户籍管理、农村社会治安、农村文化教育、农村社区建设等方面制定相应法律、法规且以法规为主。如《农村计划生育工作条例》、《农村义务教育条例》等。这些法

规大多数应以调整城乡共同性特定法律关系的法律为依据，针对农村特定情况而制定，其目的是保证该类法律在农村的贯彻实施。

2. 明确中央和地方农村立法权限，完善农村立法体制

立法体制是有关立法权限、立法权运行和立法权载体诸方面的体系和制度所构成的有机整体。其核心是有关立法权限的体系和制度。以下主要探讨农村立法中的立法权限划分问题及农村立法的规范性问题。

(1)农村立法应充分发挥中央和地方立法主体的积极性

从总体上说，我国农村经历了近三十年的改革，已超越了“放活”阶段，进入巩固改革成果、深化改革阶段，党和政府对农业和农村发展的一系列基本政策已基本成型。为了总结一些好的、成功的做法，需要由国家权力机关和国务院适时地把农村改革中的部分政策上升为法律和行政性法规，以保持其稳定性和增加可操作性。同时，在实行社会主义市场经济体制的过程中，农业和农村将面临着新的发展问题，也要求国家权力机关和国务院在借鉴国外同类立法经验的基础上进行适当的超前农村立法。因此应发挥中央立法主体的农村立法积极性，加快农村立法步伐，尽快初步建立起农村法律体系的基本框架。

由于农村无论在地理环境、经济发展水平、所有制关系、农村经济结构，还是在人们的观念素质、社会心理、改革模式等方面，各地都存在重大差异。尤其在农村改革中，很多地方都形成了有自身地方特色的并取得了较大成功的改革模式。这就要求发挥地方立法主体的积极性，制定相应的农村地方性法规和规章。一方面为高层次立法主体所立的农村法律法规能更好地在本地区实施而进行执行性、补充性农村立法。另一方面，更为重要的是根据本地区农村发展的实际和特性，在不与宪法、法律和上一层次的法规相抵触的前提下进行自主性农村立法。

(2)明确农村立法中中央和地方立法主体的权限

鉴于农村法律体系建立的复杂性，要求充分发挥中央和地方立

法主体的积极性,逐步构筑和完善我国农村法律体系。但应明确中央和地方立法主体的权限。

首先,从中央立法主体看,全国人大及其常委会应尽快对农村法律的主要方面制定相应的法律。如农业投入法、农产品价格保护法、粮食管理法、农药管理法、肥料法、农业教育科研法、农业保险法、合作社法、农民权益保护法、乡(镇)政府组织法、农村社会保障法等。一方面把原来的一系列行之有效的农村政策法律化,另一方面为国务院制定农村行政法规和地方立法提供法律依据。国务院的农村立法重点:一是完善全国人大及其常委会所制定的农村法律,使其更具有可操作性,如相关法律的实施细则等。二是针对全国农村发展的共同性问题,在宪法和农村法律的精神指导下,制定全国性农村法规,如农村信用合作社条例、农业生产合作社条例、股份合作企业条例、乡(镇)政府工作条例、农村最低生活保障条例、农村新型合作医疗条例、农村卫生工作条例、农村义务教育条例、对支农产业鼓励支持条例等。三是针对农村发展中出现的新问题制定相应政策,这种制定政策的过程虽不是严格意义上的立法,但在没有相应农村法律的情况也起到一定规范作用。

其次,从地方立法主体看,基于《宪法》、《立法法》和《地方人大和政府组织法》的规定,一般地方立法主体包括三个层次,即省级(省、自治区、直辖市)权力机关和行政机关;省和自治区人民政府所在市的权力机关和行政机关;经国务院批准的较大市的权力机关和行政机关。我们认为农村地方立法中,主要由省级权力机关和行政机关进行。而省级政府所在地的市及经国务院批准较大市的立法应主要侧重于城市功能方面的立法,农村地方立法不是其重点。省级权力机关及行政机关的农村地方立法主要又侧重于对中央所立的农村法律、法规制定执行性法规和针对所在地区农村实际的主动性立法,即在没有相应中央农村立法的情况下制定地方法规。但应当指出:第一,地方立法主体进行农村立法时,其所立的农村法规不得与更高层次的法律法规相抵触。这有两层含义:一是在有更高层的农

村法律、法规存在的情况下,既不能与更高层法律、法规的条款相抵触,也不能与其法律法规精神相抵触(自治条例只需与更高层次法律法规精神不相抵触);二是在没有相应的更高层次的农村法律法规存在的情况下,不得与宪法相抵触,也不得与中央农村政策的精神相抵触。第二,地方立法主体尤其是省级权力机关和行政机关所立的农村地方性法规和规章,其实施范围既可以是立法主体所管辖的全部地域,也可以是其所管辖的部分地域。如可制定单独适用于特定的农村改革试验区或几个所辖地区的地方性农村法规章。这样更有利于引导和规范农村各项事业的发展并使所立的农村法规更具针对性、实用性和可操作性。

(3)注重农村立法的科学性

注重农村立法的科学性,体现在立法原理的科学运用、农村立法活动过程科学性、农村法律法规名称和内容的科学性等方面。

从立法原理的科学运用方面看,首先,农村立法需要以马列主义、毛泽东思想、邓小平理论、“三个代表”重要思想和科学发展观为指导。其次,农村生产方式是最主要的一种物质生活条件,是农村立法的最重要的基础,它决定着农村立法的各个侧面。再次,农村发展的实际情况和农村改革所取得的实践经验是农村立法的最基本依据。因此,我国农村立法时机选择上应以常规的同步立法(即与所调整的社会关系同步)为主,辅以一定的超前立法,而应避免农村立法的滞后。

农村立法活动过程包括立法准备、由法案到法、法的完善等方面,但应特别重视农村立法的准备环节。这不仅在于立法准备是否充分、科学,直接关系到所立的法是否成功,而且更在于立法准备就其主要倾向来说具有决策性。农村立法的准备阶段应在立法规划的指导下,及时发布有关立法意向信息,扩大参与起草和讨论法案人员覆盖面尤其是注意吸收农民利益代表、农村经济和法律等方面的研究专家、各相关部门代表等以增强所立之法的科学性。

专题二:部分国家和地区农村法制建设的经验借鉴研究

伴随工业化进程的加速和经济增长模式的转变,我国经济保持了持续、快速、健康发展的势头,国民收入稳健增长、社会财富不断增加,人民的生活水平也在不断稳步上升。① 然而,经济发展与社会繁荣的背后,农业、农村、农民的发展却明显滞后:农民与城市居民收入增长差距悬殊,城市与农村发展不协调,"三农"问题也一直引起党和政府的高度重视。中央提出建设社会主义新农村战略,作出"工业反哺农业、城市支持农村"②的重大决定并采取了一系列政策措施以推动农村现代化进程,各地政府也纷纷出台相关政策以加速这一

① 近五年来,我国经济平稳发展、经济实力显著增强。2005 年与 2000 年相比,国内生产总值增长 57.3%,年均增长 9.5%;财政收入增长 1.36 倍,年均增加 3 647 亿元。与此同时,人民生活明显改善:城镇居民人均可支配收入和农村居民人均纯收入分别实际增长 58.3% 和 29.2%。而根据国务院总理温家宝 2007 年 3 月 5 日在第十届全国人民代表大会第五次会议上所作的《政府工作报告》,仅 2006 年,我国国内生产总值 20.94 万亿元,比上年增长 10.7%,经济增长连续四年达到或略高于 10%,没有出现明显通货膨胀;全国财政收入 3.93 万亿元,比上年增加 7 694 亿元;城镇居民人均可支配收入 11 759 元,农村居民人均纯收入 3 587 元,扣除价格因素,分别比上年实际增长 10.4% 和 7.4%。这些成就,标志着我国综合国力进一步增强,我们朝着全面建设小康社会目标又迈出坚实的一步。参见国务院总理温家宝 2007 年 3 月 5 日在第十届全国人民代表大会第五次会议上所作的《政府工作报告》。

② 胡锦涛总书记在中共十六届四中全会上首次提到:"纵观一些工业化国家发展的历程,在工业化初级阶段,农业支持工业,为工业提供积累是带有普遍性。但在工业化达到相当程度以后,工业反哺农业,城市支持农村,实现工业与农业、城市与农村协调发展,也是带有普遍性的趋向"。在 2004 年年末的中央经济工作会议上,又进一步阐述:"我国现在总体上已到了以工促农、以城带乡的发展阶段。我们应当顺应这一趋势,更加自觉地调整国民收入分配格局,更加积极地支持'三农'发展。"

进程。发展农业、建设社会主义新农村的热潮在神州大地掀起,"三农"问题得到前所未有的重视。然而,政策具有多变性,易随经济形势的变迁而调整或变化,这种变化容易导致措施的执行缺乏持久性,或因没有得到真正落实而无法彰显政策的有效性,甚至无法保持与巩固已有的改革成果。法律必须是稳定的,弥补政策多变之策在于行法治,在推进社会主义新农村建设的进程中,应当强调从系统地建立健全农村法制建设的层面来巩固农村改革和发展的成果、确立发展的有效路径并使之制度化,给农民一颗"定心丸",从而真正走出"黄宗羲定律"的怪圈。而这恰与我国当前宪法所大力倡导的"依法治国,建立社会主义法治国家"相印证。

社会主义新农村建设需要健全的农村法制作为支撑,而作为社会主义法治建设子系统的农村法制建设,应该涵括农村组织建设、思想教育与文化建设、农业经济建设、农村社会权益保障建设等诸多方面的具体法制。然而,我国确立"依法治国"方略的时间还不长,①从"有法可依"的角度来分析农村法制发展的现状,虽然已有一些基本的法律制度,但总体上还处于起步阶段。这显然不利于农民经济与社会地位的逐步提高、农业的可持续发展及农村社会的稳定繁荣,也不利于已处于全球化背景下的中国传统农业向现代农业转变并参与现代农业的竞争。工业化背景下的农业现代化和农村法制建设不可能一蹴而就,"他山之石,可以攻玉",在农村通往繁荣与法治之路的进程中需要我们在总结经验、吸取教训的基础上,借鉴国外尤其是发达国家工业化进程中农村法制建设的有益经验,以稳健推进新农村建设的发展。

---

① 1999年3月15日第九届全国人民代表大会第二次会议通过的《中华人民共和国宪法修正案》第十三条明确规定:"第五条增加一款,作为第一款,'中华人民共和国实行依法治国,建设社会主义法治国家'。"可见,我国宪法确立"依法治国"方略的时间还较短,基于"依法治国"不仅需要有健全的法律制度,而且离不开社会各层面对法治的信仰,而这在我国目前都较为欠缺,因此,我们认为"依法治国"方略的实施任重而道远。这一点,在农村社会发展和农村法制方面尤为突出。

一、部分国家和地区农村法制建设的总体状况分析

“罗马不是一日建成的”，很多国家农村法律制度是在经济与社会发展的进程中逐渐形成与发展起来的，不是“头痛医头、脚痛医脚”，而是在系统的法治环境中逐渐走向完善的。各国根据本国农业发展状况在制度的构建上各具特色，并随着经济状况的变迁在不同发展时期有所调整和变动。

（一）农村法制建设的发展与完善是随着工业化进程的加速而出现，并逐步完善而成为一个体系

农业是国民经济的基础，不论什么类型的国家，若缺乏农业的基础支撑，其国民经济的发展是不可能持续快速发展的，至少是畸形的。[①] 由于农业是易受自然灾害和市场风险威胁的弱势产业，各国政府都特别重视农业的发展和农村法制的建设。从其发展的轨迹和目前的格局，我们不难发现其总体的发展脉络。

1. 在发展的轨迹上，农村法制是随工业化进程的加速而出现并随着经济环境的变化而不断调整

立法推动农业发展进程，并在不同的发展时期体现国家对农业经济的适度干预。这种干预具有较强的灵活性和变动性，在有的行业或有的时期体现为国家政策调控居于主导，有的时候强调市场化为导向。当然，这种干预随整个经济环境和农业经济的发展变化而强弱不一，并受国际经济一体化和贸易自由化政策的影响。如基于对 1929 ~ 1933 年惨痛的农业危机的反思、农业在国民经济中的地位以及农业自身特点的认识，美国国会通过了《农业调整法》，实施系统的农业干预政策，强调有计划地调整生产以保证市场平衡。决策

① 黄光耀、刘金源：《成功的代价——论英国工业化的历史教训》，载《求是学刊》2003 年第 4 期。

者们在强化生产控制和价格支持手段的同时还相继颁布了一些农业立法对其进行补充或强化。然而，这种政策不利于竞争和农业的市场化，因此20世纪90年代相继颁布了两项重要农业改革法令，即《1990年农业法》与《1996年农业法》，①逐步取消政府对农业部门的干预措施：从严格干预政策转向以市场机制为基础、专门针对市场失效问题的调节政策，使农业生产向市场化、自由化方向发展。② 然而，因受亚洲金融风暴的影响，农产品价格下跌，许多农场破产，农场主被迫改行。于是，2002年布什总统签署了《农业安全及农村投资法》，大幅度提高农业补贴，强调在未来10年里，将联邦政府补贴提高67%，总计达1 900亿美元。美国农业立法的历史，展示了美国政府发展农业的战略意图：一是将农业作为弱势产业给予特殊照顾；二是确保美国人民都能够吃上健康、营养、安全的食品；三是通过农产品出口制约国家战略对手；四是促进农业可持续发展。③ 在印度，为

---

① 美国《1996年农业法》即《1996年联邦农业完善与改革法》于1996年4月4日正式生效。其宗旨是在7年后完全取消政府为农场主提供的价格和收入补贴，把农场主完全推向市场，使政府彻底摆脱越来越沉重的农业补贴负担。根据《1996年农业法》的规定，美国农业政策将有以下几个方面的重大改变：第一，新法律提出了用7年时间使美国农业过渡到完全的市场经济。7年后，政府将停止对农场主有关价格和收入支持方面的所有补贴，即取消产生于1933年的"农产品计划"。第二，在过渡阶段，设立了一种生产灵活性合同补贴以代替价格支持补贴。为了取得这种新的补贴和对主要农产品的贷款，农场主在1996~2002年间要同政府签订一种生产灵活性合同，合同要求生产者同意继续执行现有的农业资源保护计划和沼泽地保护条款，不能将现有用作保护的土地用于耕种。第三，从1996年开始，取消了对农作物耕种面积的限制，完全放开农业生产。农场主可以根据市场行情，决定自己种植什么和种多少，自己承担完全的市场风险。第四，新法律仍保留基本的无追索权贷款，但方法上有所改变。无追索权贷款允许农场主储存农产品，以待有较高的价格时再出售，但他们必须保证以一定数量的农产品作为从政府那里取得贷款的抵押。此外，从政府农产品信贷公司取得贷款的利率在原来的基础上增加1个百分点。详见王雅芬、马红霞：《90年代美国农业政策的改革及其影响》，载《湖湘论坛》1999年第1期。

② 王雅芬、马红霞：《90年代美国农业政策的改革及其影响》，载《湖湘论坛》1999年第1期。

③ 曾震亚：《从美国农业发展战略看我国贫困地区发展方向》，载《中国民族》2005年第1期。

防止农产品价格上涨过快而给城镇居民生活造成影响，政府对化肥、农药、农业用电等现代农业投入物给予补贴，但由于补贴给印度政府财政造成了巨大压力，为此政府打算逐渐减少乃至最终取消各种农业投入物的补贴，并同时逐渐提高化肥、农药等的收费标准。① 在欧盟，其共同农业政策遭到了纳税人的反对。因此，欧盟从 1995 年开始对其共同农业政策进行了改革和调整，1999 年推出了《2000 年农业改革方案》，明确逐步减少对农产品的补贴。日本在乌拉圭回合谈判后对农业保护政策进行了调整。②

当然，有两点需要我们清醒地认识：一是发达国家在农业政策领域所做出的表率是基于诺行乌拉圭回合谈判和维护其贸易自由化的"国际形象"所做出的妥协，反映各国为适应国际经济一体化和贸易自由化的发展趋势对农业政策进行适度调整。二是虽然各国的相关制度适应各时期发展和环境的需要而在不断地变动，但是在对农业支持和保护的力度上并没有削弱，而是有所加强。而且这种变动和一国国内政治力量的对比和态度有很大的关系。

2. 农村法制体系已经逐渐显现，成为构筑农村经济与社会发展的支柱

目前各国在农村立法格局上，形成了以农业基本法为核心，以农业各领域和所涉及各环节为主体，具体涵括农民的组织、思想教育，农业的产前、产中、产后诸环节、农村社会保障体系等。

第一，各国纷纷制定农业基本法，明确和稳定国家的农业大政方针和发展方向。一方面，基于法律的稳定性与程序性可有效地防止政出多门、朝令夕改、个人独断等混乱现象的发生，也可杜绝一些部门和个人曲解政策，使农业和农村有一个比较平稳的发展环境，各国政府尤其重视农村法制建设在农业发展中的作用。另一方面，由于

① 文富德：《印度农业新政策的主要内容及简要评价》，载《南亚研究季刊》1999 年第 2 期。

② 王西毅：《当今发达国家农业保护政策改革的特点、动因及启示》，载《农业经济》2001 年第 7 期。

农业涉及的领域和范围较广，所以各国大多制定有农业方面的基本法，以从整体上加强对农业的引导、保护乃至扶植，通过严格的立法来干预农业并适时进行调整。如美国从 20 世纪 30 年代就制定了《农业调整法》，并且几乎每隔四五年就要对其进行修订，以适应不断变化的农业形势。当然，无论如何修改，其基本方针始终是立足于农业的稳定发展和“保证安全、充分、营养、便利的粮食供应”。法国于 1960 年制定《农业指导法》，其主导思想是“改善农产品的国内国际市场销售价格”，“向农民提供足够的保护来对付不正当竞争”，[①]而 1999 年 7 月新修订的《农业指导法》确定了农业和农村经济发展的新目标，提出要建设一个兼顾经济、环保和社会效益、可持续发展的“多功能”农业。[②] 日本 1961 年《农业基本法》第一条规定：“国家的农业政策目标是：鉴于农业及务农人员在产业、经济社会等方面应完成的重要使命，要适应国民经济的发展及社会生活的提高，克服不利于农业在自然、经济、社会方面的限制，提高农业生产率以消灭同其他产业之间在劳动生产率上的差别以及增加务农人员的收入，使其生活达到其他产业人员水平，以谋求发展农业和提高务农人员的地位”，[③]由此，日本进入了“基本法农政时期”。德国《农业法》第 1 条也规定：“农业人口的福利状况应与他们同等的其他职业人员的状况相适应”。这些规定，反映了各国特别强调以农业基本法的方式，从总体上确立以增加农民收入使农业与国民经济其他产业协调发展为目标。

第二，为达到农业基本法所确立的目标和细化其相关规定，各国制定和颁布大量的单行法律法规来实现农业各部门和各环节的发展，实施水土保护和环境生态保护政策以实现农业的可持续发展。如美国、欧盟、日本都通过立法确定了对主要农产品的保护价制度，

---

① 王乐君：《国外依法兴农的经验及启示》，载《外国法译评》1996 年第 1 期。
② 《法国兴农扶农》，载《国际经贸消息报》2002 年 3 月 7 日。
③ 王乐君：《国外依法兴农的经验及启示》，载《外国法译评》1996 年第 1 期。

同时在资金信贷保险等方面对农业进行扶持。日本已制定的有关土地方面的法律多达500多个，主要的有《农业基本法》、《国土综合开发法》、《国土利用计划法》、《农业振兴地区整备法》、《农地法》、《农地改良法》、《生产振兴法》、《农业机械化助成法》、《农业团体法》等。此外，美国政府还通过《农作物保险法》、《灾害救济法》等确立政府对农业保险和灾害救济的支持制度，以减小农业的经营风险。

农村法制体系的形成和不断完善，使得国家解决农业问题的目标更加明确、措施更加具体得力，也为农业和农村的发展奠定了一个坚实的法制基础。实践表明，法律作为一种必要而有效的管理手段，有力地支撑和促进了各国农村的改革、发展与稳定。

（二）农村法制立足可持续发展，引导发展生态农业和循环经济，协调相关产业的发展

随着科技的进步和工业革命的成功，欧美发达国家为提高农业生产率，将大量的机械、石油、化肥、农药投入农业，在农业产值不断提高的同时也造成了能源过量消耗、农业生态系统退化、食物安全性降低、环境污染压力加大等外部效应，引发人们对“石油农业”的反思。

农业生产是经济再生产与自然再生产过程的交织，①这就决定了人们在农业生产过程中必须注意保持生物以及生物与非生物之间的物质和能量交换的平衡，即保持生态系统的平衡以形成自然界的良性循环。为此，各国政府在立足本国农业发展的基础上相继制定和调整农业法，一方面根据发展需要适时减少政府的开支、增加农民的收入，另一方面推行保护农业生态环境的政策，建立效益型农业，将农业纳入到整个社会发展生态，协调相关产业的发展，通过强化环境的保护以实现农业的可持续发展。资源与环境保护逐渐成为各国

① 姬亚岚：《全面认识农业特点　不断完善“三农”政策》，载《光明日报》2006年4月10日。

农业政策的重要目标。

1. 通过强制性立法来严格对农业污染和对生态污染的处罚与治理

一方面通过完善相关环境法律，强化对环境污染的处罚，加强对生态环境的综合治理。如美国通过确立低投入可持续发展模式，强调农业资源的再利用，把农药、化肥、石油的投放量控制在合适的水准，维护生态系统的自然繁殖。法律规定所有农药都必须在联邦农业部登记，在使用的州注册，然后发放农药使用证，使用者必须经过培训合格方可领证。州农业厅每年对农药使用情况进行检查，对投诉违法的案件加以处理。对生产、使用农药、化肥造成环境污染者征收农药税和化学肥料税。州农业厅对农产品农药残留分析给予资金支持，逐年增加检测项目和分析样本，把农药投入对农业生态环境的影响降到最低限度。① 此外，通过《净水法》严格限制填水造田用于种植农作物，并由环保局负责监督。② 在德国，就施肥方法颁布了"施肥令"，规定化学肥料和农家肥的正确使用方法，农家必须遵守，违反者受惩罚。在法国，政府强调不论是城镇还是乡村，工业废物或生活污水都必须经过净化处理达标后方能排放。英国《控制公害法》将污染物流入水中视为犯罪，实行严厉的"污染者负担"制。欧盟在德国和英国的基础上于1992年6月颁发《生态农业及相应农产品生产的规定》，提高了环保的基准水平，扩大了"污染者负担"原则的适用范围，并且明确规定产品如何生产、哪些物质允许使用或禁止使用，甚至强调所采用的附加料都要在产品中标明其比例，而只有95%以上的附加料是来自生态的才可作为纯生态产品出售。在日本，其《环境保护法》严格规范畜牧业经营，要求农户必须具备家畜粪便的处理设施，处理费用由畜产农户个人负担，具有相当规模粪便

---

① 姜亦华：《国外农业的生态政策》，载《世界经济与政治论坛》2004年第4期。

② 王雅芬、马红霞：《90年代美国农业政策的改革及其影响》，载《湖湘论坛》1999年第1期。

处理设施的养畜大户，可以优先以较高价格售出堆肥制品。而《制定一部欧洲宪法的条约》第Ⅱ－97 条规定："应将高水平的环境保护和提高环境质量纳入到联盟的政策中，并按照可持续发展的原则保证其实施。"①

2. 引导性立法指引资源的流向，利用法律调控实现农业生产与发展的生态化与可持续发展

各国采取了包括财政、税收、补贴等诸多举措来引导农业向生态农业和环境的可持续发展。

第一，加强对农业生产各环节的直接补贴。如美国政府逐步实行"绿色补贴"，即将保护农民收入与改善环境质量目标挂钩，把大量农业补贴转变成农业污染补贴，实施了包括环境质量鼓励计划、保护储备计划、草原储备计划、湿地储备计划、野生动物栖息地鼓励计划、资源保护和发展计划等，其中仅"环境质量鼓励计划"的补贴就达 90 亿美元。② 而在 1985 年，依据《土壤保护计划》对占全美耕地 24% 的"易发生水土流失土地"实行 10～15 年休耕，休耕还林、还草的农户可从政府拿到补助金，其金额比从事耕作的收益还要多。如果补助不足的，农户有权上诉，而执行部门将因此遭受惩罚。此外，在一些州，如依阿华州等州设立的"农业环境质量激励项目"规定"只有生态农场才有资格领取奖励"，而明尼苏达州则规定有机农场用于资格认定的费用州政府补助 2/3。欧洲国家对生态农业的认知较早，政策措施也较为完备。20 世纪 60 年代德国、法国、瑞士的一些农场就已转向生态耕作。欧共体 1988 年规定，为控制生产和保护环境实行 20% 的农地不耕作，对恢复自然植被的农户损失进行直接补偿，农户有义务按一定比例将低产农地转为生态用地，用于野生生物栖息地，保护生物多样性。德国与英国在 20 世纪 90 年代初构建

---

① 郭文殊译：《制定一部欧洲宪法的条约》。

② 罗晓东：《21 世纪初美国农业政策浅析与借鉴》，载《科技导报》2003 年第 4 期。

了“适当的农业活动准则”，严格控制不宜施肥时期的施肥量，河流附近的畜产农户必须有家畜粪尿的处理设施。农户严格遵守准则发生的损失由政府财政给予补贴。1993年以后欧盟各成员国都出台了资助生态农业的政策法规，分别斥资在各国范围内统一实施，如法国1992年用于农业环境的资金为800万欧元，1993年上升到1.5亿欧元，增长近20倍，而到2001年已高达3.7亿欧元。欧盟各国所有的资助项目都规定，农民必须按照生态农业标准耕种5年才能得到资助，否则必须退还所领款项。除了生态经营以外被要求实施额外环境措施的，相关费用由财政另行拨付。日本目前尚未形成全国性的由政府负担的农业环保政策体系，但有部分地区已实施由当地政府负担的农业环保政策。此外，日本政府正在探索农业环保支付水准与化肥、农药投入量的相关关系。① 在我国台湾地区“森林法”第五条和第二十一条均确立了生态农业发展的方向。②

第二，加强对农业生产各环节和各领域的间接支持。农业是整个社会生产中的一个子系统，但是其所涉及的环节和领域绝不仅限于农业生产本身，因此各国对围绕农业生产和农民生活的各环节和领域给予政策性倾斜。如美国政府通过“赠地学院”的建立，为农业发展提供智力支持；在农村电气化、水利和废水处理系统、农村社区进步等方面为农场主提供金融支持；通过补贴、信贷以及非价格促销等手段支持出口等。③

发达国家的生态农业企业由于不使用或基本不使用化肥、农

---

① 姜亦华：《国外农业的生态政策》，载《世界经济与政治论坛》2004年第4期。

② 我国台湾地区“森林法”第五条规定：“林业之管理经营，应以国土保安长远利益为主要目标”。第二十一条规定：“主管机关对于下列林业用地，得指定森林所有人、利害关系人限期完成造林及必要之水土保持处理：(一)冲蚀沟、陡峻裸露地、崩塌地、滑落地、破碎带、风蚀严重地及沙丘散在地；(二)水源地带、水库集水区、海岸地带及河川两岸；(三)火灾迹地、水灾冲蚀地；(四)伐木迹地；(五)其他必要水土保持处理之地区。”

③ 曾震亚：《从美国农业发展战略看我国贫困地区发展方向》，载《中国民族》2005年第1期。

药，农产品产量有所下降，但生态产品的价格远高于传统农产品，加之得到政府的各种生态补助，故企业总利润及人均收入均普遍高于传统农业企业。同时，由于采用休耕、轮作、施用有机肥的种植方式，提高了土壤肥力，故生态农业的产量有望赶上和超过传统农业。①

当然，目前建立生态农业以实现农业的可持续发展主要是依靠各国政府及立法和执法来推动，而随着人们环保意识的增强和对自然生态的追求乃至对绿色食品的偏爱，现代农业的发展方向和竞争力将建立在自然与和谐的基础上，这就使得在该方面起步较早的国家在国际竞争上有非常明显的优势，如现在法国已是世界上最大的有机农产品的生产国和出口国，成为生态农业最大受益国。

（三）国家在农业发展中的影响力不断变动，但作用极为重要

社会发展到今天，哪怕是最自由的市场经济国家，也不再将国家的职能仅仅定位于“夜警”或“守夜人”的角色，而是通过各种手段积极参与对整个经济的运作过程。尽管农业产值在各国国民经济中的比例都不是很高，甚至处于无足轻重的地位，②但是各国政府都给予特别的关注。

1. 国家通过立法和行政手段干预农业和农村发展，以确立合理的发展路径

第一，从各国农村法制建设的进程来看，通常在农业发展的初期和成长期乃至不稳定时期国家起主导作用，而在发展成熟期国家基

① 姜亦华:《国外农业的生态政策》，载《世界经济与政治论坛》2004 年第 4 期。

② 这里我们所指的是那种狭隘的农业，事实上，农业和与农业有关的行业和部门的产值在整个国民经济中的地位还是不低的。而且本书所涉及的农村法制实际上不仅仅局限于土地上所生产的产品，还包括与农业、农村和农民有关的各环节、各领域及相关产业。

本上只是从宏观上起引导或指导作用而很少直接介入。如 1929～1933 年全球性经济危机到来时，美国罗斯福政府实行"新政"，对农业发展进行积极干预，但到后来干预的强度不断减弱。韩国新农村运动过程中，初期在朴正熙总统的倡导下政府积极参与，到中后期政府的力量明显减弱，主角已经明显转移到农民自身。当然，很多国家对农业的干预和对农民的关照一般不采取强制手段，而更多的是通过财政、税收杠杆或其他方式进行引导，最后决定都由农户自行做出。

第二，为适应农业与农村发展而适时调整农村法律制度。一方面通过制定相关法律法规、颁布相关政策等保护农业，另一方面通过采取财政补贴、税收优惠等方式对农业发展进行扶持，而因农业易受自然因素和市场风险的影响，故农业政策具有多变性，但各时期政策的调整都反映了各国对农业的关注。如美国政府对农业基本法的频繁调整、对补贴政策向环保和环境方面的调整，都反映了国家适应纳税人要求对农业进行有效的调控。①

2. 成立强有力的调控部门，建立有效的信息支持和监控系统，实现农业发展的不断提升

为了贯彻政府扶持农业的法律和信息的有效沟通，各国积极采取措施加以应对。美国由农业部专司该职，一方面法律赋予其广泛的权力，负责所有农业事务的管理，从生产计划到实施各项补贴，从生产到科研、教育，从生产到销售、食品卫生以及妇女儿童营养品的

① 当然，这样描述不是说美国的农业立法很随便和轻易。事实上，为保证制定的农业法律能够平衡各方面的利益并能有效实施，美国确定了一套严格的农业立法程序。一项农业立法提案的提出需要农业部长与总统、其他内阁成员、国会领导人以及农业组织部门领袖们反复磋商，然后召集农业的经济学家、法律专家、部门首长反复研究，比较方案，形成一个法律提案的内部稿，然后送交与该提案有关系的有关方面征求意见。根据各方面的意见，再形成一个稿子报总统。总统的经济顾问委员会或预算局对提案审查后，交总统审定。总统将提案提交国会后，两院各自的农业委员会要先后进行听证和辩论，然后，由两院辩论和表决，提案通过以后，还需经过总统签署，才能成为法律。

发放，在生产计划的落实方面，除了通过签订合同、发放贷款等经济措施外，还有权进行必要的检查，①而且农业部参与农业有关的各种谈判，如美国驻华使馆农业处就参与了中美所有农业问题包括 WTO 问题的谈判。另一方面对农业部给予充足的人员配备和财政预算，如农业部雇员遍布全国每个县并多达 10 万之众，甚至在海外的美国使领馆，农业部海外农业局还派有农业代表或设有农业处，其经费仅次于国防部、健康服务部、财政部和社保局，居第五位，仅在 1995 年就为 680 亿美元，占预算支出总额的 4%，远高于农业 GDP 仅占全国 GDP 不足 2% 的情况。② 韩国的"新村运动"在完成政府主导到民间主导加政府支持再到完全由民间主导的过渡中，加强了"新村运动"立法，对"新村运动"的性质、组织关系和资金来源等作了详细规定，还成立了全国性的领导机构"新村运动本部"，并在各直辖市和道（相当于省）成立"新村运动指导部"，在各市和郡（相当于县）成立救持会，健全了"新村运动"指导网络。在英国，设立农村经济适用房委员会为农村居民提供帮助，而农村社区委员会在解决农村弱势群体的实际问题、向政府提出有关政策的制定和执行方面发挥了较大的作用。③ 在印度，中央和地方政府专门设立了农村发展部，中央政府的农村发展部设立有农村发展局、土地资源局和饮水供应局三个部门，分别负责扶贫和各种项目建设、荒地开发和土地改革、乡村饮水和卫生项目。④

当然，政府的权力也应受到约束，如在美国，农业部的主要工作就是在法律授权范围内执行农业法，如果超出其职权范围，或报告上级和有关部门，或通过法院诉讼解决。同时，为了防止国家力量的过

---

① 张晓铃、吴可立：《美国的农业支持政策和对我们的启示——美国农业考察报告》，载《经济社会体制比较》1996 年第 5 期。

② 曾震亚：《从美国农业发展战略看我国贫困地区发展方向》，载《中国民族》2005 年第 1 期。

③ 《农村弱势群体　英国政府帮忙》，载《新华每日电讯》2006 年 2 月 20 日。

④ 任大鹏：《印度的农业和农村发展政策》，载《世界农业》2002 年第 11 期。

度干预，农民也可就农业部的执法问题提出异议，必要时还可聘请律师提出起诉。

（四）积极鼓励农民尤其是青年农民投身农业生产，提高农民的组织性

农业生产是整个社会生产的一部分，随着工业化进程的加速和资本与劳动力的自由流动，农业和农村受到越来越多冲击，表现最为明显的是农村劳动力尤其是青年农民向城镇流动。而农业自身易受市场因素和自然灾害的影响，在激烈的市场竞争中又缺乏有组织的抵抗风险的能力，所以面临发展和竞争的困境。

1. 积极鼓励青年人从事农业生产，以保持农业的可持续发展

对此，各国政府给予高度的重视。在承认公民有迁徙自由的前提下积极引导并鼓励青年农民在农业发展中的主导作用。欧盟在对农业生产进行补贴的基础上，通过增加对青年人进入农业的投资补贴，以鼓励青年人进入农业和从事农业生产，如在德国，如果青年农民投资农业企业，发放投资补贴，最高可达补贴的总价值的45%，落后地区可达55%，比其他人平均高出5个百分点，同时为青年农民发放开业补贴，强调如果首次在农业企业开业的人是40岁以下的青年农民，则最高可获得2.5万欧元的开业补贴。[①] 同时为了加强土地集中，鼓励部分农民放弃农业或让出土地，如老年农民出售或长期出租土地而有利于改善农业结构者，可领取高于一般农民养老金的土地转让养老金，长期出租土地可获得一次性的租金。在法国，政府为鼓励青年农民留在农村务农：一方面通过向停止务农的老年农民发放终生年金，鼓励老年农民退出农业生产；另一方面给青年农民发放贴息贷款，并对青年农民的安置和培训给予资助，甚至在农产品补贴的基础上，规定对山区的补贴率高于平原地区的补贴率，尤其是政府对刚刚独立的年轻农民采取更为优惠的政策，这使得山区年轻农

① 余瑞先：《德国对农民的补贴政策》，载《农家参谋》2004年第3期。

民的比例高于全国平均水平。①

2. 提高农民的组织性，以增强其抵御风险的能力

农业生产随着全球化的到来，其所面临的竞争早已突破国界而走向一体化，但由于农业自身的特点和各国优势不同及维护本国农业的地位，各国非常重视通过加强农民的组织性以增强其抵御市场风险和自然灾害的能力。一方面允许农民成立合作经济组织合作发展生产，提高其市场竞争力；另一方面允许农民相关维权组织如农会乃至政党，以通过各种途径将农民的利益需要在国家治理中得以体现。表现比较明显的是经济组织比较普遍而且影响较大，同时随着农民经济地位和社会地位的提高，其政治诉求和影响力也会不断涌现和提高。如韩国的"新村运动"后来成立了开发委员会主导"新村运动"，吸收全体农民为会员，并成立了青年部、妇女部、乡保部、监察会和村庄基金等，提高了农民的组织性，有利于充分发挥他们的潜能。

随着农业发展的不断深入和农民地位的不断提高，农民和有组织的农民团体成为各国农业发展的主导力量。

二、部分国家和地区农村法制建设的具体构建分析

（一）农村组织建设和组织保障方面

改革的过程是在经济与社会发展的基础上不断进行利益调整的过程，在这一进程中，各阶级和阶层的影响力起决定作用。同时，随着全球经济一体化进程的加快，农业的全球竞争也越来越激烈，基于提高谈判筹码以维护自身利益，农民急需加强自身的组织性。正因为如此，西方发达资本主义国家的农民通过各种方式组织起自己的团体来参与这一体现利益博弈的调整过程，而西方三权分立思想中权力的分立与制衡事实上也为其提供了法理基础。

① 董炜博编译：《法国的山区农业》，载《世界农业》1994 年第 7 期。

农村地方自治，农协、农会乃至农民的政党等农民组织形式，将他们联合起来组成全国联合会，便于对政府政策的制定施加影响，更好地实现农业产业的国际竞争，提升农民在社会中的政治地位和社会政治影响力，提升他们的竞争力。如在我国台湾地区，为了保护农民的利益，还制定了"农会法"。

正是因为有这些组织建设的保障，农业生产者的利益很容易得到政府的重视和保护。如在阿根廷，农业之所以能获得较大的发展与该国从19世纪中期到20世纪30年代间基本上由大农场主或者代表农场主利益的律师担任总统，政治生活由农业利益集团主导有很大的关系。①

（二）思想教育及文化建设方面

工业文明的进步推动农业产业的调整，为使得农民适应现代农业发展的需要，各国政府通过相关法律法规加强对农民的知识、技巧等方面的培训，引导他们适应现代农业发展要求，使农业获得持续发展的后劲。

1. 明确思想教育的重要性，通过基本法强调国家在思想和教育方面的责任，通过知识武装和科技进步提升现代农业

现代各国大都明确将教育摆在一个国家社会发展的首要地位，并通过宪法或其他法律明确国家的责任，甚至为国民提供免费的教育和培训。如《日本宪法》第26条规定："一切国民，按照法律规定，都享有按能力同等受教育的权利。一切国民，按照法律规定，都负有使受其保护的子女接受普通教育的义务。义务教育为免费教育。"②意大利宪法第34条规定："学校向一切人开门。凡年满8岁者之初级教育，为义务和免费教育……共和国为了实现此项权利而规定有奖

① 范剑青：《阿根廷：种地就是报效祖国》，载人民日报国际部编：《中国记者眼中的外国农村建设》，中共中央党校出版社2006年版，第1~13页。

② 《日本宪法》第26条。参见戴学正等主编：《中外宪法选编》（下册），华夏出版社1994年版，第272页。

学金、家庭不出金和按有奖比赛而给予之他种资助（如奖金）。”①

在美国，早在20世纪60年代就已将实现农业现代化战略明确地放在以知识替代资源、通过农业科学化来提高土地生产率上，而1986年的《美国农业年鉴》更加明确：“美国农业通过以知识替代资源在世界上取得了突出的地位。这些隐含在更具生产性的生物、化学和机械技术以及农作物经营管理技巧中的知识使美国拥有了一个具有世界水平的农业”。②

2. 设立农业性质的学校、培训和咨询机构，培养现代农业发展所需人才

现代农业需要依靠科技进步来提高其效率，这就要求农民必须受过良好的农业教育。然而，转型时期的农业科技水平都比较低，农民很少受到正规教育，掌握实用农业技术的专业人才严重缺乏。为此，各国政府纷纷颁布相关法令或规定，建立农业院校，培养农业科技人才。如美国于1862年通过了《莫雷尔法案》，③由联邦政府无偿向各州赠拨一定数额的土地，各州须以此土地出售所得资金为资本，开办以讲授农业和机械制造工艺知识为主的专门学院。该法案及相关法令的颁布实施，培养了一大批高素质专业技术人才，提高了农民的科学文化素质。在《莫雷尔法案》及其随后相关法令的推动下，依靠联邦政府资助成立的“农业及机械学院已成为研究当地庄稼和改良当地牲口的中心，从那儿衍生出许多农业实验站”，④为美国农业

---

① 《意大利共和国宪法》第34条。参见戴学正等主编：《中外宪法选编》（下册），华夏出版社1994年版，第88页。

② 刘瑞涵、李瑞芬、邓蓉：《浅论发展我国的知识农业》，载《中国农业经济》2001年第12期。

③ 该法案全称为《赠予土地设立学院以促进农业和机械制造工艺在各州和准州发展的法案》，由于此法案系当时的参议员莫雷尔所提出，故以他的名字命名，称为“莫雷尔土地赠予法”，简称为《莫雷尔法案》，而依据该法案成立的院校后来统称为“赠地学院”或“农工学院”。

④ ［美］丹尼尔·布尔斯廷：《美国人民主历程》，中国对外翻译出版公司翻译，三联书店1993年版，第551～552页。

生产提供强有力的智力支持和技术保障。在德国有10所农、林、牧、渔的专业高等院校，培养专业人才，政府还组织农业咨询，为农民提供专门的职业培训，帮助农民获得专业知识，从而实现科学种地。在印度，20世纪60年代把农业研究院改为一个独立的机构，由它负责全国的农业科研工作，目前印度有40多个农业研究所、23所农业大学、1所农业研究管理学院、4所高等林学院。这些农业科研院所对农业科学研究、教育、优良品种与农业技术推广，以及农业科技人才的培养起到了重要的作用。① 丹麦有着世界上效率最高的农牧业，国家设有专门的农牧业学院，好几个农牧业和生物技术研究机构和为数众多的农牧业技术学校，这使得丹麦的农牧业和生物科学闻名世界。② 而在韩国，为了消除城市与农村之间的"信息鸿沟"，韩国迄今已投入超过5 000亿韩元的资金，向农民提供免费信息化教育，以便将相关技术推广到农村去。目前已有95%的农村家庭用上了宽带网，并计划到2007年使所有的农村都用上宽带网，到2008年，将向所有愿意参加学习的农民提供免费信息化教育和培训，从而真正提升他们与外界沟通的能力，提高他们的生活质量。③

3. 立法引导农民接受现代教育和发展理念，丰富农民的生活，提升农业竞争力

现代农业需要有现代的农业管理思想和农业技术，为了提高农民的知识和经营管理能力，各国都强调农民素质的提高，强制或引导农民不断提升自己的能力。如丹麦政府规定农场业者最少要取得相应农业技术学校（相当我国的中专）的毕业文凭，俗称"绿色证书"，才能从业。没有"绿色证书"就不能得到政府贴息分期返还的农业贷款，更新设备所需资金也没有着落，甚至不能加入合作社。④ 在德

① 于中琴：《中国和印度农业比较研究》，载《兰州商学院学报》2001年第5期。

② 侯海涛：《世界上效率最高的农牧业》，载《北京农业》2003年第11期。

③ 刘坤喆：《韩通信部长：中韩IT领域优势互补应加强合作》，载《中国青年报》2005年7月20日第4版。

④ 侯海涛：《世界上效率最高的农牧业》，载《北京农业》2003年第11期。

国，规定要想成为一名合格的农民，首先必须是接受过9年义务教育，达到初中毕业的知识水平。同时强调农业从业人员必须接受正规、系统的职业培训，在职业专科学校里学习一年的基础理论知识，接着到农场及农业职业学校接受3年左右的职业培训，经过考试合格准予毕业后，才能取得当农民的资格。因此，经过系统培训后上岗的德国现代农民，实际上已成为知识型的农业工人。① 而在荷兰，先上大学后当农民已经成为普遍现象。所以，一些学者惊叹"在国外当农民也不是一件容易的事情"。②

正因为如此，我们发现，一方面很多国家的农业从业人员本身就是农业方面的专家，他们具有较高的农业科技知识和管理经验，而且非常注重成本效益核算，善于用现代科技来组织农业生产的全过程；另一方面，正因为各国政府鼓励农民采用先进技术，发达国家的农业实现了高度的机械化和科学种田，农业劳动生产率不断提高。如农业自然资源条件并不优越的以色列，10万农业劳动者依靠科技进步生产的农产品不但满足了本国需要，1997年农业出口还占其出口总额8%；荷兰通过大量的科技投入，仅用5.8%的农业用地就生产了35%的农业总产值；③印度借助绿色革命的发展，农业的生产技术不断提高，传统的农业经营方式逐渐向现代农业转变；④在德国，农业人口虽只占全国人口的极少数，但有数字表明，1950年1个德国农民只能养活10人，1994年可以养活95人，而现在可以养活130人。⑤ 知识农业的发展使这些国家的经济受益匪浅。

---

① 和平：《在德国当农民"难"》，载《丹东日报》2006年4月3日第3版。

② 罗维扬：《外国人怎样当农民》，湖北人民出版社2005年版，第10～20页。

③ 刘瑞涵、李瑞芬、邓蓉：《浅论发展我国的知识农业》，载《中国农业经济》2001年第12期。

④ 殷永林：《当代印度农民经济的分化》，载《南亚研究季刊》1999年第1期。

⑤ 参见和平：《在德国当农民"难"》，载《丹东日报》2006年4月3日第3版；青木：《德国1个农民养活130人》，载《环球时报》2005年2月2日第7版。

4. 积极宣扬农业生产光荣和弘扬传统美德，以充分发挥农民参与发展与建设的积极性和自豪感

每一个群体都有自己独有的文化底蕴和价值内涵，而这种理念是隐含在劳动者的行动中并对其心态具有很大促进作用，农业领域也不例外。这种独有的文化不仅让农民真正认识到“劳动光荣”，而且让他们感到受尊重和自信并进而对生活充满热情。如在阿根廷，“以农为荣”的精神贯穿社会的各环节，而该国农牧业展览会一句不变的口号“种地就是报效祖国”恰是这种精神的缩影。① 而在韩国，“新村运动”开展了“和谐与爱护邻里运动”、“帮助恢复经济运动”、“全国公园化运动”、“讲道德守纪律运动”、“爱护环境运动”等各种活动，借此塑造了“勤勉”、“自助”、“协作”的“新村运动”基本精神。正如一些人所指出的，“新村运动”不是要改变社会结构，而是通过挖掘民众中潜在的“美”和“善”，弘扬民族的传统美德，弥补政府工作的疏漏和社会发展的盲区，疏解民众的不良情绪，以促进社会和谐，甚至推动了“汉城奇迹”的创造。②

（三）农业经济发展方面

1. 积极保护农村土地

“土地是财富之母”，随着社会的发展，人们越来越认识到土地的价值。由于土地资源的稀缺性，各国政府都非常重视保护农村土地，并积极采取各种措施加以应对。

第一，普遍保护土地，加大对水土保持、沙漠化等方面的治理，防止环境破坏和自然原因对土地的破坏。土地资源易受自然因素和人为因素的影响，而自然因素很大程度上与人类对自然的过度开发有关，因此各国通过各种规定和政策加大对土地的保护，防止人类对自

① 范剑青：《阿根廷：种地就是报效祖国》，载人民日报国际部编：《中国记者眼中的外国农村建设》，中共中央党校出版社 2006 年版，第 1～13 页。

② 张锦芳：《韩国“新村运动”推动社会和谐发展》，载《新疆日报》2006 年 2 月 17 日第 5 版。

然的过度开发乃至掠夺。如在美国从 20 世纪 30 年代开始实行的土地轮作制度，从 60 年代开始实施的土壤保护计划等；澳大利亚对自然资源的开发强调保护地上的植被，防止土地流失，同时加强对土地环境的综合治理，防止土地污染和荒漠化等。

第二，大多数国家在宪法或法律中严格土地的征收或者征用。随着经济的发展和城市规模的扩大，土地资源的市场化运作不可避免，但这并不意味着土地的征收或征用可以随心所欲而没有节制。为防止农用地减少过快和人为破坏，大多数国家和地区在允许土地征收或征用的同时进行严格的限制：一方面强调必须是在法律允许并且基于"公共利益"或"公共用途"时才可以依据相关程序进行征收或征用，另一方面强调应当对给原土地权利人所造成的损失给予相应的补偿。

在明确征收或征用的目的上，立足于通过宪法对私权的态度来涵括对土地的保护。如《美国宪法修正案》第 5 条规定："凡私有财产，非有相当赔偿，不得占为共有"，①而这一规定所涵括的实质为许多州的宪法所采纳，如《佛蒙特州宪法》第 2 条规定："私有财产在公共利益所必需时必须服从于公共利用，但是，当任何人的财产在任何情形下被挪作公用时，物主有权获得同等的金钱赔偿。"②《法国人权宣言》第 17 条明确宣布"财产权神圣不可侵犯，除非是合法认定的公共需要所显然必须，并以公平而预先赔偿为条件，任何人的财产权都不得被剥夺"。③《菲律宾共和国宪法》第 9 条规定："不支付合理的赔偿，不得征用私人财产作公共用途。"④而《德意志联邦共和国基本法》（即德国宪法）第 14 条之三规定："财产之征收，必须为公共福利始得为之。其执行，必须根据法律始得为之，此项法律应规定赔偿

---

① 参见戴学正等主编：《中外宪法选编》（下册），华夏出版社 1994 年版，第 231 页。

② 王建学译：《佛蒙特州宪法》。

③ 参见戴学正等主编：《中外宪法选编》（下册），华夏出版社 1994 年版，第 61 页。

④ 《菲律宾共和国宪法》。

之性质与范围。赔偿之决定应公平衡量公共利益与关系人之利益。赔偿范围如有争执,得向普通法院提起诉讼。"①《日本宪法》第29条规定:"私有财产在正当补偿下得收为公用。"②而根据《制定一部欧洲宪法的条约》第Ⅱ-77条规定,"……任何人的财产非因公共利益或者法定情形和条件不得被剥夺,并应对于它们的损失及时给予合理补偿。财产的使用可基于普遍利益的需要而由法律调节"。③

对"公共利益"或"公共用途"的界定,美国联邦法院的态度对"公共利益"的理解正如乔治·华盛顿大学法学院教授罗伯特·布劳内斯所介绍的那样:"联邦最高法院对公共用途的解释非常概括。它说,无论任何时候,只要政府能够表明征用土地的确是用于公共用途,就可以征用。例如,如果政府说,这个地区有一个贫民窟,房子和建筑已经破烂不堪,需要更新,这就足够作为征用土地的理由。一些州最高法院对土地征用权的解释比较严格。因此,有一些根据联邦宪法可以实行的计划,州法庭却可能根据州法律判定它不是用于公共用途。"事实上,对"公共利益"的强调正是对征收权的制约。

各国在明确征收与补偿不可分的基础上,强调给予合理或适当的补偿,并明确补偿标准、补偿范围、补偿方式、补偿纠纷处理等,以维护农民的利益。如根据美国财产法,"合理补偿"是指赔偿所有者财产的公平市场价格,包括财产的现有价值和财产未来赢利的折扣价格,甚至还应补偿因征用而导致相邻土地所有者、经营者的损失。"个人有权获得相对于被征收财产而言完全和严格等同的补偿,使之在金钱上处于和财产没有被征收时同样的地位",④正因为如此,土地征用在美国被称为"最高土地权的行使"。加拿大对土地征用的补偿是建立在被征土地的市场价格基础上,依据土地的最高和最佳

---

① 朱建民、陈冲、张桐锐、林子平等译:《德意志联邦共和国基本法》。

② 《日本宪法》第29条第三款。参见戴学正等主编:《中外宪法选编》(下册),华夏出版社1994年版,第272页。

③ 郭文殊译:《制定一部欧洲宪法的条约》。

④ 联邦最高法院在Seaboard Air Line Ry. v. United States案中作此判决。

用途，按当时的市场价格补偿，具体包括被征用部分的补偿、有害或不良影响补偿（不仅包括被征地，还包括受征地影响相邻地区的非征地）、干扰损失补偿、重新安置的困难补偿等。在英国，土地征用补偿以愿意买者与愿意卖者之市价为补偿的基础，补偿以相等为原则，损害以恢复原状为原则，具体包括土地（包括建筑物）的补偿（以公开市场土地价格为标准）、残余地的分割或损害补偿（以市场的贬值价格为标准）、租赁权损失补偿（以契约未到期的价值及因征用而引起的损害为标准）、迁移费、经营损失等干扰的补偿等。德国的土地征用补偿包括土地或其他标的物损失、营业损失、征用标的物上的一切附带损失等。依据日本《土地征用法》的规定，日本的土地征用补偿是根据相当补偿的标准来确定的，在大多数情况下以完全补偿标准确定土地补偿费，具体包括征用损失补偿、通损补偿、少数残存者的补偿、离职者的补偿、事业损失补偿等。韩国土地征用补偿主要包括地价补偿、残余地补偿、迁移费用补偿、其他损失补偿等。而在新加坡，土地补偿的项目包括因土地征用造成土地分割的损害、被征用的动产与不动产的损害、被迫迁移住所或营业所所需的费用、测量土地、印花税及其他所需要合理的费用等，补偿的具体金额由专业土地估价师评估，以公告征用之日的市价为补偿标准。①

此外，很多国家还强调需要经过国家相关主管部门审批或者裁决，如在新加坡，有关土地征用补偿的决定由土地税务兼行政长官作出；韩国在建设部设立了中央土地征用委员会，在汉城特别市、直辖市及道设立地方土地征用委员会，对土地征用的区域、补偿、时期等进行裁决。在征收或征用过程中发生争议的，很多国家还对争议的处理加以明确，如《德意志联邦共和国基本法》第 14 条之三规定：“（财产征收的）赔偿范围如有争执，得向普通法院提起诉讼。”②对

---

① 以上内容参见陈和午：《土地征用补偿制度的国际比较及借鉴》，载《世界农业》2004 年第 8 期。

② 朱建民、陈冲、张桐锐、林子平等译：《德意志联邦共和国基本法》。

补偿金额有争议时，应依法律途径向辖区所在的土地法庭提起诉讼，以充分地保障被征地所有权人的合法权益。

在土地征用方面，严格限制随意占用土地进行施工建设，如我国台湾地区“森林法”第九条。①同时，在农村土地资源的开采和开发方面则加以严格限制，禁止随意在土地上采矿、取土石、采伐等，如我国台湾地区“森林法”第九条、第十一条。②事实上，一些国家在进行地下资源的开发时，非常注意对土地的保护，防止对地上植被的破坏和土地沙化、盐碱化和荒漠化，如在澳大利亚的矿藏开采不仅须向政府申请执照、缴纳相应的税费，而且要符合环保要求，否则人民就要反对，政府就不批准。以至于澳大利亚对废弃矿场的复垦和植被恢复在世界上都是最优秀的，许多开采过的矿山，如今都是国家公园，地面上少有被挖掘破坏的痕迹。

当然，尽管各国土地市场的管理比较严格，但发达国家土地交易市场仍然比较活跃，这与土地私有化、土地完全商品化及土地流通市场的发展是分不开的。

2. 农业基础设施建设方面

农业的深层次发展和农民生活的改善需要消除制约其发展的诸多因素，其中最迫切的是农业基础设施建设问题。农村基础设施联系着农村和其他地方的商品交易和信息沟通，一个健全的农村经济

---

① 我国台湾地区“森林法”第九条规定：“于森林内为下列行为之一者，应报经主管机关会同有关机关实地勘查同意后，依指定施工界限施工：（一）兴修水库、道路、输电系统或开发电源者；（二）探采矿或采取土、石者；（三）兴修其他工程者。前项行为以地质稳定、无碍国土保安及林业经营者为限。第一项行为有破坏森林之虞者，由主管机关督促行为人实施水土保持处理或其他必要之措施，行为人不得拒绝。”

② 我国台湾地区“森林法”第十条规定：“森林有下列情形之一者，应由主管机关限制采伐：（一）林地陡峻或土层浅薄，复旧造林困难者；（二）伐木后土壤易被冲蚀或影响公益者；（三）位于水库集水区、溪流水源地带、河岸冲蚀地带、海岸冲风地带或沙丘区域者；（四）其他必要限制采伐地区。”第十一条规定：“主管机关得依森林所在地之状况，指定一定处所及期间，限制或禁止草皮、树根、草根之采取或采掘。”

体系依赖于为市场通畅和人员流动进行的基础建设。当农村经济越来越依赖这一系统时，各国针对农业投入不足和农业基础设施相对薄弱的状况，并结合本国的地理和气候等具体情况，积极采取有效措施加快这一建设进程。

第一，各国均通过明确农业基础设施的范围，以便确立扶植的对象。通常来说，农业基础设施包括有农村运输系统、电力、通信网络、农业水利、供水和卫生水设施等等，但各国的具体范围不一。如在日本，仅在土地改良方面就包括有排水灌溉、土地平整、圃场区划扩大、农道建设、土地开垦等基本建设。法国政府用于农业的基础设施投资主要包括水利工程和土地改良、道路建设、自来水、农村用电、地区的大型整顿。美国的重点主要包括两块：一是对西部地区的农业进行开发，改善农业灌溉设施；二是致力于以信息为基础的通讯网络和运输为基础的交通网络。事实上，联邦增加的大多数资金集中在这些基础建设项目上。而随着美国现代社会的发展，农村也呈现出显著的变化，呈现出信息化和非农化的发展趋势。为此，政府在继续巩固传统的通讯、电力、污水及废物处理系统、交通网络等基础设施建设的同时，加大了对全球定位系统、宽带网络、光纤及无线通讯等信息化发展的支持力度。① 在印度，主要是加强农村公路、电网、农业水利等基础设施建设，以增强农业抵御自然灾害的能力，促进农村和城市的交流。②在以色列，政府从 1954 年开始着手进行沙漠的改造和开发工作，成立了沙漠研究所，主要任务是研制节水灌溉技术和设备，兴建水利设施。在德国，政府在 20 世纪 50 年代到 70 年代投入大量资金修筑道路、桥梁和排水系统等基础设施，同时结合土地管理，对农户进行了重新安置，建立新的现代农村住地，改进公路和街道，建设公用事业配套设施，农户搬迁费 60% 由政府负担，甚至在

① 罗晓东：《21 世纪初美国农业政策浅析与借鉴》，载《科技导报》2003 年 4 期。

② 任大鹏：《印度的农业和农村发展政策》，载《世界农业》2002 年第 11 期。

《德意志联邦共和国基本法》第89条之三还规定:“联邦管理、修建及新建水路时,应与各邦共同确保农田水利之需要。”①

第二,国家积极投资农业基础设施,以确保农业稳健发展。为解决农业发展中面临的“瓶颈”问题,各国政府通过各种方式加强对农业和农业基础设施的建设投入:或者直接提供所需的材料,或者通过财政拨款、贷款优惠、补贴乃至税收优惠等等。如美国政府在水资源开发和利用建设方面,主要通过安排基金来实施,在1902年美国国会通过的《开垦法》授权成立专门基金,用于建设水库、水坝及灌溉需要的水渠系统;在交通运输设施建设方面,政府除直接投资建设一部分运河和几乎全部的公路以外,还以贷款和赠与土地等方式鼓励私人参与运河和铁路建设;在农村地区的开发建设方面,从20世纪30年代起就开始支持农村电气化的发展,1989年政府投资1.2亿美元及直接贷款,用于农村的电力发展和电话事业。此外,还在农村社区公共事业发展、农村基础工业以及贫困地区的开发补贴等农村社区发展项目上提供支持。日本是通过制定农业投入法,在中央财政预算中设立“农业现代化资金”项目,强化财政对农业的投入,通过水利、道路、电力和仓库的建设,巩固农业参与市场经济的物质基础,改善农业生产条件。② 在农田基本建设方面根据工程性质和规模大小分别由中央政府、地方政府、农业合作组织和土壤改良团体组织实施,资金来源于中央政府、地方政府和农户共同形成,一般是中央财政出资45%,地方财政负担10% ~30%,受益农户负担30% ~45%。韩国在20世纪70年代初开展的“新村运动”的初始阶段,政府向全国所有3.3万个行政里(行政村)和居民区无偿提供水泥,用以修房、修路等基础设施建设。以色列对农业基础设施建设给予大量的、持续不断的投入,为将以色列境内可开发利用的水收集起来就投资

① 朱建民、陈冲、张桐锐、林子平等译:《德意志联邦共和国基本法》。

② 郑秉文、方定友、史寒冰:《当代东亚国家、地区社会保障制度》,法律出版社2002年版,第118页。

2 亿美元兴建了金奈勒特—内格夫输水系统，以将水引入内格夫沙漠北部的普路高特地区。当然，由于农业基础设施所涉及范围较广，且存在资本要求比较多、投资风险大、投资回收周期长等特点，这就决定了其存在规模经济效益的特点，私人投资者没有能力也不愿意介入，容易在一定程度上形成自然垄断。为此，国家一般给予反垄断适用除外制度，允许其维系垄断地位。

第三，国家都设立了相关机构来具体负责推进农村基础设施建设。如在水利建设和土壤改良方面，法国政府于 1951 年成立了各种专业化的公私合营公司来承担这些方面的投资，政府还为这些公司配备挖土机等设备。在美国，在农业灌溉设施建设方面是由州政府或私人灌溉公司来承建这些水利设施的建设。在印度，联邦政府和地方政府专门设立了农村发展部，负责实施国民经济和社会发展计划中的扶贫计划和农村住房建设、饮用水的改善、乡村卫生计划、社会扶助事业、就业保证、荒地综合开发等农村基础设施建设。中央政府的农村发展部设立有农村发展局、土地资源局和饮水供应局三个部门，分别负责扶贫和各种项目建设、荒地开发和土地改革、乡村饮水和卫生项目。①

当然，有两个方面值得注意：一是包括农业基础设施在内的基础设施建设更加强调环保因素和人文关怀，如美国的田纳西流域管理局诉赫尔案。② 二是相关建设资金被严格监管，以防止资金被挪用

---

① 任大鹏：《印度的农业和农村发展政策》，载《世界农业》2002 年第 11 期。

② 美国联邦议会批准了在小田纳西河上修建一座用于发电的水库，先后投入了 1 亿多美元。当大坝工程即将完工的时候，生物学家们发现大坝底有一种叫蜗牛鱼的珍稀鱼类，如果大坝最终建成的话，将影响这种鱼生活的环境而导致其灭绝。于是环保组织向法院提出了诉讼，要求大坝停工并放弃在此修建水库的计划。初审法院认为大坝已经接近完工，浪费纳税人 1 亿多美元的钱去保护一个鱼种是不明智的，拒绝判决大坝停工。环保组织又上诉到最高法院。终于，这些小鱼儿在最高法院赢得了它们的权利，最高法院依据 1973 年颁布的《濒危物种法案》判决停止大坝的建设。这些小鱼可以在它们的家园自由地栖息，而它们身边的，是那被永久废弃的价值 1 亿多美元的大坝。

或侵占。

3. 农业合作社发展方面

现代社会的分工和全球经济一体化所导致的全球农业的竞争必然内在地要求农业生产走向合作与协同发展。事实上,合作社的兴起也是很多国家农业获得飞速发展的重要原因之一。为引导农业合作社的发展,各国通过各种举措加以规范:

第一,通过不同层次的立法来表达国家对农业合作社发展的关注与重视。首先,通过国家根本法从总体上明确国家对合作社的态度。如《意大利共和国宪法》第45条规定:"共和国承认不以进行私人投资为目的的互助合作社的社会职能。法律得以各种适当的措施奖励和支持互助运动的成长,并通过必要的监督来保证互助运动能保持自己的性质和目的";①其次,通过合作社的基本法《合作社法》来明确合作社的基本制度,如在德国、日本、法国、以色列、印度、泰国等都制定有《合作社法》,对包括农业合作社在内的各种合作社进行规范和引导。此外,由于很多国家是联邦制,合作社法律制度还常常以地方性法律法规的形式出现,如印度许多邦都有自己的《合作社法》。正因为有了合作社的基本法,在涉农领域各国均出现了各种各样的合作社形式,如根据1960年印度德马德哈雅普瑞德斯邦《合作社法》的规定,合作社区分有农社、生产者社、加工社、资源社、行销社、消费者社、宅居社、联邦社、中央社、复合目的社、综合社等类型。② 再次,通过制定各种具体的农业合作社法来具体化合作社。

第二,通过合作社法尤其是农业合作社法的具体规定来明确国家对农业合作社的鼓励、支持和监督态度。首先,明确合作社具有法人资格,能独立承担民事责任。这一方面大大降低了社员参与合作社的风险,也便于合作社的决策与管理。其次,对采取合作社方式经

---

① 《意大利共和国宪法》第45条。参见戴学正等主编:《中外宪法选编》(下册),华夏出版社1994年版,第88页。

② 贾西津:《印度非营利组织法律制度环境及其对中国的启示》。

营的实体提供税收和补贴支持，鼓励发展合作经济。再次，对于合作社实体的垄断状态甚至垄断行为实行反垄断的豁免。① 这就便于合作社做大做强，增强农业参与市场竞争和国际竞争的实力。

借助合作社的发展及其在现代社会中的作用，农民积极组织和参加农业合作组织，甚至出现一个农民参加几个合作社的状况。如在瑞典，目前有90%以上的农民加入了合作社，一个农民通常同时加入几个农业专业合作社。这样一种互动的过程，促进了合作社的更广泛发展，规模也不断壮大。

4. 农业产业政策与法律方面

由于农业生产受自然因素和市场风险的影响较大，导致其在现代市场竞争中属于弱势产业，但基于农业在国民经济中的基础性地位，各国均通过各种农业产业政策与法律等措施进行扶植，以改善农业结构、提高农民的科技和经营管理水平，实现农业的可持续发展。②

第一，财政对农业发展提供广泛的、数额较大的补贴，以实现农业的平稳发展。首先，补贴的结构和方式多种多样，具体涉及农业生产的各个环节和农民生活的各个方面：不仅有按照农业部门、生产的产品进行的各种补贴，而且还有根据地区划分的各种补贴，甚至还有区分从业者进行不同的补贴；既有直接补贴，也有间接补贴，可谓五花八门，几乎无所不包。如德国为了鼓励农民和农业企业发展生态农业、生产绿色有机食品，出台了包括按农民种植农作物的土地面积发放的土地补贴、休耕补贴、饲养家畜农民的家畜奖、首次绿化造林

---

① 欧阳仁根：《论我国反垄断立法中的合作社豁免问题》，载《财贸研究》2005年第1期。

② 一般来说，发达国家的农业政策分为两大类：一是价格补贴和收入支持政策，主要是为了调节消费者和生产者之间即国民收入的再分配；二是农业发展政策或结构、区域政策，主要是为了促进农业的发展和劳动生产率的提高。从上述发达国家对农业政策体系改革的内容来看，其范围仅限于第一类。而对于第二类政策，从对农业的保护和支持力度来看，并没有削弱，而是有所加强，如美国和日本都加强了对农业科技投入、欧盟在加强对农业科技投入的同时还增强了对农业生态保护等方面的支持力度。

奖、给落后地区及环境受限制地区农民发放的地区补贴等，使农民的收入得以稳步增长；德国政府还规定，农用柴油享受政府优惠，以2001年为例，农民仅此一项就节省开支1 917亿欧元。① 而在日本，对农业的补贴包括收入补贴、生产资料购置补贴，②涉及培养农业人才、基础设施投入、乡村建设、支持农协发展等方面的一般政府服务补贴。此外，政府还制定了灾害补贴、农业保险补贴、贷款优惠等农业补贴政策，甚至还制定了稻作安定经营策略对种稻农民进行收入补贴。③ 其次，补贴的数额和幅度比较大，甚至超过农业在国民经济中的比例。在美国，政府给予农场主补贴以扶植农业生产，如1945年政府给予农场主的价格补贴只有7.4亿美元，而1983年已达到93亿美元，1987年达到167.5亿美元。1986～1995年10年间美国政府给予农场主的直接补贴年均108.1亿美元，相当于同期农产品收入的6.3%，④而2002年5月13日，布什总统签署了《2002年农业安全及农村投资法》（即“2002年农业法案”），宣布大幅度提高农业补贴，在未来的10年时间里将联邦补贴提高67%，总计达1 900亿美元（到2007年为1 185亿美元）。⑤而根据2003年5月签署《新农业法》，政府将在直接补贴、反周期补贴和金融支农等方面为农场主提供慷慨而可靠的“安全网”，由政府提高农产品贷款率、增加直接支付和价格波动补贴的“三保险”。⑥ 日本自1960年以来，针对经济的

---

① 余瑞先：《德国对农民的补贴政策》，载《农家参谋》2004年第3期。

② 日本农民建立或改造农业生产设施，可以从中央财政得到50%的补贴，可以从都府县得到25%的补贴，其余25%则可从接受国家补贴的金融机构得到贷款，有些地方市町村财政还要补贴12.5%。详见戴莉：《欧美等国怎样补贴农业》，载《经济日报》2005年8月8日。

③ 戴莉：《欧美等国怎样补贴农业》，载《经济日报》2005年8月8日。

④ 张春华：《当前发达国家农业保护政策体系改革》，载《山东省农业管理干部学院学报》2003第4期。

⑤ 罗晓东：《21世纪初美国农业政策浅析与借鉴》，载《科技导报》2003年第4期。

⑥ 罗晓东：《21世纪初美国农业政策浅析与借鉴》，载《科技导报》2003年第4期。

高速发展导致农村人口大量外流，政府对农业机械及其他设备的使用投放了巨额的财政补助，对大型农业机械设备的补助高达其价格的50%，对日本农业的机械化发挥了重要作用。据统计，目前这些国家农场主的收入40%左右来自政府对农业的补贴，而据世界贸易组织公布的调查报告，日本对农业的补贴数额比较大，已经超过了农业的收入，美国农业的补贴总额近年大幅增加，到2007年合计对农业补贴1 185亿美元，而欧盟成员国2004年的农业补贴总额达到1 330亿美元，平均补贴率为33%，农业补贴占欧盟总财政支出的40%～42%，而欧盟农业产值仅占其国民生产总值的1.4%。① 再次，在补贴的用途方面相对比较灵活，而相关专项补贴虽有一些限制，但是政策上更为优惠。如德国政府在帮助农民改进经营、采用先进技术方面发放低息贷款，数量一般在2万至20万马克之间，利率最低仅为百分之一，期限可至20年或更长。

当然，有两个现象值得关注：一是对农业的补贴更多是体现国家在经济政策上的考虑和衡量，这使得一方面农业补贴具有很强的针对性和倾斜性。如德国于1969年和1972年相继制定《市场结构法》和《促进销售法》，帮助农民加强在国际市场上的竞争能力。前者鼓励农民横向与纵向联合，组成生产者集团，加强同食品工业的合作。后者是由农民出钱，成立一个销售促进基金，政府给予补贴，主要用于促进国外市场销售、促进高质量农产品的生产。② 日本的收入补贴主要是对山区和半山区的直接补贴；③在法国，为帮助山区农民发展生产，在全国实行农产品补贴政策的基础上对山区的补贴率高于

① 戴莉：《欧美等国怎样补贴农业》，载《经济日报》2005年8月8日。

② 李典军：《发达国家的农业产业化政策及其新变化》，载《世界经济》1998年第6期。

③ 由于日本山区面积占总面积的40%，受自然条件的限制，山区的农业明显落后于平原地区，因而政府规定每个山区农户可以享受的补贴上限为100万日元。可享受补贴的面积约为90万公顷，即平均每公顷约8万日元。详见喻翠玲、马文杰、李谷成：《农民直接收入补贴的国际比较及对中国的启示》，载《世界农业》2004年第2期。

平原地区的补贴率，对不发达地区的贷款利率非常优惠，尤其是政府对刚刚独立的年轻农民采取更为优惠的政策，①这使得山区年轻农民的比例高于全国平均水平。此外，还有不利地区的特殊补贴等。②另一方面，国家的政策和指导意见很容易通过补贴来融入对农业的调控，如美国纽约州在保护土地方面，由于房地产开发，土地增值幅度较大，对农民很有吸引力，政府为了防止土地流失，给农民予以补贴，但是强调得到补贴的土地要永远用于农业生产；③而欧盟对农场的补贴中正适当地调减对大农场的补贴。④二是财政补贴经历了从以间接补贴为主向直接补贴为主，以普通补贴为主向专项补贴为主的状况转变，而且诸如环保补贴之类体现国家对相关行业和产业的补贴政策越来越多。

这些都对加速该国各地区农业的发展，降低农业风险，提高农业抵御风险的能力，增加农民收入，增强农民的社会保障水平等发挥着极为重要的作用。

第二，在税收优惠上，各国对农业生产和与农业有关的产业实行较低的税率甚至给予免税，充分发挥税收调控作用。如在美国，农场主在税收政策上享受不同项目的延期纳税、减税及免税等，而且与非

---

① 由于每一项补贴都有具体的前提条件约束，农民得到的补贴额差距较大。据统计，法国20%的农民所得到补贴金额占农业补贴总金额的62%，而其他80%的农民只得到不足补贴总额40%的份额。而山区农民收入的50%来自于国家和欧盟的各种补贴。反映了政府在政策的导向上充分鼓励和帮助山区等不发达地区农民的农业生产活动，也从另一个角度充分说明了法国政府和欧盟对于农村不发达地区的扶持力度是很大的。详见刘飞：《法国的农业补贴政策》，载《政策与管理》2002年第3期。

② 董炜博编译：《法国的山区农业》，载《世界农业》1994年第7期。

③ 姜永荣：《在更高的层面上借鉴发达国家农业经济发展的经验——关于加拿大、美国农业的考察报告》，载《江苏农村经济》2001年第7期。

④ 对那些每年获得直接补贴超过5 000欧元的农场，将对补贴进行调减，调减的幅度是：2005年为3%，2006年为4%，2007年以后为5%。参见戴莉：《欧美等国怎样补贴农业》，载《经济日报》2005年8月8日。

农业遗产税相比，在农场遗产的纳税方面也有较大的优惠。[①] 德国虽然也对农产品征收7%的增值税，但农业税收入在整个税收收入中只占1.7%，然而政府除直接向农民提供补贴外，还在其他方面提供很多优惠政策，如在个人所得税方面，政府为减轻农民负担，在规定基本免税额的基础上允许农民在收到农产品销售款后再向税务部门报告，而且允许在当年的收入中全部扣除各项农业生产所需的开支。这使农民可以通过从当年收入中减去购买下一年使用的种子、农药、化肥及其他生产资料的开支，降低应纳税收入的额度。政府还允许农业企业可从当年的经营收入中全部扣除用于投资的部分，允许农民将出售土地等固定资产所获得的收入作为长期资本收益，享受高额的税额减免。[②] 在法国，农民不仅不用交农业税，还可以在购买种子、除草剂、肥料和农机等时从政府那里收回部分增值税。法国农户每卖出一吨粮食，都可凭发票向政府申请一定数额的农业补贴。在日本，农民的税负比较轻，没有农业税，更没有各种名目的摊派费用，从事农林水产业的个人和企业的税收，被纳入全国统一的税赋体系之中，政府只向从事农业生产的个人或团体征收所得税、法人税等。在遗产税方面规定，继承农业用地并继续从事农业生产的继承人，如果缴纳不起遗产税，可以通过提供担保而延期缴纳。而且，如果该继承人死亡或者连续从事农业20年以后，未缴纳的税款可以免交。在赠与税方面规定，农业经营者将其农业用地的全部或草场及放牧用地的2/3以上赠送给预定从事农业经营的人(限子女)，经税务部门审批后，可以将赠与税的缴纳时间推迟到赠与人死亡之日。当赠与人死亡时，免除赠与税，将赠与税改为继承税，按继承税的规定纳税。此外，日本政府在一些涉及农业问题的税种中，对农业团体或农民个人实施特殊的优惠政策，如从事农业的企业或个人可以在法人事业税、法人所得税、个人所得税、继承税和赠与税等方面得到

---

① 梁卫斌：《美国农业投入政策研究》，载《改革与战略》1994年第5期。

② 《德国如何为农民减负》，载《中国财经报》2004年2月26日第2版。

减免。[1]

第三，在金融政策上，各国均对农业制定了比较优惠和灵活的贷款政策。首先，很多国家由财政出资成立了农业的政策性银行和政策性保险公司，以加强财政政策与金融政策的配合，支持农业发展。如日本的农林中央金库和农林渔业金融公库、美国的农民家计局、法国的国家农业信贷银行和土地银行等。通过这些银行和保险公司发放长期低息贷款，支持农业基本建设和综合开发；开展农业保险，减少土壤流失和农业风险损失等。信贷的范围和规模不断扩大，如1916 年美国第一个农业信贷法规定为农场主提供用于购买土地和房屋建筑等不动产抵押贷款，以后通过立法不断扩大了农业信贷业务范围，从生产到销售、储存及农村开发建设等各方面为农业提供贷款，贷款规模也不断扩大。在 20 世纪 30 年代美国政府就开始对小麦、玉米、花生、棉花、乳制品等主要农产品的生产实施“无追索权贷款法案”，[2]农业生产者通过获得政府提供的低息或优惠贷款，购买先进的农业技术和各种农用投入品，增加农业生产投资，改进农业生产结构，从而降低农业风险度。而从 1999 年起，美国更是大幅度增加对农业的“紧急扶持”补贴和“贷款不足补贴”（2001 财政年度两项合计达 140 亿美元）。[3] 其次，农村金融政策非常优惠。如美国的农业信贷有利率低（美国农业信贷体系的贷款利率一般低于私人商业银行）、贷款偿还期长等特点，而按照 1937 年的《农场租佃法》规定，贷款不仅可根据年代的好坏加以偿还，而且由农产品信贷公司提

---

① 张莉霞：《日本农民比城里人过得好》，载《环球时报》2003 年 9 月 26 日第 3 版。

② 农场主以尚未收获的农产品作抵押，从政府的农产品信贷公司取得贷款，期限 9 个月。当市场价格高于目标价格，农场主按市场价出售农产品，还本付息；当市场价格低于目标价格，农场主可以把农产品交给信贷公司，信贷公司对放出的贷款不加追索，而从政府取得差额补贴。这实际上是让农场主在销售农产品之前就从联邦政府获得销售收入。

③ 罗晓东：《21 世纪初美国农业政策浅析与借鉴》，载《科技导报》2003 年第 4 期。

供的无追索权贷款在偿还上具有极大的灵活性。①

此外，为了保证金融政策的稳定、贷款优惠的持续且提供贷款的金融机构不受损害，一方面商业银行等私人机构向农场主提供的贷款中有相当部分由政府提供保证或者担保，如比利时、瑞典、荷兰等国政府除对农业贷款提供利息补贴外，还对合作社和私人银行进行担保，从而使这些机构可以大胆地向农业生产者提供资金；②另一方面这些机构可以享有很多好处，如在美国，这些债券可以由联邦政府管辖的金融机构掌握，可以免交联邦所得税；其债券利息可以免缴州和地方的所得税；证券市场为其交易提供方便。正因为如此，农业信贷体系能以较低的利率从货币市场上借到足够的资金，体现了一种良性的互动。

第四，各国普遍制定有反倾销和反补贴条例，在农业领域设置有诸多贸易壁垒，以排挤国外的农产品进入本国。目前，很多国家为了保证农业在本国市场的优越地位，同时增强本国农产品在国际市场的竞争力，通过制定反倾销和反补贴法律强化关税的征收，甚至设置很多绿色壁垒以限制外国农产品进入本国市场。一方面既大量进口国外的农产品以保证国内供给平衡，也斥巨资扶植本国农业的发展，即使当国外的产品物美价廉且很容易进口而本国的农业发展滞后以至无足轻重时也在所不惜。如日本政府对外采用关税壁垒和技术壁垒方式，阻止外国农产品进入日本市场；对内实施高投入、高补贴的扶助政策，为农民建立起多重保护网。③ 因此，受到过度保护的日本农业非常脆弱，经不起世界农产品自由贸易浪潮的冲击，也正因为如此，日本农民反对世界农产品贸易自由化，担心外国农产品大肆“入侵”。另一方面加大本国农产品在国际竞争中的优势，重视结合本国的自然和地理环境发展具有本国特色的农业。如阿根廷结合本国状况大力发展农牧业和相关技术，以至被誉为“欧洲粮仓”、“牛背上

---

① 梁卫斌：《美国农业投入政策研究》，载《改革与战略》1994 年第 5 期。

② 刘京生：《中国农村保险制度论纲》，中国社会科学出版社 2000 年版，第 165 页。

③ 张莉霞：《日本农民比城里人过得好》，载《环球时报》2003 年 9 月 26 日。

的国家”。①

当然,有两点值得注意:首先,各国的农业产业政策都是通过法律的方式来进行贯彻的。如在美国,强调农业投入政策必须以法律为依据,即先进行投资立法,再根据法律制定相应的政策。只有在现行法律的授权范围内美国行政当局才能制定和执行相应的政策,这就避免了投资行为的随意性,确定了政府的行为准则,使政府有法可依。② 其次,各国在农业产业政策上的各种规定实际上主要是一种引导,体现国家对涉农产业和相关地区发展的调控。

应该说,各国在农业产业政策与法律方面的目标是要引导和促进农村与现代社会的同步发展,但是在具体方面比较灵活和机动,而且更多的时候体现了国家对经济的调控。

(四)社会保障和权益保护方面的建设

1. 提升包括农民在内的居民的保障水平,并对弱势群体给予特殊的关照

第一,通过各种规定来推进农民社会保障水平的提高。首先,通过制定基本法律进行。如《日本宪法》第25条规定:“一切国民都享有维持最低限度的健康的和有文化的生活权利。国家必须在生活的一切方面努力于提高和增进社会福利、社会保障以及公共卫生事业。”③其次,很多国家通过运用社会保障政策、补贴和税收政策等来稳定农民的收入水平。如瑞典不仅为非农业劳动者,也为农民制定了较完备的社会保险计划,具体包括救济金计划、劳动安全计划、农民社会保险计划、奶业农民提前退休计划、歉收保险计划等。最后,针对农业抗风险的能力较弱、受自然因素影响较大等问题,各国相继

---

① 范剑青:《阿根廷:种地就是报效祖国》,载人民日报编辑部:《中国记者眼中的外国农村建设》,中共中央党校出版社2006年版,第1~14页。

② 梁卫斌:《美国农业投入政策研究》,载《改革与战略》1994年第5期。

③ 《日本宪法》第25条。参见戴学正等主编:《中外宪法选编》(下册),华夏出版社1994年版,第272页。

采取了一系列措施来加以规避，如建立紧急预案机制、农业保险等来防止农业的非正常的损害。基于各种社会保障措施，发达国家已经在医疗、教育和公共基础设施上取得了较大的进步，初步实现了“老有所养、病有所医”的和谐。

第二，通过相关法律对一些特殊群体给予特殊的保护和照顾。一方面通过基本法律来对特殊群体给予照顾，如《意大利共和国宪法》第38条规定：“每个没有劳动能力和失去必须生活资料之公民，均有权获得社会之扶助和救济。一切劳动者，凡遇不幸、疾病、残疾、年老和不由其做主的事业等情况时，均有权享受相当于其生活需要的规定措施和保障。”①而且欧盟在相关规定中予以具体的明确。②另一方面，通过制定残疾人保护法、确立最低生活保障制度、灾害应急和救济法律乃至提供免费教育和培训机会等等，对农村各种不同的弱者给予各种扶植和帮助。

借助各种保障措施，农民的社会保障水平不断提高，覆盖面不断扩大，内容不断增加。

2. 建立健全农民权益保护机制，相关制度不断趋于完善

第一，各国基本确立了听证会制度，并颁布了行政诉讼法，以保

① 《意大利共和国宪法》第38条。参见戴学正等主编：《中外宪法选编》（下册），华夏出版社1994年版，第89页。

② 《制定一部欧洲宪法的条约》第Ⅱ－85条规定：“联盟承认并且尊重老人享受一种有尊严和独立生活及参与社会文化生活的权利”；第Ⅱ－86条规定：“联盟承认并尊重残障人从旨在确保他们的独立、获得社会和职业平等待遇及参加社会生活的措施中受益的权利”；第Ⅱ－93条规定：“1. 家庭应当得到法律、经济和社会的保障。2. 为了协调家庭生活和职业生活，每个人都不得因怀孕和生育的原因而被解雇，有权在生育或领养孩子后享受带薪产假和抚养保育、育婴假的权利”；第Ⅱ－94条规定：“1. 联盟承认并尊重根据联盟法律和国内法律与惯例规定的规则，在诸如怀孕、疾病、工伤、失业或者年老、失业时有获得社会福利收益以及提供社会保障的社会服务的权利。2. 在联盟范围内合法定居和迁徙的任何人都有权根据联盟法律和国内法律和实践获得社会福利收益和社会利益。3. 为了消灭社会排斥和贫穷，联盟承认并尊重根据联盟法律和国内法律以及惯例，为了确保缺乏足够生活来源的人的生存而获得社会和住房援助的权利。”参见《制定一部欧洲宪法的条约》。

护农民的私权和合法权益不受侵害。一方面,对于政府的行政行为涉及农民利益的,要求通过听证会的方式来决定,尤其针对征地行为强调应该为了公共利益;另一方面,对于政府的行政行为侵犯农民合法权益的,农民有权提出复议或者行政诉讼,而且免交诉讼费。如在美国,农业部的权力虽然很大,但农民有权就农业部的执法问题提出异议,甚至可聘请律师状告农业部。

第二,加大对农业生产资料的监管力度,保证农业生产资料的质量。由于农业生产具有较强的季节性,而农作物的生长则具有不间断性,如果某一个环节出了问题,就可能导致整个农业生产前功尽弃。而现代农业生产中,农业生产资料的质量极为关键,因此各国非常重视对农业生产资料生产和销售的监管。一方面,对从事农业生产资料生产的企业实行减税、减息政策,并设立相关生产资料的最高限价,通过给予其补贴和优惠使生产者的利益得以保证,利于生产者保证农业生产资料的质量,努力降低农业生产资料的销售价格;通过产品质量法及产品责任制度尤其是惩罚性损害赔偿来进行规范。如德国针对农业自动化的提高易增加风险事故,规定凡在欧盟内销售的农机须符合安全机器指南中规定的基本安全和健康标准。① 另一方面,通过加强对农业生产资料的执法检查和集体采购等加强对农业生产资料企业的监管。

此外,需要注意的是,有些国家如日本为维护农民利益,对从事农用工业生产的企业实行减税、减息政策,努力降低农业生产资料的销售价格,设立相关生产资料的最高限价,一定程度上降低了农业生产成本,增加农民收入。而美国还建立了农业实验室,开发农产品的新用途,以稳定美国农业生产,既解决了农作物生产过剩问题、稳定了农产品的价格,又在不断开发农产品新用途的基础上保证了农产品源源不断地生产出来。②德国也有类似做法。

---

① 和春雷等:《当代德国社会保障制度》,法律出版社2001年版,第225~227页。

② 李超民:《〈1938年农业调整法〉与常平仓:美国当代农业繁荣的保障》,载《财经研究》2000年第12期。

第三，针对贫困人群建立有法律援助制度，①以帮助他们维护合法权益。民主法治的建立，促进了人类社会的平等和自由，但是作为伸张正义的法治也存在行使成本，甚至成本还比较高，而作为农业是生产链上较为薄弱的环节，其从业者——农民的经济地位相对较弱，经济上可能存在困难，对此，很多国家都建立了维护弱势群体诉讼利益的法律援助与救助制度。

（五）农业信息服务方面的建设

农业现代化和市场化导向决定了农业必须及时适应市场的需求组织生产和销售，而市场的需求离不开对农业信息的沟通、收集和整理。为减轻自然风险和市场风险对农业和农民收入的不利影响，各国通过各种规定来加强农业信息服务。

第一，针对农业领域信息不畅通乃至匮乏，各国加强对农业的信息服务。一方面为农业提供气象的长期综合预报和单项预报、新技术和新产品选择的信息及农产品市场价格的变动等信息；另一方面各国政府、农民互助合作组织和一些半官方的行业组织积极向农民传播信息，如美国农业部的国外农业局每月定期向农场主发布“世界农产品供求估计”，通报世界市场上农产品的产量、消费量、储量及价格发展趋势，农业部经济研究局也不定期地发表一些研究报告，分析世界各种农产品的生产成本，并进行国际市场价格比较；墨西哥农业和水利资源部与全国统计及地理信息学会联合建立了农林牧业信息一体化体系，向农民提供农产品和农用投入物质的价格和市场供求情况；澳大利亚、法国等也有类似的信息服务。②

第二，大多数发达国家还开办农产品期货市场和期权市场。这

① 蒋月：《社会保障法概论》，法律出版社1999年版，第66～70页。

② 刘京生：《中国农村保险制度论纲》，中国社会科学出版社2000年版，第164～165页。

一方面将农业市场风险转嫁给期货合同和期权合同的拥有者,既减轻了农业风险和政府的财政负担,也相对避免了农民收入的不确定性,提高了农民收入,促进了农业的发展。另一方面也使得农业生产者能根据期货市场的发展变化及时调整生产。

三、部分国家和地区农村法制建设配套措施分析

制度的设计离不开整个制度所处的社会环境的影响,离不开其他相关制度及其所营造的外部环境的配合。毫无疑问,农村法制不是孤立的或封闭的系统,而是与整个法治系统中的一个子系统并与其他子系统相互交织,其发展的脉络与思想观念的沉淀、社会环境的变迁息息相关,并不断互动。不难发现,这些对于国外农村法制建设的成功是不可或缺的。

(一)平等思想和理念为农村法制的设计和健全提供了制度基础和理论平台

第一,公民平等享受现代文明的成果。平等是一切制度和文明的基石,西方国家在强调公民权益保护或者进行相关立法时,一般不区分身份而强调"法律面前人人平等",具体到农业上可以概括为"贫困农民也是农民",①有权利享受现代文明进步的成果,应当将他们纳入到整个社会发展中。

第二,公民有权依法结社,并借助相关组织对政府施加影响力。在很多资本主义国家,政治体制的设计强调权力的分离与制衡,而议会地位和议员的作用使得各种政治势力可以借此将自己的影响力渗透到国家政权的每一个环节,或者依法成立政治组织与经济组织,或者选出自己的代言人参与决策以反映本集团的利

① 范剑青:《阿根廷:种地就是报效祖国》,载人民日报国际部编:《中国记者眼中的外国农村建设》,中共中央党校出版社2006年版,第13页。

益。在此，既包括农民依法组织或参加政党，或者成立合作社等经济组织，借此选出代表参与立法和相关决策，通过农业利益集团强大而有效的游说影响国家事务的决策。即便农民没有组织社团，也会因为农民及农业产业链上从业人员是一个较大的利益群体而使政治家不敢掉以轻心。如在德国，虽然农民只占总劳动人口的2.9%，但与农业相关的人口却占总就业的13%。面对如此多的选民，面对与社会稳定息息相关的农产品，没有哪个政党敢掉以轻心，[①]而需要尽量获得他们的支持。正是因为如此，政治家们不敢"忽悠"，所以很少出现歧视性立法，即便出现也会因为各种势力的影响和争夺而被终止，[②]实际上起到了一种直接或间接的制衡作用。

（二）完善的私权保护保障农民的生产生活，迁徙自由促进农民适时流动

第一，完善的私权保护法律体系有利于保障农民生产生活的稳定。私权很容易面对公权力的挑战，而私权保护法律体系使相关主体获得抵御政府权力的武器。一方面，各国通过宪法和相关法律来强调对私权保护，乃至强调"私有财产神圣不可侵犯"；另一方面，对于侵害行为可借助司法途径得到有效救济。正因为有了法律这把利刃，当政府的权力不恰当地干预了私人生活或侵害了私人财产时，立即会遭到受害人的反击。从这个层面来分析，政府征用农民土地必须基于"公用"或"公益"并给予充分的补偿，否则农民有权提起相关诉讼，以维护自己的权益。

当然，这同西方国家至上而下建立起对法治秩序的信仰是分不

---

① 朱立志、方静：《德国绿箱政策及相关农业补贴》，载《世界农业》2004年第1期。

② 这一点可以从法国新劳工法案出台后遭到工会组织和学生组织的强烈反对，并由于此起彼伏的罢工和声势浩大的游行抗议示威而导致流产之类的事件可见一斑。

开的。"法律必须被信仰,否则它将形同虚设",①公众建立起对法治的信仰并坚定对法治的信心足以摧毁公权力的不法侵害,这一点从德国磨房主诉德国皇帝一案就可见一斑。②

第二,打破户籍制度对公民权利的束缚,确立公民迁徙自由权。迁徙自由是现代文明社会的一项基本人权,是公民应当享有的一项基本的公民权利和政治权利。基于社会发展和各种力量的利益博弈,各国大都确立了公民自由迁徙的权利,如《德意志联邦共和国基本法》第 11 条规定:"(1)所有德国人依法享有在联邦领土上自由迁徙的权利。(2)此项权利下列情况下予以限制:无充裕的生活基础和给社会增加特殊的负担;为保护青年不受遗弃;同流行性疾病作斗争和防止犯罪活动,因而须采取必要的限制措施。"③《日本宪法》第 22 条规定:"在不违反公共福祉的范围内,任何人都有居住、迁徙及选择职业的自由。"④美国联邦最高法院以判例形式确认美国公民有移居任何一州并享受移居州公民同等待遇的权利。⑤《制定一部欧

① [美]伯尔曼,梁治平译:《法律与宗教》,中国政法大学出版社 2003 年版,第 3 页。

② 关于该案例可参见高积顺:《德国磨房主人状告皇帝案透析——兼与中国法律史相比较》,载《环球法律评论》2005 年第 4 期。

③ 《德意志联邦共和国基本法》第 11 条。参见戴学正等主编:《中外宪法选编》(下册),华夏出版社 1994 年版,第 152 页。

④ 《日本宪法》第 22 条。参见戴学正等主编:《中外宪法选编》(下册),华夏出版社 1994 年版,第 272 页。

⑤ "即便是来自最偏远的州或地区的公民也有自由进出的权利。……联邦政府得以建立的终极目的表明,我们的人民是一个整体,我们的国家是人民的国家。作为美国公民,作为一个共同体的成员,我们必须有权不受干涉地自由进出国家的任何地方,如同在我们自己州内一样。一州对进入其领土或港口征收税费的行为违反了美国公民作为联邦成员所享有的权利,也违反了建立联邦所期望达到的目标。各州显然不拥有这种权力,因为它只能制造混乱和相互对抗。" Crandall v. Nevada, 73 U. S. 35,参见[美]布莱斯特等,张千帆译:《宪法决策的过程:案例与材料》,中国政法大学出版社 2002 年版,第 160 页。Shapiro v. Thompson, 394 U. S. 618; Memorial Hospital v. Maricopa County, 415 U. S. 250; Sosna v. Iowa, 419 U. S. 393 (1975); Starns v. Maklerson, 401 U. S. 905 (1971).

洲宪法的条约》第Ⅱ-105条规定："(1)每个联盟公民有权在成员国的领土范围内自由迁徙以及定居。(2)根据联盟宪法之规定，迁徙和定居自由也同样适用于合法居住在某一成员国领土范围内的第三国家的国民"。[①]《印度宪法》也规定一切公民均享有"在印度领土内自由迁徙"和"在印度领土内的任何地方居住和定居的权利"[②]等等，以至于在《世界人权宣言》和《公民权利和政治权利国际公约》中都有明确规定。[③] 公民迁徙自由权的确立，一方面利于打破城乡二元格局的束缚，实现城市和农村人员的互动，加速城乡一体化进程，事实上也利于建立城乡居民之间的和谐与平等观念，另一方面利于农民根据个人发展和社会需要做出选择，在提高农民的社会地位并顺利实现农民转型的同时，实现城乡各种资源的优化配置。

(三)道德品质的培养塑造了社会平等和谐与新型农民良好的道德品质

第一，社会重视通过各种方式来塑造群体的道德修养和文化品质。法律制度不是万能的，需要人们建立对法治的信仰和具备良好的道德品质。借助对宗教的信仰和人性本源所散发的慈善精神，很多国家和地区非常重视对人们思想道德的培养和塑造。正如韩国前总理、"新村运动"中央会会长李寿成所强调的，搞任何思想道德教育，必须要有载体，否则大家只能空谈而不会有实际行动。"新村运动"便是提高国民道德水准、文明程度和社会凝聚力的良好载体。人们参加"新村运动"，不仅能改变农村和国家的面貌，更能提高社会整体的思想道德水准。的确，韩国的"新村运动"既是农村城市化

---

① 郭文殊译：《制定一部欧洲宪法的条约》。

② 《印度宪法》第19条第1款第四、第五项。

③ 《世界人权宣言》第13条第1款规定："人人在各国境内有权自由迁徙和居住。"《公民权利和政治权利国际公约》第12条第1款也规定："合法居住在一国领土内的每一个人在该领土内有权享受迁徙自由和选择住所的自由。"

的动力，也是经济社会和谐发展的润滑剂。①事实上，这种道德理念的进步弥补了一些国家传统文化的缺失和宗教思想的缺乏，在一定程度上塑造了一种民族的自强不息的精神和高尚的品质。

第二，社会群体能够以积极而不是歧视的心态来看待农业和农民的发展。在很多国家，农民甚至在很多大学教授、官员心中已经确立了"以农为高"的价值观，如在荷兰。② 这种思想的沉淀有效地克服了农民是社会的最低层或者最没有地位的陈旧观念，既有利于农业生产的发展，也有利于农民以积极的心态参与社会生活的各个层面，创造社会各阶层的平等与和谐。

虽然农业在各国的产值不是很高，但因其基础性地位而得到各国高度重视与积极扶植；各国农民在总人口中的比重虽然不大，但其经济地位和社会地位并不低，不仅可以享受田园的优美风景，甚至在收入上超过城市居民。

四、部分国家和地区农村法制建设对我国社会主义新农村法制建设的启示

国外在农村法制方面的做法促进了各该国农业的发展，提升了农业和农民的经济地位和社会地位。事实上，经济越是发达的国家，越是重视对农业和农民的保护。但需要注意的是，我们在建设社会主义新农村、完善社会主义农村法制的进程中不是要照搬照抄国外的做法和形式，③而是应该从各国农业发展的政策和措

① 张锦芳：《韩国"新村运动"推动社会和谐发展》，载《新疆日报》2006年2月17日。

② 《荷兰：只见农田　难辨农民》，载《农家参谋》2004年第11期。

③ 由于各国在政治、经济、社会环境及文化传统、风俗习惯等方面存在较大的差异导致在具体做法上也存在较大的不同，从而搬抄也是不可能并且是不现实的。事实上，就连韩国"新村运动"中央会会长李寿成也称"中国不必到韩国来学习'新村运动'"。参见吴长生：《韩国前总理称中国不必到韩学习"新村运动"》，载《人民日报》2006年11月6日。

施中总结一些共同的经验和教训，根据我国的具体国情进行借鉴。

（一）总体方面

1. 立足“三农”发展状况，完善相关法律法规，健全保护“三农”法律体系

我国目前“三农”发展的现实面临很多尴尬，相关制度仅仅停留于政策层面，比较原则而不易操作且随意性和变动性较大；很多规定出台后没有得到认真地贯彻执行而成为“睡眠条款”等等。对此，我们认为应从我国的现实和社会发展出发，立足建立健全农村法律体系以根本解决“三农”问题。具体而言，应从以下几个方面入手：

第一，修正现行法律制度中对农民的不利规定，理顺并认真执行现行规定，使相关制度出台后能够得到贯彻执行。“法律面前人人平等”，不应因人的出生、身份、地位不同而给予区别待遇，这是不言而喻的，在此，一方面应立足社会和谐与可持续发展，建立健全立法审查机制，防止出现立法对农民权益的侵害；另一方面应当理顺不同立法之间的关系，强化相关规定的贯彻执行。此外，中国的民主和法治问题的关键不是缺少相关法律规定或制度上的不健全，关键在于制度没有得到认真执行。因而，应当在强调完善现有法律制度的同时，强化对制度的具体执行，扫除制度执行中的不确定因素和潜规则。

第二，应当统筹全局，立足国内外农业发展状况来加强农村法制，加大政策和法律层面的扶植力度。经济全球化的来临给我国经济发展带来了机遇，同时也要冷静地思考其带来的挑战，具体到农业上应该立足于世界经济一体化，从国家经济和农业安全及农村稳定的大局出发，通过法律体系各子系统的关联与互动来建立健全农村社会法律体系。在此，一方面需要在政策和法律层面加大扶植力度，另一方面要在相关立法设计中简化程序、减少成本，

提高效率。① 此外,应当将一些有益的措施加以制度化、法律化,形成长久的规范而不是一时的政策或举措。

2. 确立农民作为建设社会主义新农村的主体,充分发挥其积极性和创造性

第一,应当积极选出农民和农民利益的代表参与法律、法规和政策的制定过程,真正将农民的利益和呼声用制度的方式加以确立。自己是个人利益最大化的代表,利益机制应当通过参与利益博弈的过程加以体现,这样才能体现他们的主人翁意识,否则就只能是被动地受益。如果不让农民自己来决定自己的发展和命运,不让他们参与决策而一味通过行政手段或者高压政策来强迫他们实践上级的决策,必然遭到失败,最终也有损政府的威信和决策。事实上,这种格局已经出现,且农民参与的积极性非常高。② 但目前参与人数较少,和农民这样一个大的群体利益要求不相协调和匹配,且参与高层决策的农民和农民代表不多,这一点应当通过修改《选举法》等加以完善。

第二,新农村建设的主体应该是农民,应当充分发挥农民自身的积极性和创造性,而不是学者、官员的积极性。当前,各级政府在新农村建设上赋予了很高的期望,在财政上给予了重点关注,反映了国家层面的高度重视,也得到社会各界的积极响应。但时下,一方面,真正热衷新农村建设并跑上跑下的是一些地方官员和学者,他们在

① 国家审计署审计长李金华在评价我国的财政转移支付制度在农村方面的实施状况时说:"中央转移支付从中央部门一直流到村庄,渠道很长,这个水渠是要'渗水'和被'截流'的,有时候水流到村里面就没有了。"参见李键:《中央的钱流到村里渠道长"渗水"多》,载《中国青年报》2006年6月4日。反映出一些制度运行效率较低,成本较高,而且程序较复杂。

② 2005年6月20日,在《黑龙江省农民工工资保障规定(草案)》立法听证会上,包括盖德玉在内的15名农民工代表作为听证陈述人走进了立法听证会。参见蒋升阳:《农民工走进立法听证会》,载《人民日报》2004年6月22日。当然,也有人在关注农民权益增长的同时表达了不同的反思。参见毛天祥:《还农民工公民权利岂是"关爱"之举》,载《中国青年报》2004年6月24日。

为中国的新农村建设而奔走呼吁；而另一方面，作为新农村建设的主体和主要受益者——农民要么反应比较平淡甚至冷漠，或者被动地接受上级的关怀和帮助。这种现状亟待改观。我们认为应在积极吸引社会各界尤其是官员与学者等参与（而不是主导）的同时，尽量避免行政主导，而应尽可能使农民成为新农村建设的主导者，在专项资金的使用和新农村建设的具体实施上体现“农有、农治、农享”，使农民自觉地利用各种条件提高自身的经济地位和社会地位。①

3. 立足生态环境和可持续发展及各地实际，引导发展生态农业和循环经济，协调相关产业的发展

由于国家加大对城市环境污染治理整顿的力度，污染企业尤其是高污染企业在城市难有立足之地，②而农村由于经济基础薄弱，故地方政府因急于发展本地经济、当地群众因急于改善生活而对外来投资有趋之若鹜或求“资”若渴之感，乃至有的地方不顾长远利益，盲目引进或上马污染项目。受高额利润诱惑，农村地处偏远，管理较为分散的所谓“优势”也吸引着这些企业主把企业向农村和偏远山区转移，使一些农村成了他们制污排污的“自留地”，农民也成为他们牟取暴利的“牺牲品”。③ 对此，应当引起重视。“村容整洁、环境优美”是新农村建设的一项基本要求，而农村建设的可持续发展更是关系子孙后代的千秋功业，绝对不能以牺牲后代的利益和农村环境来换取农民收入的一时提高和农村的一时发展。因此，在新农村建设过程中，应该从以下几个方面入手：

第一，农业立法要立足于农业的基础地位和资源的可持续发展，

① 参见杨鹏：《3 000 亿资金大饼与农民“三权”问题》，载《中国青年报》2006年9月14日。

② 《加快环境治理　40家污染企业今年搬出北京城区》，载《北京晚报》2002年8月31日；《南京创建生态城市　污染企业三年内将搬出主城》，载《现代快报》2005年8月21日；《33污染企业要搬出主城》，载《重庆日报》2006年5月30日；《广州：企业污染投诉多　全部搬出老城区》，载《广州日报》2006年7月29日；等等。诸如此类的报道在相关媒体均有大量报道，不一一列举。

③ 岳海：《警惕污染企业向农村转移》，载《农民日报》2006年4月18日。

引导农民发展生态型农业。在此,一方面需要政府制定农业环境相关标准,加强对农业的管理;另一方面需要政府加大财政投入,鼓励科研单位、大专院校、环保企业积极介入,开发、研制生物农药、无公害肥料、无污染饲料、可降解农用地膜、农业生产废弃物处理等等。

第二,要增强农村基层干部和群众的科技兴农观念,使他们树立起正确的农业发展观,在此基础上发展农村经济。这就要求一方面在发展乡镇企业和引进项目时一定要立足生态、坚持可持续发展,而不要被狭隘的眼前经济利益所诱惑以至造成农村环境的污染;另一方面,在农业生产过程中应当加大对环境保护的力度,尽量使用一些环保和有机农药,减少对农业生态的污染和破坏。

第三,相关职能部门要加强对企业的环境影响评估和治理,加大对制污排污企业的监控力度,禁止污染尤其是高污染企业向农村蔓延,防止这些企业异地起灶。否则既易损害农民群众的身体健康,还会制约新农村建设的长远发展。同时,需要建立环境评价的公共参与机制,①引导当地群众来参与对相关企业与新上项目的考核与评估,这既是减轻国家相关部门工作压力与难度的必然,也可以减少评估过程中的权力寻租与腐败,还可以减少环境保护中群众的漠视与麻木。事实上,环境污染的受害者是普通民众,而农村环境污染的最终受害者是农民群体,"因病致贫、因病返病"的情况在农村比较普遍。污染企业尤其是高污染企业在农村的兴建将严重威胁农民的身体健康,加剧相关疾病在农村的肆虐,如果

① 事实上,按照文化部2006年12月25下发的《关于〈娱乐场所管理条例〉贯彻执行中若干问题的意见》规定,文化主管部门受理娱乐场所设立申请应当依法进行公示,通知申请设立的娱乐场所所在地居民委员会或者村民委员会以及附近的学校、医院、机关、危险化学品仓库等利害关系人派人参加听证。此外,由于民众的反对和呼吁及参与,导致厦门市已经暂时停止建设海沧PX化工项目,反映出公众参与决策机制开始在一些行业和一些地区出现并发挥了一定的影响,我们认为这些经验可资借鉴。

不让农民这一最大的利益相关者参与农村环保评估决策，后果不堪设想。

第四，建立绿色 GDP 的考核机制，加强对地方政府官员的环保考核，在打击污染的同时，引入生态补偿机制。尽管中央已经多次强调要加强生态保护，严惩走环境污染求一时发展的行为，但是因为相关考核机制没有建立，地方官员没有引起重视，甚至顶风上项目乃至造成重大伤害。① 因此，一方面要建立起一套衡量地方经济发展的科学指标体系，尤其要加强对环保的考核标准，以转变对地方政府与官员的传统考核方式；另一方面需要从环境生态是一个大系统且存在互动的角度出发，考虑各地环境保护的力度和差距而给予不同的奖惩：褒奖环保做的比较好的地方政府及官员、惩罚污染比较严重的地方政府及官员，通过这种导向式的考核来指引经济的可持续发展。正如一些专家所说"西部保护生态的行为等于间接参与了东部 GDP 生产，东部对西部的生态保护应该给予补偿，但这是个大问题，很复杂。有些环境影响很难计量，目前正在研究补偿方式，这早晚要立法"。② 不片面追求经济效益而将环保效益纳入到官员考核标准和社会评价机制，这应该是社会发展趋势。

当然，在这一进程中，政府主要应该发挥引导作用而不是单纯通过运动或指令的方式来推进农村法制建设。

4. 充分发挥政府的指导作用，根据经济发展需要进行有效调控

农业虽是国民经济的基础，但因其具有较大的风险而往往处于竞争力较弱和微利地位，严重影响农业投入。社会主义新农村建设

---

① 内蒙古新丰电厂重大事故工程属于未批先建的投资项目，国家明令停止建设，结果因为地方顶风建设而造成重大伤害；贵州六盘水市煤化工企业污染严重导致影响饮水安全，但是副市长当众撒谎该市没有污染问题，等等。反映出地方官员对绿色 GDP 的漠视与不重视，以至于国务院总理温家宝在《政府工作报告（征求意见稿）》征求意见座谈会上指出"去年政府预定的国民经济和社会发展的各项指标基本完成，但是降耗减排的两项约束性指标没有完成。我心里感到非常不安"。

② 《生态补偿早晚要立法》，载《中国青年报》2006 年 3 月 10 日。

需要十五万亿至二十万亿元资金,[①]而这光靠农民投入是远远不够的。在此,一方面需要国家财政加大对农业发展的扶植力度和对落后地区转移支付的力度,解决农业发展和建设中关系重大、需要迫切解决的和投资较大、民间资本无力介入的项目等;另一方面需要通过各种有力措施进行调控,既要引导各种资金尤其是银行资金与国外资金投入到农业生产各环节,更要加强调控以保证资源的有效利用和合理流动,提高资金的利用效率。

(二)具体方面

1. 在提高农民组织性方面

农业人口的数量在我国处于明显的优势地位,但由于农业的小规模经营,农民居住分散,交通、通信手段不发达,各地农民之间相互依赖性差,难以形成集体行动,同时也由于他们的经济、政治和社会地位低下,缺乏代表农民利益的组织和团体,组织性较差,导致这个群体利益的维护基本依赖其他群体,这一事实反映了社会阶层的博弈能力与其组织化程度正相关,博弈双方力量的强弱并不取决于绝对人数的多少,而是取决于利益集团的整体力量的较量。[②] 提高农民的组织化程度有利于增强其博弈能力,因此,有必要提高农民的组织性。我们认为应通过创建和扶持农民组织,增强其博弈能力,具体来说,一方面应按照《农民专业合作社法》广泛设立农村合作经济组织,提高农民参与市场的组织程度和抵抗自然灾害与市场风险的能力;另一方面应当考虑恢复农会制度,在乡镇和县两级建立"农协"组织并引导建立全国性或者跨区域性的联合组织,同时引导农民建立一些维权组织,在坚持党领导的前提下吸引农村中的先进分子入党,通过制度化的方式引导他们参与农村基层管理和监督。另外,有必要借助这些组织和团体来加强农民对农村基层政权的监督力度,

---

① 《银监会高官预测中国建设新农村需 15 万亿到 20 万亿元》。

② 赵立刚:《农民会不会被抛弃?》,载《社会科学论坛》2002 年第 4 期。

包括严格村级干部的选拔和任用机制，认真执行村务公开制度及参与农村工业项目的环保评估，同时，有必要借助这些组织介入到征地等问题中，与地方政府和开发商等进行维护农民利益的博弈，以切实保障农民的利益。

2. 在农民思想道德和文化建设方面

“授人以鱼不如授人以渔”，农业要适应市场竞争和经济全球化的需要，必须改变传统的经营理念和思想观念，树立发展意识。而这需要从以下几个方面入手：

第一，重视农村基础教育，发展农村中级教育和职业教育，打破城乡教育不公的现象。“教育公平是社会公平的起点，是构建和谐社会的基石”，针对我国目前城乡教育不公和资源分配不公的现状，应当建立一整套实现教育公平的制度体系，使得城乡在教育上尽可能地平等。①应当重视农村基础教育，不仅应对包括农民工子女在内的适龄儿童就近进行学前教育和义务教育，而且有必要通过制度化的方式对农民工在内的农村青壮年文盲普及基础教育，提高农民的整体素质，②同时要大力发展农村职业教育，引导农民尤其是青年农民用现代农业科技武装头脑，从而实现科学种田、科学致富。

第二，设立农业性质的学校、培训和咨询机构，培养现代农业发展所需人才。一方面，国家应当大力发展高等农业教育，财政支持或者引导社会力量设立更多的农业性质的学校、培训和咨询机构，使更多的人尤其是农民有学习和受不同层次的农业教育的机会；另一方面应当提高农村学生的升学比例，降低农村学生录取分数线，减少农村学生的教育费用，尤其应针对农村定向培养的人才和一定期限内服务农村的专门人才免收学费和相关费用，以便培养更多的农业专门人才并吸引更多

---

① 李勇军：《对和谐社会条件下城乡教育公平实现的思考》，载《甘肃农业》2006 年第 11 期。

② 陈咏海：《提高农民整体素质》，载《农民日报》2006 年 4 月 14 日。

的高级专门人才服务“三农”。在此,相关经验可以借鉴。①

第三,国家应该通过一些政策或者措施引导大学生到农村基层工作,服务“三农”。这既利于缓解我国当前大学生就业压力,也切合我国当前农村基层严重缺乏高素质人才的现状。事实上,有些地方已经开始试行,②值得推广。

当然,围绕以上措施一方面需要改变我国当前教育体制中教育资源的分配方式,在资金和人才上对农村教育进行倾斜,③另一方面要加大农村法制宣传和教育力度,以增强农民的权益保护意识和参与意识。

3. 农业经济发展方面

第一,在农村土地的征收和保护举措方面,应当加大对耕地的保护力度,严格土地的征收,吸引农民参与利益的博弈。随着市场经济的发展和城市规模的扩张,近些年我国农村土地征用比较频繁,耕地流失现象非常严重,④而由此引发的土地补偿问题也日益凸显。如果农民失去土地而得不到公正补偿,那将意味着他们毕生失去了维持生计的基本手段。⑤ 为此,我国2004年修正后的宪法第十条第三款规定,“国家为

---

① 如针对当前教育的不均衡发展,从2007年秋季入学的新生起,国家开始在北京师范大学等六所部属师范大学实行师范生免费教育,师范生在校学习期间免收学费,免缴住宿费,并且发放一定生活补助,所需经费由中央财政安排。同时,对免费师范生的流向作了相应的约束,要求免费师范生入学前与学校和生源所在地省级教育行政部门签订协议,承诺毕业后要回到生源所在省份的中小学任教10年以上。到城镇学校工作的免费师范毕业生,应先到农村义务教育学校任教服务两年。如果违约,应退还按规定享受的免费教育费用并缴纳违约金。

② 《88名北大学子报名当村官 硕士26名 博士4名》,载《新京报》2006年3月3日。

③ 郭新力:《国外财政收入投入政策及其启示》,载《农村财政与财务》2006年第1期。

④ 我国耕地资源非常有限,而耕地被占用的速度非常快:从1996年的19.51亿亩减少到2004年的18.37亿亩,8年间平均每年减少1 425万亩。2005年我国耕地面积减少540万亩,耕地面积锐减趋势虽有所减缓,但目前总体上只有18.3亿亩,而且只有15.6亿~16亿亩可用于粮食生产,需要进一步加强耕地保护。参见《我国去年耕地面积减少540万亩》,载《中国青年报》2006年3月11日。

⑤ 张千帆:《“公正补偿”与征收权的宪法限制》,载《法学研究》2005年第2期。

了公共利益的需要，可以依照法律规定对土地实行征收或者征用并给予补偿。公民的合法的私有财产不受侵犯”。然而，滥用土地、乱占耕地和盲目设立开发区等现象大量存在，严重损害了农民的利益和农业的可持续发展，甚至在一些地方因土地征收发生群访乃至暴力事件。而这根本原因在于缺乏对政府进行征用时的制衡和不公正补偿。① 我们认为应从以下几个方面来予以应对：首先，坚决实行最严格的耕地保护制度，通过更加严格的立法以切实保护耕地，防止土地的占用和随意征用。毕竟，农村土地既是农民的基本生产资料，也是农民最可靠的生活保障。在此，不仅需要制定科学合理的土地利用总体规划，防止农民随意变更耕地用途，尤其是在耕地上建房等，更要严格土地开发的审批程序和征收与征用目的，禁止地方政府变相征用土地和随意改变土地用途，防止“公共利益”的泛化。② 其次，应在政府、农民与需求方等各利益主体之间创建一个公平、有效的谈判协商机制，以通过利益博弈实现“多赢”，而不是零和博弈的结果。具体表现为，让广泛的利益主体尤其是农民参与到征地的各环节，对于“公共利益”的判断引入听证会制度，从而防止政府名为“公共利益”征地实为开发商用地开路等现象的发生。再次，针对“目前农村土地征用的补偿机制不够合理，失地农民的权利得不到保障”③的现象，我们认为应该按照《宪法》第十条的规定，对因公共利益的需要

---

① 张千帆：《“公正补偿”与征收权的宪法限制》，载《法学研究》2005 年第 2 期。

② 当前很多地方政府将为经济建设需要归入了行使公共利益的范畴，把公共利益的范围不合法地扩大化了。研究结果显示，1992 年某省 11 个县的 200 个最大的用地项目中，属于公益事业的如公路、学校等仅 42 项，占 21%；属于政府机关的 10 项，占 5%；而以赢利为目的的公司、企业 148 项，占 74%，其中房地产项目 35 项，占 18%。引自曲福田：《土地行政学》，江苏人民出版社 1997 年版，第 31 ~ 32 页。

③ 调查表明，如果以成本价（征地价加上地方各级政府收取的各类费用）为 100%，则拥有集体土地使用权的农民只得 5%，拥有集体土地所有权的集体经济组织得 25% ~30%，60% ~70% 为政府及各主管部门所得。参见鲍海君、吴次芳：《关于征地补偿问题的探讨》，载《价格理论与实践》2002 年第 6 期。

而征收或者征用土地的给予合理、公正的补偿,有条件的甚至可以实施按等级补偿。① 具体来说,补偿的标准不应仅由政府决定或仅体现政府的经济利益,还应衡量征收者与被征收人之间具体的利益关系:应该明确如果确属于公共利益的,由政府在听取多方意见的基础上确立合理价格;如果不属于公共利益的,应该由农民或者相关农民组织直接与开发商谈判确定相关补偿标准并报相关部门备案。具体标准既要遵循经济规律的要求并在国家国力所能承受的范围之内,也要让被征收人大体满意,即被征收人的生活状况不低于征收前的水平并随社会发展有提高的趋势,不能有明显不公平或被剥夺的感觉。② 最后,土地纠纷尤其是因土地征用引起的纠纷,应当通过建立起完善的征地补偿争议裁决制度来维护农民的利益。③

第二,加强农业基础设施建设,通过完善相关法律制度建立对基础设施建设投入的长效机制。在资金上,既要强调"谁出资、谁受益"的原则,更要强调政府通过税收优惠、财政补贴乃至引导相关资金投入等提供支持,也要防止为争夺资源而跑政府攻关或出现"等、靠、要"等不良习气。在基础设施建设项目上,既要关注能直接提高农业的抗灾能力的设施建设,如水利基础设施建设、农田基本建设和农业机械化建设等,也要立足长远,建设农业信息网络,加快农村电气化步伐及农村公共卫生系统建设等等。这些都有待于相关立法来将国家农村基础设施建设等重大支农政策制度化、规范化。

第三,完善农业合作社立法,引导建立区域性或全国性的农业合作社联合组织,采取各种措施推动合作社稳健发展。农业合作社法是农业合作经济的主体法律,只有建立健全农业合作社法,才能从法律层面上保证农业发展和农民增收。尽管《农民专业合作社法》已

---

① 靳曼:《征农用地有望按等级补偿》,载《华商报》2006 年 4 月 11 日。

② 张韵声、王锴:《比较法视野中的征用补偿——兼论我国征用补偿制度的完善》,载《法学家》2005 年第 6 期。

③ 张晓松:《征地补偿争议裁决制度将建　可向国务院申请裁决》,载《新京报》2006 年 1 月 12 日。

经在2006年10月31日通过，但是在规定和运作上仍然存在很多问题，因此一方面需要各级政府通过具体的财政、税收等方面政策的倾斜来加大对合作社的扶植力度，引导农村合作社朝市场化方向发展；另一方面政府应当积极推动合作教育，大力宣传合作思想，从思想和理念上改变农民传统的“小农经济”思想。当然，这需要政府摆正其与合作社的关系：农业合作社是农民自主建立起来的，应当成为农民利益的代表，应避免政府对农业合作社的过度干预，消除农业合作社的“官办”色彩。政府可以通过引导合作社贯彻国家的相关政策和法律来指导合作社的发展方向，合作社也可以借此和政府进行协商，参与相关政策的制定。另外，由于农业面临国内外的竞争，因此需要加强国内合作社的联合，成立区域性或全国性的农业合作社联合组织，以便提高其国际竞争力和对外谈判的筹码。

第四，在农业产业政策与法律方面应当建立起完善统一的国家财政补贴与税收优惠政策，保持农业的平稳发展。我国目前已经取消了农业税，但是农民的负担仍然不轻。结合当前“三农”发展状况，从农业产业政策与法律方面分析，应该在以下几点上进行改进：首先，建立对农业生产各环节的补贴制度，不仅应该对农民进行补贴，还应该包括对涉农企业尤其是生产农业生产资料的企业进行补贴，①不仅包括平时的补贴，而且包括因突发性疫情或者事故而给予的补贴，既应通过相关激励机制来鼓励农民生产适销对路的农产品，同时也应限制相关生产资料的最高价格，以便降低农业生产的成本。其次，在税收上，不仅应该取消农业税，而且应该降低其他与农民生

① 据报道，在吉林省长春市，种子价格上涨了50%，尿素价格上涨了23.2%，国产二铵价格上涨了16%，进口二铵价格上涨了20%，复合肥价格上涨了31.2%。去年，吉林省农民的非物质保证性增收达到了623.76元。《吉林省2004年国民经济和社会发展统计公报》显示全省农民人均增收469.6元。如此，农民不但没有增收，反而减收154.16元。吉林省政府发展研究中心一份调查报告显示，随着农业生产资料价格的上涨，吉林省农民2005年扩大再生产的欲望指数下降了近4.2个百分点。参见《农资也该有直补》，载《中国农资》2005年第5期。

产生活相关的税种，取消不合理的摊派和费用等等。再次，在金融政策上，一方面国家应该成立专门的农业小额信贷银行，帮助解决农业发展中资金不足的问题；另一方面应该确认农民金融合作的权利，等等。当然，在该过程中，可以将国家建立生态农业和循环经济的思想渗透到农业产业政策中，以便进行合理有效的调控。

4. 社会保障和权益保护方面的建设

第一，需要在教育、医疗卫生、养老及突发性事件等方面通过相关制度的完善来提高农民的社会保障水平。具体包括：在教育上，农村实行免费义务教育、中等教育与职业教育，对农村青年的高等教育尤其是在农业院校接受教育的应该减少乃至免除学费等；在医疗上，应该全面推开农村新型合作医疗，实现农民“病有所医”；在养老方面，应该结合农业特点和农业人口及农村发展的状况，探索出一条适合农业生产特点和农民收入状况的养老制度，如可以试行只要农民在一定年限内每年缴纳一定数量的养老金或者谷物等，可以在 60 岁以后享受基本的养老待遇；而在发生突发性事故和自然灾害时，应该建立公共应急体系，以保障受灾群体的基本生活。

第二，应当完善相关法律以加大对农民权益的保障。一方面应当完善消费者权益保障法，加大对农业生产资料销售过程中欺诈行为的打击力度，在赔偿数额上应当赔偿应得利益的两倍而不应只是所买农资价格的两倍。另一方面应当制定保护外出务工农民合法权益的法律，如制定和通过《农民工权益保障法》、《农民工工伤管理条例》、《农民工社会保险条例》、《农民工工资标准及发放办法》以及《农民工劳动纠纷处理办法》等法律法规，以维护在外务工农民的合法权益。① 当然，针对

---

① 韩启德：《积极做好农村富余劳动力转移工作》，载《中国行政管理》2003 年第 11 期；刘福成：《农民工权益无法保障的现状、成因及对策研究》，载《生产力研究》2006 年第 3 期，等等。但是，我们认为对外出务工农民来说，既然他们也是在企业工作就应该视为工人，享受与普通工人相同的权利与义务，包括同工同酬，不应该分正式工、合同工、临时工之类。而且这些问题完全可以通过像解决普通工人的问题一样加以处理，没有必要重复立法或者按照身份立法。

农民的法治观念与维权意识较弱的特点，有必要通过法制宣传尤其是实例警示来提高他们的法律意识，使他们树立起对法治的信仰。

第三，应当加大对作为弱势群体的农民权益的保护，积极为他们提供法律援助，减免相应的诉讼费用，以便更好地维护他们的合法权益。首先，各级政府以及相关农民组织应当通过各种方式，积极帮助农民进行维权；①其次，律师和相关法律援助机构应当及时有效地为他们提供法律援助；最后，法院一方面应对涉农案件根据当事人的经济状况减免相应的诉讼费用并及时审理，另一方面应当加大对生效判决的执行力度，及时处理尽量避免因执行环节而引发冲突。② 这一点，对于经济条件较弱、法律知识贫乏、社会关系单一的农民来说尤为重要。当然，在此还需要在加大农村法官队伍建设、保持法官裁断中立性的同时对法官进行有效的监督。

5. 在农业信息服务建设方面

第一，建立农业预测预报系统。在此，需要建立专门灾害预测系统如农业气象服务系统和病虫害预警系统，为农业生产及时提供气候变化的信息和病虫害信息，并及时对相关农业产业的影响提出预警，引导农民规避灾害风险。

第二，加强农业和农村信息化建设。一方面，需要成立负责农业生产和销售信息收集的机构以加大对农产品需求信息收集的力度；另一方面应通过广播、电视、报纸等各种媒体及时向各级农业部门和广大农民提供有关国内外市场上供给、需求、价格方面的信息，使农民能够及时有效地根据市场变化组织农业生产和农产品的销售。当然，在这方面有必要进行农村通讯系统和网络服务系统的建设和升级。

---

① 事实上，已经出现了一些地方政府、律师出面借助相关途径解决农业、农村和农民发展中遇到的法律问题，甚至在一些农民心中还有了“有事，先找律师谈”的习惯，有效地提高了农民的法律意识。参见王强、高柱：《吉林旺苍：为外出农民工护航》，载《工人日报》2006 年 3 月 1 日。

② 顾立林、田雨：《李道民代表：审判机关要为新农村建设提供三大保障》，载《检察日报》2006 年 3 月 13 日。

专题三:WTO 体制下我国农业支持法律制度之完善研究①

作为存在的法律规则,其首要前提是有法律需求而后才有法律规则的强制力,然而学界关于 WTO 农业支持政策的认识却存在一种混淆本末的倾向:加入 WTO 要求我国接受《农业协议》并做出承诺,削减不合规定的支持措施;在因承诺而生的强制力下,我国对农业支持政策的措施只能在框架内寻找,不能超越 WTO 界限,认为实施 WTO 农业支持政策是基于 WTO 的国际压力。这种说法是片面的,其缺陷在于过分强调实施 WTO 农业支持政策的外在强制,忽略了农业自身的内在需求,将实施原因归结为强制力实施而非基于内在需求贯彻。从哲学上讲,是重外因轻内因源流不分的观点,难以获取辩证法的支持。然而,它却给我们提出一个问题:实施 WTO 下农业支持政策的依据何在?如何解决实施的问题?

根据 WTO 农业协定,各国必须逐步减少对农产品的国内价格支持,使其更接近于市场价格。协定中所指的"国内支持承诺"是指各成员方对给予农产品生产者的各种支持措施的削减承诺。国内支持的方式包括税收减免、免费技术服务、财政补贴等,但下述行为不包括在应当承诺减让的国内支持措施中:第一,发展中国家的政府鼓励农业和农村发展的直接或间接的援助措施以及为鼓励放弃种植非法麻醉品作物(如大麻等)给予生产者的国内支持。第二,如果某些

① 本专题从狭义上讨论 WTO 农业支持政策,侧重于绿箱政策主导的国内农业支持政策。从广义上理解"政策"一词,包括相关法律、法规、规章和政策等。我们在同等意义上使用 WTO 农业支持政策和 WTO 农业支持法律制度。

国内支持措施未对贸易产生扭曲作用或者作用非常微小，则可以免除减让承诺。这一规定被称为“绿箱措施”。(1)政府的一般性服务，如支持科学研究、病虫害控制、培训、咨询、检验、营销和促销、基础设施服务等；(2)为保证食品安全而建立的公共库存，包括政府对私人储存食物的援助，但是，这些库存的积累和处置应当在财务上保持高透明度；(3)国内食品援助，包括发展中国家为满足城市贫困人口的生活需要而定期以合理价格提供补贴食物；(4)对生产者的直接支付，但应保证这种支付对贸易的影响程度非常微小；(5)为救济自然灾害而给予的援助；(6)通过生产者退休计划提供的结构调整援助；(7)为发展环保以及救助特定区域而给予的支付。第三，对特定产品的国内支持。对于应当做出减让承诺的，以综合支持程度(AMS)和承诺约束年水平与最终水平的形式表示。其中，AMS指有利于农业生产者的所有国内支持的总和。根据协定，对贸易会产生影响的其他国内支持均要被列入“综合支持量”(AMS)表中。对这些国内支持，各成员方承诺减让义务。综合总量支持措施，包括以产品形式支持和非产品形式的支持，这些措施均以1986～1988年为基期，以货币形式承担减让，发达国家成员6年内减让基期支持的20%，发展中国家成员在10年内减让13.3%，每年等量减让，最不发达国家成员不削减。

从国内农业支持政策来看，长期以来，我国实行了一系列的支农政策，不妨称为传统农业支持政策，它包括国家宏观支持政策、农产品市场价格保护政策、其他保护政策等三大项正保护政策和大量的农业负保护政策。① 由于政府决策非农化偏好，致使农业负保护政策和农产品市场价格保护政策成为传统农业支持政策的核心，其他两项正保护政策流于形式。有学者认为传统农业支持政策包含农业收入扶持，我们认为这项措施仅限于“以工代赈”、“以工代粮”，范围

---

① 参见徐逢贤、施厚岐：《中国农业扶持与保护的理论实践与对策》，载《农业经济》1999年第1期。

狭小，真正与 WTO 农业支持政策符合的不多，拉大了与其他国家的差距。最近几年，政府通过取消农业税、粮补、退耕还林等一系列惠农政策逐渐调整了国家对“三农”的政策方向，一种新型的农业支持政策初露端倪，但农村法律体系依然未取得大的突破。

我们认为，正确的姿态是在泛 WTO 的洪流中冷静、理性地思考，进而探幽觅微，注重从国际组织法、经济法、农业及相关领域进行多维度思考，予以发掘，而非“强制性”三字以蔽之。本专题正是基于这些考虑，拟从国际组织法原理、经济法原理、“三农”问题、农业法律制度等方面论证实施 WTO 农业支持政策的依据，进而提出相应的法律对策。

一、国际经济组织法基础：WTO 农业支持政策之共同利益辩

一般认为，国际组织产生的两个先决条件是独立主权国家的多国家体系的形成与国家间多边交往的需求。① 我们认为，这仅是静态意义的描述，从动态维度予以关注，还必须存在国家利益的博弈过程。矛盾激化与调和的交互才能促进一个新事物的出现，多边需求的存在固然是条件之一，但这种需求必须表达出来，形成对国家利益的诉求，进而置于全球利益框架内碰撞。简单商品经济条件下的对外贸易，是互通有无式的简单互利行为，其中蕴涵更多的是共同利益，当这种简单意义上的获益行为面临着潜在与现实冲突时，两个或多个国家基于国家利益才会共同谋划解决争端的机制。当然，最初是以临时性、偶然性为特征，但随着同类问题的频繁出现或意义的日益凸显，才使这种原始形态的协调机制转化成经常性、带有必然性色彩的制度，并且依托于一定的组织机构维系其运作，从而促使真正意义上的国际组织宣告诞生。

① 参见饶戈平：《国际组织法》，北京大学出版社 1996 年版，第 36 页。

这个过程是求同存异进而逐步消除异质达到同一状态的演进，因而我们认为，动态的利益博弈过程主要表现为共同利益的互利和基于国家利益的冲突，或者进一步说，冲突和共同利益是国际组织产生的原动力。国家交往的共同利益是初始起点，共同利益挑战而致的冲突要求形成新的互利态势，如此循环不息。纳入到发展的连续性与阶段性中予以考察，冲突亦是共同利益的组成和表现。而国际经济组织则恰是充当了一个协调国际经济关系的角色应时而生，共同利益的维护、冲突的解决及单个国家力量的薄弱性要求国际经济组织作为平衡力量不断地谋求均衡态势，这对于我们把握 WTO 农业支持政策存在的国际基础有重要的理论引导作用。

(一)共同利益与 WTO 农业协议艰难达成之关系考察

WTO 作为国际经济组织是其确立的各项制度在组织上的表现形式，是制度运作的机构保障；而包括农业协议在内的 WTO 各项制度是 WTO 的内容，二者是血肉与骨架、内容与形式的一体关系。因而，运用国际组织的原动力去分析 WTO 农业协议的产生也就顺理成章了。由于农业的特殊性，农产品贸易长期游离于 GATT 体制之外，存活于保护主义杂草丛生之地，直到乌拉圭回合才被列为讨论议题，正式揭开了国际农产品贸易及全球农业世界的新篇章。

1. 农产品贸易谈判的起点

我们认为，农产品贸易谈判的起点是各成员方的共同利益，但学术界对 WTO 农业协议的研究大多突出了各成员方的分歧，而少有涉及共同利益的论证，或多或少地淡化乃至抹杀 WTO 成立的初衷。这种共同利益表现为：建立国际农产品贸易的良性体制，并通过各成员方认可的国际组织维系该体制的有效运作。在体制框架内，各成员方能最大限度地表述各自的利益诉求并抑制原始性的利益扩张欲望，利益冲突引致的争端能够纳入到体制内解决，使之不致恶化世界农产品贸易形势甚至政治关系，最终反而破坏各成员方的切身利益。乌拉圭回合之前，“在没有国际法律规则的约束之下，主要贸易国家

之间农产品贸易摩擦频繁，导致农产品国际价格的严重扭曲和经济资源的巨大浪费"。① 市场过度扭曲的国际农产品贸易恶性因素同样波及到发展中国家，造成发展中国家的农业或严重依赖进口（受制于农产品出口国的农业政策进而经济受制于人）或畏惧式地自我封闭发展（丧失发展机遇，农业结构过时固化，差距日渐扩大）。整个农业世界处于混乱中，根本没有所谓的良性贸易秩序，所呈现的只是失常异化的市场信息。建立一个没有政府干预、扭曲的贸易环境，将农业完全置于新的良性体制的监督约束之下，有一个灵活处理农业结构与收入间不稳定等国内问题的合理途径，减少世界农产品市场波动、失衡等不稳定因素，②成为各成员方关注的共同利益。至于建立体制过程中及体制内的冲突则是相分离的另外问题。首要的在于各成员对这样一个体制有着共同的期望，这构成了谈判的起点，当然也是谈判的终点。正如完成了否定之否定的辩论循环，这种共同利益是由虚而实、从天国到世俗的实现，决定于农产品贸易形势和各成员方对该问题的认同，谈判被赋予了必要性和可能性。

2. WTO 农业协议的谈判过程

WTO 农业谈判是艰难复杂的多方博弈过程，各成员方基于国内农业政策的显著差异及谈判策略的不同运用，使得谈判经历了"僵持与对垒"、"松动与妥协"及"双边交易，打破僵局"三个阶段，③从各自为阵到互相让步再至达成协议，共同利益与冲突的力量始终交织发挥作用，合力推动促成协议的出台。整个过程中，美欧对抗是主导力量，是主要的制度供给者，其他国家的力量日渐壮大和发言日益活跃不足以改变美欧的主导支配的局面。

---

① 参见赵维田：《世贸组织（WTO）的法律制度》，吉林人民出版社 2000 年版，第 243 页。

② 参见张汉林：《WTO 与农产品贸易争端》，上海人民出版社 2001 年版，第 97 页。

③ 参见赵维田：《世贸组织（WTO）的法律制度》，吉林人民出版社 2000 年版，第 248 页。

首先，僵持与对垒阶段。美国提出"零点方案"：十年内消除一切扭曲农产品贸易、折磨农产品市场的政策或措施，矛头直指欧盟的"共同农业政策"，认为该政策是影响美国农产品出口的元凶。欧盟则回击强调"影响农产品贸易市场的根本问题是供需失衡，而非国内政策造成的扭曲"，并针对美国提出首先谈判"协议降低国内支持的水平，恢复健康的市场条件"。美欧针锋相对，互不相让，呈现出以美欧冲突为主，以凯恩斯集团充当对抗的黏合剂与和解因素为辅的特征，使各成员方了解到彼此的差距很大，要推动谈判的进行，必须适当适时地调整各自的农业政策尤其是国内支持政策。此时，冲突的存在实际上发挥了打探别国"底牌"以及如何安排本国下一步"出牌"的积极作用，为寻找多方的"利益契合点"作了铺垫。

其次，松动与妥协阶段。美欧冲突继续存在，但比以往有所缓和，谈判也有所进展，双方持相对灵活的立场，就谈判目标（逐步大力降低对农业的资助与保护）和谈判的项目（进口准入、出口竞争、国内支持和卫生检疫）达成一致。① 虽未完全化解对峙局面，但在削减障碍的手段和尺度上，找到了新方法，引入关税化和综合支持量两个创造性概念。同时，由农产品谈判组主席阿德·齐乌提出的"主席草案"也得到了除欧盟之外大多数国家的赞同。虽未达成共同协议，但几经波折的利益冲突已逐渐磨钝了剑拔弩张的锋芒，向共同利益均衡或契合点趋进，所需要的只是各成员接受的"台阶"。美欧和其他国家的广泛参与驱动了农业谈判从经验迈向理性、从个体利益的排斥与扩展到共同利益的张扬与涌动，使相关国家明确地认识到：共同目的是寻找和发现良性的国际农产品贸易体制和建立该体制的制度基础。

再次，双边交易、打破僵局阶段。经过多方的讨价还价及数轮贸易战，谈判有了实质性进展，农业协议最终达成。首先是欧盟对共同

---

① 参见赵维田：《世贸组织（WTO）的法律制度》，吉林人民出版社2000年版，第249页。

农业政策进行改革,并与美国私下达成“布莱尔大厦协议”,将美国的“差额补贴”及欧盟对农民的“补偿支付”纳入到“蓝箱”政策予以免除减让。美欧冲突的缓和及各成员的认可,农业协议在此基础上达成。至此,以美欧矛盾为主导的世界农产品市场初步有了规范性的法律保障,并且在 WTO 的体制内运作。

整个过程,是在共同利益(建立良性的农产品贸易体制)的基础上,冲突推进谈判的深入,形成不均衡、暂时的利益局部认同,又借助冲突,形成整体性的利益相对均衡体制,使各成员的利益能最大限度地表达出来,符合了各成员的共同利益。当然,这个过程还会继续,也是以后农业谈判的基础与动力。

(二)WTO 农业支持政策利益视角内的国际考察

在上面的论述中,我们不惜笔墨地突出共同利益的作用,主要是基于这样一种考虑:作为国际经济组织的 WTO,在共同利益与冲突的原动力下产生;作为 WTO 下辖制度的农业协议,亦离不开这两者;而 WTO 农业支持政策作为农业协议的重要组成部分,必然也是在共同利益与冲突的基础上存在与发展,这是从 WTO 农业协议再到 WTO 农业支持政策进行考察的递进思维方式和逻辑过程。概而言之,WTO 农业支持政策有其内在的国际依据,我们称之为成员方之间的共同利益,冲突是共同利益的特殊表现形式及异化的存在方式。冲突的展开和演进表明共同利益质和量上的扩张欲望。据此,可以将共同利益的存在界定为两种形式:静态的共同利益和动态的共同利益。静态的共同利益意指各成员方在该点上对利益的认同是普遍的或者居于主导地位,是已经接受后达成的无冲突或极小冲突的利益存在方式;动态的共同利益缘于其共同利益中存有冲突的不安分子,是局部的、暂时的和不稳定的共同利益。动态的共同利益随时有可能将潜在的冲突显性地置于农业贸易关系中,影响先前的共同利益,直至最终转化为相对静态的、新的共同利益,为各成员方普遍接受。

1. WTO 农业支持政策的两分法

各成员方采取措施支持农业，虽有必要性，但易造成国际农产品贸易不公平竞争，造成市场扭曲。乌拉圭回合农业谈判经过艰苦而又细致的审视，将各种各样的支持政策分为两类：一类是“非贸易扭曲性生产措施”的绿箱政策，另一类是“贸易扭曲性生产措施”的黄箱政策。对绿箱政策，各成员方可以免予减让承诺；而对黄箱政策，协议要求各方用 AMS 计算其支持措施的货币量，以此为尺度逐步予以削减。

这种区分方法，摆脱了关贸总协定的传统方式，把国内农业政策与国际贸易紧扣起来，用 AMS 作为削减尺度，给削减国内支持的规则蒙上一层新奇色彩。从某种意义上讲，这种区分方式是 WTO 农业支持政策乃至 WTO 农业协议的依据。否则，协议无法找到合理且为各方接受的途径，WTO 农业支持政策的制度设计也就遥遥无期了。

2. 共同利益、两分法与 WTO 农业支持政策

沿着上述轨迹，我们把触角延伸到 WTO 农业支持政策，我们在此归纳出结论性抑或核心性的论断：WTO 农业支持政策存在的国际法依据，在于各成员方之间的共同利益，既有静态意义，亦有动态内容。静态偏重结果，是妥协形成后的共同利益；动态偏重过程，是向着利益相对一致方向推展的利益冲突及其暂时缓和的互动态势。将共同利益的两种形态与 WTO 农业支持政策及其两分法比较，可以粗略地得到三对关系：静态的共同利益与绿箱政策的对应关系；动态的共同利益与黄箱政策的对应关系；静态与动态（或绿箱政策与黄箱政策）的互动关系。

当然，这三对关系并非截然分开，它们有重合交叉的部分。绝对区分，并非我们的追求，更主要的是研究它们相对区分基础上的互动关系。正是这三对关系的存在与交叉，才有了 WTO 农业支持政策的基石和支撑。

首先，绿箱政策和静态共同利益的互相表述。第一，适用主体的

普遍性。绿箱政策虽由 WTO 成员方达成但并不局限于此，对成员以外的国家和地区也有建设性的指导意义，为不同国家提供了静态的路径选择，从主体资格上惠及所有国家。第二，适用范围的超地域性。既可是单个国家和地区，也可是区域性和全球性国际经济组织。第三，适用领域的广泛性。虽然绿箱政策主要针对农业，但实际上已超出纯粹的狭义农业范畴，涉及相关联的上游产业和下游产业，甚至一部分工业。第四，从适用的成效看，为国内农业的发展提供了良性发展模式，对国际农产品贸易的非扭曲性有助于世界经济的勃兴，进而改善国家间的政治经济关系，减少冲突摩擦的可能性。申言之，绿箱政策从上述四方面表达了各成员方的共同利益，被各方接受。

其次，动态的共同利益和黄箱政策。因为包含冲突的因素，故而只是表达了发展的历程和趋势。在国际贸易中，古典贸易模型即基于自然优势的互利贸易已经被现代贸易模型即基于行业保留性导致的利益冲突式贸易整个取代，各成员方农业贸易政策更多地考虑国际因素。冲突区和互利区的存在要求将冲突区的政策支持调适到互利区内，形成各成员方共同利益的诉求。再者，由于国际农产品市场的固有矛盾(如自由与约束、发达与落后等)及经济或行政的垄断日益猖獗，使市场竞争受到阻碍或限制，进而影响世界资源配置的效率，所以，一定的和必要的国际协调成了当务之急。黄箱政策的达成开辟了一个路径选择，达成前众口纷争，达成后相对认同，完成了共同利益的动态实现。

再次，静态与动态(绿箱政策与黄箱政策)的互动关系。二者存在一个相互转化的关系，相互限定和表达了彼此的界限。黄箱政策的核心在于界定综合支持量及逐渐削减此类支持的承诺。这一承诺尽管被普遍接受，却包含着不同程度的冲突:减让基期和削减比例的差别，将成员方一揽子纳入到该模式下，各成员方的权利义务大致等同。实际上，这种做法掩盖了各成员方的矛盾，将显性冲突隐藏于“发达”与“发展中”的幕后，看似太平盛世，实则不安分的矛盾时刻蠢蠢欲动。无论发达国家还是发展中国家，都存在经济位差和资源

约束的不同，经济实力的层级性、政治传统的保留性、文化的多元性等客观力量迫使本国政府从 WTO 农业支持政策中捞取政策油水。但黄箱政策甚至后续谈判修改的达成，表达出来的是各成员相对认可的共同利益，亦是动态共同利益的阶段性利益形式，因而冲突存在于共同利益使得继发谈判有了内在依据。

二、经济法视阈：WTO 农业支持政策的价值与本质

诞生于世界主要农产品利益集团（如美、日、欧盟及凯恩斯集团）平衡妥协下的 WTO 农业协议因其与农业法的关系而被纳入经济法视角予以考量，逐步成为经济法学者的共识，故而经济法理念当仁不让地成为重要的理论分析工具。

（一）实行 WTO 农业支持法律制度符合经济法的价值要求

经济法的价值，指的是经济法通过其规范和调整所追求的目标，①属于应然范畴。我们认为，经济法的价值表现为效率、秩序、正义。尽管经济法学界存在争议，但只是对内容的具体理解不同而已。它们在本质上是统一的，但又表现为不同的方面。下面将 WTO 农业支持法律规则作为一个总体制度，借鉴制度经济学的理论，分别从效率、秩序、正义的角度探讨其与经济法价值的关系。

1. 农业支持政策的效率分析

在经济法学中，效率指经济效率，并且主要是指社会总体经济效益，②既包含静态的配置结果，又包含动态的配置过程。经济法效率的实质是以较少成本获取最大收益。经济法效率价值的辐射，必然要求农业法的运行及配置后果均达到帕累托最优状态，由于“制度

① 参见史际春、邓峰：《经济法总论》，法律出版社 1998 年版，第 152 页。

② 参见漆多俊：《经济法基础理论》，武汉大学出版社 1999 年版，第 157 页。

是为满足欲望和需要而存在的,如果资源可以重新配置以设法使人们'境况更好',那么它们应该重新配置"。①作为农业法核心制度甚或称为主体内容的农业支持法律规则同样也必须满足这一要求。故而发问,WTO 下农业支持法律制度是否有效率呢?是否存在比它更有效率的制度呢?这就需要运用制度效率检验的相关经济学原理来加以检验。经济学中检验制度效率的方法和尺度通常采用主观一致性检验和社会效益(包含经济效率)检验。

首先,主观一致性检验在经济学中可以用制度刚性的指数来反映。制度刚性指某一制度使某一特定环境的绝大多数产生相对一致的符合制度本质精神的预期结果,否则,刚性不足。② 制度刚性与经济效率是正相关关系。制度刚性要求具备两个条件:(1)制度所规制的内容是有效的、科学的、全面的;(2)制度所规制的行为基本上能够实现。将之适用于 WTO 农业支持法律制度:第一,WTO 农业支持法律制度规定涵盖科研教育、病虫害控制、推广咨询、营销促销、基础设施、粮食安全储备、粮食援助、直接收入补贴、农业保险、灾害救济、资源维护、农业结构调整、环保、区域发展等方面,③对农业市场化、产业化、农业结构调整、农民增收等进行了全面规制。而这些方面恰恰是我国"三农"问题的掣肘与软肋,故其内容是全面的;考虑到各国农业发展程度的不一,赋予其内容的弹性和可拓展空间,使各国可以灵活调节对农业支持的力度和幅度来发展保护农业;考虑到粮食的战略作用,规定了粮食安全储备,故其内容是较科学的;由于 WTO 成员方实施这些政策时可以进行选择和整合,通过 WTO 主要成员方的农业发展证明,其规定是行之有效的。第二,WTO 农业支持政策规制的行为基本上能够实现,这亦为 WTO 成员方的农业发展历程所证明。因而,WTO 农业支持政策具有较强的制度刚性,经

① 参见谢鹏程:《基本法律价值》,山东人民出版社 2000 年版,第 132 页。

② 参见刘贵莲、王俊:《制度刚性与经济效率》,载《学术论坛》2002 年第 2 期。

③ 参见杨鹏飞、洪民荣等著:《WTO 法律规则与中国农业》,上海财经大学出版社 2000 年版,第 34 ~ 37 页。

得起制度效率的主观一致性检验。

其次，社会效益检验表现为社会成本的减少和社会收益的增加。WTO 农业支持法律制度如绿箱政策实质上将政府对微观农产品市场的调控转移到宏观市场的培育和调节，最大限度地消除非市场因素，削减了成本。以“保护价”为例，一方面政府负担沉重的财政压力，国有仓储单位支出较高的维护成本及腐粮现象严重；另一方面却鼓励农民继续种植低劣农产品，加大成本的投入。而 WTO 农业支持政策避免了这种情况，并且，WTO 农业支持政策不仅带来经济效益，而且通过对科研、环保的投入带来了社会效益（狭义）。

通过检验证明，WTO 农业支持法律制度从理论上讲是有效率的，至少比我国实行的传统农业支持政策更加有效。如绿箱政策实质上是市场化程度不同的国家通过平衡妥协后形成的造血性农业发展方略，显然，这符合经济法的效率价值，为经济法所追求。

2. 农业支持政策的秩序分析

经济法所追求的秩序实质上重在维护社会经济总体结构和运行的秩序，①是介于亚当·斯密自由竞争理论建立的秩序和凯恩斯国家干预理论建立的秩序之间的状态。它的内核是市场经济，主体内容是经济民主和经济集中对立统一的和谐。既区别于经济完全民主的自由竞争的市场经济，又区别于经济完全集中的计划经济，是两者的结合。反映到农业法领域，必然要求将农业经济民主和农业经济集中组合到动态的、和谐的秩序之中。申言之，农业支持政策的秩序追求及本身的功能也脱不了经济法这一价值取向。否则，秩序的内在动力必然会通过巨大的经济代价警戒农业决策者和生产者。

为了便于更直观地说明问题，不妨将我国曾实行的以农业负保护和价格支持为核心内容的传统农业支持政策与 WTO 农业支持政策作一比较。第一，从建立秩序的指导理念上看，传统农业支持政策

① 参见漆多俊：《经济法基础理论》，武汉大学出版社 1999 年版，第 157 页。

是计划体制在理论上和实践上均占据支配地位的背景下制定的,其指导思想是计划体制下的经济行政法,即通过行政手段的干预确保农村经济的稳定,达到支持的政治目的(农村稳定)和经济目的(支持工业化)。而WTO农业支持政策以市场为导向,是在市场全球化和一体化的背景下由主导市场经济国家制定,充分体现市场的要求。第二,从秩序内在要素上看,经济法追求的市场经济秩序包含两个生动的要素:有效竞争和市场定价。[①] 传统农业支持政策基于战略安全的考虑,农业一直是封闭保护,游离于市场之外。政府支持农业通过国有部门(如粮食收购单位)的补贴增强其实力排斥了其他市场主体的参与,这不但与允许多种经济成分发展的思想不相一致,而且国有单位基于行政区划上的定界设域又消除了竞争。至于市场定价的缺位也从而顺理成章,政府绝不允许作为后花园的农业存在不安分的市场因素。反观WTO农业支持政策(如绿箱政策),主要是设定政府行为的界限,使政府在界限内最大限度地为竞争和市场定价营造环境,如科研、培训、营销促销服务、基础设施建设等均是为市场提供外围环境,从而激发多种市场主体的竞争热情,形成良性竞争的秩序。第三,从秩序构成上看,是经济民主与经济集中的统一。经济民主首先要求扩大经济活动主体的种类和权利,传统农业支持政策如保护价收购,通过直接补贴国有粮食流通部门间接转移给农民的方式形成农产品市场垄断,不可能有新的主体参与。WTO农业支持政策作为新制度引入后,新制度的生成必然催生新的主体和扩张新的权利,新制度的发展历程必然精炼出新的结构搭配。发达市场经济国家的实践证明,这一趋势是良性的,也顺应我国农业结构调整的战略。第四,从追求秩序采取的方式看,传统农业支持政策以计划调节为主,主要依赖直接调控,由此生成的秩序含有较多的计划因素,有悖于发展市场经济的目标。而WTO农业支持政策实质上是以市场为主,辅以适当的政府调节,如绿箱政策着眼于宏观环境的维护,

---

① 参见顾钰民:《制度变革与经济效率》,载《社会科学》1998年第2期。

使市场经济在政府设定的框架内充分发挥资源流动配置的功效，反映了市场经济的发展要求。

综上，从秩序的理念、内在要素、构成和方式四个方面看，WTO农业支持政策所维护和追求的秩序符合经济法的价值目标。

3. 农业支持政策的正义分析①

"关于永恒公正的观念是因时而异，甚至因人而异"，所以作为经济法价值的正义只能是兼顾过程与结果的经济生活的相对公平。现阶段农业领域存在一些不公平现象：一是产业发展的不平衡，长期以来政府实行的农业负保护政策，以工补农、价格剪刀差使大量的资源流出农业，导致农业发展滞后于工业。在一体化与全球化日益激烈的时刻，必须迅速转变农业支持的战略。二是农业资源的配置不合理。这一方面是产业非均衡发展战略的后遗症，另一方面是长期遗留的农业传统所致。三是农民与非农从业人员的收入不合理。这违反社会平均利润规律的现象，抑制了农民的发展热情。概言之，这几种不公平现象的存在是农业发展的桎梏，必须破除。这亦是公平价值能量释放要求改变农业经济不公平现象的必然趋势，要通过改变农业支持的不合理制度，实施 WTO 农业支持法律规则。

在正义观念的指导下，以上述问题为视角，从制度正义的层面考量农业支持政策的正义性。制度学认为，制度正义存在两个层次，即制度本身的正义和制度运行的正义：②一是制度本身的正义要求制度建立在既合乎规律又合乎目的，正确解决了个人与社会整体关系的，以维护人类社会生存与发展为根本内容的正义观。WTO 农业支持政策产生于市场经济全球化和一体化的趋势之下，以发展农业和农民增收为目的，在市场经济的框架内以市场为配置资源的手段。

---

① 谢鹏程在《基本法律价值》一书中认为，法律价值理论中，正义、公平、公正三个词的差别颇微妙，很难确定具体的标准，故而作者将三词从广泛意义上混合使用。我们采纳此说，亦从广泛意义上使用"正义"一词。

② 参见彭定光：《论制度正义的两个层次》，载《道德与文明》2002 年第 1 期。

释放价值规律的能量，消除非市场的因素，把政府的职能限定于农业经济的市场环境的“培育、引导、支持、保护、调控”上，如农业保险、灾害救济、结构调整补贴等实际上解除农民参与市场的后顾之忧，为其提供便利，符合制度本身正义的要求。二是制度运行层面正义的要求：存在公认的权威机构；坚持原则，杜绝任意性；制定切合实际的公正方案；堵塞制度性漏洞；禁止个人或群体自行正义。WTO 农业支持法律制度是由政府主导，以法律或政策形式实施的，存在权威机构和反对自行正义是题中之意。而且，WTO 农业支持政策作为具有法律意义的制度，成为农业协议的组成部分，系统地规定了教育科研、基础设施、灾害救济、农业保险、结构调整、区域发展和环境保护等各个方面相互协调的制度，并且各国一般以法律的形式固定，既最大化地堵塞了制度性漏洞，又以法律的稳定杜绝了任意性。同时，WTO 农业支持制度已得到美、日、欧盟等国的实施验证，形成了切实可行可资借鉴的制度安排，具有可操作性，从而符合制度运行正义的要求。从理论上讲，避免了上述不公平现象，合乎经济法正义价值的要求。

（二）实行 WTO 农业支持政策符合经济法的本质要求

在对经济法价值进行讨论时，实际上已踏入经济法本质的领地，因为没有脱离本质的空洞价值。经济法本质作为经济法固有和内在的根本性质，规定着经济法的存在性即区别于其他法律部门而成其为经济法的依据。在经济法学界，关于经济法本质存在多种学说，并且形成了各具特色的流派，如“平衡协调”、“国家调节”、“国家干预”等。我们认为，平衡协调说较准确地描述了经济法孕育、产生、发展的内在规律性。① 平衡协调作为经济法基本属性的引发点和集中体现，存在对其进行多维度观察的必要性和可能性。就具体内容

① 参见聂孝江：《略论经济法的本质》，载《广西政法管理干部学院学报》1999 年第 4 期。

而言,有对"有形之手"和"无形之手"之方式上的平衡协调,对"纵向管理关系"和"横向流转协作关系"之对象上的平衡协调,对"公法"和"私法"之法律属性上的平衡协调,对国家和市场之核心要素的平衡协调。

以上述内容为尺度审视我国的农业支持制度,存在如下制度性缺陷:(1)重"有形之手"轻"无形之手",这主要根源于长期的计划经济体制,计划手段的运用惯性所致。(2)重纵向调整轻横向调整。(3)重公法轻私法。

经济法平衡协调本质的内在要求必然起到支点的作用,克服上述一边倒的倾向,形成两手硬的态势。具体言之,第一,加大"无形之手"即市场调节的力度与幅度,从总体上相融合。只有在政府设定的支持框架内引入市场调节的要素,由政府制定规则,市场主体参与,才能使政府从不合理的微观经济活动中撤出来。WTO 农业支持法律规则较好地满足了这一要求,顺应了现代市场经济的发展趋势,克服了传统农业支持政策政府设定规则,参与游戏,充当裁判,排斥市场的不足。第二,重视横向流转协作关系。传统农业支持政策使政府行为的对象集中于纵向经济管理甚至是微观的直接介入,忽视了横向农业经济关系。如忽视了农村区域发展,未形成先进扶助后进的风气,对商业性农业保险等的忽略。而 WTO 农业支持政策形成了"政府培育市场,市场引导主体"的良性循环,如绿箱政策的区域发展援助、结构调整、农业保险等给予横向流转协作关系以足够重视。第三,制定公私法融合以私法为主的法律。这必然要求制定诸如《农业信贷法》、《农业保险法》、《农业环境保护法》等,这些显然难以纳入到传统农业支持的范畴,却正是 WTO 农业支持政策的当然之义。并且,绿箱政策弹性极大,伸缩性较强,政府可以予以拓展,这又暗合了平衡协调这一概念的弹性要求。

政府与市场关系是上述方面的根本。由我国转型社会的性质决定,要求政府转变经济职能,即意味着政府权力从某些领域的抽

出,农业支持制度亦同样如此。建立在权力支撑基础上的传统农业支持政策必然会在权力撤出的困境下发生变革或崩溃,形成政府与市场组合调节的新型制度——WTO 农业支持政策。另一方面,WTO 农业支持政策实质上把规则的建立、环境的维系、市场发展的方向交给宏观调控的政府,将微观的要素流动和配置还给市场,更好地体现了政府与市场平衡协调的要求,符合经济法的本质含义。

三、破解"三农":WTO 农业支持政策之现实性考量

不管是在过去或者是将来的一段历史时期,"三农"问题无论从理论还是实践上都占据了焦点位置,更随着"地球村"的日趋形成走上了经济发展的前台。作为国民经济腾飞的基石与瓶颈,如果不练好内功,"三农"乱则全局乱,"三农"伤则全局伤,"三农"不稳定则全局崩溃。提升"三农"实力的最佳途径,莫过于 WTO 农业支持政策。其既有长期之功,又有短期之效。可以说,"三农"问题的突出产生了对 WTO 农业支持政策的现实需求,又提供了展现其魅力的平台。虽然"三农"顺序已定,但我们更倾向于从微观具体而又生动的主体要素开始论及,延伸到宏观的农业经济整体。当然,"三农"是相互制约相互牵连的,不可能用明显的界限分割。我们只是侧重于从农业、农村和农民的主要问题展开论述,并非划分成分。

(一)市场经济中农民地位的提升与农业支持政策

农民一词,内涵极难界定。在西方学术界,引发了学者广泛而深入的讨论,但最终仍未形成统一意见或占据上风的主流学说。[①] 相

---

① 有关西方学术界关于农民定义的争论,请参见葛志华:《WTO 与中国当代农民》,江苏人民出版社 2001 年版,第 2 ~5 页。

比之下，我国近代思想史对农民的研究不足，尤显沉闷，唯梁漱溟、费孝通先生等人真正埋头光顾过而已。二元社会结构使农民成为区别于市民的经济待遇与身份地位的标志，脱离了“职业”的根本范畴。这与“农民职业化是现代化的内在要求”①的命题不符，从而给农民走向产业化、组织化和现代化设置了制度性障碍。

1. 农民市场经济地位分析

在中国，农民以近九亿的绝对数量组成了一个庞大的社会集团，但农民的社会经济地位却与之极不相称，集中表现在弱势地位、市场地位及组织程度上。

第一，农民处于弱势地位。② (1)收入低。改革开放后实行的家庭联产承包责任制和双层经营体制解决了农民的温饱问题并且使部分农民脱贫致富。但“返贫”和“负增长”现象的出现暗示旧有制度的效率释放殆尽，农民增收陷入原地踏步的困境。另一方面，城市居民收入的增长又降低了农民的相对收入。(2)生活质量差。(3)力量弱。抵御变故的力量弱，如灾害、子女上学、大病支出等；就业竞争力弱，农民自身素质较低，缺乏专业技能，难与市民一较短长；社会参与和影响政策的能力弱，农民组织程度低和分散的小农经济使农民难以影响决策，不能从被动适应转向主动参与。

第二，农民市场地位尴尬。③ 在市场经济和政策倾斜的环境下，城市居民充分参与市场，享受着市场的实惠。农民作为市场主体，地位极不完善。首先，农民在劳动力市场上居于边缘性地位：由于诸多因素的限制，农民随时面临着退出市场的风险。进入市场的成本高，许多劳务大省规定凭许可证外出打工和许可证收费构成了第一道成本；外出打工的盘缠、交通费用构成了第二道成本；到达目的地后寻

---

① 关于这一命题的论证，请参见葛志华：《WTO 与中国当代农民》，江苏人民出版社 2001 年版，第 256 页。

② 杨瑞勇：《落实科学发展观必须改变农民的弱势地位》，载《郑州轻工业学院学报(社会科学版)》2005 年第 4 期。

③ 参见曹荣庆：《论中国农民的市场地位》，载《当代经济研究》2002 年第 8 期。

找工作和维持生活的费用构成了第三道成本；找到工作后的居住费用构成了第四道成本；整个过程的心理成本负担构成了第五道成本。同时，由于劳动力自身素质问题，即使找到工作也面对着被随时裁员的压力。其次，在农产品市场中处于两极地位。我国农产品市场划分为粮食市场和一般农产品市场。在粮食市场上，农民的市场地位受到限制，是不完全主体。对粮食统购统销的政策形成国家完全买方垄断，农民别无选择。虽然政策目的是保护农民利益，但实践中由于资金难以足额到位、封闭运行、仓库容量不足以及粮食企业职工的服务态度等严重影响农民积极性，抵消了一部分政策效力。在一般农产品市场上，政府介入不够，农民的市场地位完全由市场决定。农产品需求弹性小而供给弹性大的特点使农民极易受市场价格刺激形成供不应求和供过于求的局面，"买难"和"卖难"交替出现，农民积极性反复被挫伤。

第三，农民组织程度低。农民组织化包括两方面的含义：一是农民在经营过程中的分工协作关系，它体现农民与农民之间、农民与其他主体之间的经济关系。二是农民作为劳动者和集体经济主人的社会化组织关系，它反映农民的社会地位和政治权力。前者反映的是经济关系，后者反映的是政治关系。长期以来，党和政府从政治高度赋予了农民政治含义。现代意义的农民组织程度的提高，是全面的组织化，既要赋予农民政治意义和社会地位，又要有效地调节农村分散的经济资源，这就要求政府有所作为。

2. 提升农民地位的根本与WTO农业支持政策

我们认为，提升农民地位的根本在于增加农民的收入。政府实施的农业发展方略以及进行的各项农村政策的改变，其最终落脚点都是农民的增收问题。只有农民收入增加了，农民积极性才能得到培育、保护和调动；农民的腰包鼓起来，社会经济地位才能得到真正提高，进而在政治上表达意愿。这也符合经济基础决定上层建筑的唯物史观。通过对农民地位的分析，弱势地位也好，市场地位的缺陷及农民组织程度低也罢，无一不是根源于农民经济实力单薄的痼疾，

而增收措施对政府支持农业政策的依赖性造就了WTO农业支持政策的现实需求空间。

反之，从另一个角度看，农民的减少也是提升农民地位的一个关键因素。同等的农业资源作用于数量更少的农民，其成效不言而喻。但农民减少是否是规律呢？这一命题的有效性如何？根据对工业化国家进程的总结，农民减少是现代化的一般规律，主要取决于工业化的拉力和推力①。所谓拉力，指工业化需要源源不断的劳动力供应，从而把农民变为工人，形成农民减少的拉力。所谓推力，指工业水平的提高使农业生产能力与技术水平提高，使农民的体力得以延伸，为单个农民耕作大范围农田提供了现实可能性，形成了农民减少的推力。我国的现代化进程同样要遵循这一规律。

第一，改善农民弱势地位需要实行WTO农业支持政策。弱势地位的三个特点表明政府投入不够，农民经济实力弱。解决这一问题，WTO农业支持政策不仅可以通过间接性的支持措施（基础设施的投入、结构调整、区域发展计划等），甚至还可以通过不扭曲市场价格的直接补贴（减免税费、直接发放等）及一定限度的价格保护增加农民经济实力、改善农民地位。

第二，提升农民市场主体地位需要实行WTO农业支持政策。农民市场主体地位的不完备突出表现在劳动力市场的边缘性和粮食市场的两极性。边缘性主要是指进入市场成本高和农民素质低，两极性要求粮食市场主体权利的扩大及一般农产品市场政府服务的完善。WTO农业支持政策旨在保护农民，让农民参与市场，赋予农民适当的主体地位，使农民在政府调控的社会平均利润规律下获得同等收入，减少农民的市场成本，通过教育培训增强农民的竞争力，为农民提供交通便利，所要限制的不过是扭曲市场的支持措施而已，况

① 参见葛志华：《WTO与中国当代农民》，江苏人民出版社2001年版，第249页。

且“绿箱政策”一般服务条款又使用了“包括但不限于”的表述，更增其灵活性。

第三，增收的终极性目标要求实行 WTO 农业支持政策。影响农民增收的因素从根本上讲是结构性制约：一是农业结构层次低；二是农业产业化经营整体水平不高，经营机制不完善，企业与农民的关联度脱节，未形成利益共同体；三是农业结构不合理，产业搭配失衡。解决这些问题，必然要借助结构调整。研究 WTO 农业支持政策可以发现，农业结构调整正是 WTO 农业支持政策的一个核心部分，并且允许政府进行补贴。因而从这个角度讲，必须实行 WTO 农业支持政策。从浅层的增收因素考察，WTO 农业支持政策的直接补贴项目是一个短期而易见成效的使农民收入绝对数增加的措施。当然，补贴方式还可以表现为农民税费负担的减免，这是农民收入相对数的增加。实践中，已普遍存在将保护价转换为按粮食产量发放农民补贴的做法，这些措施均包含在 WTO 农业支持政策的框架内。

第四，提高农民组织程度要求实行 WTO 农业支持政策。农民组织程度的提高，要求从经济地位和经济关系中得到体现。WTO 农业支持政策的实施能使农村分散的经济资源得到有效整合。如“绿箱政策”下的培训、区域发展、结构调整、农业保险的实施要求政府引导的同时，也必然渴望有真正维护农民经济利益组织的出现，既协助政府政策的执行，又保障农民的合法权益。这是 WTO 农业支持政策的内在要求，制度建立必需的主体要素。

第五，顺应农民减少的现代化一般规律要求实行 WTO 农业支持政策。农民减少与下面阐述的剩余劳动力转移有异曲同工之妙，对劳动力的素质提出较高要求，这恰好可以借助 WTO 农业支持政策的“绿箱政策”予以解决。

因此，农民地位的现实性缺陷归根结底要求增强农民经济实力，而农民经济实力的增强则依赖于 WTO 农业支持政策。因此，农民地位的缺陷—增收—WTO 农业支持政策构成了对 WTO 农业支持政策的第一条需求线。

(二)农村可持续发展与 WTO 农业支持政策

与农民和城市居民对应,农村和城市构成了城乡二元结构的全部内涵。根植于赶超型发展战略的二元体制在我国工业化初期对重工业的发展起到了资本积聚、降低重工业发展成本的积极作用。但随着我国逐步迈入工业化的中后期,这种体制已成为经济发展的枷锁,阻碍全面进入小康社会和建设和谐社会目标的实现,解除城乡的封闭和隔离成为现代化的内在呼声,新的向农村倾斜的支持政策迫在眉睫,此时 WTO 农业支持政策的实施成为当务之急。

1. 政策倾斜的表现与矛盾

国家对城市政策倾斜的表现:(1)从公共基础设施来看,政府每年拿出几百亿元财政用于城市基础设施建设,逐步形成了城市日趋完善的基础设施体系,给城市居民和产业带来了物质福利和社会收益。可是这种成果不具有对农村的外溢性,农民获益甚少,在某些地方是一片空白。(2)从基础教育保障看,国家投入的教育费用几乎全部用于城市,而广大农村则自筹经费,难以沾受教育财政的雨露。这造成了农民素质普遍低下,创业能力和就业竞争力弱,直接影响了现代化的进程。(3)从金融上看,农村信贷不发达,即使是针对农村和农民开展业务的农行也因其设在城市而削弱了固有功能,农民储蓄的大部分依然贡献给城市,信贷回流有限。城市金融业务发达,在经济不景气时,城市被排在优先扶助的位置。(4)从财政补贴上看,农民即使面临着生产资料的大幅涨价也得不到价格补贴,而城市居民的价格补贴有国家的财政保障,城市企业的亏损有信贷照顾和财政亏损补贴。(5)从社会保障制度上看,国家有专项保障基金用于城市社会保障,从生老病死到日常生活,国家都要过问;而农村不但得不到社会保障,还要承担农村五保户、军烈属的补助救济等额外费用。

由此,城乡二元结构和一贯倾斜城市的做法,导致了诸多矛盾:(1)多与少的人口矛盾。二元体制下的农村和城市成了相对独立的

两重天地，农村人口多，比重大，凝固化突出；而城市人口少，比重小，流动性强，因而给教育、就业、消费带来巨大压力。(2)重视与轻视的产业矛盾。城市代表工业，农村代表农业。重城市轻农村，重工业轻农业使产业差距泾渭分明。(3)快与慢的经济发展水平矛盾。政策倾斜使城市获得长足发展，经济迅速崛起；而农村起点低，生产力和劳动生产率低下，又得不到政策支持，致使经济水平增长缓慢。

2. 城乡协调发展与WTO农业支持政策

我们认为，要解决上述矛盾，就必须打破城乡隔离的二元结构，城乡协调发展。这一过程，是政策转型的过程，政策选择是关键。通过下面分析，我们可以得出，WTO农业支持政策是优先选择，也是城乡协调发展的内在要求。

第一，农村公共基础设施建设要求实行WTO农业支持政策。农村公共基础设施建设事关农村发展的全局和长期规划，体系空白或不完备直接制约农村的城市化发展。这必然要求国家投入大量的财政使农村建立完备的基础设施网络，推进城乡一体化。而现行倾斜政策，农民获益较少，有时甚至带来巨大损失，农村对基础设施的要求构成了WTO农业支持政策的一个依据。因为，WTO农业支持政策不但囊括了基础设施建设，而且，以“一般服务”的字样将其表述为政府义务，政府不是可以做，而是为了农村的发达必须做。

第二，基础教育保障要求实行WTO农业支持政策。教育财政倾斜城市的改观要求大量资金投入到农村教育中，从而改善农村教育状况，提高农民素质，最终增强农民竞争力，而这正是WTO农业支持政策的内涵和追求目标。

第三，金融服务要求实行WTO农业支持政策。金融尤其是信贷的支农作用为各国普遍重视。如美国的无追索权贷款，以信贷的形式保障农民收入。农业保险也为农业发展解除了后顾之忧。这些恰恰是WTO农业支持政策中不同于传统农业支持政策的内在区别。

第四，财政补贴农村要求实行农业支持政策。WTO农业支持政

策允许对农民收入的直接补贴、结构调整的补贴、资源停用的补贴，均为现行补贴倾斜农村的重要形式。社会保障制度同样可以纳入一般服务项目中，并入WTO绿箱政策内。

第五，城乡矛盾实质上是财政投入的不公平配置所致。只要政府大力投入，农村状况就会日益改善，当然这也就要求实行WTO农业支持政策并予以发掘和拓展，而非依靠传统的价格支持手段。再者，消除城乡二元结构，向同质的一元结构转换，其核心是传统农业部门的剩余劳动力向现代非农业部门转移。① 我们认为，剩余劳动力转移的根本在于农业剩余劳动力素质的提高，而非像有些学者倡导的消除户籍管理制度。农民素质低下，即使革除户籍制度也难达到让农民"优胜"的绩效。户籍管理制度阻碍了要素的流动性，革除之大有裨益，但这不是问题的根本所在。对素质与竞争力的提高，我们在先前也论证过，是WTO农业支持政策自身具有的功能和追求的目标，体现出WTO农业支持政策的存在价值。

总之，城乡二元体制的存在，忽视农村发展所带来的缺陷使WTO农业支持政策的存在成为必然。可以讲，城乡二元体制—城乡协调发展—WTO农业支持政策形成了WTO农业支持政策的第二条需求线。

（三）农业基础地位的巩固、农产品竞争力的提升与WTO农业支持政策

从农业的角度论证WTO农业支持政策，似乎才是其存在的原始依据。当然，这并不是否认以上几个角度的思考，因为对WTO农业支持政策进行多维度的理论思索，有助于深化认识，正如用经济学理论分析法学，并不是否认纯粹的法学分析。

---

① 参见张桂文：《中国二元经济结构演变的历史考察与特征分析》，载《宏观经济研究》2001年第8期。

1. 农业的产业地位、特性、发展阶段

(1)农业的基础地位要求实行 WTO 农业支持政策。根据库兹涅茨和苏布拉塔·加塔克等人对市场经济下发展中国家农业部门在整个国民经济增长与发展中所起作用的研究表明,农业具有产品贡献、市场贡献、要素贡献和外汇贡献的能力。① 联系现实国情,我国农业既是国民经济其他部门赖以独立和发展的基础,又是国民经济系统环境赖以建立和运行的前提和先决条件。它既从事人类基本生产资料和基本生存环境的生产,又为国民经济其他部门从事劳动力的再生产和基本生产资料的生产,而且农业剩余劳动或农业剩余产品是非农产业部门发展的先决条件和前提。国民经济其他部门的发展速度和规模归根结底取决于农业劳动率提高的幅度和能力。因此,农业作为一种战略性产业理应得到政府的支持与保护。但是,应该选择何种支持政策呢?计划还是市场?脱胎于计划体制下的传统农业支持政策带有强烈的计划印记,几乎排斥市场手段的运用。而产生市场经济土壤中的 WTO 农业支持政策虽以市场为取向,但并不排斥政府宏观调控的运用。两相比较的结果,我们先前已经论证。

(2)农业产业的特殊性条件要求实行 WTO 农业支持政策。首先,农业是自然风险与市场风险交织的弱质产业。农业对变化不定的自然条件依赖性较强,由此造成产品供给季节性与需求常年性的矛盾。同时,农业生产周期长,外部条件差,市场信息滞后、不准确,使短缺和过剩交替出现,严重影响到农民收入,市场风险与自然风险的交织使得农业在市场经济下成为一个需要支持与保护的弱质产业。其次,农产品供需特殊性。农产品受自然条件和市场条件影响使得供需不对称,农产品的需求弹性小于非农产品的需求弹性,农业受需求的约束。再次,农业的比较优势低下,吸纳和保护资源的能力不强。

---

① 参见赵昌文:《农业宏观调控论》,西南财经大学出版社 1997 年版,第 67 ~ 68 页。

以上诸种特性要求政府对农业的支持与保护：第一，克服自然风险要求政府建立相关自然灾害的预警机制（如病虫害控制）和最大限度地采取减少自然灾害的影响措施，譬如农业保险、灾害救济、粮食援助、重视环保、发展绿色农业，而不仅仅是价格支持。第二，克服市场风险就需要强化政府宏观调控手段的运用，加速优质产品的研究，进行科技推广，免费检疫检验，策划促销和营销，提供便利的基础设施等。不难看出，这些克服自然风险与市场风险的措施恰为 WTO 农业支持政策的意蕴所在。

（3）农业所处的阶段需要实行 WTO 农业支持政策。“根据国际经验，一个国家的工业化过程中工农关系的演进依次经历三个阶段：工业化初期的农业支持工业发展阶段，工业化中期的农业与工业平等发展阶段和工业化后期的工业反哺农业阶段”。①考察我国经济发展的宏观特征，我国处于后工业化中期。据德国经济学家霍夫曼对 20 多个国家的考察，工业化中期是一个国家农业发展最为困难的阶段，是需要支持和保护的关键阶段。这就要求我们借鉴同期农业发达国家如美、欧盟、加拿大等国经验，实行对农业的支持与保护，采用被证明了的有效支持政策。我们审视 WTO 农业协议的谈判历程，不难发现，WTO 农业支持政策就是对这些国家有效措施的总结与整合。

2. 提升农产品国际竞争力与 WTO 农业支持政策

（1）农产品竞争力的实质。在国际竞争中，农产品竞争力是生死存亡的关键。但是，农产品竞争力实质上是农业竞争力的表现，我们下面考察农业竞争力的实质与 WTO 农业支持政策的关系。舒尔茨在《传统农业改造》一书中指出，传统农业是“完全以农民世代使用各种生产要素为基础的农业”，农业生产率低下，现代农业是运用现代农业要素为基础的农业，改造传统农业的核心是“把弱小的传

① 参见赵春秀、王孝威：《论现阶段我国农业保护的重要性和迫切性》，载《山西农业大学学报》1998 年第 4 期。

统农业改造成高生产率的生产部门”,从而得出“传统农业与现代农业之根本区别在于生产率的高低”。而各国在国际市场竞争中,是不同农业发展水平(传统与现代、落后与发达)的竞争,故而,农业国际竞争力的本质就是农业比较生产率。哈佛大学的迈克尔·波特教授认为,一国的特定产业能否取得成功或在国际竞争中获得竞争优势,取决于生产要素、需求条件、相关产业及支持产业、同业竞争四个关键性因素,机会和政府行为影响上述因素。这六个因素相互影响、相互加强,共同构成产业竞争力的“国家钻石”体系。据此,陈卫平教授运用波特的“国家钻石”模型并结合农业再生产自身的特点,提出影响农业国际竞争力的关键因素构成的结构图①。

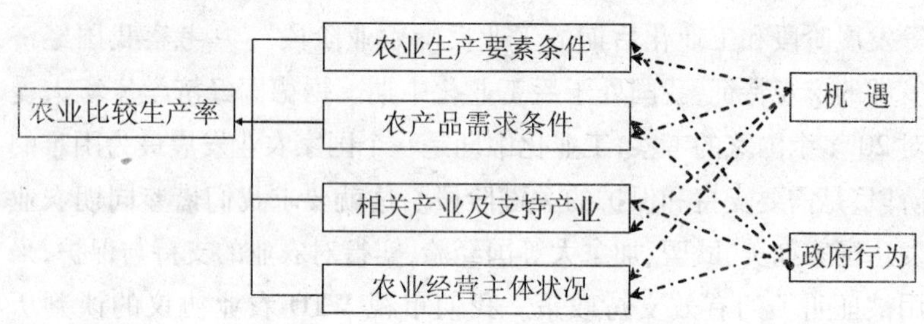

图3—1 农业国际竞争力的关键因素构成

(2)WTO农业支持政策与农业比较生产率的关系。从深层次考虑,WTO农业支持政策属于政府行为,图3—1中政府行为是作为辅助因素影响上述四个关键因素而存在的。我们认为,在目前我国从传统农业向现代农业变革的过程中(尤其是从计划经济向市场经济的转变),一系列改革必须由政府来主导推进,这与我国自上而下的改革传统也是一致的。故而政府行为居主导地位,是上述四个关键因素的统率。政府行为具体到农业的发展,表现为农业的支持政策。

---

① 参见陈卫平:《农业国际竞争力:一个理论分析框架》,载《农业经济导刊》2003年第1期。

下面就通过现代农业的影响因素说明其与 WTO 农业支持政策的关系。

第一,农业生产要素条件。现代农业生产要素主要包括农业技术、人力资本、现代通信、农业基础设施、农业生产管理等,现代化农业生产要素不是自然生成的,需要政府持续地追加投资,而这些要素均是绿箱政策当然追求的内容。均可纳入一般服务下面的科研、培训、基础设施、推广咨询及营销促销中,为 WTO 农业支持政策所包含。

第二,农产品需求状况。农产品需求取决于产品质量、产品异质性及宣传策划上,这也可纳入 WTO 农业支持政策的范畴。如产品质量可归为科研技术的推广及检疫检验制度,产品异质性可归为产业结构的调整,宣传策划归为营销促销服务,从此角度亦脱不了 WTO 农业支持政策的框架。

第三,相关和支持性产业的发展状况。这当然取决于该产业自身的发展状况。主要有产前投入的上游产业和产业服务的下游产业。但上游产业如种子培育、农业机械等亦属于一般服务的科研,下游产业如农产品的运输、储存、加工、销售离不了基础设施、粮食安全储备、营销促销等,同 WTO 农业支持政策相关联。

第四,农业经营主体的状况,主要有两个方面,农业经营主体的素质和农业经营规模的大小。检视 WTO 农业支持政策,绿箱政策中的教育培训服务是提高农业经营主体素质的关键。经营规模的大小依赖于农业结构性调整(不仅指农产品的各品种调整,亦包含农产品规模的调整)。

故而,改善农产品国际竞争的现状,首要在于提高农业比较生产率,而农业比较生产率的影响因素受制于 WTO 农业支持政策的内容,所以从提高农产品国际竞争力的外在压力看,亦有必要采用 WTO 农业支持政策尤其是绿箱政策的充分运用。也即是讲,农业的基础地位与农业竞争力——WTO 农业支持政策构成了 WTO 农业支持政策的第三条需求线。

综上所述，三条需求线"农民地位—增收—WTO农业支持政策"、"城乡二元体制—城乡协调发展—WTO农业支持政策"、"农业的基础地位与农产品竞争力—WTO农业支持政策"，形成了一个WTO农业支持政策需求与适用的平台。这三条线相互交织、相互作用，凸显WTO农业支持政策的重要性，为WTO农业支持政策的实施夯实了现实基础。

四、多哈回合农业谈判下的国内支持政策

（一）多哈回合农业谈判的发展进程

多哈回合旨在建立更加自由的多边贸易体制，虽然为各成员方所共识，但涉及各方利益的进退取舍，谈判十分艰难，谈判进程一波三折。

1. 从西雅图到多哈：缓慢启动

1999年12月西雅图会议因非政府组织抗议和发展中国家与发达国家在一些重要议题上分歧太大而未能成功启动新一轮多边贸易谈判，但会后93个WTO成员单独或联合向农业委员会（COA）提交了46份提案，经农业委员会特别会议整理确定为谈判的框架建议。2001年11月多哈世贸组织第四次部长级会议，通过了《多哈宣言》，被誉为"多哈发展议程"的新一轮多边贸易谈判成功启动。农业、非农产品市场准入、服务、知识产权等8个议题被确定为"多哈"回合谈判领域。

2. 从多哈到坎昆：陷入僵局

从2001年11月的多哈会议到2003年9月的坎昆会议间，尽管各方进行了多次磋商，但谈判进展缓慢。农业问题特殊而敏感，受到各成员方普遍重视，是冲突的焦点。在坎昆会议上，各重要成员均派经贸和农业双部长赴会，但各成员在农业问题上的立场差异很大。

以美国为代表的农产品具有较强国际竞争力的发达国家，极力推动农产品贸易自由化，主张降低关税并缩小成员间的关税差异，主张削减国内支持乃至取消出口补贴，但又提出国内支持与出口补贴

的削减要以发展中国家降低农产品的进口关税、改善市场准入为条件。以欧盟、日本为代表的农产品缺乏比较优势的发达成员，则要求尽可能维持对农业的高度保护和支持，强调灵活性。坎昆会议前，美欧又就农产品减让模式达成协议，欧盟同意美国作较少的国内支持减让承诺，美国给予欧盟关税减让灵活性。然而，美国和欧盟在大量保持农产品贸易扭曲措施的同时，却联手要求发展中成员开放农产品市场，并分别提出将劳工标准和环境标准作为多哈回合的新议题。美欧妥协被主张农产品自由化的WTO成员称为“毒化了谈判空气”。坎昆会议上以“20国协调小组”为代表的发展中国家强烈要求应就发达国家最终取消农业出口补贴确定期限，并减少国内支持，给予发展中国家特殊和差别待遇，以改善不平衡的贸易竞争环境。在多哈回合农业问题谈判上，冲突激烈，利益难以调和，直接导致在坎昆举行的WTO第五次部长级会议无果而终，也大大拖延多哈回合的进程。

3. 从坎昆到日内瓦：构建框架

坎昆会议后，农业谈判一度陷入低谷，经WTO和各成员的共同努力，2004年3月WTO总理事会组织5次农业谈判会议，各谈判方最终于2004年8月1日达成农业谈判模式框架，即“多哈框架协议”，确定了发达成员取消所有形式的农业出口补贴、对扭曲农业贸易的国内支持进行实质性削减，发展中成员降低工业品的进口关税和其他壁垒、进一步开放非农产品市场的原则。多哈框架协议的达成标志着多哈回合谈判重返正轨，发展中国家在农业补贴方面取得突破，是发展中国家在谈判过程中团结一致、据理力争的结果。改进框架协议中的不公平条款，是发展中国家为维护切身利益和国际正义取得的可贵的成就。

4. 从日内瓦到中国香港：小步前进

框架协议达成后，多次小型部长级会议推动了多哈回合的进展。2005年1月底，瑞士达沃斯举行的WTO小型部长级会议确定WTO第六次部长级会议于2005年12月在中国香港举行。2005年3月，

肯尼亚小型部长级会议广大贫穷国家纷纷呼吁富裕国家采取具体措施削减农产品补贴。巴西要求美国削减对棉花补贴的呼吁引起了广大贫穷国家的共鸣。2005 年 5 月 4 日,三十多个主要成员在巴黎举行的小型部长级会议上就农产品关税由从量税(如税额为每吨 500 美元)等非从价税转换成按照价格百分比表示的从价税(如税额为产品价格的 20%)达成协议。由于农业谈判中提出的关税削减公式是针对从价税而言,非从价税只有转换成从价税后才可以按照公式进行减让,因此农产品由非从价税向从价税转换问题的解决,意味着农业谈判打破僵局闯过第一关,进而进入关税削减的实质性谈判阶段。但此后在大连、苏黎世、日内瓦举行的一系列小型部长级会议却都未能就农业补贴、关税削减和非农业产品市场准入等关键问题达成一致意见。因此,WTO 不得不调整了香港部长级会议的原定目标,不再坚持就主要议题达成全面协议。

2005 年 12 月 13 至 18 日,WTO 第六次部长级会议在中国香港举行。会议通过了《部长宣言》,将 2013 年设定为发达国家取消出口补贴的最后期限,同时在最不发达国家的市场准入方面取得了进展,其一揽子协议使得近乎解体的多哈回合重新回到协调轨道,但在削减农业补贴、降低非农产品关税等关键领域,谈判仍未取得关键性进展。就整个农产品贸易谈判来说,这些进展只是迈出了一小步。

5.《香港宣言》:进入"休眠"

根据 2005 年 12 月香港部长级会议确定的目标,WTO 成员应在 2006 年 4 月 30 日前就相关模式达成协议未能实现。在 WTO 总干事拉米的敦促下,2006 年 6 月 22 日,WTO 公布了多哈回合谈判中最为关键的问题,即农业和非农产品市场准入问题的协议草案,主要包括削减农业补贴和农产品进口关税及降低工业品进口关税 3 个主要部分,旨在就关税和补贴的削减模式达成协议。2006 年 6 月 29 日,约 60 名 WTO 成员的贸易和农业部长出席了在瑞士日内瓦召开的小型部长级会议,各方坚持先前立场互不相让,谈判再次破裂,致使 6 月底前达成协议的计划又一次成为泡影。2006 年 7 月以来,为挽救

陷于僵局的多哈回合，各方进行了不懈的努力。WTO总干事拉米指出，多哈回合无法达成协议已经不是技术问题，而是政治问题，并希望各国首脑能够考虑多哈回合失败可能带来的政治风险。2006年7月17日，美国、欧盟、巴西、印度、日本、澳大利亚（G6）等主要谈判成员的贸易谈判代表在日内瓦举行了紧急的小型部长级会议，但会议未取得任何实质性进展。2006年7月23～24日，G6谈判代表在日内瓦再次就多哈回合关键的农业和非农产品市场准入、国内支持等问题进行部长级磋商。由于缺乏政治意愿，各方立场分歧巨大且难以妥协，谈判再次破裂。2006年7月24日，拉米主持召开了贸易谈判委员会非正式会议，正式建议全面中止已持续近5年的多哈回合贸易谈判，并表示不为恢复谈判设定任何时间表。这意味着多哈回合贸易谈判完全陷入困境，被迫进入"休眠期"。

（二）多哈回合农业谈判的阶段性成果

1. 发展议题的确立

2001年WTO第四次部长级会议，非洲国家提出的将发展问题纳入世贸组织发展重要阶段议题的建议，获得一致通过。多哈《部长宣言》明确将发展中国家的特殊需要作为多哈回合的核心。新一轮谈判具有明显的"发展导向"。虽然谈判经常偏离"发展导向"，但经过发展中国家的共同努力从多哈到中国香港的谈判，在原则理念上多次强调发展问题的重要性。《框架协议》重申了将发展中成员和最不发达成员利益及需求作为多哈发展议程谈判所有工作中心的基本原则；协议确认在农业和非农产品市场准入谈判中，应特殊关照发展中成员的特殊发展和对贸易问题的关切。同时，协议主张应考虑发展中成员关于粮食安全、农村发展、纯粮食进口、依赖优惠等方面的特殊要求，并以适当方式加以解决。香港会议上，在难以就关键议题实现突破的情况下，各成员就发展议题形成了共识。检验多哈发展议程是否成功，关键要看多哈回合的主题——发展问题解决的程度。

在确定发展理念和共识的同时,多哈回合达成的《框架协议》和《香港宣言》等协议对发展中成员的实质利益也给予一定关注。例如《框架协议》允许发展中成员确定一些特殊产品(SP产品),具体待遇通过谈判议定。香港会议使得最不发达成员得到实惠,发达成员和部分发展中成员同意,2008年前向所有最不发达国家的所有产品提供免关税和免配额市场准入;发达国家2006年取消棉花出口补贴;2013年年底前取消农产品出口补贴。目前全球最不发达国家的经济总量小到只占全球的1%。向最不发达国家产品提供免关税和免配额市场准入,将促进这些国家的产品出口。

2. 日内瓦《框架协议》的主要成果

2004年8月1日达成的农业谈判模式框架,是WTO新一轮谈判取得的阶段性成果之一,主要涉及国内支持、出口竞争、市场准入三项基本内容。模式框架较好地平衡了各成员的特殊关切。对于发展中成员,模式框架要求发达成员承诺为取消其农产品出口补贴确定最终日期,把所有扭曲贸易的国内支持在第一年至少削减20%;同时,考虑到农民生计、粮食安全、农村发展需要,发展中成员可享受全面的特殊差别待遇,包括特殊产品、特殊保障机制。模式框架引入了"新蓝箱",使得美欧等成员有可能通过"新蓝箱"调整国内支持的某些措施,避免其实际削减的义务,也可借口与国内改革同步,推迟取消出口补贴。但"蓝箱"政策相对"黄箱"政策具有较小的贸易扭曲作用,因此还有积极的一面。模式框架还给予了发达成员敏感产品灵活性,这有利于日本、欧盟、瑞士、挪威等国用来保护其部分敏感产品。

3. 香港《部长宣言》的成果

香港会议的主要成果包括:(1)发达成员和部分发展中成员同意2008年前向最不发达国家提供免关税和免配额市场准入。各成员还将采取进一步的措施来提供市场准入,包括制定简化和透明的原产地规则,以促进最不发达国家的出口。这一措施可以为50个最不发达国家(人均年收入低于750美元)每年带来80亿美元利益。(2)发达国家2006年取消棉花出口补贴。在刺激棉花生产的扭曲

贸易的国内补贴方面，削减速度和幅度要比将要达成一致的一般公式更迅速。削减国内支持的模式的实施时间将短于普遍适用的模式。在市场准入方面，从这一措施实施开始，发达国家将给予来自最不发达国家的棉花免关税和免配额市场准入。据世界银行估计，发达国家取消棉花补贴，撒哈拉以南非洲国家的棉花出口可增加75%，发展中国家在世界棉花市场所占比重将从目前的56%上升到2015年的85%。(3)2013年年底前取消农产品出口补贴。设定发达国家取消农业出口补贴的最后期限，被认为是香港会议最重要的突破。香港会议上各方部长们同意制定详细的发展模式，该模式将确保2013年年底前平行取消各种形式的出口补贴以及与出口补贴具有同等效果的支持出口措施，这一举措显示出农业谈判在《框架协议》的基础上有了一定进展。

（三）《农业谈判框架协议》下的国内支持

2004年8月1日达成的《农业谈判框架协议》是多哈回合农业谈判的重要阶段性成果，是谈判各方在坎昆会议后共同努力的结果，也是各方妥协的产物。《框架协议》锁定了三年来谈判取得的进展，细化了多哈授权，就关税减让、国内支持削减、出口补贴取消等方面确定了基本原则，为下一步谈判明确了方向；同时，也回避了许多棘手和分歧较大的实质性问题，使未来谈判仍面临重重困难。

《框架协议》保留了《农业协定》将国内支持措施分为绿箱、黄箱和蓝箱的分类。总体而言，协议提出要按照分层公式总体削减扭曲贸易的黄箱、微量允许和蓝箱措施，并在第一年至少削减20%。《框架协议》将所有形式的贸易扭曲支持纳入削减范围，包括黄箱、5%的蓝箱水平、5%的特定产品和5%的非特定产品微量允许（发展中国家为10%），这种总体削减方式一方面比乌拉圭回合更有利于对扭曲贸易的国内支持进行约束，另一方面扩大了削减总体支持的基期水平。

1. 多哈回合《农业谈判框架协议》对黄箱政策的新规定

《框架协议》主要从总体支持水平(OTDS)削减、综合支持总量约束水平(TAMS)削减和特定产品综合支持量封顶等方面规定了黄箱削减问题。

(1)总体支持水平削减。根据《框架协议》,OTDS 等于微量允许水平、蓝箱和综合支持总量之和。如前所述,若按这一计算方式进行总体削减,将会扩大削减总体支持的基期水平。对于目前没有使用蓝箱、特定产品微量允许支持或非特定产品微量允许支持(各占农业总产值的5%,共计15%)的成员来说,他们可以使用的 OTDS 在理论上可以增加农业总产值的15%;而那些蓝箱或微量允许水平较高的成员在新协议下的 OTDS 水平将更高。例如,美国允许使用的 OTDS 将是其现行 TAMS 约束水平的 250%,占其农业总产值的25%;欧盟分别为168%和47%;挪威分别为180%和120%;若按上述方式计算 OTDS 约束水平,主要成员在国内支持削减的过程中存在大量的水分。

(2)综合支持总量约束水平的削减。根据《框架协议》,所有扭曲贸易的国内支持总量将按照分层公式削减。《框架协议》第 8 段规定,总体削减不能减免成员单项削减扭曲贸易的国内支持的义务。国内支持削减必须同时满足总体削减和单独削减的要求。如果成员按一定的公式对黄箱最终约束水平、微量允许以及蓝箱支付进行单项削减,且三者削减之和超过了总体削减幅度,则总体削减承诺不得视为扭曲贸易的国内支持削减的上限。也就是说,成员除了必须满足总体削减要求外,还必须按照将来谈判确定的削减公式分别削减黄箱、微量允许以及蓝箱,满足单项削减要求。此条款进一步明确了总体削减和单项削减之间的关系,目的是要防止其他成员通过转移各箱支付来规避削减义务。

(3)特定产品综合支持量封顶。《框架协议》要求对特定产品的综合支持量进行封顶,一个比较简单的办法是将在基期内该产品支持量占产值的比重作为封顶指标,从而避免年度的产值波动对削减

带来的影响。对特定产品的削减幅度应与总体削减幅度持平，同时每个产品的削减幅度应成比例；虽然特定产品封顶可以限制各成员在不同产品间转移扭曲贸易支付的能力，但并未要求对蓝箱的特定产品进行封顶。

2. 多哈回合《农业谈判框架协议》对绿箱审议和澄清的规定

《框架协议》要求对绿箱进行审议和澄清。目前 WTO 将与价格或生产直接挂钩的支付归类为扭曲贸易的国内支持，这意味着不再允许成员在使用绿箱时更新支付基期(美国2002年农业法案中有允许更新基期的条款)。同时，美国棉花案败诉也表明，对于接受直接支付的一定数量的土地，成员不得对在其上种植的作物品种进行限制。

绿箱是一个帮助改革计划的工具，有助于实现一些重要目标，帮助 WTO 成员向更为透明的政策转变。它还有助于在发达成员和发展中成员中实现一些重要的社会目标，因为农业的目的不只是低成本生产产品，还有其他作用，如环境、生计等。因此谈判各方在绿箱审议和澄清都格外小心，希望保证其“绿”，对生产和贸易无扭曲或扭曲作用最小。《框架协议》规定对绿箱标准进行审议和澄清，体现了发达国家与发展中国家的妥协，一方面它接受了广大发展中国家严格绿箱标准的要求，以保证绿箱措施真正为“绿色”的主张；另一方面它规定这种审议和澄清要保持绿箱的基本概念、原则和效力不变，实际上采纳了发达国家要求维持现有绿箱措施安排的主张。

3. 多哈回合《农业谈判框架协议》中的新蓝箱

《框架协议》对蓝箱封顶，将其约束在某一特定历史时期平均农业生产总值的5%以内，对蓝箱标准进行审议，引入“新蓝箱”的概念并通过谈判确定新蓝箱的条件；《框架协议》第13段保留了《农业协定》第6.5条款蓝箱的基本标准和具体内容，而且增加了一种新的蓝箱支持方式。

根据《框架协议》，新蓝箱是一种与产量不挂钩的直接支付，支

付内容与原蓝箱基本相同，都是按照固定和不变的产量、基期生产水平的一定比例或根据牲畜的头数给予的。《框架协议》明确规定蓝箱标准应保证蓝箱支付的贸易扭曲作用小于黄箱。这可以从两方面来理解：新标准需兼顾成员 WTO 权利与义务的平衡；新标准不会对正进行的农产品贸易自由化改革产生大的不当影响。《框架协议》中规定蓝箱按照农业总产值 5% 进行封顶，与其他要素不同，未要求在 5% 封顶内进行削减。如果按照允许的扭曲贸易国内支持总体水平进行削减，则为目前没有使用蓝箱的成员提供了新的支持措施类别。虽然《框架协议》未要求在 5% 封顶内进行削减，但如果总体削减幅度达到很大比例时，除 5% 封顶外，有可能需要进一步削减 5% 以内的蓝箱支持；如果总体削减幅度不大，对蓝箱削减压力较小。对于使用蓝箱程度非常高的国家（如欧盟和挪威），需要进行大幅度削减以确保在实施期末满足 5% 封顶的要求。

总体来看，《框架协议》对蓝箱使用的规定较为灵活。第一，5% 上限的做法并没有对单一产品分配到的蓝箱支持进行封顶；第二，若在 OTDS 约束水平的基础上进行削减，目前没有使用蓝箱的成员实际上将获得一个新的支持措施类别；第三，蓝箱定义得以进一步拓宽，例如美国的反周期支付（黄箱）很有可能会挪入其积极倡导的新蓝箱中。

4. 多哈回合《农业谈判框架协议》对微量允许水平的规定

《框架协议》第 11 段规定：将就微量允许水平削减问题进行谈判，同时考虑特殊和差别待遇原则；发展中国家几乎全部用于维持生存和资源匮乏的农民的微量允许支持将免于削减。该条款明确了两点：一是微量允许水平将进行削减，削减幅度有待进一步谈判确定；二是要考虑发展中国家的特殊与差别待遇。《框架协议》要求同时削减特定产品和非特定产品的微量允许，但并没有规定削减的数量。对大多数成员来说，非特定产品微量允许的削减具有更重要的意义。在同一类别下包括特定产品和非特定产品微量允许两种补贴，表明微量允许在基期的扭曲贸易国内支持总体水平中占有相

当大的比重:微量允许是蓝箱的 2 倍。对于没有充分利用微量允许的成员来说,可以此来减缓国内支持总体削减中其他要素的削减压力。相反,如果对扭曲贸易的总体国内支持水平进行有意义的削减,则成员不论其约束水平高低,都需对实际的微量允许进行削减。

但该条款并未明确微量允许水平如何削减,从谈判中各成员的主张及乌拉圭回合的实践来看,有可能是在农业生产总值 5% 或 10% 现有水平削减到农业生产总值的一定比例,比如 3% 或 8%。同时,《框架协议》对发展中国家特殊差别待遇的界定比较含混,发展中国家到底享有什么样的特殊与差别待遇尚不明确,有可能是享有比发达国家更小的削减幅度或更长的实施期。《框架协议》明确了发展中国家几乎全部用于维持农民生计和资源匮乏型农民的微量允许水平可以免于削减。考虑到我国农民多数为贫困(相对世界银行 1 美元/天的标准)和资源匮乏型农民,这一规定有利于我国在下一阶段中争取保持现有的微量允许水平。

(四)对多哈回合农业谈判未来的展望

由于谈判涉及的议题极为广泛和复杂,目前各方在目标和方法上仍存在着尖锐的意见和利益分歧。可以预期,接下去的谈判将是非常艰难的,能否实现预定目标在很大程度上取决于主要参与方是否有足够强的政治意愿做出妥协,目前的谈判进程已经远远落后于最初的计划。虽然谈判各方达成了《框架协议》,但是应该看到:当时由于 2004 年年底美国国内要进行总统大选,欧盟刚实现再次扩大并将面临换届改选,这种政治气候决定了美、欧在《框架协议》谈判中不可能做出实质的让步。同时,为了恢复公众对多哈回合及多边贸易体制的信心,各方在分歧严重的情况下,各自降低了对《框架协议》所期望的具体程度,搁置了许多棘手的和分歧较大的问题,而一旦进入具体的模式谈判阶段,这些矛盾就会暴露出来,今后的谈判将更为艰难。因而,多哈回合很可能出现与乌拉圭回合相类似的局面,

不仅进程会严重落后于最初计划，而且最终成果可能也会偏离多哈会议确定的目标。另一方面，从长远发展看，国际贸易体系走向开放的进程将会持续下去，农产品贸易也不会例外，虽然一些偶发的国际事件可能会干扰这一进程，其推动力的强弱也会在较大程度上由美国、欧盟、日本等重要成员的内部政治因素所左右，但是实现最终的农产品贸易自由化仍然是不可动摇的趋势。

WTO国内支持政策基本上主要发达成员国内政策的国际化，是主要发达成员利益的反映，WTO规则在国内支持方面并没有对发达成员构成实质约束。换言之，乌拉圭回合《农业协定》虽然对农业国内支持政策制定了规则，但这些规则并没有成为发达成员高补贴的障碍，农业国内支持仍居高不下，高补贴的不公平贸易仍是当今的现实。这说明，现行规则必须在多哈回合中进行改革，逐步体现广大发展中成员的利益要求。面对发达成员的抵制与不公平要价，多哈回合农业谈判仍然任重而道远。

五、我国农业支持法律制度回顾

1993年《农业法》的出台，初步形成了以《农业法》为统率的农业法律体系，下辖法律、法规、规章及相关规范性法律文件。这一方面改变了长期以来农业无法可依、无法可行的不良局面；另一方面，《农业法》的粗糙、相关制度的缺位，又使《农业法》立法目的打了折扣。

农业支持法律制度作为《农业法》的重要组成部分，同样继承了《农业法》的缺陷，尤其是旧《农业法》并未规定农业支持法律制度而将其分散于各章的做法给实践带来了恶果。加入WTO后，修订后的《农业法》及时确认了这一制度，但是还存在着不足。健全农业支持法律制度，对加快社会主义市场经济建设、巩固和加强农业基础地位、转变政府职能进而对农业实行宏观调控、保护农民利益具有极其重要的意义。

（一）现行农业支持法律制度评价

1. 农业支持法律制度之优点

（1）引入了WTO农业支持政策的相关规则，从法律上确认了农业支持法律制度。农业支持法律制度是农业法的重要组成部分，对农业发展有生死攸关的作用。引入了WTO农业支持政策的相关内容，为政策实施提供了法律依据，逐步走上国际化轨道。

（2）手段多样化，内容广泛性。现行农业支持法律制度克服了较多的行政指令和计划编制的直接干预手段，注重采用财政投入、税收优惠、金融支持等宏观调控方式。内容从传统的价格保护扩充到科研与技术推广、教育培训、农业生产资料供应、市场信息、质检、社会化服务、灾害救济基础设施、结构调整、环境保护、区域发展等方面，从单一逐渐过渡到多元，从价格保护逐渐过渡到不扭曲市场价格的支持措施。

（3）突出了农业投入，对农业投入的资金做出了限制性规定。修订后的《农业法》将"农业投入与支持保护"列为一章，突出了农业投入对农业支持法律制度的意义。从深层次讲，农业支持法律制度是政府行为，仅从法律上规定是不够的，缺乏资金投入，只会使其流于形式。只有对农业投入的资金做出明确规定，才能使农业支持法律制度获得生存和运行的"血液"。为了使资金的投入有助于政府经济目标的实现，对资金的限制性规定和投入的用途、相应的监督包括审计监督等规定必不可少，修订后的《农业法》在这一点上处理得很好。

（4）扩大了支持对象，涵盖了农业上游产业和下游产业相关部分。修订后的《农业法》第四十三条规定了对农业生产资料的鼓励和扶持，如化肥、农药、农用薄膜、农用机械、农用柴油等上游产业的相关部分；第四十四条规定了对农产品仓储、运输等下游产业的有关内容，为农业（狭义）可持续性发展提供了良好的上游环境和下游环境。

2. 农业支持法律制度之不足

(1)政策性和原则性强,规范性和可操作性差。修改前后的《农业法》,在这一点上都表现得尤其明显。诸多法律规范过于抽象、含糊,没有程序保证和规范,缺乏操作性,实质上是政策的法律化。如农业投入的规定,虽然规定了"国家逐步提高农业投入的总体水平。中央和县级以上地方财政每年对农业总投入的增长幅度应当高于其财政经常性收入的增长幅度",但较模糊。考察美国农业法,其细化程度和可操作性到了细微地步,这一点当可为我们的镜鉴。

(2)农业支持法律制度尚不完善,配套法律法规滞后或缺位。农业支持法律制度虽然作为《农业法》的下辖制度,但仍然是由一系列法律法规组成。我国现行农业支持政策的突出问题在于法制化程度不够,以政策代替法律。虽然政策在农村改革初期扮演着一个发动机、推动器的角色,推动着农民冲破以往种种不合理的束缚,触发了农民迫切要求解放的兴奋点。但是,政策在日益纷繁的经济关系和其他社会关系面前,逐渐失去自己昔日势如破竹的势头。[①] 因而,必须迅速克服政策的局限性,树立依法治农的观念,加强农业立法,充分发挥法律的规范性、可操作性优点,稳定农村社会关系,引导农业发展。这一点恰恰是我国农业支持法律制度的致命性不足,其配套法律法规空缺,农业支持的立法反应迟缓,未形成体系。重要法律如《农业保险法》、《农业投资法》、《农业结构调整条例》等"千呼万唤不出来";已制定的某些法律则"犹抱琵琶半遮面",给实践造成了巨大损失,亦丧失了法律的社会引导价值。

(3)农业程序法的相关规定落后甚至空白。农业行政主管部门在拥有广泛的行政权力时,同样要依照程序,而且程序的设立要让农业经营主体参与进来,维护自己的福祉。否则,农业支持法律制度的实体意义不免为程序不正当所侵害。农业法虽规定了行政执法一些

---

① 参见王文举:《保护调动农民积极性问题研究》,安徽人民出版社 1998 年版,第 367 ~368 页。

程序性要求，但并未建立真正意义上的程序。作为法治社会的追求，也按照法律作为宏观调控手段的要求，有必要加强对农业程序法的研究及立法论证工作，并适时以法律反映和确认。

(4)对政府义务性规定含义模糊，法律责任不完全。“农业投入与支持”一章使用“鼓励”、“支持”、“保障”等字眼表明了国家态度。但是，我们认为，这些词过于模糊，使法律规范趋同于政策措施，因而必须有较详细、具有操作性的方案以补充规定或解释或配套法律法规的形式进行细化。同时，规定明确的法律责任，或以行政处分的形式对有关负责人施加压力。

(二)WTO农业支持政策的特点

我们认为，加入WTO后，应当对WTO农业支持政策的内涵树立视野开阔的认识。故而，WTO农业支持政策是以绿箱政策为主线的对发达市场经济国家相关农业支持制度的总结、协调而构成的整体，其内涵包括美、日、欧盟等国符合绿箱政策精神的农业支持政策。以此为基点考察WTO农业支持政策，不难发现，其具有下列特征：

(1)法制化程度高，并且不排斥政策的运用。单独审视WTO《农业协议》关于国内农业支持政策的规定，显然其有限的条文并未传递较多信息量。然而解读WTO《农业协议》的产生背景，实际上是西方国家已经成熟的相关法律之整合。可以讲，诸如绿箱政策的每一个条款均有成型的法律法案作为支撑，如农业保险、灾害救济、单独收入补贴等在国外均有相应法律。而且，在具体措施的实施过程中，政府可以借助政策的独特作用，最大限度地发挥WTO农业支持政策的功能。

(2)具有极强的规范性和可操作性，有较成熟的程序性规定。在发达市场经济国家，以法律法案的形式表现WTO农业支持政策是第一个层次。更具有借鉴意义的是，农业法律法案细化程序和执行的步骤及方法的具体规定赋予了WTO农业支持政策尤其是绿箱政策规范性和可操作性的禀赋，使之具有了灵活生动的生命色彩。

并且,每一次支持制度的变革与发展均以"短期法律"或"促进型立法"的形式展示,以法律强制力推动农业支持制度的具体落实。从另一个角度看,对过程和步骤的详细规定也造就了发达农业支持制度之程序的存在。

(3)法律制度较为健全,基本上可以满足农村经济的发展要求。WTO农业支持政策实际上是美、日、欧盟、凯恩斯集团等在农业发展过程采取的较有成效措施的选择性整合(当然经过了市场经济的过滤),从政府、市场、农业三个角度通过对教育、科研、基础设施建设、农业市场信息、粮食安全、结构调整、区域发展等全面规划形成布局相对合理的立体化系统,而这些国家大多经过了工业化进程。对处于工业化过程中的中国之农村发展显然可以"拿来主义"(诚然应结合国情),为我所用,并且足以满足处于市场经济初级阶段的我国制度供给之需要。

(4)具有较强灵活性,弹性空间大。这突出表现在两个方面:一是绿箱政策的内涵"要求免除削减承诺的国内支持措施应满足基本要求,即它们没有或只有极小的贸易扭曲作用,或对生产没有或只有极小的影响"。"没有或极小有"的界定,含义模糊,在实践中难以明确,一般由实施国自己把握,弹性大。即使引起国家的贸易摩擦,也有回旋余地,可以打"擦边球"。二是一般服务项规定"此类计划包括但不限于下列清单","包括但不限于"的字眼同样赋予WTO农业支持政策可拓展空间的特性。政府可以把对"三农"制定的支持政策归入此类从而规避削减承诺,达到实际支持农业的目的。

(三)农业支持法律制度与WTO农业支持政策的关系

就现行农业支持法律制度的优点来看,都与WTO农业支持政策相关规则的引入有很大的关联。这些规则的引入克服或缓解了以往农业支持政策计划色彩浓、规范性和可操作性差、农业支持法律薄弱的缺陷,而成为现行农业支持法律制度的优点。这亦从另外一个

角度以立法形式证明了 WTO 农业支持政策的存在价值。当然，从根本而言，完善之前与现存的不足或缺陷才是形成了对 WTO 农业支持政策需求的深层次原因。

1. 农业支持法律制度的缺陷召唤 WTO 农业支持政策

缺陷的先决存在是改革创新的起点。农业支持法律制度的缺陷已然昭示：现行农业支持法律制度的法制化程度不够，滞后于农业发展的实际甚至阻碍新社会关系形成的获利机会，使市场主体特别是农民无法捕捉而失去发展机遇。"三农"问题日益严峻的现状亦证明了这一点，这实际上也是农业支持法律制度通过农业法表达的法律呼声。此种情形下，新法律制度的出现和确立才是标本兼治的良方。而变革的唯一途径是向市场化、国际化靠拢，将农业置于市场，将市场置于国际范围内，故而新支持政策必然要带有市场化和国际化的特点，满足这一条件的只有 WTO 农业支持政策，此谓农业支持法律制度之召唤。

2. WTO 农业支持政策具有弥补和完善农业支持法律制度缺陷的特质

通过对 WTO 农业支持政策特征的分析，与农业支持法律制度的缺点相比，不难发现：WTO 农业支持政策天然地具有弥补农业法缺陷之功能。当然，从本质上讲，是市场对计划的弥补，是对政府作用局限性的弥补。农业支持法律制度作为农业法的主要内容，地位举足轻重。WTO 农业支持政策通过对传统农业支持政策的"拾遗补阙"，带动了现行农业支持法律制度乃至农业法律制度整体的发展与完善。

需要说明的是，我们无意夸大 WTO 农业支持政策的作用，将其提升到无所不能的地位。但理性地考察 WTO 农业支持政策，确为我们提供了较好的思路、启示及证明有效的农业发展范式。特别是对处于转型社会的现实中国具有过渡（传统农业向现代农业）和衔接（工业与农业、城市与农村、国内与国际）的功效。我们应认真分析国情，探讨采取何种具体政策及其细化方法。

六、完善我国农业支持法律制度的对策

(一)正确认识,理顺思路

调整我国农业支持法律制度,要遵循以下几个原则:

第一,国家利益原则。虽然WTO农业支持政策为全球农业支持提供了总体规则,但却无法颠覆国际社会无政府状态的本质特征。各国在农业发展过程中,仍然以追求本国利益最大化为行动准则。因此,我国在引入WTO农业支持政策调整农业支持法律制度,要把国家利益放在首位,权衡利弊得失后做出法律调整的抉择。虽然WTO有其深厚的理论依据,但是其国内化进程中存在一个接受能力大小的问题。

第二,利用规则原则。对既符合我国农村市场化改革方向,又满足WTO农业支持规则要求的法律冲突点,坚决予以调整;对在某种程度上不利于维护国家利益的灰色冲突点,则要打"擦边球",取其神而调整其形,采取某种形式上的调整,而保留实质性的内容;对某些有损国家根本利益和长远利益的法律冲突点,则要千方百计避免调整,争取特例化处理,即使面临巨大的国际压力,不得不调整时,也要作为交换筹码,来增进其他产业的利益。

第三,遵守规则原则。WTO农业支持政策建立在市场经济的基础之上,以市场为导向,其目的在于在农业领域内减少人为干预市场、减少贸易扭曲,在更大范围内让市场配置资源。因此,WTO农业支持政策与我国建立农村社会主义市场经济体制的目标是完全一致的。我国应当以加入WTO为契机,促进农业支持法律制度的变革。一方面,应在认识WTO农业支持规则合理性的基础上,主动深化农业支持领域的各项改革措施;另一方面,要保证农业支持法律法规符合WTO农业支持规则。农业支持法律制度建设的任务很重,急需制定、完善一批新的法律法规,同时要清理、修改或废止与WTO农业规则不相符合的法律法规。

政府实施农业支持政策，应当从两个层次考虑。一是着眼于长远，着力提高我国农业整体竞争力；二是立足过渡期，稳定近几年，以尽量减少对我国农业的冲击，缓和农民就业压力，这是实施农业支持政策的基本出发点。既要照顾长远，又要注重眼前。忽视长远，则农业的发展缺乏后劲；忽视眼前，则会凸显加入带来的风险，使农业和农民收入受到巨大的冲击，不利于形成稳定的政治局面。

在完成对实施WTO农业支持政策的正确定位后，要对国内相应的农业支持政策进行调整。基本思路是"善用权利，调整结构，突出重点，注重效果"。① 善用权利是指善于运用两个箱子（绿箱和黄箱）及筑好两道防线（关税配额贸易防线和规则允许的技术防线）。调整结构主要是指将间接的粮棉补贴转化为对农民的直接收入补贴。突出重点是指提高农产品竞争力和提高农业比较生产率为中心，突出国内支持的重点。注重效果指长远效果和近期效果相结合，把有限的资产集中于影响农产品的关键环节和能迅速见效的环节。

（二）合理设计支持结构，调整支持方式与重点

1. 加大"绿箱"政策支持力度，填补"绿箱"补贴空白

当前我国"绿箱"支持结构被严重扭曲，存在巨大的"绿箱"漏洞和"绿箱"空白，并且"绿箱"资源的分配缺乏效率。要充分运用绿箱政策，填充其漏洞和空白，必须合理设计结构框架。应当引入数学模型和相关经济学理论，参考发达国家如美国、欧盟等国的做法，结合我国的国情，考察绿箱政策各项措施的支持效率，然后予以合理搭配。同时，调整支持方式与重点，将流通领域的价格支持政策转变为对农民的直接补贴，将支持的重点从粮食安全向口粮安全和农民增收转变，重在提高农业的比较生产率和国际竞争力。

（1）强化农村公共产品的投资。围绕农村区域综合开发和提高

---

① 参见农业部财务司课题组：《加大农业支持，提高农产品竞争力》，载《农村合作经济经营管理》2002年第9期。

农业综合生产力,增加公共财政对农业大中型防旱防洪排灌等水资源和土地资源的改造开发保护项目、大型农产品生产基地建设等农业基础设施,以及农村交通、通信、水电网线和小城镇基础公共设施的投资,以改善农业生产和农村生活基本环境,降低农产品生产经营的外部成本。

(2)加强农业科技投资,开发农村人力资源。农业综合竞争力的较量最终是科技的竞争,是人才的竞争。我国财政对农业科技补贴偏少,难以满足农业发展的需要。因此,政府应承担起农业科研投资主体的作用,尤其对社会效益高、投资大、风险大、周期长的农业科研项目,国家财政应予以重点支持。政府财政应保证以下资金供应:农业优良品种、生物工程、防疫治病、储运加工工艺及农用生产资料科研的专项投入,加强农业技术应用推广体系、农业科技和科研产品社会化服务网络的建设,提高农村人口国民教育水平,加强农业院校各类后继技术人才培养和现有技术人员的继续教育,着力增强农业科技竞争力。

(3)加强农业社会化服务体系建设投资。我国农业组织程度低,产前、产中和产后的社会化服务及储运、加工、营销等产业一体化落后,分散的农业组织方式使农业生产缺乏规模效益,降低了整体竞争力。应增加投资,加快农产品营销市场网络体系的建设;加强以农业数据和信息处理、农业决策支持为主的全国性农业信息系统开发,引导组织生产;加强农业天气、病虫害、疫病和自然灾害的预测预报及防护体系建设;为生产者提供市场咨询、农业技术、农业技术装备和农用生产资料服务支持。

(4)增加农业生态环境保护的投资。环境计划下的支付和通过资源轮休计划提供的结构调整援助都属于“绿箱”政策中所允许的向生产者提供的直接补贴。因此,全国各地要统筹实施农业综合开发,加强对环境的保护和治理,保护和改善生态环境,不断增强农业发展潜力,实现农业的可持续发展。目前我国政府已经通过设立政府向农民提供生态环境保护的投资补贴,如2000 年天然林保护资金

达到68.13亿元，退耕还林还草补贴为2.3亿元，以及加大农村能源和生态农业示范过程的投资力度，来保护生态环境，促进农业的可持续发展。

(5)坚持扶贫开发，支持不发达地区的经济发展。在支农扶贫过程中，既要体现增加财政拨款的政府行为，又要以市场为导向，坚持科技扶贫的思路，把支持的重点转到启动山区经济、增强造血功能的乡镇企业、山区资源开发、农产品转化增值、公路和电网改造等基础设施建设的改善以及科技教育上来；帮助贫困地区的农民参与农业基础设施工程建设，增加实际收入，启动农村市场；在财政资金的使用上，实行定项扶持、目标管理，并尽可能把各项扶贫资金捆绑使用，以取得最佳效益。

(6)调整粮食安全储备制度。在目前中国的"绿箱"支持政策中，粮食安全储备支持占了1/4多，仅次于政府的一般服务项目，远远高于一些设立粮食安全储备支持的国家，这不仅加大了国家的财政负担，而且也相对缩小了"绿箱"政策中其他支持的支出。我国应当借鉴发达国家的经验，适当减少国家的粮食储备，而采用国家补贴、农民自主储备的方法。具体是指政府付给农民一定的储存费用，由农民储存其产品，并对谷物等农产品预先规定"释放价格"和"号令价格"，当农产品低于释放价格时，农民不能随便出售；当市场价格高于释放价格而低于号令价格时，政府不再支付储存费用；而当市场价格高于号令价格时，农民就必须在一定的时间内出售其农产品，并归还无追索权贷款。

2. 用足"黄箱"补贴，将间接补贴转为直接补贴

我国农业补贴中的"黄箱"支出，主要包括两部分：一是价格支持措施，即根据粮棉定价收购及保护价收购；二是农业生产资料价差补贴。从数量上来说，目前中国承诺的8.5%的"黄箱"补贴尚未用足，还有很大的扩展空间。因此，中国今后"黄箱"措施的调整方向应该是在用足用好"黄箱"补贴的基础上进行结构调整。

(1)调整农产品价格支持方式。在深化农产品流通体制改革的

基础上，调整农产品支持和补贴结构，逐步减少对农产品流通环节的补贴，把支持重点转向农民。将现有的国家用于粮食、棉花流通的补贴，转为政府对农民无偿提供种植大宗农产品（如粮、棉、油）的补贴。目前中国的农业补贴已经存在转向直接补贴方式的趋势。我国从2002年在安徽、河南、湖北、吉林、湖南等五大省份实行粮食直接补贴制度，对粮食流通政策作了较大调整，改变粮食风险基金投向，实行多种形式的农民补贴。同时，要加强对农民补贴资金的管理，事先将农民补贴造册，由财政部门通过国库直接下拨到农民的账户卡上，保证补贴落到农民的手中。

（2）建立良种补贴制度，加快优良品种推广。在现有的稻谷、玉米、小麦、大豆良种补贴的基础上，增加补贴的强度和规模，并逐步向棉花、油料以及部分畜禽品种延伸，加快我国种植业和养殖业良种的推广，形成规范运作的良种补贴制度。

（3）完善农业生产资料的价格补贴政策，扩大提供低价化肥、农药、农膜、农用油、农业机械的支出。

（4）调整政策性金融投资结构，完善农村信用贷款。明确农村信用贷款的服务主体的性质和法律地位、服务对象、服务方式、资金来源与监管，建立"无追索权贷款"制度。服务主体应多样化，既包括农业银行和农业发展银行，还应包括各种农村信用合作社和其他商业银行，并赋予它们相同的法律地位。对于一般的商业信贷各商业银行均可办理，但对某些带有国家支持的信贷则由农业银行办理。增加服务方式如统一的初级农产品批发市场的商业票据可开展贴现业务，扩大资金来源，允许农业银行发行农村金融债券，其资金专门用于农业贷款。

3. 借鉴发达国家经验，适用"蓝箱"补贴

"蓝箱"政策是《农业协定》允许免于减让的"黄箱"政策支持。这些支持是因政府限制生产某些农产品而给予的补贴，包括对生产者的直接支付。"蓝箱"政策的实施具有相当的灵活性。目前一些发达国家在调整国内支持时都开始利用"蓝箱"政策来规避"黄箱"

政策的削减。本该逐渐削减甚至取消的“蓝箱”政策，现在被发达国家重新定义，并把一些“黄箱”措施名正言顺地转变为“蓝箱”措施，来逃避“黄箱”措施的削减承诺。如欧盟在共同农业政策改革中将其1995年的补偿支付纳入了“蓝箱”政策，美国则将其1995年的差价支付纳入了“蓝箱”政策。限产计划我国目前已经使用，但对限产计划的补贴却尚未列入财政预算，“蓝箱”补贴并未被政府所重视。其实，“蓝箱”补贴为完善我国农业补贴政策提供了新的途径，对农业发展是非常重要的。特别是WTO新一轮农业谈判多哈回合框架协议出台的“新蓝箱”措施取消了“限产”的约束，扩大了“蓝箱”政策的适用范围，我国更应该注重对“蓝箱”措施的采用。随着我国财政支农力度的加大，在“绿箱”措施用足、“黄箱”空间逐步填满的情况下，要灵活地将“黄箱”补贴转变为“蓝箱”补贴，并逐步增加实施“蓝箱”补贴的比重以提高支持力度。

（三）法律和政策结合使用

农业支持政策中所包含的各项制度在中国的建立，必须在政府主导下进行。制度化的两种途径是法律和政策。对于形成具有稳定性并且有利于农业长远发展目标实现的制度，应采用法律的手段。如农业保险制度的确立，农业政策中的灾难救济、农业环保、科学技术推广等，通过农业单行立法实现。借助法律的规范性、强制性确保制度的稳定，并且明确有关主体的责任追究制度。对于具有临时性、阶段性、弹性较大的制度，可以采用政策的方式赋予地方政府根据本地实际情况适当变通的权力，用政策的灵活易懂激发农民冲破不合理束缚的动力，实现农业生产方式转换的目标，如农业结构性调整。传统生产方式向现代生产方式的跃进最终还要依靠农民自身的热情，而热情的启动则是政策要扮演的角色了。法律与政策构成了农业支持政策制度化的两个轮子。

关于“绿箱”政策，学术界和政府部门给予了极大关注，提出许多方案，这些政策措施应当法律化，即通过立法程序成为国家意志。

具体说，应当将“绿箱”政策措施在农业法律中全面体现出来。

(1)确立符合 WTO 规则的农业支持保护政策，按照“绿箱”政策，明确财政投入农业资金的使用方向。

(2)在与 WTO 规则相衔接的前提下，明确对农产品进口的保护措施和促进出口的扶持措施，对因农产品过量进口而受到损害的农业生产经营组织和农业劳动者给予补助。

(3)支持开展农业信息服务以及其他多种形式的农业产前、产中、产后的社会化服务；加速农业的信息化进程，降低农民的交易成本；通过农业的信息化，减少农业生产者获取价格和供求信息、搜寻交易对象的成本支出和时间耗费，加速农产品的跨国流通。

(4)建立和完善农业保险制度，鼓励开展扶持互助农业保险，逐步建立和完善农业政策性保险机构。借鉴西方国家通过建立完善的农业保险制度来代替灾害救济和价格补贴的成功经验，我国应当把农业保险制度建设列入政府农业宏观调控法律制度的框架，建立符合我国实际情况的农业保险制度，发挥农业保险在促进农业发展方面的重要作用。可考虑设立专业性的农业保险公司，中央财政每年按一定比例拨付资金建立国家农业保险基金，对农业保险进行补贴。经济较为发达的地区可由商业保险公司与地方政府联合经营农业保险。在建立农业保险制度时，应当实行强制保险与自愿保险相结合，政府保险、商业保险与合作保险相结合的体制。农业保险制度有利于增强农民的保险意识，提高农业抵抗自然灾害与市场风险的能力，调动地方和农民的积极性，保证农产品市场机制的运行。

(5)建立健全农村金融体系，采取措施鼓励金融机构向农民和农业生产经营组织的生产经营活动提供金融支持；加大信贷支持力度，通过贴息贷款，支持乡镇企业和小城镇发展。

(6)保障农村义务教育经费，包括中小学教师的工资和教学设施建设经费；积极发展农业职业教育，提高农民的文化技术素质。开发农村的人力资源，为处于相对弱势地位的农民提供教育培训服务，帮助其提高收入水平和择业能力。

(7)建立政府主导的农业科技创新体系,加强农业科学技术的基础研究和应用研究;加速科技成果转化与产业化;扶持农业技术推广机构,促使先进的农业技术尽快应用于农业生产。

(8)建立农业可持续发展体系,提供土地资源休耕补贴和改善农业生产环境的基础设施建设补贴;建立土地合理流转机制和开发机制;完善农业可持续发展的法律约束机制。

具体而言,对于一般服务项目,考虑到大多与政府行为直接相关,应以政策为主,辅以法规、规章或规范性文件的表现形式。赋予政府自由裁量权,根据实际情况灵活处理,鼓励基层政权或基层组织对一般服务的具体制度予以探索,创造出具有中国特色的制度安排;而粮食安全因其意义重大而且稳定、不易变化,应该制定《粮食安全法》;粮食援助与国家的经济形势和水平密切联系,以法规和部委规章表现较适宜,制定《粮食援助条例》。因为我国农民数量多而财力有限,直接收入补贴应运用政策授权地方政府试点,不能搞一刀切。对于农业结构和区域发展应以政策为主,辅以法规、政策引导,法规的制定着眼于对弱势群体和落后地区利益的保护。同时制定下列配套法律:《农业投资法》、《农产品价格保护法》、《农业信贷法》、《农产品价格稳定法》和《农业保险法》等。

(四)完善我国农业经济法律体系

《农业法》修订后,为新时期农业经济法律体系勾画出了轮廓。在遵守 WTO 农业规则的前提下,我国应在农业生产者权益的保护、农业资源的利用、国内农业支持以及农产品的国际贸易等方面加强立法,以期构建一个既可操作又完整的农业法律框架体系。

1. 改革农业立法

《农业法》属于基本法,在农业法律体系建设中处于统领地位,因此要细化《农业法》,对反映国家农业宏观调控政策的措施做出明确的原则性法律规定。

(1)增设专章规定“农业投资”。主要涉及:①政府对农业投资

的财政体制划分，包括中央和地方各级政府对业投资的具体领域、额度、投资预算的编制与执行；②国家对农业投资的财政增长基本法律规范，包括中央和地方各级政府对农业投资的财政增长的参考基和增长额度、投资增长的重点领域、投资增长的预算、投资增长的监督；③对农业投资的基本法律规定，包括投资的主体类型及其权利义务、投资的领域与范围、国家的具体引导与支持措施、投资形成财产的产权确认和管理；④农业引入外资的基本规范，主要包括：国家鼓励、限制和禁止外资进入的农业生产经营领域以及相应的措施；国家对外资进入农业生产经营领域的监督和管理。

(2)增设专章规定"农业补贴"。明确农业补贴的定义，将经过实践推行证明行之有效的补贴种类和方式法律化，并在符合 WTO 农业规则要求的前提下，参考各国的立法经验，原则规定有前瞻性，更能体现国家扶持、保护农业发展的补贴种类、补贴范围、资金来源、补贴方式和程序，为将来制定统一《农业补贴法》确立方向。

(3)专章规定农村金融体系。包括对商业银行、政策性银行支农贷款比例与项目的义务设定，国家对农村民间合作、互助金融组织的认可及其支农义务的设定；国家特定机关对农村金融支持措施的法律化；国家对农村金融机构的监管及相应的法律责任；农村金融支农借贷合同及其担保合同的特殊规定；国家支持农村金融相关合同的订立、履行、变更、终止及法律责任的规定等。

(4)专章规定"农业保险"。包括国家对农业保险的模式选择，各类农业保险主体的结构、基本的权利义务、体系设置及基本的运作规则，投保人基本的权利和义务，农业保险合同的基本条款、订立、履行、终止和解释，国家对农业保险的支持措施的主要内容，农业保险的基本险种或其确定，农业保险理赔，农业保险监管及法律责任等内容。

(5)修改第十一章为"法律监督"。重点规范：①国家机关内部的监督机制，包括立法机关、上级行政机关对相关政府责任主体的责任追究权限、程序和责任形式；②合法权益受损的社会主体对责任机

关的诉讼机制,包括起诉的主体资格确定、诉讼种类及其程序、法律责任形式等内容。

2. 强化《农业法》配套法律法规建设

(1)着手制定《农民专业合作社法》的实施细则。《农民专业合作社法》的通过,明确了农民专业合作社的主要问题,但仍然过于原则,当然这也是由实践决定而不可能过于精细。有关部门应抓紧时间制定相关配套法规,特别是完善《农民专业合作社法》的"扶持政策"部分。

(2)建立优质农产品的认证和标志法律制度,促进优质农产品的出口。

(3)建立农业无形资产法律保护体系,保护新品种、新技术和农产品地理标志等知识产权,加速科技成果的产业化进程。

(4)修改《进出境动植物检疫法》。动植物检疫是农产品进口的最后一道关卡,向来被视为合法的"非关税措施"。我国应从务实的原则出发完善《进出境动植物检疫法》及配套法规,使之与国际标准、准则和建议相互协调,这同样是农业谈判法制建设的任务之一。一方面可避免农产品在国外频频遭受"绿色壁垒",提高中国农产品的国际竞争力;另一方面,有利于充分合理地利用动植物检疫这一"合法的非关税措施",按照 WTO 相关制度规定,提高我国农产品市场准入门槛,使动植物检疫制度成为合理保护国内农产品市场的主要工具。一是利用 WTO 有关环境保护、生命安全和健康的相关规定,制定一些适应现代生物技术发展的制度,如转基因产品的开发与销售制度等,并相应地设立环保标准或"绿色"产品标准适应高新生物技术产品检疫的需要;二是在具体检疫标准上按照《进出境动植物检疫法》的协调原则,修改不合理的或与国际标准不符合的地方,促进国内动植物检疫制度的国际化。此外,我国应加强国际联系,密切关注国际市场和生物技术领域的最新动态,不断更新我国出入境动植物检疫标准,以最终达到与国际协调、接轨的目的。

3. 建立有效的农业保护立法体系

(1)制定《农业国内支持和保护法》。主要内容包括:①政府投

资规则。确定农业投资基本原则,规定政府资金投入的具体数量或计算方法,规范投资资金的使用范围,充分利用“绿箱”措施,适当调整“黄箱”措施,并制定资金使用的监督制度。②建立农业服务体系。在科技服务、基础设施服务、市场信息服务等方面做出详细的量化规定。③建立农业收入支持体系。④建立农业结构调整支持体系。⑤建立农业可持续发展支持体系。加大农村能源和生态农业示范工程建设的投资力度,保护生态环境,促进农业可持续发展。

(2)制定《农业保险法》。建立以政府政策性保险为主导、以农民合作保险为主体、以商业性保险为补充的农业保险法律制度。政府对农业保险支持通过以下法律制度体现出来:第一,政府对政策性农业保险机构给予财政、金融支持,使之有别于一般的商业保险。国家农业保险公司及其分支机构的全部或大部分经营管理费用由政府财政拨付,由政府提供各种补贴信贷,增强农民的进入实力。第二,给予商业性农业保险经营减免营业税和所得税,以利于其总准备金的积累和长期稳定经营。允许农业保险“以丰补歉”,即用丰年的盈余弥补歉年的亏损;允许“以农养农”,即让农业保险机构在农村开展寿险和财产险业务,以后者的盈余弥补亏损,以此来扶持农业保险公司的发展。第三,国家农业保险公司为商业性保险公司提供再保险。第四,建立农业保险风险准备金。当发生重大灾损的商业保险公司或农业合作保险组织无力赔付时,允许它们从“风险准备基金”中低息或无息借款,随后逐年从保费收入中归还。

(3)制定《农村社会保障法》。建立完整的农村社会保障法体系,使保障资金能够依法到位,依法管理,解决农民的后顾之忧。《农村社会保障法》应反映我国农村变革中的现实和复杂情况,以不同于城市保障的具体特点,对农村社会保障制度的构建勾画出总体框架。其主要内容包括:①该法的调整范围应是全部农村区域和所有农民,即既包括全体务农农民也包括农村非农产业农民,同时还应包括流入城市中的无城市常住户口的民工,以使农民所享有的社会保障权益切实得到法律保护。②农村社会保障原则。③农村社会保

障的主项内容或项目应以完善传统保障内容（如社会救助、优抚安置、五保供养等）和建立新型保障项目（如农民养老社会保险、新型合作医疗等）并重。④农村社会保障基金总体应以农民个人缴纳为主、集体补助为辅、国家适当扶持的原则进行筹集。但针对不同保障项目和内容，个人、集体、国家所应承担的缴费义务和责任应有所不同。⑤农村社会保障水平的确定总体应以保障农民基本生活为原则，但具体标准应由省级政府加以确定，同时部分保障项目如优待抚恤的标准应确定在农民中等生活水平上。⑥农村社会保障的管理，应明确统一的管理机构及其管理职能，同时允许针对不同保障项目采取不同的管理方式。⑦明确国家在农村社会保障中的责任。如国家财政中应适当增加对农村社会救助、优抚安置、农村卫生医疗机构及设施建设等方面的支出。同时对各级政府的具体责任做出明确的界定，如中央政府主要侧重于对经济不发达地区农村社会保障的支持，而地方政府主要侧重于当地农村传统保障项目和农村福利设施建设的支持等方面。⑧违法责任。违反农村社会保障法律法规所应承担的责任应以行政责任（包括行政处罚）为主，辅之必要的刑事和民事责任。进行农村社会保障立法时，应对违法的情形及违法所应承担的相应责任做出规定。

（4）完善农业反倾销、反补贴的立法。《农业协定》第十三条（和平条款）在一定程度上使农业补贴免于 WTO 一般补贴规则的冲击，但我国也可以充分利用 WTO《农业协议》的争端解决机制及我国反补贴和反倾销法，使我国既能防止外国有补贴的农产品过度地进入而冲击我国农业生产，又能扩大我国受补贴农产品出口营销或进口替代，同时在解决有关补贴的争端方面处于有利或至少是平等的地位，提高反补贴抗辩的筹码。目前我国没有制定专门的农业反补贴法，《反补贴条例》只在第七条规定：损害，是指补贴已经建立的国内产业造成实质损害或者产生实质损害威胁，或者对建立国内产业造成实质阻碍。对损害的调查和确定，由国家经济贸易委员会（现改为商务部）负责；其中，涉及农产品的反补贴规定在没有专门的农业

反补贴立法之前，应当适用《反补贴条例》的一般规定。

作为2002年1月1日实施的《反补贴条例》、《反倾销条例》也仅仅是行政法规，其法律地位比较低。尽管农业补贴具有特殊地位，但在我国并没有与其他补贴具体区分，而是笼统地规定于《反补贴条例》中，至于如何确定农产品损害、怎样对损害调查，国家都没有给予很清楚的界定。2003年11月16日商务部出台的《反补贴产业损害调查规定》第六条在审查补贴进口产品对国内产业影响的评估项目上，对农产品案件增加了一个事项，即除要审查一般产业的影响要求外，还要"考虑是否给政府支持计划增加了负担"。农产品生产经营体制和成本价格计算与工业品区别较大，其反倾销和反补贴调查及具体措施也有所不同。这样简单的规定，不利于我国对国内农业的损害调查，进而影响本国农业的保护。如果不加强反倾销、反补贴立法，会使我国农产品处于被动挨打的境地。

专题四：我国农村土地制度与合作社发展的法律问题

我国是一个农业大国，无论是在过去的计划经济体制下，还是在今天逐步建立的市场经济体制下，农业始终处在国民经济的基础地位。农业、农村和农民问题，始终是一个关系我们党和国家全局的根本性问题。

人多地少，特别是农地少，是我国的基本国情。农村土地问题一直以来都是"三农"问题的核心，它关系到农业的发展、农村的稳定和农民的切身利益。随着社会的发展和改革的深入，这一问题日益凸显出来。科学妥当的农村土地制度安排是我国赖以稳定发展之本，是解决"三农"问题之根本，因此，解决农村土地问题的关键在于农村土地制度的改革和完善。

当前，对农村土地问题的研究，尤其是农村土地制度改革的探讨在学术界已成为热点，并随着农村边缘化的日渐突出而从经济领域扩展出来且不断被深化、细节化。对农村土地问题的探讨，走在最前面的是经济学家，特别是产权理论家和新制度主义者。从经济学的意义上说，农民对土地的占有具有排他性，在使用过程中具有竞争性，因而农业用地更接近于"私人产品"的性质，只有明确其私有权，才可以保障个人利益实现最大化，并且可以降低交易成本，避免搭便车行为。但也有一些农村问题研究专家则根据我国土地的"福利"性质否定目前我国实行土地私有化的合理性，指出我国农村土地制度改革已经陷入困境，即一方面城市化趋势的加强必然占用更多的农村土地，另一方面人地关系的高度紧张和城乡分割对立的二元社会经济结构越来越制约着土地改革的推进。另外一些经济学家则突

破了从新古典经济学和传统产权理论中寻找我国农村土地制度改革出路的思路局限，而是站在国家与土地所有权的立场上，指出我国农村地权问题实际上根源于农民与政府力量的对比关系上，弱小的农民无法使自己意志上升为法律，更无法在政府侵犯法律界定的权利时捍卫自己权利，因此主张我国土地制度改革的核心在于限制政府权力。①

对于农村土地及其制度改革问题，法学理论研究主要集中在土地所有权和使用权两个层面上。在所有权层面上，存在着实行农村土地私有化、国有化或坚持集体所有等观点；在使用权层面上，将具有债权特征的承包经营权物权化的观点甚为普遍。这些研究虽然也相当活跃，但在法学领域中仍属薄弱环节。当农业政策专家和经济学家们在改革开放后深入农村，了解民意、体察民情、研究民生，并借鉴国际经验而不断提出关于土地制度创新的建议时，法学研究却仍然摆脱不了其追随经济学发展而在研究形式与内容上有所进步和创新的被动局面。这主要是因为：首先，农地制度并非单纯的法律问题，它与政治经济体制和民族文化传统密切相关，研究涉及要害时便不再深入；其次，研究方法老套保守、研究内容单一刻板、研究视野褊狭、研究路径单一，脱离农村实际的现象较为普遍，未能提出较为妥当、务实的建议与方案。

以上关于农村土地及其制度改革的诸多理论探讨，特别是经济学家们的研究，各有其理论价值，而且逐渐呈现出一种可喜的趋势，即研究视野越来越开阔，不再是就土地而谈土地，而是试图从农业之外寻找解决农村土地问题的思路和途径，诸如限制政府权力、保障农民权利。这为我们的进一步探讨和思考提供了很多启示和线索。我们认为，农村土地问题本身就是一个复杂的问题，这个问题的解决不能局限于土地问题本身，而应努力探析和研究与农村土地及其制度

① 周其仁：《中国农村改革：国家与土地所有权关系的变化》，载周其仁：《产权与制度变迁》（增订本），北京大学出版社 2004 年版，第 40 页。

改革密切相关且有着重大制约作用的问题。于是，在考察建国以来我国农村土地及其制度变迁之后，我们得出了这样一个结论：每一次重大的农村土地变动及其制度改革都与农村组织体系的改造，特别是与农业合作社的发展存在着不可忽视的关联，可以说基本上是同步配套进行、互为因果、互相影响的。

我国现行的农村土地制度，主要是以家庭承包经营为主、统分结合的双层经营体制，在过去相当长的一段时间内，它发挥了巨大的作用，为"三农"问题的解决做出了很大的贡献。然而，随着经济和社会的发展，特别是农村城市化与农业产业化趋势的加强，这种土地制度的局限性越来越明显，日益制约着农业、农村的发展和农民富裕的实现。因此，现行农村土地制度的改革与完善已经成为理论界与实务界关注的焦点。

带着上述的思考与启发，我们分析、探讨了农村土地及其制度改革与合作社发展的密切关联，试图从中寻求解决我国农村土地问题的可行途径，并重点分析了现行农村土地制度的局限性，在结合当前农民的土地制度创新实践的基础上，指出了今后农村土地制度改革与完善的方向，最后勾画了农村土地与合作社发展的相关法律制度设计，希望能够为我国农村土地法制建设提供某些有益的参考。

一、我国农村土地制度变迁与合作社发展的历史经验

（一）从土地改革到农业合作化（1950～1956）

运用合作制改造小农经济，是马列主义的一个基本原理。马克思指出，无产阶级取得政权后"一开始就应当促进土地的私有制向集体所有制过渡，让农民自己通过经济的道路来实现这种过渡；但是不能采取得罪农民的措施"。[①] 恩格斯也曾指出："我们对于小农的任务，首先是把他们的私人生产和私人占有变为合作社的生产和占

① 《马克思恩格斯选集》第3卷，人民出版社1995年版，第287页。

有，不是采用暴力，而是通过示范和为此提供社会帮助。”①列宁根据俄国的情况提出：“在生产资料公有制的条件下，在无产阶级对资产阶级取得了阶级胜利的条件下，文明的合作社工作者的制度就是社会主义的制度。”②

建国后，以毛泽东为核心的第一代中央领导集体，把马列主义关于合作社的理论与中国具体的国情相结合，对中国农业经济的改造，特别是对农村土地制度的改革进行了有益的探索。从中国的具体国情出发，1950 年 6 月，中央人民政府颁布了《中华人民共和国土地改革法》，该法规定：“废除地主阶级封建剥削的土地所有制，实行农民的土地所有制，借以解放农村生产力，发展农业生产，为新中国的工业化开辟道路。”根据这一法律，从 1950 年冬季开始，除西藏、新疆等少数民族聚居的地区外，尚未进行土改的新解放区开展了轰轰烈烈的土地改革运动。这场土地改革分为下列四个步骤进行：第一步反霸；第二步划分阶级；第三步没收、征收与分配；第四步复查。其中，没收、征收土地的内容是：没收地主的土地；征收祠堂、庙宇、寺院、教堂、学校和团体在农村中的土地及其他公地；征收工商业家在农村中的土地；征收半地主式的富农出租的土地（《中华人民共和国土地改革法》第六条规定：“半地主式的富农出租大量土地，超过其自耕和雇人耕种的土地数量者，应征收其出租的土地”）；征收因其从事其他职业或因缺乏劳动力而出租的超过当地每人平均土地数 200% 以上的那一部分土地，这主要是指革命军人、烈士家属、工人、职员、自由职业者、小贩等出租的土地；在某些特殊地区征收富农出租土地的一部或全部。对于没收、征收来的土地分配，《土地改革法》第十条规定：“所有没收和征收得来的土地和其他生产资料，除本法规定收归国家所有者外，均由乡农民协会接受，统一地、公平合理地分配给无地少地及缺乏其他生产资料的贫苦农民所有。”这样，无地和少地

① 《马克思恩格斯选集》第 4 卷，人民出版社 1995 年版，第 498 ~ 499 页。

② 《列宁全集》第 43 卷，人民出版社 1987 年版，第 365 页。

的农民获得应有的土地。在这一过程中，当时的农民协会发挥着重要的作用，可以说，已经具有合作社的某些特征和作用了。

到1952年年底，除部分少数民族地区外，全国土改基本完成。大约占60%～70%的3亿多无地或少地农民无偿分得了约7亿亩（约4 600多万公顷）土地和大量生产资料，这样就彻底废除了封建剥削的土地制度，实现了耕者有其田的农民土地所有制，使农民免除了每年交给地主约7亿斤粮食的地租。同时，当时的《土地改革法》第三十条还规定，对拥有的土地"有权自由经营，买卖和出租"。如此看来，那时农村土地的使用权还是相当完全的。但因为小农思想的局限，特别是刚刚获得土地带来的巨大喜悦，使得当时农民大多耕作自己所有的土地。这样一来，当时农村土地使用权和所有权大多是统一的，分散经营现象很突出。于是，也就有了后来旨在改革农民土地所有制和改造小农经济的合作化运动。

土地改革完成后，农村土地制度实现了从封建土地所有制到农民土地所有制的转变，中国面临着由新民主主义社会向社会主义社会过渡的新形势。当时，农业、农村、农民出现了一些新情况、新问题，主要是：首先，农业的发展，已经不能满足当时国家大规模工业化建设对商品粮的需求。农民个体经济，经营方式落后，力量薄弱，无法抵御自然灾害，无法采用农业机械和新技术，束缚生产力的发展。其次，土改后的农民虽分得了土地，但有些贫下中农因畜力和农具等生产资料不足，生产、生活上仍有困难，重新受高利贷剥削，甚至典当、出卖土地，农村出现两极分化的现象。土改后出现的这些新情况和新问题，要求我们党和政府给予解决，指明其继续前进的方向。

按照马克思主义的不断革命论，社会主义革命在我国农村的任务，就是建立人民民主专政的政权，建立社会主义公有制经济，以促进农业生产的发展和农民生活水平的提高。就所有制方面的任务而言，就是把农民的个体经济引导到社会主义公有制经济上，手段是对农民个体经济的社会主义改造，具体途径是，走合作社道路，通过互助组到以土地入股为主要内容的半社会主义性质的初级农业生产合

作社再到完全社会主义性质的高级农业生产合作社。土地改革的完成标志着新民主主义革命的胜利，在农村，下一步的任务就是通过农业合作化改革农村土地制度、改造农业经济，从而建立起农村中社会主义经济基础——这是我国社会主义革命的内在要求。以这一思想为指导，1953年春，党中央制定了包含农业社会主义改造的过渡时期总路线。为贯彻过渡时期总路线，并针对土地改革后出现的新情况和新问题，中国共产党决定在农村开展农业合作化运动，试图将农民的土地私有制改造成集体土地所有制，引导农民走上社会主义道路，促进农业个体经济向合作经济、集体经济发展。

按照上述的合作社思想，农业合作化经历了一个由低级到高级的改造过程，可以分为三个阶段。

第一阶段（1953年）主要是兴办互助组。这种形式其实在1949～1952年就已出现了。土改后，一些贫下中农因畜力、农具、种子等不足，自发地互帮互助，组织起互助组，包括从简单的季节性、临时性的互助组和在共同劳动基础上实行某些分工分业因而有少量共同财产的常年互助组，非常有利于农业生产。人民政府因势利导，积极引导农民建立互助组。在互助组中，土地和其他生产资料及产品仍属于农户私有，经营是独立的，农户只是在人工互变、搭庄稼、并地种、伙种等形式之中相互提供帮助，而且产品分配方式也只是按农民私有土地进行分配，而不是按劳动分配。尽管互助组还只是社会主义的萌芽，但它已经表明中国农村开始走上合作社道路。到1953年年底，参加农业互助合作组织的农户已经占全国农户总数的39.5%。

第二阶段（1954～1955年）主要是发展初级农业生产合作社。马克思主义认为，合作制是合作社的生产和占有，农民可以按入股土地、预付资金和所出土地的比例分配收入。合作经济是劳动者的联合，不完全排斥资金、土地联合的因素，因此在按劳分配基础上可以有一定的比例以及土地的分红。以这一思想为指导，在当时的初级农业生产合作社中，社员仍然保留有土地的所有权和少量的自留地，

但社员的土地必须交给农业生产合作社统一经营，除按劳动日分配收入外，仍得按入股土地的数量和质量分得一定的土地报酬，即采取土地入股分红的办法。其他主要的生产资料，如耕畜、大型农具，由合作社统一使用，也付给适当的报酬。初级社由于没有废除生产资料的私有制，并采取了土地入股分红的形式，比较符合当时农民的觉悟程度和生产力发展水平，因而促进了生产的发展。加之党和国家从各个方面支援合作社，使广大农民看到了合作社的好处，纷纷要求参加合作社。到1955年秋收前，全国初级社已达63.4万个，参加农户数为1 692万户，占全国农户总数的14.2%。但是，初级农业生产合作社并未废除生产资料私有制，所以说它是半社会主义性质的。

第三阶段，从1955年下半年到1956年，是农业合作化大发展的时期。1956年1月基本实现了初级合作化，从此合作化运动转入大办高级社的阶段。高级社的集体化程度高于初级社，社员的土地无代价转为合作社集体所有，不计土地报酬，耕畜、大型农机具等主要生产资料，按照自愿互利原则，采取折价入社，由社分期付给价款的办法，逐步转为集体所有，社员集体劳动，实行按劳分配。这实质上已经废除了农民的土地私有制，建立起了集体所有制，因而是社会主义性质的。在一种急于求成的情绪的作用下，从1955年夏季开始，在一个很短的时间里，就在全国农村普遍建立起了高级社。

到1956年冬，参加初级社的农户占总农户的96.3%，参加高级社的达到农户总数的87.8%，基本上实现了完全的社会主义改造，完成了由农民个体所有制到社会主义集体所有制的转变，确立了农村崭新的社会主义制度，农业生产合作社成为农村的组织形式，一直到1958年搞人民公社。

由于中国共产党认真执行和坚持积极引导、稳步前进、自愿互利的原则，总的来说，改造是成功的。合作化运动将农民的个体私有经济改造成了公有制经济，避免了农村的两极分化，有利于农民共同富裕，有利于农业现代化，进一步巩固了工农联盟，为其他两大改造创造了条件，促进了生产力的发展，支援了国家工业化建设。应当说当

时的生产关系是适应农村生产力的实际的。但是在改造后期，出现了"左"的倾向，盲目求快求大，在一定程度上为"人民公社化"埋下了祸根。

(二)从合作化到人民公社化(1958~1978)

1957年的反右派斗争扩大化，标志着党内的"左"倾思想在政治上的开始。1958年党又提出了"鼓足干劲，力争上游，多快好省地建设社会主义"的总路线，它虽反映了人民迫切希望建成社会主义的良好愿望，但严重忽视客观规律，标志着"左"倾思想又扩大到了经济领域。"左"倾思想日益发展，毛泽东认为，农村的粮食多得不得了，生产力有了如此大的发展，必须调整生产关系。而且发展农业生产要大修水利，平整土地，用大农业机器生产，那些几百户一社的农业社显然已不适应生产的需要。人民公社化就是在这种背景下开始的。其核心内容就是合并和扩大农业生产合作社，提高公有化程度，扩大公有化规模。1958年8月的北戴河会议后，农村的人民公社化运动迅速掀起高潮。合作社不断升级、合并，土地等生产资料实行了规模更大的公社所有制。公社成了全部财产的主人，包括自留地、私有井、牲畜、大中型农用生产资料以及一些耐用消费品。

农村人民公社的所有制关系，经历了三个阶段：(1)1958年至1959年夏初，农村人民公社所有制；(2)1959年夏至1961年，人民公社、生产大队、生产队三级所有，以生产大队所有为基础；(3)1962年开始，人民公社、生产大队、生产队三级所有，以生产队所有为基础。生产队占有90%左右的农村耕地以及宜于其经营的其他公用生产资料，生产大队和公社只分别占有少量土地和公用设施。按1962年的《农村人民公社工作条例修正草案》的规定，"生产队范围内的土地，都归生产队所有；生产队所有的土地，包括社员的自留地、自留山、宅基地等等，一律不准出租和买卖；生产队所有的土地，不经县级以上人民委员会的审查和批准，任何单位和个人都不得占用。"

人民公社在产权组织和运行上的特征是：(1)单一的公有形式，

在主要生产资料归属方面排斥所有者的私人性质；(2)各级管理者由行政任命，或者由社员大会或社员代表大会选举产生；(3)经营一般是自给性的，仅有的商品部分按照给定的价格由政府统购；(4)集中与统一安排劳动力；(5)分配上按劳付酬和平均主义。

原本在农业合作化运动后期，已出现了工作过粗、过急、形式简单划一等"左"的倾向，又发动了更"左"的人民公社化，这就进一步使生产关系超前变革，严重脱离了当时的社会生产力水平和群众觉悟，挫伤了农民的积极性，生产力遭到巨大破坏。农村经济陷入混乱状态。

为此，党中央从1958年后半期已开始了纠正人民公社化中的"左"倾错误。1960年后，进一步加大了纠"左"力度，先后出台了"调整、巩固、充实、提高"的八字方针、《农业十二条》、《农业六十条》、《关于农村基本核算单位问题的指示》等一系列文件，从而使公社规模有所缩小（比之高级农业生产合作社稍大）。但就其实质来说，已使农业生产经营规模回到了高级社时期，使基本核算单位固定在生产队，较好地解决了生产队的所有权、生产权、分配权的统一问题。至此，农村人民公社的调整工作基本结束。人民公社体制基本固定下来，直到十一届三中全会后进行农村经济体制改革，才发生新的变化。

（三）家庭联产承包责任制与合作经济（1978年至今）

经过20世纪60年代初调整以后的人民公社体制，仍存在着严重的弊端。一是仍然存在"一大二公"现象，不仅生产规模仍然较大，而且公有制水平也很高，这种所有制仍然超越了当时生产力的实际水平。二是存在着严重的平均主义，长期以来，严重挫伤了农民的生产积极性，阻碍着农业的进一步发展。加上人口膨胀，粮食问题已成为制约我国经济发展的一个"瓶颈"。国家的工业化也受到很大影响。三是政社合一。农村人民公社既是我国社会主义在农村中的基层单位，又是我国社会主义政权在农村中的基层单位。公社干部

由国家委派，不是由社员产生，他们掌握着党、政、财、文大权，享受着国家工资待遇，但与公社生产好坏与社员收入的多少没有直接联系。① 这种土地等生产资料所有权与使用权高度统一的人民公社体制，已经阻碍了当时农村经济的发展，迫切需要改革。

我国农民一直都在艰难地探索解决人民公社体制弊端的途径，承包责任制就是我国农民的伟大创造。承包责任制的出现可以追溯到1957年。在1979年安徽省凤阳县梨园公社的小岗生产队实行之前，曾经历过三次全国性的争论。

1957年，为改进农业社的经营管理，四川的江津地区、安徽的芜湖地区、浙江的温州地区等都不约而同地先后实行过包产到户。温州地区永嘉县委副书记李云河，经过亲自试点和调查研究，1957年1月27日在《浙江日报》上发表了题为《"专管制"和"包产到户"是解决社内矛盾的好办法》的长文，对包产到户作了比较深入的分析，论证了包产到户不会使农村产生资本主义，不会使新的社会主义生产关系变质的问题。但不久，包产到户就被指责为"一股歪风"，是"戴着合作社帽子的合法单干"，在严厉批判中被"纠正"。

到1959年，当时不少地方针对人民公社"一大二公"、"一平二调"造成的后果，试行"土地下放"，"定田到户"，全部或大部分农活"包干到户"或实行"地段责任制"等，实际上也是包产到户。这一次"包产到户"的努力，很快就被中央制止。当年11月2日的《人民日报》发表了以《揭穿"包产到户"的真面目》为题的评论员文章，指责"包产到户是极端落后、倒退、反动的做法"。

在三年困难时期中的1961年，全国不少地方实行了包产到户。最突出的安徽省有85%以上的生产队实行名为"责任田"的包产到户。责任田式的包产到户，对当时恢复生产、渡过难关确实起到了巨大作用，被农民称为"救命田"。安徽省之所以最突出，因为是在省

---

① 米鸿才等:《合作社发展简史》，中共中央党校出版社1998年版，第199～200页。

委的统一领导下进行推广。到 1962 年年初，这种方式又被中央否定。安徽省委也被改组，全省有几十万人因责任田的牵连受到批判和斗争。

其后，尽管反复遭到严厉的批判，但是在一些地方，特别是偏僻、贫困的山区，或明或暗的包产到户从未间断过。十一届三中全会原则上通过《中共中央关于加快农业发展若干问题的决定(草案)》，发到各省、市、自治区讨论和试行。这个文件提出了促进农业发展的具体政策，但明确提出“不许包产到户，不许分田单干”。1979 年 9 月正式公布上述《决定》时，联产责任制开始得到肯定。到 1980 年 9 月中央《关于进一步加强和完善农业生产责任制的几个问题》和中发 1982 年 1 号文的发布后，包产到户和包干到户才得到明确肯定。自此，联产承包责任制在全国迅速展开，“三级所有、队为基础”的土地制度为家庭联产承包责任制所替代。到 1987 年，全国有 1.8 亿农户实行了家庭联产承包制，占全国农户总数的 98%，至今几乎所有的农村组织都实行这种土地制度。

家庭联产承包责任制的核心是土地所有权与使用权的分离，即是“交够国家的，留够集体的，剩下都是自己的”。这种制度，在形式上与 20 世纪 50 年代初的土改有一致的方面：在乡村一级均分土地。不同的是这次农民得到的是集体土地的使用权，所有权仍归集体所有。

在联产承包责任制(包产到户)中，土地所有权归集体是一个基本原则。集体根据当地资源条件，按照国家有关法规，把土地等生产资料，通过签订合同的方式交给农户经营。农户取得了经营权，从而承担了大部分农业生产活动。集体成为集体土地所有权人和农村社区的代表，还承担必要的统一经营职能，主要是对社员履行承包合同的情况进行检查监督，对公共设施(如水利设施、电力设施)的使用统一安排和调度。承包农户在生产经营中需要办，单家独户又办不好的事，也要由集体经济组织兴办。一些未开发的土地资源亦要由集体统一组织。这种体制，目的是使土地的所有权和使用权分离。

农户得到使用权，同时确立了家庭经营的主体地位。在这一体制下，农村土地经营的基本运作方式是：集体所有，家庭经营，社会化服务。

但是，以家庭联产承包为主的责任制，不是对农业合作化的彻底否定，而是继承了农业合作化的积极成果，是对束缚生产力发展的旧体制的改革、完善和发展，并没有离开合作化道路的轨道。

首先，家庭联产承包为主的责任制坚持了土地等主要生产资料的公有制，同合作化前的小私有的个体经济有本质的区别。所谓的家庭联产承包责任制，是以家庭为单位，向集体经济组织承包土地或其他生产资料，分户独立经营，自负盈亏。它继承了农业合作化建立的土地等主要生产资料公有制的成果。清除了高级社化，特别是人民公社化后公有化程度过高、过宽的弊端。同时，把土地等主要生产资料的所有权和使用权适当分开，在坚持集体所有权的前提下，按照一定条件，把使用权交给个人。显然，没有农业合作化，土地归农民个体私有，也就没有土地等主要生产资料公有制的建立，就没有集体经济组织的存在，也就没有家庭与集体之间的承包关系，也就没有家庭联产承包为主的责任制。

其次，家庭联产承包为主的责任制继承了农业合作化“某些统一经营的职能”，①把家庭经营引入合作领域。家庭联产承包责任制，是有统有分的土地经营体制，家庭分散经营是集体合作经济中的一个经营层次。它“采取了统一经营与分散经营相结合的原则，使集体优越性和个人积极性同时得到发挥”。在家庭经营之外，集体经济组织还承担着诸多方面的职能，如统一管理大型农机具、水电等设施，对农户提供产前、产中、产后的各种社会化服务等等。正是由于家庭联产承包为主的责任制，既发挥了集体的优越性，又发挥了家庭经营的积极性，因此促进了农业生产的发展，也提高了农民的生活水平。

我们以“六五”（1981～1985年）计划时期农业生产发生的巨大

① 《十二大以来重要文献选编》，人民出版社1986年版，第256页。

变化加以说明。“六五”计划期间是新中国成立以来我国农业发展最快的时期。从1953～1980年的28年间我国农业生产平均每年增长3.5%，而该时期却高达8.1%。1984年粮食产量创历史最高纪录，达4 073亿公斤，人均口粮达393公斤，基本上解决了全国人民的吃饭问题。1980年，农民人均收入为191元，1985年达398元。农村经济结构也发生了重大改变，非农业收入在农民收入中的比重稳步增加，1980年，农户人均非农业收入为16.8元，占农户人均总收入的10.1%，1985年为86.3元，占农户人均总收入的24.7%。[①]之所以会发生如此明显的变化，是因为乡镇企业的崛起。乡镇企业已成为继传统农业之后的另一个农村经济增长点。1985年我国乡镇企业总产值达2 481亿元，向社会销售的各类工农业产品达1 751亿元，第一次超过了农业产品的销售总量。[②] 家庭联产承包责任制的实施，基本解决了农民的温饱问题，才使他们有时间、精力和多余的资金搞起了乡镇企业。

最后，家庭联产承包为主的责任制，克服了农业合作化后期特别是人民公社化后农村体制的弊端。在所有制上，它消除了公有化程度过高、过宽的问题；在组织规模上，以农户或小组为承包单位，缩小了规模，扩大了农民的自主权；在分配上，取消了按工分分配的制度，把农民的劳动报酬同最终产品直接联系起来，解决了分配上的平均主义问题；在体制上，取消了人民公社这一逐步过渡的体制；等等。

总之，家庭联产承包责任制，既不是对农业合作化积极成果的简单继承，也不是对农业合作化的全盘否定。它是我国农村土地经营制度的根本性改革，是我国农村改革和农业发展的“第一次飞跃”，是我国农村改革中最具有实质意义的突破，是农业现代化组织形式的发展，是我国农业合作经济的进一步发展。

---

① 陈吉元、韩俊等：《人口大国的农业增长》，上海远东出版社1996年版，第62页。

② 陆学艺：《当代中国农村与当代中国农民》，知识出版社1991年版，第277页。

回顾农业合作社的产生与发展历史,特别是在考察建国以来我国农村土地及其制度变迁与农业合作社发展脉络后,我们似乎可以发现一样规律性的东西,即每一次重大的农村土地变动及其制度改革都与农村组织体系的改造,特别是与农业合作社的发展存在着不可忽视的关联。可以说,农村土地所有制及其经营制度的改革与农业合作社实践,往往是同步配套进行、互为因果、互相影响的。

作为"三农"问题的核心问题,农村土地问题错综复杂,与各种社会问题存在这样那样的关联,其中一个重要的问题就是农村的社会组织建设。从社会组织或者生产关系角度看,我国农村在20世纪经历了两次大的变革,第一次是土地改革与农业合作化,把农民从原有的封建土地关系中解放出来,建立了以人民公社为基础的新的社会关系;第二次是家庭联产承包责任制的实施,结束了人民公社,让农民回到以家庭为基础的社会组织。如今,随着市场经济的发展,随着农村城市化与农业产业化趋势的加强,尤其是在全球化和WTO的背景下,现行的农村土地制度能否适应时代与社会经济的发展要求呢,是否还有可以挖掘的潜力?我们应该进行怎样的农村土地制度改革与创新,我们是否也有必要进行农村社会组织和社会关系的第三次大的变革呢?

二、我国农村集体土地所有权的主体与农业合作社

(一)农村集体土地所有权及其主体的缺位问题

《中华人民共和国宪法》第十条规定我国的土地所有制是"城市的土地属于国家所有。农村和城市郊区的土地,除由法律规定属于国家所有的以外,属于集体所有;宅基地和自留地、自留山,也属于集体所有"。根据宪法,我国的《土地管理法》(1998年)第二条规定:"中华人民共和国实行土地的社会主义公有制,即全民所有制和劳动群众集体所有制。全民所有,即国家所有土地的所有权由国务院代表国家行使。"该法第八条规定:"城市市区的土地属于国家所有。

农村和城市郊区的土地，除由法律规定属于国家所有的以外，属于农民集体所有；宅基地和自留地、自留山，属于农民集体所有”。由上述的规定可知，在我国土地只有两种所有权，即国家所有权和集体所有权，而且这两者都属于公有制的范畴。国家土地所有权的客体包括：(1)城市市区的土地；(2)农村和城市郊区中依法征收、征用和收归国有的土地；(3)国家未确定为集体所有的林地、草地、山岭、荒地、滩涂、河滩地以及其他土地；等等。而集体土地所有权正好与国家所有权相对。

在民法理论上，对所有权的定义一般是：权利人对所有物享有的占有、使用、收益、处分，并排除他人非法干涉的民事财产权利。① 据此，土地集体所有权是指农村劳动群众集体经济组织在法律规定的范围内占有、使用、收益和处分自己所有的土地的权利。这种土地公有制的形式产生在20世纪50年代我国农业合作化阶段，在农业高级合作社的基础上形成的农村人民公社制度是集体土地所有权的基础。集体土地所有权的特点可以从以下几个方面来看。

第一，集体土地所有权没有一个统一的主体。我国《民法通则》第七十四条规定：“集体所有的土地依照法律属于村农民集体所有，由村农业生产合作社等农业集体经济组织或者村民委员会经营、管理。已经属于乡(镇)农民集体经济组织所有的，可以属于乡(镇)农民集体所有”。《土地管理法》第十条规定：“农民集体所有的土地依法属于村农民集体所有的，由村集体经济组织或者村民委员会经营、管理；已经分别属于村内两个以上农村集体经济组织的农民集体所有的，由村内各该农村集体经济组织或者村民小组经营、管理；已经属于乡(镇)农民集体所有的，由乡(镇)农村集体经济组织经营、管理”。由上述规定可知集体土地所有权的主体有三：(1)村农民集体，由农业集体经济组织或者村民委员会经营管理土地；(2)农业集体经济组织内部的农民集体，由各该农村集体经济组织或者村民小

① 梁慧星主编：《中国物权法研究》(上)，法律出版社1998年版，第224页。

组经营管理;(3)乡(镇)农民集体,由乡(镇)集体经济组织经营管理。

第二,集体土地所有权的客体具有广泛性。依据有关法律,我国集体土地所有权的客体包括:(1)农村和城市郊区的土地;(2)集体所有的耕地;(3)集体所有的森林、山岭、草原、荒地、滩涂等土地;(4)集体所有的建筑物、水库、农田水利设施和教育、科学、文化、卫生、体育设施所占土地;(5)集体所有的农林牧渔场以及工业企业使用的土地;(6)农民使用的宅基地。

第三,由于集体土地所有权是社会主义公有制经济非常重要的一个方面,所以我国法律特别重视对集体土地所有权的保护。《民法通则》第七十五条规定:“集体所有的财产受法律保护,禁止任何组织或者个人侵占、哄抢、私分、破坏或者非法查封、扣押、冻结、没收。”《土地管理法》第一条规定了该法的宗旨是“为了加强土地管理,维护土地的社会主义公有制,保护、开发土地资源,合理利用土地,切实保护耕地,促进社会经济的可持续发展”。

集体经济组织是在我国相当长的历史时期存在过的一种组织,其前身是农业生产合作社,后来演变成人民公社、生产大队、生产队三级组织,20 世纪 80 年代农村实行土地承包经营责任制后又变为乡、村及村民小组。由于现行法律对集体经济组织作为土地所有权的主体的规定过于模糊和抽象(见《民法通则》和《土地管理法》的相关规定),从而实践中“集体经济组织”往往没有与它对应具体的经济实体,导致村民委员会这一基层群众自治组织代替集体经济组织行使所有权主体的职能。这种现象可以归结为集体土地所有权的“缺位”(或称“虚位”问题),这个问题主要是指由于没有明确确定哪一些农村集体经济组织可以作为集体土地所有权的法律主体以及土地权属的真正代表者究竟是谁,致使法律上规定的农村集体土地所有人实际上根本不存在,或者被其他组织或个人僭越为所有权人,从而导致农村集体土地得不到有效的法律保护,非法转让现象严重,耕地大量流失,最终使广大农民的利益受到损害。具体来说,集体土

地所有权主体的缺位问题主要表现在如下几个方面。

首先，农村集体土地所有权主体的缺位问题之一是“村民委员会”这种基层群众自治组织代替了土地所有权的经济主体。我国宪法规定，村民委员会是群众自治组织，其经国家行政机关的授权，行使一定的行政管理权力，因而从根本上来说，它是一个政治职能组织，而不是从事经济活动的市场主体。虽然在法律条文上“农村集体经济组织”是主要的集体土地所有权的主体，然而实际上，大多数地区农民集体经济组织已经解体或者名存实亡，农民缺乏行使集体所有权的组织形式，也缺乏保护集体所有权的动机，①最终使得村民委员会成为集体土地的最广泛和最强大的所有权人。而且村委会现实地管理集体土地还获得了法律上的支持，我国《村民委员会组织法》第五条规定“村民委员会依照法律规定，管理本村属于村农民集体所有的土地和其他财产”。然而，现实生活中，由村民委员会来充当集体土地所有权的代表，在村民现有民主法制知识积累有限和文化素质不高的情况下，土地集体所有往往成为实际上的村长和村委会少数人所有，这样的问题相当普遍，即村长或者村委会少数人出租和变相出卖集体土地，从中寻租；侵占、挪用国家征地的补偿；多留机动地和集体田，频繁进行土地承包的调整，从中谋利等等。

其次，集体经济组织对集体土地的所有权是不完整的。一方面，我国法律确认了集体经济组织是集体土地的所有权人，而所有权就意味着所有人对其所有物的全面的权利，包括占有、使用、处分、收益以及排除他人干涉的权利；然而另一方面，法律却又在集体土地的经营和流转上设置了限制。例如《土地管理法》第四十三条规定：农村兴办乡镇企业、村民建设住宅以及乡（镇）村公共设施和公益事业建设，需要使用集体土地的，必须经过乡政府以上政府机关的批准。这其实是对集体土地所有权人的处分权的限制。再比如，《担保法》

---

① 参见王卫国：《中国土地权利研究》，中国政法大学出版社 1997 年版，第 104 ~ 105 页。

(1995 年)第三十七条规定：集体土地所有权和耕地、宅基地、自留地、自留山等集体所有的土地使用权不允许进行抵押，这也是对集体土地流转的限制。虽然国家实行耕地保护政策，应该在法律上对集体经济组织滥用土地所有权的行为禁止、制止和控制，但是有些法律规定事实上构成了对集体土地所有权的严重限制，从而导致集体土地“所有权”在行政权力的干预下名存实亡。

还有，从国家征用土地制度上来说，造成城市对农村集体土地和农民权益的侵占现象，加深了集体土地所有权主体的缺位问题。目前我国的土地征用制度，普遍存在严重侵害农民权益的问题。一是非法占地数量大。据统计，1987 ~ 2001 年，全国非农建设占用耕地 3 394.6 万亩，其中 70% 以上是征地。这是依法审批的占用数，不包括突破指标、违法征地和一些乡村擅自卖地。二是大量征地造成大批农民失地。我国非农建设占地主要集中在城郊和人多地少的经济发达地区，一般人均耕地不足 0.7 亩，据在 16 个省的调查，2000 ~ 2001 年共征地 246.9 万亩，其中耕地 171.4 万亩，失地农民 236 万人，大体上每征用 1 亩耕地就会造成 1.4 人失去土地。依此推算，目前全国失地农民估计在 4 000 万人左右。三是征地补偿标准低。《土地管理法》第四十七条规定：“征用土地的，按照被征用土地的原用途给予补偿。征用耕地的补偿费用包括土地补偿费、安置补助费以及地上附着物和青苗的补偿费。征用耕地的土地补偿费，为该耕地被征用前三年平均年产值的六至十倍。征用耕地的安置补助费，按照需要安置的农业人口数计算。需要安置的农业人口数，按照被征用的耕地数量除以征地前被征用单位平均每人占有耕地的数量计算。每一个需要安置的农业人口的安置补助费标准，为该耕地被征用前三年平均年产值的四至六倍。但是，每公顷被征用耕地的安置补助费，最高不得超过被征用前三年平均年产值的十五倍。”据此可知，征地补偿费用包括土地补偿费、安置补助费以及地上附着物和青苗补偿费。前两项的补偿标准分别为该耕地前三年平均产值的 6 ~ 10 倍和 4 ~ 6 倍，两项之和，低限是 10 倍，高限是 16 倍，特殊情况最

高也不能超过30倍。按东部地区平均每亩耕地年产值800元计算，每亩补偿费只有8 000～12 800元，相当于普通公务员一年的工资。按照法律规定，第一项是给集体经济组织的，第二项是给安置单位的，农民个人只能得到其中的第三项，即土地附着物和青苗补助费。四是安置无着落。过去征地后把失地农民转为国家职工，农民很欢迎，随着就业市场化的发展，现在普遍采用"货币安置"的办法，就是把征地补偿费用的第二项，即安置补助费一次发给失地农民，让他们自谋出路。近几年各地上报国务院审批建设用地项目中，采用这种办法的占90%以上，致使许多人成了无地无业的游民。

市场经济中，土地作为交易的财产如果属于不同的所有者所有，则其交换双方在经济和法律上的地位就是平等的，双方通过谈判协商确定土地的交易价格，在竞争的条件下，土地的价格可以达到均衡和合理的水平。但是，我国集体所有的土地，在集体经济组织与国家之间的"交易"在法律上却是不平等的。国家垄断了土地交易的一级市场，低价征用集体的土地，有偿地出让给工业、房地产、商业、金融等行业时，高价出让，获得了巨额利润。① 一般来说，全国根据地点的不同，大多数的集体耕地1亩土地得到的补偿大约在3 000元至30 000元之间不等。而国有土地1亩地的出让价却一般在10万元左右，竞争价高达百万元以上，甚至更高。中央到地方的各级财政、各有关部门在将集体土地征用变为国有土地，再出让给使用单位都获得了巨大的利益。

由于集体所有土地对于每一个农民的权益实际上不明确，一些农民从集体中分得的少量的征地补偿款后，成为无土地、无工作岗位、无社会保障的流民。国家给集体的补偿，就分配到农民手中而言，从中县乡村三级还要有各种提取，到农民手中每亩征地补偿款大约在2 000元至30 000元。此外，农民与村民委员会还要就此进行

---

① 朱晔：《我国农村土地所有权制度反思》，载《中央政法管理干部学院学报》1998年第1期。

再分配:村委会以投资办企业、加强集体经济,防备村民吃光分光而无以后的保障为由,尽可能多留一点;村民以村长和村委会可能将征地补偿贪污、挪用、投资亏损、吃回扣为由,而尽可能争得更多的土地补偿款。事实上,由于农民投资创业的素质较低,以及家庭预算的无计划性,短期内就可以将土地补偿款消费完,并且投资创业往往失败,或者再找政府安置,或者成为无业、无资产和无保障的游民。据有关研究报告,如果这种征地方式不予以改变,按照经济发展和城市化用地的需要,20 多年以后,无地农民的规模将达到 1 亿左右,而且如果不能安排一种征地补偿和土地增值收益与被征地农民的社会保障挂钩的体制,大规模、无保障的农民将是危及社会稳定的危险来源之一。

最后,有关的实证调查显示,一般农民对法律条文上的"集体"一词没有什么认识,因而对究竟哪一个"集体"是集体土地的所有者身份也是模糊的。① 这一方面说明农民的心理意识中对"集体经济组织"是淡漠的,另一方面也说明了集体经济组织在事实上并没有成为农民普遍认可的土地所有权的主体。

总之,由于我国法律上和现实中集体土地的所有权主体不明确,没有适当的"集体经济组织"可以行使完整的集体土地所有权,造成农村集体土地的产权不清晰,形成了集体土地的所有权主体的缺位问题。

(二)农业合作社作为集体土地所有权主体的优越性分析

目前理论界对如何解决集体土地所有权的主体缺位问题有如下两种思路:

(1)有学者提出了一种"弱化村民小组地位,加强集体经济组织

① 陈小君等:《农村土地法律制度研究》,中国政法大学出版社 2004 年版,第 140 页。

的建立，以填补集体土地所有权的缺位”的观点，并认为“村民小组”是集体经济组织最基本的经济单位，与农民的经济生活联系最为紧密，可以以此为基础来重构集体土地所有权的主体，从而使集体土地所有权的主体明确化。这种观点的根本思想在于用纯粹的经济意义上的“集体组织”来代替政治意义上的“村民委员会”，从而达到政治管理与经济发展的分离。

（2）理论界还有另外一种意见认为，直接废除集体土地所有权，而将土地所有权全部收归国有，然后再将使用权分配给农户。中共中央党校研究室副主任周天勇教授在《农村土地制度改革的模式比较和方案选择》一文中指出，就中国的土地制度改革来看，走回过去的极端公有、集中分配的体制是不可能的，将大部分土地私有化、土地资源配置完全交由市场调节也不可行。从市场取向的改革看，有两种可能的路径可以选择：一是对目前土地的两种公有和资源配置及管理体制进行改良，完善土地国有和集体所有体制，寻求有效的土地集体所有组织形式，改进国家征用集体土地的制度，加大市场对土地资源的配置力度。二是全部土地资源属于国有，取消土地集体所有；对农民的耕地、宅基地、林地，对“四荒”和荒漠等劣质地，对西部边远地区的土地，对居民的住宅用地，实行较长时间的土地使用年期制度；加大市场配置土地资源的力度。而周教授比较偏向于后者，即主张我国应当废除集体经济组织对土地的所有权，把一切土地国有化，并通过对一切农村土地签发999年的使用权完成农村土地产权的初始配置。①

我们认为，上述第一种思路的出发点是正确的，它的目的是使得集体经济组织摆脱政府管理体制的干预，可以自由从事生产经营活动。然而问题是，弱化村民小组的地位并不必然导致集体经济组织的强化，“村民小组”是否就与农民的经济利益联系最为密切还尚存问

---

① 周天勇：《农村土地制度改革的模式比较和方案选择》，载《中国经济时报》2004年2月26日第5版。

题，而且村民小组只是一个松散的村民内部组织，既无账号也无公章，更不是法人组织，因而不能担当作为公有土地的所有权主体的职责。①

第二种观点主张把集体土地所有权全部收归国有，然后再把使用权分离交给农户是不太现实的。集体土地所有权是新中国成立后伴随农业合作化和人民公社制度而产生的历史问题，但是目前发展了几十年之后，对集体土地所有权的现状已经得到国家和集体组织的认可，如果全部收归国有，必然要改变目前土地所有权的权属，以及与土地所有权相关的其他不动产的物权，如土地承包经营权等问题，因而肯定会遭到村民集体经济组织以及其他利益人的反对，从而带来不必要的社会动荡。而且，我国农村地域广大，各地集体土地的自然条件和历史状况纷繁复杂，统一收归国有再进行资源配置，需要很高的行政管理费用，谁来支付这笔高昂的交易成本是一个问题。

在我们看来，解决集体土地所有权主体缺位问题还是要从根本上入手，在法律上明确界定集体经济组织的民事主体的地位。具体来说，可以从现有的制度出发，以农业生产合作社的形式来建构集体经济组织作为集体土地的所有权人。

农村专业合作社大部分是以农业生产为经营活动范围，又可以称为农业生产合作社，我们认为它对内是服务农民（即社员）的经济合作组织，对外代表全体社员的利益，为合作社的全体成员谋求福利，在法律上它是一个能够独立承担责任的法人。因此，可以把我国集体土地的所有者由原先模糊的“集体经济组织”转换为各个具体的农业生产合作社，由合作社作为法人来行使其成员共同所有的农地的所有权。我们认为，确定农业合作社作为集体土地所有权的主体，比现行法律文件中确定的集体土地所有权主体——“集体经济组织”或者“村民委员会”更为可取，原因有如下几点。

（1）由于农业合作社具有法人主体资格，所以它代表“集体经济组织”行使集体土地的所有权，可以达到明晰产权的目的。合作社

---

① 杨一介：《中国农地权基本问题》，中国海关出版社2003年版，第91页。

在法律上是独立的法人，这是世界各国的立法通例，如我国台湾地区的“合作社法”明确规定合作社是“依平等原则，在互助组织的基础上，以共同经营方法谋求社员经济利益和生活改善，而其社员人数及股金总额均可变动的团体。合作社为法人”。德国《合作社法》也对合作社的法人资格有相应的规定。①

根据民法的原理，法人是拥有自己的财产，能够独立经营，并独立承担责任的社会组织。目前，对于我国的农业合作社究竟是否是法人理论上尚存在争议，但主流的意见是倾向于认为合作社的法律地位是法人。② 而且从有关的法律文件来看，农业合作社也应该是法人，例如，《农民专业合作社法》已经确立了农民专业合作社的法人地位，中共中央、国务院《关于深化供销合作社改革的决定》(1995年)规定：“各级供销合作社是自主经营、自负盈亏、独立核算、照章纳税、由社员民主管理的群众性经济组织，具有独立法人地位，依法享有独立进行经济、社会活动的自主权。”全国供销总社《农村专业合作社指导办法(试行)》(2003年)虽然没有明文确定农业合作社的法人地位，但是它规定：“设立专业合作社应具备下列条件：(一)从事同类产品或同种行业的生产、经营和服务，组织3家以上农户和自然人7人以上作为发起人；(二)有经社员共同讨论制定的章程；(三)有固定的经营场所，及与其开展业务活动相适应的资金和经营服务手段。”再将这个设立条件对照一下《民法通则》(1986年)对法人设立的条件：“法人应当具备下列条件：(一)依法成立；(二)有必要的财产或者经费；(三)有自己的名称、组织机构和场所；(四)能够独立承担民事责任。”可见，《农村专业合作社指导办法(试行)》对农业合作社的要求完全达到了法人的条件。

合作社法人对自己所有的财产能够行使全面的处分权，与其他的集体土地所有权人相比而言，更能够代表集体经济组织成员的利

① 郭国庆：《德国合作社法评介》，载《河北法学》1999年第1期。
② 马俊驹、吴尚芝：《农村社会进步与合作社立法》，载《改革》2001年第3期。

益。经济学上认为，清晰的产权制度是有效的市场交易的前提。如果在法律上对集体土地所有权的主体没有明确的规定，就不会有相关的利益主体认真地对待集体土地，合理地经营、开发、利用好集体土地，由此导致集体土地像国有企业的资产一样，由于没有具体的、现实的主体，公共财产必然会大量流失，而最终受损的还是作为"集体经济组织"成员的农民。而以农业合作社作为集体土地的所有权人，就是用一个现实的法人来具体地掌管集体土地所有权，农业合作社的目的是为了谋求其成员的利益，农业合作社在从事一切行为的时候都要以此为目标，这就必然要求以经济利益最大化为行动的指南，最终使得集体的土地得到合理的开发利用。

(2)以农业合作社作为集体土地所有权的主体，可以摆脱集体土地的所有者政治功能与经济功能不分的现象。对于村民委员会的性质和职能我国法律有明确的定位，《宪法》第一百一十一条规定："城市和农村按居民居住地区设立的居民委员会或者村民委员会是基层群众性自治组织"。《村民委员会组织法》(1998 年)第二条规定："村民委员会是村民自我管理、自我教育、自我服务的基层群众性自治组织，实行民主选举、民主决策、民主管理、民主监督。村民委员会办理本村的公共事务和公益事业，调解民间纠纷，协助维护社会治安，向人民政府反映村民的意见、要求和提出建议。"可见，村民委员会明显地是一个政治性的社会组织，它的职能主要是管理公共事务、促进公益事业，维持公共秩序，因而它不应当直接参与农村集体经济组织的生产经营活动，《村民委员会组织法》第五条明确规定村委会在农业生产经营活动中的角色是"村民委员会应当支持和组织村民依法发展各种形式的合作经济和其他经济，承担本村生产的服务和协调工作，促进农村生产建设和社会主义市场经济的发展。村民委员会应当尊重集体经济组织依法独立进行经济活动的自主权，维护以家庭承包经营为基础、统分结合的双层经营体制，保障集体经济组织和村民、承包经营户、联户或者合伙的合法的财产权和其他合法的权利和利益"。这就是说，村委会不应该成为农业生产经

营活动的参与者，更不应该作为农村集体经济组织的财产所有权的代表。我国有关的法律规定，村委会可以依法管理集体所有的土地，其实从根本上没有认识清楚村民委员会的职能和性质。

如果以农业生产经营为主要目的的农业生产合作社作为集体土地所有权的主体，就可以避免上述的土地所有者的政治职能与经济职能混淆的问题。因为农业合作社的活动纯粹是经济性的，它的性质决定了它要实现合作社成员的经济利益的任务，它要发挥集体土地的生产和社会保障的功能，因此它必须以合作社的全体社员的利益最大化为行动的指南，而且由于合作社实行民主管理和平等经营的原则，所以在某种程度上可以控制合作社的具体执行人员贪污腐败、以权谋私等侵害社员权益的行为。如此，以明确的具有法人资格的农业生产合作社作为集体土地所有权人，负责经营管理集体土地，这样就将村民委员会的管理权力与集体经济组织的经济发展权利分离开来，从而克服集体土地的"缺位"问题，改变现实中村委会以集体的名义行使集体土地所有权的现象。

(3)从现有的法律实践上看，以农业合作社作为集体土地所有权的主体也是很普遍的现象，因而我们的观点与实践的做法是相吻合的。首先，在中央国家机关的层面上，有关的文件是支持农业合作社优先于村民委员会作为集体土地的所有权人的。1992 年 1 月 31 日全国人大常委会法制工作委员会在《对关于村民委员会和村经济合作社的权利和关系划分的请示的答复》(以下简称"答复")中对此问题明确如下：

福建省人大常委会：

你委农村经济委员会 1991 年 9 月 19 日的《关于村民委员会和村经济合作社的权利和关系划分的请示报告》收悉，现答复如下：民法通则第七十四条第二款和土地管理法第八条第一款规定："集体所有的土地依照法律属于村农民集体所有，由村农业生产合作社等农业集体经济组织或者村民委

> 员会经营、管理。”村民委员会组织法第四条第三款规定:“村民委员会依照法律规定,管理本村属于村农民集体所有的土地和其他财产。”同意省农委的意见,即依照上述规定,集体所有的土地依照法律规定属于村农民集体所有的,应当由村农业生产合作社等农业集体经济组织经营、管理,没有村农业集体经济组织的,由村民委员会经营、管理。

由这一则“答复”可见,全国人大常委会法制工作委员会在确定集体土地的实际上的经营管理者时,确认了“农业生产合作社”优先于村民委员会的地位,即只有在没有农业生产合作社等集体经济组织的情况下,才能由村民委员会经营管理集体的土地。虽然做出这个“答复”的机关没有直接否认村民委员会作为集体土地的经营管理者,而且它也没有这个权力改变基本法律的规定,但是毕竟它第一次明确了《民法通则》和《土地管理法》中并行的几个集体土地经营管理者的顺序问题,据此,农业合作社作为集体土地的所有权主体获得了法律文件的首肯。

具体的以农业合作社作为集体土地的所有权主体的制度典型是《广东省农村社区合作经济组织的暂行规定》。该规定确定:“原来人民公社三级所有,队为基础的体制经过改革而形成的农村社区经济合作组织,包括在原生产队或联队一级设置的经济合作社,在原大队一级设置的经济联社,在原公社一级设置的经济联合总社”,“社区经济组织是农村集体生产资料的所有者”,由此可见,集体农地在广东省按照规定是归“经济社”、“经济联合社”和“经济联合总社”等合作社所有的。据有关研究调查,广州市白云区的农地基本归经济社最基层的合作社所有,“经济联社和联合总社基本没有土地,需要用地时要和经济社商量”。因此,经济社是最重要的集体土地的所有权主体。[1] 同

---

① 陈小君等:《农村土地法律制度研究》,中国政法大学出版社 2004 年版,第 113 页。

时有关调查还表明，广东省某些地区的经济社在法律上是一个独立的民事主体，由区农业委员会进行系统的登记管理，并发给登记证书，有自己的公章。据当地的法院称，经济社在诉讼中虽然不是法人主体，但是具有独立的诉讼地位，独立享有民事权利，承担责任。经济社对集体农地享有完整的产权，它可以比较自由地从事各种生产经营活动而不受村民委员会的约束，甚至村里需要用地都要和经济社协商，并且以产权清晰的合同来安排用地方法，包括：(1)征用经济社土地；(2)租用经济社土地，分期给付租金；(3)经济社出地，村里出钱，实行股份合作，按合同分红。这种明确的法律合同安排避免了农村基层政权组织的领导干预和破坏农业合作社的生产，侵害农民权益。广东省的一些村镇干部在这种制度约束下甚至感慨："现在社长权力大过村长，村长大过镇长。"①

（三）农业合作社作为集体土地所有权主体的基本制度设计

由上述的研究可知，在我国目前实行农村土地集体所有制的前提下，在法律上明确以代表农民利益的农业生产合作社作为集体土地的所有权的主体，与现行的法律制度规定的模糊的"集体经济组织"作为所有权主体以及"村民委员会"行使经营管理集体土地的职能相比，具有明显的优越性和可行性。我们以为，在具体的制度设计上，规定农业生产合作社作为集体土地所有者，必须在如下几个方面做出基本的设计。

第一，在实行农业生产资料的集体所有制的前提下，放弃"集体经济组织"这一模糊的法律用语，代之以"农业生产合作社"，并且在《合作社法》或者土地法以及有关的民事法律中确立农业生产合作社的法人资格，并实行合作社的法人登记制度，依照管理经济主体的

---

① 陈小君等：《农村土地法律制度研究》，中国政法大学出版社 2004 年版，第 114 页。

规则管理合作社。

第二,在法律上确定农业生产合作社的对外营利、对内服务的性质,设定农业生产合作社的成立条件,及其组织机构和组织形式。

第三,作为集体农地的所有权主体,农业生产合作社应该以地域为基本单位,根据农村生产经营的社区来设立各级农业生产合作社,从而以原先的村民生产小组、村、乡三级社区单位为基础,在不改变现实农业生产经营的自然条件和社会条件下,稳定地使原先各种"集体经济组织"过渡到农业生产合作社。

第四,在法律上确认农业生产合作社对集体土地享有完整的所有权,在不违反国家法律和公共利益的前提下,合作社可以自由地进行生产经营,自由地处分土地的使用权。同时改革我国的集体土地征用制度,明确国家征用土地要给予合作社充分及时的补偿,在土地一级市场尽量通过市场机制来决定征用集体土地的价格,从而达到保护农民权益的目的。

三、农地股份合作制:我国农村土地经营制度的新探索

(一)我国的农村土地承包经营制及其经营模式问题

1978 年党的十一届三中全会以后,农村推行以解放生产力、发展农村经济为目标的改革,实行家庭联产承包责任制,使土地所有权与经营权分离,绝大多数农村的土地分包到户,并以承包合同的形式将集体与农村的承包关系加以确定,基本上实现了在现有生产力的条件下农村土地资源的合理利用,调动了劳动者的生产积极性,得到了广大农民的拥护与支持。在此期间,中央和地方各级人民政府为稳定和完善土地承包关系做了大量的工作,进行了有益的探索。

进入 20 世纪 90 年代,大量的承包合同面临期满续订的问题,农村土地承包关系的稳定便成为制约农村经济发展的关键因素。1992 年,国务院批转了农业部《关于加强农业承包合同管理意见的通知》,要求各地加强承包合同的续订、鉴证、纠纷调解和仲裁工作。

1993年，中共中央、国务院发布了《关于当前农业经济发展的若干政策措施》，尤其是农业部在对各地延长土地承包期、建立土地承包经营权流转机制等问题进行深入、细致的调查研究以后，于1994年12月颁布了《关于稳定和完善土地承包关系的意见》，将土地承包期延长到30年不变，并重申、强调了保护农民承包利益及土地使用权流转的一系列指导思想和政策，给农民吃了定心丸。

20世纪90年代后期，中共中央和国务院又通过一系列的文件进一步确认了土地承包经营权的长期稳定性。1997年8月27日中共中央办公厅、国务院办公厅发布了《关于进一步稳定和完善农村土地承包关系的通知》，针对第二轮土地承包过程中出现的"有的地方在第一轮承包到期后没有及时开展延长土地承包期的工作；有的地方随意改变土地承包关系，以各种名义强行收回农民的一部分承包地，重新高价发包，加重农民负担；有的地方在实行土地适度规模经营过程中，违背农民意愿，搞强迫命令，引起群众不满"等现象，明确土地承包延长期至少为30年、禁止加重土地承包费、整顿"两田制"和"机动地"的不合理现象。而后，在1998年1月24日中共中央、国务院发布《关于1998年农业和农村工作意见》，以及1998年10月4日中共中央做出的《关于农业和农村工作若干重大问题的决定》继续强调"长期稳定以家庭承包经营为基础、统分结合的双层经营体制"，并且指出："稳定完善双层经营体制，关键是稳定完善土地承包关系。土地是农业最基本的生产要素，又是农民最基本的生活保障。稳定土地承包关系，才能引导农民珍惜土地，增加投入，培肥地力，逐步提高产出率；才能解除农民的后顾之忧，保持农村稳定。这是党的农村政策的基石，决不能动摇。要坚定不移地贯彻土地承包期再延长三十年的政策，同时要抓紧制定确保农村土地承包关系长期稳定的法律法规，赋予农民长期而有保障的土地使用权。对于违背政策缩短土地承包期、收回承包地、多留机动地、提高承包费等错误做法，必须坚决纠正。土地使用权的合理流转，要坚持自愿、有偿的原则依法进行，不得以任何理由强制农户转让。"

在党和国家上述稳定土地承包经营权有关政策的基础上,2002年8月29日第九届全国人民代表大会常务委员会第二十九次会议通过了《中华人民共和国农村土地承包法》,2002年12月28日第九届全国人民代表大会常务委员会第三十一次会议修订了《中华人民共和国农业法》,以基本法律的形式正式确立了农村土地承包经营制度和农民对集体土地的承包经营权。与此同时,为了实行土地承包经营权的管理,农业部2003年12月1日颁布了《中华人民共和国农村土地承包经营权证管理办法》,规定县级以上人民政府应该对承包集体土地的农户颁发"土地承包经营权证",从而在程序上保障了农户的土地承包经营权。

由以上介绍的各种关于农村土地承包经营制的规范性法律文件,可以总结我国农村土地承包制的法律关系如下:

(1)土地承包经营合同的主体

根据《农村土地承包法》的第十二条规定:"农民集体所有的土地依法属于村农民集体所有的,由村集体经济组织或者村民委员会发包;已经分别属于村内两个以上农村集体经济组织的农民集体所有的,由村内各该农村集体经济组织或者村民小组发包。村集体经济组织或者村民委员会发包的,不得改变村内各集体经济组织农民集体所有的土地的所有权。国家所有依法由农民集体使用的农村土地,由使用该土地的农村集体经济组织、村民委员会或者村民小组发包。"可知,土地承包合同的发包人是村集体经济组织、村民委员会或者村民小组。

就土地承包合同的承包人来说,《农村土地承包法》第十五条规定:"家庭承包的承包方是本集体经济组织的农户",联系《农村土地承包法》的第二章"家庭承包"的整体来看,这里规定的承包人是本集体经济组织的农户,是最主要的承包方式。同时,本法又规定了"不宜采取家庭承包方式的荒山、荒沟、荒丘、荒滩等农村土地,通过招标、拍卖、公开协商等方式承包"(第三条、第四十四条),即"四荒土地"的承包。四荒土地的承包人可以是本集体经济组织以外的其

他人，但是法律对这种承包做出了一定的限制：一是，在集体经济组织内部有人承包四荒土地的时候，在同等条件下应该优先于集体经济组织外部的其他人，即集体经济组织的成员享有承包的优先权（第四十七条）。二是，发包方将农村土地发包给本集体经济组织以外的单位或者个人承包，应当事先经本集体经济组织成员的村民会议三分之二以上成员或者三分之二以上村民代表的同意，并报乡（镇）人民政府批准（第四十八条）。

（2）土地承包经营合同当事人的权利义务关系

《农村土地承包法》明确规定了土地承包的发包人和承包人各自的权利和义务。

首先，发包人的权利是：（一）发包本集体所有的或者国家所有依法由本集体使用的农村土地；（二）监督承包方依照承包合同约定的用途合理利用和保护土地；（三）制止承包方损害承包地和农业资源的行为；（四）法律、行政法规规定的其他权利（第十三条）。而发包人的义务包括：（一）维护承包方的土地承包经营权，不得非法变更、解除承包合同；（二）尊重承包方的生产经营自主权，不得干涉承包方依法进行正常的生产经营活动；（三）依照承包合同约定为承包方提供生产、技术、信息等服务；（四）执行县、乡（镇）土地利用总体规划，组织本集体经济组织内的农业基础设施建设；（五）法律、行政法规规定的其他义务（第十四条）。

其次，就承包人的权利来说，包括以下几个方面：（一）依法享有承包地使用、收益和土地承包经营权流转的权利，有权自主组织生产经营和处置产品；（二）承包地被依法征用、占用的，有权依法获得相应的补偿；（三）法律、行政法规规定的其他权利（第十六条）。承包人的义务则有：（一）维持土地的农业用途，不得用于非农建设；（二）依法保护和合理利用土地，不得给土地造成永久性损害；（三）法律、行政法规规定的其他义务（第十七条）。

（3）承包期限与承包合同

《农村土地承包法》规定的土地承包期限是“耕地的承包期为三

十年。草地的承包期为三十年至五十年。林地的承包期为三十年至七十年;特殊林木的林地承包期,经国务院林业行政主管部门批准可以延长(第二十条)”。这里确定的土地承包经营权的期间是法律的强制性要求,承包合同的当事人不能够任意变更,它的目的是为了响应中共中央的政策号召,长期稳定土地承包经营关系。

此外,《农村土地承包法》还要求发包人与承包人签订书面承包合同,合同要包括如下的条款:(一)发包方、承包方的名称,发包方负责人和承包方代表的姓名、住所;(二)承包土地的名称、坐落、面积、质量等级;(三)承包期限和起止日期;(四)承包土地的用途;(五)发包方和承包方的权利和义务;(六)违约责任(第二十一条)。承包合同自成立之日起生效。承包方自承包合同生效时取得土地承包经营权。而且,县级以上地方人民政府应当向承包方颁发土地承包经营权证或者林权证等证书,并登记造册,确认土地承包经营权(第二十二条、第二十三条)。

从20世纪70年代末开始的中国农村土地承包制自实行至今已有近30年,土地承包制引发了全面的农村经济体制改革。人们已经清楚地认识到,以土地承包制为主线的农村经济改革,不仅为我国农业迅速摆脱长期停滞不前的困境提供了关键性的动力源,在很短的时间内一举实现了农业生产前所未有的高速度增长,有力地促进了农业生产力的巨大进步和发展,而且通过打破长期延续并严重束缚农业生产力发展的“一大二公”集体经济模式,建立了土地所有权与经营权相互分离的新的土地制度,使农民获得了自主地进行生产经营活动的基本权利,以确立农村家庭经营的主体地位的方式,重新构造了我国农村经济发展所依赖的具有巨大活力的微观基础。但与此同时,我们也不能无视土地承包制的问题,尤其是土地承包经营制仍然是以传统的农户家庭作为基本的经营单位,从而限制了我国农地规模化经营的发展。小规模土地经营模式对生产力发展的阻碍主要表现在以下几个方面:

首先,农村劳动力和农业机械不能得到充分利用。如在广东省,

人均耕地一般不超过 2 亩，部分地区不足 1 亩，即使很低的农业机械化水平，每年也只需 40～60 个工作日的劳动时间。这就必然造成劳动力闲置和劳动时间的浪费。由于地块零星分散，不便于农业机械作业，以至有的地方重新恢复了手工操作，而使农业机械闲置或移作他用。

其次，农户在农业生产内部的普遍兼营倾向，制约着对土地的投入及技术改造，粗放经营的现象时有出现。许多农户在小块土地上既种粮食，又种经济作物，同时兼营畜牧业。随着非农产业收入的增加，逐渐发展为兼营农业，兼业农户随着非农收入比重的不断增多，逐步失去发展农业商品生产的兴趣，在小块土地上从事自给性农业生产。兼业农户对土地产出率期望值很低，缺乏学习农业科学、钻研生产技术的热情，对采用良种、合理施肥、改良土壤、提高资源利用率漠不关心。兼业农户在比较利益和机会成本的诱导下，势必减少对土地的物质投入和劳动投入，进行粗放式的经营。这种情况在经济发达的南方地区和城市郊区最为明显。如南方有许多地方为解决耕地撂荒问题，请代耕户经营农田，而这些代耕农户，资金少，技术差，经营粗放，造成了肥沃土地资源的严重浪费。

再次，千家万户分散经营，难以连接大市场，阻碍了农村商品市场的发育。单家独户经营农业，在购买生产资料，采用新技术以及产品销售、加工等方面，都不同程度地遇到种种困难，有些事情想办也办不了或办不好。农民都说："我们想的是致富，少的是门路，缺的是资金，难的是技术，愁的是销路，盼的是服务。"以小生产为基本特征的兼业农户，不易对农产品市场的波动做出正确的预测，往往市场刺激信号一来，或者一起扩大生产，或者一起收缩生产。于是，就加剧了市场的交替震荡。这种小生产与大市场的矛盾，是市场供求关系难以实现动态平衡的根本原因。大量分散的小农户，进入市场的交易成本也将随着交易种类和交易半径的扩大而成倍增长，这本身又反过来限制了市场的进一步发展。

因此，我国农村土地承包经营制度要继续发展，就必然要克服小

规模经营的局限性。

(二)农地股份合作制的实践及其动因

在20世纪90年代以来,在农村生产经营的实践中,我国的农民已经不满足于家庭联产承包责任制的小规模农业生产方式,开始在土地承包制的基础上积极探索新的生产方式,农地股份合作制就顺应这一历史趋势而产生了。

我国农地股份合作制形式的制度创新在很多地区都有零星发生,但是,比较成功而又得以稳定持续发展的农地股份合作制实践则主要发生在珠江三角洲和长江三角洲地带的大城市郊区农村,这些地区工业化和城镇化程度高、二三产业极其发达、农业农村人口大量转移,正是这些因素成为农地股份合作制得以持续成功实施所不可缺少的外部条件。其中珠江三角洲地区以南海模式为代表,长江三角洲地区以上海模式和苏州模式为代表。

(1)南海模式。南海模式的农地股份合作制实践起始于1992年,是我国比较早的得以成功实施的农地股份合作制制度创新。南海市(现为南海区)属佛山市管辖,与广州市毗邻,距离广州市中心区不到30公里。目前,全市已经建立农村股份合作组织近1 870个,其中以村委会为单位组建集团公司191个,占村委会总数的80%,以村民小组为单位组建股份合作社1 678个,占村民小组总数的99.8%。①

南海农地股份合作制的基本做法是:①分区规划。即把全市肥沃的土地划定为农田保护区,并改分包经营为投包经营;把靠近城镇及公路的土地或山坡地划定为工业发展区;把靠近村庄的土地划定为商业住宅区。②土地及集体财产作价入股。将属于集体的各种固定资产和现存公共积累金扣除债务后按净值计算作价入股,将土地

① 国务院发展研究中心课题组:《南海土地股份合作制在探索中完善》,载《中国经济时报》2003年5月16日第4版。

和鱼塘按照其农业经营收益或国家土地征用价格作价入股。作价入股后，把全村或全社的土地集中起来，由管理区（原行政村）或经济社（原村民小组）实施统一规划、管理和经营。在股权设置上，以社区户口为准确定配股对象，大部分村社设置了基本股、承包权股和劳动贡献股等多种股份，有的村社设置了集体积累股（约占51%）和社员分配股（约占49%），有的村社则没有设置或后来取消了集体积累股。③股利分配和股权管理。有集体积累股与社员分配股之分的村社，按股权比例分红；只设社员分配股的村社，将扣除再生产基金、福利基金等后的剩余利润用于社员股利分红。股权在社区内可以流转、继承、赠与和抵押。

在股权的设置方面，南海采用了配股售股结合的方法。具体而言，在对全区股份合作经济社的现有固定资产、土地、自有资金等财产重新进行了一次清产核资的基础上，管理区吸取以往经验，承认差别，按照按劳分配原则设置股权。在股权配置上，改"3权10股"为"3权20股"，其中：基本股占3股，配置给1995年12月31日前户口在该区的农业人口；承包权股占3股，其中16周岁以上的配给3股，16周岁以下的配给2股；劳动贡献股占14股，分作两部分计算，一是以承包责任田的期数为依据，足股为5股，二是按年龄、劳动能力、贡献大小计算，足股9股，分18级，每级递增0.5股。把股权一次性配置给农民。总股数固定，以后不再做调整。对1995年12月31日后迁入该区的农业人员，包括新出生或结婚迁入的人口不再无偿分配股权，而采取现金扩股方式。具体办法是，新出生人口配售5股，嫁入人口配售6股。售股实行价格优惠，按当时股值的30%计算。1995年12月31日前中途迁入该区的非原住人口，可在规定时间内一次性用全额现金补股，逾期不补的今后也不再补股，换言之就是"农民股权生不增，死不减"。①

---

① 阎辉：《农民股权生不增死不减——广东南海试验区农村土地股份合作制的新探索》，载《改革与发展》1997年第7期。

南海的农地股份合作制实践，有力地推动了农业适度规模经营和农业结构调整，促进了农村二、三产业的发展和农业劳动力的转移，使农民获得了稳定的集体土地资产收益，从而得到了当地大多数农民的认可。在实行农地股份合作制以后，南海的每亩土地产出率从1982年的385元提高到1993年的2 387元。① 1994年到2000年间，多数地区农民的股份收益占到农民年人均纯收入的1/4～1/3，有的高达1/2。②

(2)上海模式。根据上海市农村土地流转研究课题组提供的资料，在上海市农村土地流转中，一些地区正在运行或试运行或即将运行一种农村集体土地流转模式，这种模式的基本运作过程是，农民以土地使用权（即承包地的土地承包经营权）入股给集体（村小组或村集体），然后由集体再入股到乡（镇）或更高级的特定组织，由这个特定组织运作入股土地并以固定的报酬返还给集体，集体再将所得的收益分配给入股的农民。这种模式被课题组称为上海市农村集体农地股份合作制模式。③

根据课题组的介绍，上海模式的农地股份合作制实践的具体做法是：集体内部的农民将承包土地入股给其所属的村（组）集体，村（组）集体将农民入股的土地连同未发包到户的机动地“打包”后，以集体的名义再入股到特定的经济组织；特定的经济组织将各集体入股的土地集中起来，打破原有的界限，进行统一规划整理后，以出让、出租等形式将土地推向市场，形成一级农村地产市场；土地经过一级地产市场到使用者手中后，在合同规定的期限内，使用者可以再依照法律和合同规定有偿流转。农民的股份可以继承、抵押、买卖，不过在同等条件下本集体经济组织成员享有优先权。特定的经济组织包

① 王琢：《改革创新农村土地产权制度》，载《农业现代化研究》1994年第4期。

② 朱守银：《南海市农村股份合作制改革试验研究》，载《中国农村经济》2002年第6期。

③ 上海农村土地流转研究课题组：《上海市农村集体土地股份合作制模式的研究》，载《上海综合经济》2001年第7期。

括土地信托投资公司、土地信用合作社等，其担当的主要功能是：与村（组）集体签订合同，接受委托组织开展土地整理，提高土地价值；向市场供给土地，收取土地使用费；筹集、管理和投资股份土地基金，使其保值增值；支付集体和农民的所得。上海模式的农地股份合作制实践也取得了一定的成功。这种制度安排保证了在统一规划的引导下，促使农村居民住宅建设向规划住宅小区集中、工商业向非农产业区集中；保证了将土地收益投资于城镇基础设施建设，解决了城镇建设资金不足的问题；同时，也为农民从事非农产业、增加收入创造了条件。

（3）苏南模式。根据中南财经政法大学"农村土地法律制度研究"课题组的调查报告，江苏的苏州和常州地区也出现了农地股份合作制的实践。① 苏州市吴中区胥口镇为了改变以往对农民征地采用一次性买断的做法，让农民获得长期、稳定的土地收益，采取了农地股份合作制，并成立了"土地股份合作社"。其具体的制度安排如下：对本镇农村建设用地范围内农民承包的土地，将土地承包经营权量化为股份，以每亩一股最少不低于 10 000 元的价格折价入股，每年依据内部章程进行红利分配。土地股份合作社类似于公司法人，农民折价入股的土地使用权，由土地合作社委托镇土地流转中心开发经营，双方签订委托开发协议书，开发经营后的土地由受托方按协议每年支付给土地合作社一定的收益。合作社实行保底分红和效益浮动红利分配两种分配方法，初期个人保底分红每年不低于 500 元一股。个人股权可以继承、赠与，经镇有关部门批准可以转让，但不得退股提取现金。镇里首期注入的资金 3 年内不参与分红，而且除不可抗力外，如出现经营失利，由镇里补贴分红。

常熟市新港镇与苏州市胥口镇不同，成立以村为单位的土地股份合作社（胥口镇以镇为单位），将农民入股的土地统一规模化经

---

① 陈小君等：《农村土地法律制度研究》，中国政法大学出版社 2004 年版，第 93 页。

营，而且入股的土地不限于建设用地，也包括农用地。以土地承包经营权入股的村民和以资金、技术、市场信息入股者都是土地合作社的成员。入股农户以户为单位，每亩承包地折算一股，股权在30年的承包期内可以继承、赠与，经本合作社和村委会的同意可以转让，社员入股自愿、退股自由，但推出土地必须统一规划，服从统一调度。股份合作社的组织形式和公司法人也很类似，合作社的主要收入来源于土地经营权及租赁收入，合作社3年内实行保底分配办法，按每股每年360元分配收益。据常熟市统计，2002年全市共有108户农民加入土地股份合作社，社区农户仅从合作社的务工中即可获得平均1 000元的收入，合作社全年实现销售收入45万元，每亩均在2 000元左右。①

我国农村目前出现农地股份合作制的原因是多方面的，其中首要的原因就是家庭联产承包责任制的经营方式落后，由于土地承包生产的细碎化，达不到农地规模化经营的效果，从而不能适应现代化的农业发展环境下的大市场。而农地股份合作制在承认和保护农民土地承包经营权的前提下，使土地这种农村最基本的也是最有价值的生产要素流通起来，交给有能力、有条件进行土地开发经营的经济组织或者个人手中，②从而达到土地价值化的效果。通过股份合作制将农户的小生产、农产品加工和销售诸环节联结成为产加销一体化的产业链条，把家庭经营聚合成大群体，又不打破家庭承包经营制，而且农户入股的股权可以继承、转让和赠与，实质上承认了农户对土地的承包权和使用权。这样的制度安排不仅从根本上稳定了家庭承包责任制，而且弥补了农户小生产的缺陷，使农户经营产生新的生机和活力。从南海、上海以及苏南地区的农地股份合作制实践来看，它们的一个共同点是在确保农户获得土地收益的同时，将土地生

---

① 陈小君等：《农村土地法律制度研究》，中国政法大学出版社2004年版，第291页。

② 阎寿根：《农业股份合作制和农村改革的第二个飞跃》，载《中国农村经济》1994年第2期。

产经营进行集约化、规模化和商品化，从而使原先的家庭小生产向大农业、大市场发展。

农地股份合作制另一个促动因素是随着我国城市化的发展，土地不断增值，原先农地转城市用地的制度，并不能合理地优待农民，甚至部分地区还损害了农民的利益。而农地股份合作制在客观上维护了农民的利益。在农地股份合作制发展较快的地区，建设用地极为稀缺，一般具有很高的市场价格，与之相邻的农用地相应地具有很高的潜在增值收益，而这种潜在增值收益只有在土地用途由农用地转为建设用地后才能实现。对于农地转用，长期以来，我国实行农地转用的集中审批管理制度和统一征用制度。按照最早颁布的《土地管理法》，除乡镇企业用地、农村公共公益事业用地、农民住房用地，其他新增建设用地需要占用集体农用地的，必须经国家统一征用将集体土地转变为国有土地后由县政府统一供应；如果集体经济组织兴办乡镇企业或者以集体土地与城市企业联营、入股的，可继续保留集体用地性质，无需由国家征用。

1998 年修改后的《土地管理法》明确确立土地用途管制制度后进一步强化了这种农地征用制度，规定“任何单位和个人进行建设，需要使用土地的，必须依法申请使用国有土地；但是，兴办乡镇企业和村民住宅经依法批准使用集体经济组织农民集体所有的土地的，或者乡（镇）村公共设施和公益事业建设经依法批准使用集体所有的土地除外”（第四十三条）。同时规定：“农村集体经济组织使用乡（镇）土地利用总体规划确定的建设用地兴办企业或者与其他单位、个人以土地使用权入股、联营等形式共同举办企业的，应当持有关批准文件，向县级以上人民政府土地行政主管部门申请，按照省、自治区、直辖市规定的批准权限，由县级以上人民政府批准”（第五十三条）。国家征用意味着被征地者只能得到征地补偿费用，农用地转为建设用地的土地增值收益则要由县级以上政府以租税费的形式抽走。因此，在既定的法律制度和管理体制下，集体经济组织要想实际取得潜在的土地增值收益，就必须通过制度创新，而现行法律制度为

集体经济组织这样做也提供了一定的依据，即集体经济组织可以通过兴办乡镇企业或者以土地联营、入股的方式直接向地产市场供应集体建设用地。也就是说，农地股份合作制形式的制度创新之所以成为必要，是因为只有通过制度创新，才能实际取得潜在的土地增值收益。从上述的农地股份合作制的实践来看，无论是南海模式还是上海、苏南的农地股份合作制，它们的共同特点是，通过制度创新实践，由村集体直接向地产市场供应建设用地，从而避免了由城市政府抽去土地增值收益，实现了由农村社区实际取得和分享土地增值收益的目的。①

（三）农地股份合作制的内涵与功能

学术界认为，从一般意义上来说，股份合作制是把股份制引入合作制，实行劳动、资金及其他要素的联合，容纳多种所有制；聚集和融通各种生产要素，扩大生产经营规模，发展社会生产力的一种经济组织形式。股份合作制是对股份制的改造，对合作制和集体所有制的发展。② 它既不同于泛指的股份制，也不同于一般的合作制。因此，不要把股份合作制混同于一般的股份制，也不要把它说成是纯粹的合作制，它们之间毕竟有着诸多区别。

从产权结构上看，合作制是社员个人占有，股份制是按股份多少差别占有，股份合作制是社员占有与股东占有的结合，形成一种特殊的产权制度。从要素联合来看，股份制是资金的联合，在股份制企业中是资本支配劳动，合作制是劳动（或业务）的联合，在合作制企业中资本为劳动服务，股份合作制则是劳动与资金的互利联合，叫做劳资两合。

---

① 王小映：《土地股份合作制的经济学分析》，载《中国农村观察》2003 年第 6 期。

② 牛若峰：《农民集体所有土地股份合作制的前提和根据》，载《调研世界》2002 年第 7 期。另参见王可侠：《合作制与股份合作制有关理论问题辨析》，载《中国农村经济》1994 年第 12 期。

从劳动者与生产资料的结合方式上看，合作制是直接结合，股份制是间接结合，股份合作制既有结合又有分离。在合作制企业中，所有者、经营者和生产者基本上是统一的，在股份制企业中“三者”是完全分离的，在股份合作制企业中，“三者”既不是完全统一的，也不是完全分离的。

从股权和决策制度上看，股份制只能入股不能退股，合作制是进退自由，股份合作制是死股活股并存。在成员权利上，合作制实行一人一票制，股份制实行一股一票制，股份合作制实行劳股结合制。从利益分配上看，股份制是按资分配，按股份分配资本报酬，合作制是按劳分配，按社员与合作社交易量比例分配红利，股金分红受到限制，股份合作制实行按劳分酬为主，同时又实行有限制的按资分红。

总的来看，股份合作制是股份制与合作制两者的结合体，因而具有互补优势：一是可以容纳多种所有制；二是可以融合各种生产要素，其中包括土地；三是可以实现有限的合作和无限的合作联合；四是在分配上可以兼顾参与各方的利益；五是可以分散风险，稳定经营。所以股份合作制对内能产生很强的凝聚力，对外可产生极大的吸引力，适用领域很广，包括农民集体所有土地资源共同开发利用，特别适用于农业产业化经营，能给“农工商一体化、产供销一条龙”经营注入不衰的活力。

在理解了股份合作制的前提下，我们来看看农地股份合作制的内涵。我国有学者指出：“农民集体所有农地股份合作制”，顾名思义，是以特定的土地为股份创办股份合作制企业，或以此种土地作为有价值的要素，实行股份合作制生产经营。①虽然这种定义表达了农地股份合作制的经济内涵，但是却没有分析该制度的法律含义，我们根据农村土地所有权与经营权分离的原则，可以认为“农地股份合作制”是以农村土地集体所有为基础，将农户的农地经营权换算成

① 牛若峰：《农民集体所有土地股份合作制的前提和根据》，载《调研世界》2002 年第 7 期。

股权,加入股份合作经济组织,从而变农户直接在承包土地上的经营模式为合作经济组织将集体土地进行统一的规模化经营模式。由此可见,在农地股份合作制下,农村土地上的法律权利被分解为所有权、经营权和价值权(即股权),即集体经济组织享有所有权,而农户享有价值权,具体经营土地的农业合作社或者其他经济组织享有土地经营权。① 当然,集体经济组织和经营土地的经济组织都要从土地的生产经营中获得一定的收益,实现"多赢"的效果。总之,农地股份合作制是一种全新的农村土地产权制度设计,它进一步实现了土地所有权与使用权分离,达到了农地流转和市场化的目的。

农地股份合作制虽然还处于试点阶段,推广面不大,但在多种农地流转形式和规模经营形式中,它已初步显示了生命力。通过股份合作制实现土地规模经营之所以具有生命力,是因为它适应了社会主义市场经济发展的要求,符合我国农村土地基本制度。这种农地规模经营形式的生命力就蕴涵在它的具体功能中。

第一,通过股份合作制实现农地规模经营,建立在农地市场流转机制的基础上。农村实行家庭联产承包责任制以来,农地规模经营的推广,主要有两种农地流转机制,即行政机制和市场机制。20 世纪 80 年代以来,农地流转主要通过行政机制进行。行政调整机制具有两个特点:一是强制调整,动作简单,一般是集体组织强行收回农民的承包地,而不考虑农民是否在非农产业中就业。二是调整时不清算和补偿原承包户对农地的投资。这种通过行政调整的机制,在一定程度上实现了农地资源的合理配置,提高了利用效率。但是,这种调整方式也产生了消极后果。首先,行政调整机制的特点是"一刀切",往往切了一些不该切的人和地,解决了一部分农户的人地矛盾,却损害了另一部分农户的利益,干群关系紧张。其次,由于农地的复杂性和投资的多样化,只有农户自身才清楚投资了多少和土地

---

① 蒋励:《股份合作制:农村土地制度改革的最优选择》,载《农村经济问题》1994 年第 12 期。

质量的变化情况，社区集体组织难以测定农地质量优劣的变化。因此，行政调整一般无法对投资者进行合理补偿，这就影响了农户对土地投资的积极性，强化了重用轻养的短期行为。

通过股份合作制实现农地规模经营，是一种通过市场机制调整土地的制度，可以在一定程度上克服行政调整机制的不足。首先，除社区型股份合作制外，它完全建立在农户自愿的基础上，可以反映一个地区不同农户的不同意愿，农户可以入股，也可以不入股。个别不愿入股而又有连片需要的，可以通过个别协商加以妥善解决。其次，通过农地股份合作制，可以反映出农地质量的差异，农地质量高的折股多，农地质量低的折股少，有利于鼓励农户对土地的长期投资。

第二，农地股份合作制是农地市场流转机制中较好的一种形式。自从国家在政策上允许有偿转包土地以来，农地的市场流转开始得到发展。农地市场流转首先是从农户之间的土地转包开始的，至今仍然是农地市场的主要形式。最初是那些承包土地以后又缺少劳动力的农户找人代耕，随后是那些家庭劳动力转移到非农产业的农户和因家庭人口变动而缺乏劳动力的农户委托代耕，其最初主要在亲友之间进行，然后是同村其他农户及村外农户。随着代耕面积和范围的扩大，代耕形式很快就发展为土地有偿转包，成为农村土地市场的一个主要形式。农地的转包转让促进了土地规模经营的逐步发展，对有效地利用农地起了积极的作用。但是，在现阶段，农地转包转让具有很大的局限性。首先，时间比较短，多为“一年一议”，比较长的也仅3～5年。这种转包转让方式不利于提高农民对农地保养、投资的积极性。其次，农地转包转让多在亲朋好友和邻近的农户之间进行。这就限制了农村土地市场流转的规模，使农村土地不能在更大范围内实现有效配置。再次，农地转包转让的内容简单，很不规范。一般采取“口头协议”方式，转包方负担各种税费和定购粮，受包方收获量的一定比例偿付给转包方，或向转包方支付一定的现金。对农地的质量、保养等没有具体要求。交易内容简单化，交易各方的权责不明确，容易引起纠纷。

通过股份合作制实现农地规模经营的改革,则可以克服转让转包这种农地市场流转机制的局限性。一是使农地流转长期化和农地规模经营的长期化,承包地折成股份后,一般不能单方面任意退股,入股的最长时间到承包期为止,即30年。二是规范了农地股份合作制和农地规模经营的内容,农地承包户一般要与股份合作企业签订入股合同,共同制定章程,由章程和合同规定各方的权利和义务,企业和原土地承包户都要受章程和合同约束。三是农地规模经营的范围突破了亲朋邻里、一个村的狭小范围,在更大的范围内进行。

第三,通过股份合作制实现农地规模经营,不是对家庭联产承包责任制的否定,而是以其为基础,保留了家庭经营的内核。首先,通过股份合作制实现土地规模经营的改革,是"两权分离"的新发展,农户保留了原有土地承包权,以股份形式表现出来,并据此参与分红,而把土地经营权交给股份合作企业,从而扩大了土地经营的规模。其次,通过股份合作制实现土地规模经营的改革,保留了家庭经营的内核,集中起来的土地仍然采取家庭经营方式,顺应了世界农业经营形式的发展趋势。最后,通过股份合作制实现土地规模经营的改革,没有否定家庭联产承包制的分配方式。土地经营的收入扣除成本、上缴合同规定的或根据竞包确定的费用和国家税金后,剩下的便是纯收入,因此对土地经营者来说仍保留了"交足国家的,上缴集体的,剩下的都是自己的"的分配方式。

第四,通过股份合作制实现农地规模经营,仍然坚持了地权均等的原则。作为集体经济组织的一个成员,每个农民都平均拥有一份土地使用权,任何否定这种权利的做法,都是对农民的一次剥夺。通过股份合作制实现农地规模经营,把原承包户的承包权股份化,使他对土地的承包由原来的实物形态转化为价值形态。他的土地承包权继续保留下来,其权利大小与他原先承包的土地数量一致,完全符合均等原则。农地使用权则从承包权中分离出来,交给股份合作企业支配,实现有效的流转,有利于农地的集中,进而促进规模

经营的发展。①

（四）农地股份合作制是土地承包经营制的新发展

农地股份合作制无疑是一种新型的土地制度，它是在我国农地生产从小农经济向市场经济迈进的过程中产生的。我国20世纪70年代末开始的家庭联产承包责任制实现了农地的所有权与经营权的分离，按照制度经济学的解释，通过这一制度创新，我国农业生产力获得了极大的解放。然而土地承包制仅仅是第一步，如何在确保农户的土地承包经营权的基础上实现有效率的农业生产方式，是我国农村经济进一步发展的关键，而农地股份合作制就是一个很好的探索，虽然它产生的时间不长，还有诸多有待完善之处，但是它的确推进了土地承包制的发展。

另一方面，土地股份合作制的前提和基础是家庭土地承包制，它不能变更家庭土地承包制的政策和原则。2001年中共中央在《关于做好农户承包地使用权流转工作的通知》中要求："农户承包地使用权流转要在长期稳定家庭承包经营制度的前提下进行"，该通知指出："以家庭承包经营为基础、统分结合的双层经营体制，是我国农村的基本经营制度。家庭承包经营不仅适应传统农业，也适应现代农业，必须长期坚持。要认真落实中央关于土地承包再延长30年不变的政策，确保家庭承包经营制度长期稳定，这是土地使用权流转的基本前提。"股份合作制是农地使用权的流转形式，所以它必须遵照中央的这一要求。

首先，农地股份合作制是在土地承包制的"两权分离"的基础上实施的，并进一步扩展到所有权、经营权和价值权的"三权分离"。家庭联产承包责任制实行包产到户，变过去集体所有集体经营的土地制度为集体所有农户经营的制度，在所有权和经营权分离后，极大

① 吴进明：《农地股份合作制及其规模经营的探讨》，载《经济问题探索》2003年第12期。

地调动了农户的生产积极性，创造了20世纪80年代我国农业经济发展的奇迹。但是，随着经济的发展，土地承包制的家庭经营模式日益受到市场经济的威胁，分散的小农经营模式在残酷的市场竞争中迟早要败下阵来。以规模化生产为特征的农地股份合作制进一步把土地的经营权与价值权分离，农户把农地经营权交给股份合作经济组织（通常是股份合作企业），而仅保留农地的收益权，并以股份的形式表现出来。可以参与监督股份合作企业的决策、可以参加分红。① 因此，农地股份合作制本质上是把农户的土地承包经营权分解为经营权和收益权，由股份合作企业具体经营农地，而农户照样可以获得土地上的收益。《农村土地承包法》规定土地承包人有将土地承包经营权流转的权利，而该法在规定土地承包经营权流转的方法时明确："承包方之间为发展农业经济，可以自愿联合将土地承包经营权入股，从事农业合作生产"（第四十六条）。而且无论怎样的股份合作经营模式，土地的股权必须在法律和承包合同确定的承包经营权的期间之内，②可见，农地的股权的基础还是土地承包经营权。

其次，农地股份合作制没有从根本上改变土地承包制的分配方式，而是进一步把它与股权分红结合起来。在农地股份合作制中，土地的实际经营者按照合同的规定或者根据竞包确定的费用上交给农地股份合作组织，形成该合作组织的收入，然后将收入在集体股与个人股之间分配，或先扣除集体提留后在个人股之间分配。可见，股份合作制与家庭联产承包制的"交足国家的、上缴集体的，剩下的都是自己的"分配模式在根本上是一致的。但是股份合作制克服了在土地承包制下产权不清，集体与农户之间对剩余索取的模糊问题，因为

---

① 林善浪：《股份合作制：农村土地制度的创新》，载《当代经济研究》1998年第4期。

② 《中共中央关于做好农户承包地使用权流转工作的通知》（2001）指出：土地承包经营权的"流转期限不得超过农户承包土地的剩余承包期"。《农村土地承包法》第33条重复这一政策："流转的期限不得超过承包期的剩余期限。"

农地股份合作制下的股权收益是由合同或合作社章程明确规定的。

再次，农地股份合作制并不违反土地承包制的地权均等原则。它把实物形态的土地经营转换为价值形态的土地经营，同时把土地承包经营权转变成价值权（股权），但是并不改变原先农户从土地中获得的收益。在我国很多地区，农村大量的劳动力在非农产业中就业，造成大量的土地撂荒和粗放经营。但是很多农民，即使是长期在外打工的农民，还是把土地看做是基本的生活保障和最后的归依，从而农民与土地之间的联系是不能根本斩断的。[①] 通过土地股份合作制，把土地承包经营权换算成股权，这样既保留了农民对土地的收益权，又使土地使用权得以合理流转和经营，而且股权的计算是建立在原先土地承包权的基础上，它的大小与原先的土地承包经营权的数量是一致的。

最后，农地股份合作制没有从根本上改变集体土地的所有权。本质上说，它是在农户对集体土地的使用权之上再设立的一个土地使用权，但是无论土地使用权如何变化，也无论使用权流转到哪一个经营者手中，集体土地的所有权始终都是农村集体经济组织，这是符合我国社会主义公有制的根本制度的。

（五）农地股份合作制的立法完善

农地股份合作制是一种新兴的农村土地制度，它具有广阔的发展空间，但是目前它毕竟只是个别农村地区的实践，还没有推广开来，也没有形成正式的完整的法律制度。对这一新事物在法律上的性质及如何规范是一个亟待解决的问题。

从现有的法律和政策上来说，土地股份合作制在原则上是获得承认的，这可以从我国正式的法律和党的有关政策中得出这一结论。

从我国的政策方面来说，对农地股份合作制是给予扶植、培养的。1995 年，农业部发布《关于稳定和完善土地承包关系的意见》，

① 贺雪峰：《新乡土中国》，广西师范大学出版社 2003 年版，第 105 页。

其中指出："农村集体土地承包经营权的流转，是家庭联产承包责任制的延续和发展，应纳入农业承包合同管理的范围。在坚持土地集体所有和不改变土地农业用途的前提下，经发包方同意，允许承包方在承包期内，对承包标的依法转包、转让、互换、入股，其合法权益受法律保护，但严禁擅自将耕地转为非耕地。……在二、三产业比较发达、大部分劳动力转向非农产业并有稳定收入、农业社会化服务体系比较健全的地方，在充分尊重农民意愿的基础上，可以采取多种形式，适时加以引导，发展农业适度规模经营。"这个文件已经承认"入股"是土地承包经营权的一种流转方式，而且股份合作制就是一种农地的"规模经营"方式，根据农业部的要求，对这种制度应该"加以引导"、"适度发展"。

1998年，中共中央在《关于农业和农村工作若干重大问题的决定》中指出："在家庭承包经营基础上，积极探索实现农业现代化的具体途径，是农村改革和发展的重大课题。农村出现的产业化经营，不受部门、地区和所有制的限制，把农产品的生产、加工、销售等环节连成一体，形成有机结合、相互促进的组织形式和经营机制。这样做，不动摇家庭经营的基础，不侵犯农民的财产权益，能够有效解决千家万户的农民进入市场、运用现代科技和扩大经营规模等问题，提高农业经济效益和市场化程度，是我国农业逐步走向现代化的现实途径之一。……农民采用多种多样的股份合作制形式兴办经济实体，是改革中的新事物，要积极扶持，正确引导，逐步完善。"该决定提出积极探索实现农业现代化的途径，并且把股份合作制作为一种新兴的发展农业生产的模式。而农地股份合作制恰是实践中出现的最重要也是规模最大的一种股份合作制，因此对其应"积极扶持，正确引导，逐步完善"。

对农地股份合作制的立法首先开始于我国某些省份的地方立法。1995年甘肃省颁布的《甘肃省农业承包合同管理条例》第二十四条规定："承包方可将承包的土地经营权入股参加农业股份制或股份合作制企业，但不得将耕地转为非耕地。"1999年《河北省农村

土地承包管理条例》第二十五条规定："在土地承包期内，承包方可以将承包土地的使用权依法转让、转包、出租、互换或者入股。……入股是指承包方将承包土地的使用权折股加入股份制或者股份合作制农业企业经营。"2000年《青海省农村土地承包条例》第三十一条规定："承包期内在不改变土地所有权和合同约定的土地用途的前提下，本着自愿有偿、平等协商的原则，经发包方同意，承包方对其承包土地的经营权可以转让、转包、出租、互换或者入股。……入股，是指承包方将承包土地的经营权折股，加入股份制或者股份合作制农业企业经营，以入股土地经营权作为分红依据，原承包合同继续有效。"

在我国农地股份合作制的实践和有关制度规定的基础上，2002年的《农村土地承包法》第四十二条确立了"承包方之间为发展农业经济，可以自愿联合将土地承包经营权入股，从事农业合作生产"。进而2002年12月修订后的《农业法》第十二条规定："农民和农业生产经营组织可以自愿按照民主管理、按劳分配和按股分红相结合的原则，以资金、技术、实物等入股，依法兴办各类企业。"

总结现有的关于农地股份合作制的法律和政策，可以看出制度层面上的农地股份合作制具有如下几个特点：(1)我国的法律和政策把实行家庭土地承包制作为发展农地股份合作制的前提，它同时要实现保护农户的土地承包经营权和发展土地规模化经营双重目的。(2)土地股份合作制是土地承包经营权的流转形式，它与转让、转包、出租、互换等农地经营方式是并列的，在有的法律文件中称为"入股"，土地承包经营权是股权的基础。(3)农地股份合作制的具体形式是股份合作制的企业，它要结合股份制与合作制的"自愿"、"民主管理"、"按劳分配"、"按股分红"等决策、生产和分配的原则。

但是，这些法律和政策对农地股份合作制的规范太原则，缺乏可操作性，因此，农地股份合作制的法律有待完善的地方实在太多。宏观地说，我国在对农地股份合作制立法时应该考虑如下几个方面：(1)首先要确立农地股份合作制不得改变农村集体土地所有权关

系、不得改变农村集体土地的农业用途,①以及入股自愿、退股自由等股份合作的法律原则。(2)土地承包经营权折算股权和分配的方法,包括社区土地的统一测量、评估,根据土地的数量还是根据人口数量折股计算,按照户籍分配股权,对迁入和迁出社区的农户如何分配,等等,特别要注意土地承包经营权转换成股权的衔接以及严格限制土地的农转非问题。(3)农民土地股权的具体权能,包括股权的转让、继承、赠与、担保等流转方式,以及作为股东的社员权利和法律责任。(4)股权分红方法,包括股权收益的计算,保底分红或者效益浮动分红,以及股权的调整等问题。(5)设立农地股份合作制企业的组织形式,确立其法人资格,规定其设立的条件和程序,及其决策和管理制度。

---

① 牛若峰:《农民集体所有土地股份合作制的前提和根据》,载《调研世界》2002年第7期。

专题五:农村经济组织法律支持体系研究

随着社会主义市场经济的深入发展、农业产业化概念的提出和施行,政府和理论界对农村经济组织的重要性和有效性取得了一致认识,但学术界对农村经济组织的研究却严重滞后于日益发展的社会现实。目前仅有的一些研究集中在对农村经济组织的经济学分析上,研究主题局限于农村经济组织的历史考察、类型分析以及存在的一些问题,很少深入到农村经济组织内部。从法学意义上阐述农村经济组织的文章则更少,对于如何促进农村经济组织的发展即如何构建农村经济组织法律支持体系的研究更是凤毛麟角。这一主题既是法学界亟待开发的领域,又是实务中迫切需要解决的问题。

一、农村经济组织法律支持体系的理论界定

任何理论研究的起点,都必须建立在厘清基本概念的基础上,否则一切无论多么庞大恢弘的理论体系,都将因基本构成单元的缺失而岌岌可危。尽管黑格尔认为"概念在其展开的过程就表现为理论,而对名词不断加细的定义过程就是概念的展开过程",①但由于学术界对农村经济组织尚未形成统一或者主流的观点,而当下的几种零散的看法又大都来源于有限的感性材料。材料的有限性决定了概念非完整性的弊病,为了避免逻辑上的混乱和理论分析的空洞,仍

① 转引自罗必良:《经济组织的制度逻辑——一个理论分析框架及其对中国农民经济组织的应用》,山西经济出版社 1996 年版,第 20 页。黑格尔曾在他的《逻辑学》引论中表述过这一思想。

有必要做出一些努力对几个基本概念加以界定。

(一)农村经济组织的理论分析

农村经济组织是本专题展开分析的基础性概念、论述的核心和归宿。我们秉承这样一个逻辑出发点:在农村不完全市场经济和“经济社会发展全面进入加速转型期”①以及我国农村由“总体小康”向“全面小康”迈进目标确立的宏观背景下,农村经济组织的崛起成为必然。由于目前我国农村经济组织的产生是政府主导下的内生型需求诱致性制度创新,②对农村经济组织的政府支持及其法治化就发挥了至关重要的作用,也即赋予了这一命题内在需求基础和外在环境基础相结合的合理性根据。

1. 迷失与发现:农村经济组织的概念探析

(1)语义分析:农村经济组织的文本内涵

从法理学角度看,农村经济组织并不是一个法律概念,③当前学术界的有限研究基本上都将其作为经济学概念予以使用,处于尚未法律概念化的边缘状态。但经济学和相关学科的研究并不深入,反而呈现出混乱无序、各自为阵的特征,当然这也是“三农”问题的复杂性、指称对象概念的多维性以及研究忽略所致。

从语义分析的角度看,农村经济组织这一概念可以分解为三个部分:农村的、经济的以及组织。以语言成分的地位为坐标,则“组织”是核心词,“农村的”和“经济的”是限定词;从句子成分的语法理论看,组织是宾语,表达事物的性质和状态,“农村的”和“经济的”是定语,起修

---

① 杨宜勇:《加速转型期的特点和若干发展问题》,载《开放导报》2004 年第 2 期。加速转型期重点是指经济结构和社会结构呈现加速度的整体性跃进过程。

② 王景新:《乡村新型合作经济组织崛起》,中国经济出版社 2005 年版,第 68 页。该著作中,作者判断的主体是乡村新型合作经济组织。我们认为这一结论同样适用于以乡村新型合作经济组织为核心主体的农村经济组织。

③ 张昌明:《论法律概念的特征》,载《黔南民族师范学院学报》2004 年第 4 期。农村经济组织并不具有法律概念所应具有的要素标准。

饰宾语“组织”的作用。“组织”是质的规定性,“农村的”和“经济的”则是对质的规定性的描述和限制,使之区别于同质事物,彰显其独立性和存在价值。但词语的含义是和一个社会政治、经济、文化等一定的社会情景(语境)密切相关,语义分析不能就词论词。“在多个类型的社会情景之间或社会关系之间,有许多重大的差别并不是直接呈现出来的,通过考察相应词语的标准用法,考察这些词语如何取决于具体的社会联系,就可以清晰地把握这重大的差别。然而这种考察经常受到忽视”,①遵循这一思维方式和“对词的深化认识加深我们对现象的理解”②的基本判断,我们对这三个词进行词源意义探索。

①组织的语义分析。组织是人类社会中整合度和秩序度较高的一类群体,而正是这个普通的词语在制度经济学家那里被赋予新的生命力而成为一个重要的研究主题,但是也容易引起人们对组织与相关概念的误解。

首先,注意厘清组织与制度的关系,二者既相区别又相联系。“和制度一样,组织也提供了一个人们发生相互关系的结构”,③但“制度是社会游戏的规则,是人们创造的、用以限制人们相互交流行为的框架。如果说制度是社会游戏的规则,组织就是社会玩游戏的角色。组织是为一定目标所组成,用以解决一定问题的人群”。④但是由于二者在一定程度上的耦合,使得组织具有双重含义:一是“一个组织是共同地、定期地从事旨在达到某种目的而活动的个体组织的任何一种具有明显特征的集团,但它却具有自身的象征、信仰、价值观念、行为准则和规范”⑤时,组织是一类制度安排;一类强调组

---

① Herbert Hart, *The Concept of Law*, Oxford University of Press, 1961, p. 1.

② 张昌明:《论法律概念的特征》,载《黔南民族师范学院学报》2004 年第 4 期。

③ 诺思:《制度变迁理论纲要——在北京大学中国经济研究中心成立大会上的讲演》,见《经济学与中国经济改革》,上海人民出版社 1996 年版,第 2 页。

④ Herbert Hart, *The Concept of Law*, Oxford University of Press, 1961, p. 1.

⑤ 罗必良:《经济组织的制度逻辑——一个理论分析框架及其对中国农民经济组织的应用》,山西经济出版社 1996 年版,第 27 页。

织的角色、行为特点时，就是诺思所说的组织，具有“集团”或“组织集团”的意蕴。

其次，注意厘清组织与组织形式的关系，这对区分农村经济组织的类型具有重要意义。组织形式是指“组织对环境的其他部门（包括管理部门和其他普通行动者）公开宣传的、成文的关于组织的名称、宗旨、性质、正式结构、运行方式和运行规则、规范秩序的规定”①。组织形式往往具有“形式专用性”，即某一形态的组织可用于不同用途和由不同使用者利用的程度。由此可见，组织形式包含了组织，而组织表现为特定的组织形式（或较高层次的组织形式）。将二者作出区别的意义在于有利于明确农村经济组织的层次性以及法律支持体系的侧重点。一般而言，组织是组织形式的较高层级，是较成熟、较完善、组织化程度较高的组织形式，组织本身也具有不同形式的组织形式。规范意义上的组织形式通常发展为组织以及组织层次中的较高层次（如公司等）。在本专题的分析中，我们对此不加细致的区别，将组织保持开放的姿态，把一些尚未具备组织意义的组织形式视为“准组织”（如农业产业化经营的一些组织形式），但在法律支持体系安排上则有所侧重。

国外学者对组织的定义以伯纳德的较为著名，他把组织规定为两个以上的人群为实现一定的目标而结成合作关系的功能性团体。我国学者关于组织的定义通常是综合国外各种定义后做出了更为全面的界定。如“社会组织是一定社会集团或群体的成员，为实现共同的目标而通过特定的社会关系与整合方式所构成的有序程度高于普通群体的社会共同体，是组成这种共同体的人们所采取的社会活动方式。对社会来说，乃是一种与社会制度密切联系的社会机制”。②根据社会学关于组织的基本原理，组织一般具备以下要素：①一定

---

① 田凯：《组织外形化：非协调约束下的组织运作——一个研究中国慈善组织与政府关系的理论框架》，载《社会学研究》2004 第 4 期。

② 袁亚愚等：《社会学：历史、理论、方法》，四川大学出版社 1992 年版，第 151 页。

的组织原则、宗旨、目标和章程；②最低数量的固定成员（如两人以上）；③领导和管理机构；④内部交流渠道；⑤一定的物质条件。① 根据上文的分析，参照相关的组织实践活动，我们认为组织是按照一定的章程由发起人组织成立的并由承认章程的参加者参加的为了共同的目标聚合起来并相互协作的人们的活动系统。

②经济组织的语义分析。从最普遍的意义看，经济组织包含着动态与静态两层含义。从动态考察，经济组织就是经济行为主体组合其行动的过程，根据康芒斯的观点，这是经济主体实现交易的一系列步骤的组合，也就是市场、企业等制度与组织形式发挥作用的制度运行过程。在经济组织过程中，交易得以实现，并形成经济秩序。从静态意义上考察，广义的经济组织表现为动态的组织过程中经济主体彼此发生的协约关系所依傍的制度规则或稳定后所形成的经济实体。第一，经济组织具有制度意义上的实现经济秩序的含义。第二，经济组织表现为一定的实体，即角色意义上的“行动集团”。第三，经济组织产生的主要缘由在于降低交易成本，减少交易费用，并依规则或契约而形成。第四，具有动态意义上的制度或秩序的意义以及静态意义上的经济实体的意义两个层次，基本功能都是为了实现交易，同时兼具沟通信息、维系相互关系、激励创新、开拓发展等功能。结合经济活动的语境，经济组织的语言含义实际上就是以参与经济活动为导向，进行生产、交易、技术和经营管理及相关服务的组织。

学术界在区分经济组织的性质时，还有一种经常使用的分类方法，即把是否以追求营利为目的作为区分经济组织性质的重要依据。这种分类方法得到了官方认可，并反映到经济活动主体法律制度。这种分类方法具有独特的优势，但是对围绕某一领域的特定的组织群进行分析时，显得力度不够，它把同一主题的组织群生硬地划分为营利性经济组织和非营利性经济组织。

---

① 罗必良：《经济组织的制度逻辑——一个理论分析框架及其对中国农民经济组织的应用》，山西经济出版社 1996 年版，第 27 页。

③农村经济组织的语义分析。逐层厘清经济组织的内涵后，“农村的”成为重要的限定语。由于社会科学一物多名现象的存在，农村经济组织的所指实际上为农民经济组织和农业经济组织的说法所分而涵盖。农民经济组织和农业经济组织的内涵不尽相同：前者从主体的角度，而后者从产业的角度，虽然二者的指称对象有一大部分是交叉的，投影也是重合的。但又各自有一部分领域是相异的，为对方所不能包含。如有些产业化经营组织形式并不或者不完全落点到农民经济组织的概念区域内。这就面临一个问题，即如何将这一类共同的组织用一个统一的学术语言整合。由于“农村是一个宽大面积、人口稀疏、有共同生活方式及相互关系，以农业生产为主业的区域”，①农村实质上包含了人的因素——农民、产业因素——农业，以及地域因素——相较城市而言的乡村区域，所以我们认为农村经济组织可以涵盖农民经济组织和农业经济组织的共同区域以及非共同区域，使之整合为一类描述对象，进而完整准确而系统地展开研究。

通过上述分析，我们认为农村经济组织就是属于农村的、从事经济活动的各种组织。第一，“属于农村的”即在农村区域内，兼及农民或农业要素的各种经济组织。在农村区域内是必要条件，或同时具备农民和农业要素之一的就可以从总体上大致确认。即使符合条件，而并未纳入现行农村经济组织体系的经济组织形式，也可以确认之，特别是农民进行组织创新的新类型及新形式。当然，也要注意防止其他性质的经济组织为了享受农村经济组织的法律支持，而人为规避法律，以致造成国家资源的浪费和无效率使用。第二，农村经济组织区别于农村政治组织和农村文化组织，是自身特定对象的集合体，以从事经济活动为特性，以追求经济利益或主要辅助追求经济利

---

① 王洁钢：《农村、乡村概念比较的社会学意义》，载《学术论坛》，2001年第2期。在本专题中，我们认为农村和乡村的含义是一致的。从长期的政策传统、民众认同度以及学术习惯，我们倾向于使用农村而非乡村的概念。

益为目标，而非其他。第三，农村经济组织是一种组织，区别于农村从事经济活动的非组织形式（如偶尔合伙购买生产资料），是一种相对固定的、经常性的、有一定载体的经济实体。第四，农村经济组织有两层含义，一是制度意义上的、组合农村经济活动的过程体现出来的秩序性；二是实体意义上的，即静态的角色性质的经济实体，是农民为增进自身利益而组成的“行动集团”。在本专题中，要根据具体语境进行理解。

（2）特性分析：农村经济组织的规定性

农村经济组织体现了农村生产力现状及要求的农村生产关系主体要素的表达和诉求，实质在于维护和增进农民的利益。一切排斥和限制农民利益甚至剥夺农民利益的组织形式都不是真正的农村经济组织。在这一规定性的基础上，农村经济组织体现出如下的特征：

第一，农村经济组织的成员彼此了解、关系亲密。农村经济组织及其成员是在农村市场经济条件下，经过多次博弈和相互学习，基于克服各种不确定性因素，降低交易费用，谋求利益最大化的目的而产生的，成员之间有认同感和感情纽带的联结。这一特点和费孝通先生所界定的乡土社会是“熟人社会”的特征有直接关系。

第二，农村经济组织具有特定的关系模式和一套规则体系，是在特定领域内依据相应的规则体系组织起来的。由于农村的复杂，也使得农村经济组织呈现多样性特征，而不是千篇一律、千人一面的“一刀切”模式。

第三，农村经济组织有较为固定的成员和组织边界，有一定进出约束。无论是以产业性质、社区性质或者市场环节性质，均有相应的运作规则。这一特性在目前农村经济条件下是适用的，但根据国外的发展经验有淡化的趋势。

第四，农村经济组织具有良好的灵活性和一定的分散性。农业特性——必须根据生物需要的指令做出有效反应，而且由于生命的不可逆转性所内含的极强时间性和生命节律——决定了农村

经济组织要比工业组织更具有反应的灵活性与活动的灵活性。[①] 农业受时空条件的严酷约束，决定了农村经济组织在区域化基础上的分散性。

第五，由于农村外部性以及农村经济组织的生存与发展取决于组织对其成员经济利益的关注程度，[②]农村经济组织必须具有良好的约束机制与更有效的行动激励。

(3)类型分析：时空维度中的农村经济组织

任何经济组织，都无法脱离时空而存在。“空间是物质形态的并存序列，时间是物质自身状态的交替序列”，[③]由于农业要求的特殊自然条件，农村经济组织具有时空经济学意义上的特征，时空统一体因素对农业经济有致命的影响，因而农村经济组织在不同的时空条件下有不同的类型。其中，某些农村经济组织并不具有或者暂时不具有普遍推广的意义，而只能提供形式上的借鉴和参考。如土地股份合作社的建立必须具备一定的条件：①当地非农产业非常发达；②必须要较好的经营项目；③因国家建设用地以及地方工业化、城镇化发展尤其是非公益目的征用土地不可避免时，可以考虑农民承包土地入股的办法。[④] 从时空意义上看，需要经济发展到一定程度（非农产业发达、非公益目的征用土地频繁）的时间要求，较好的经营项目（符合当地地域条件的特色项目）的空间要求，使得土地股份合作社的意义具有限定性。从这一思维方式出发，我们归纳总结了不同时空条件下的农村经济组织类型（组织形式）。当然，类型无法充分完全列举，尤其是在农村社会关系尚处于发展变化的波动状态，新的

---

① Schultz TW. , *Transterfoming Traditional Agriculture*, Yale University Press, 1964, chapter 9.

② 张永辉等：《农户参与农村经济组织的经济学分析》，载《西北农林科技大学学报》2001 年第 6 期。

③ 周扬明：《时空经济学论纲》，人民出版社 2000 年版，第 8 页。

④ 王景新：《乡村新型合作经济组织崛起》，中国经济出版社 2005 年版，第 115 ~ 116 页。

形式不断出现，而过时的旧形式也在不断被淘汰。但从理论角度看，对农村经济组织作一般意义上的抽象是可能的。进而，这一时空特性也决定了法律支持体系的时空性。

对农村经济组织的划分，学术界有多种观点，留华锋划分为社区合作经济和自组织的合作经济组织；陈继荣等划分为社区合作经济组织、专业性合作经济组织和合作基金会；罗必良划分为市场主导型农村经济组织、企业主导型农民经济组织和政府主导型农民经济组织。借鉴法律主体相关理论，可将农村经济组织划分为两类：企业模式农村经济组织和合作社模式农村经济组织。由于契约式产业化经营组织形式在实践中大量存在，且发挥极为重要的作用，①虽然其并不具备组织内涵，但发展方向却是规范严格意义上的农村经济组织，故而也将其视为"准农村经济组织"纳入进来。

①企业制模式的农村经济组织

从企业法律形式的角度看，包括个人独资企业、合伙企业和公司制企业。相应地，企业制模式的农村经济组织也就包含个人独资企业性质的农村经济组织、合伙企业性质的农村经济组织和公司制性质的农村经济组织。

企业制模式的农村经济组织是一个产权明晰的独立经济实体。在这个实体内，实现对某种农产品的生产、加工和销售各阶段的连续统一经营。其企业形态可以是个体私人的、合伙的、股份合作的等等。在股份合作组织中，既有股权集中、实行一股一票制、按股分红的企业，也有股权分散、实行一人一票制、按劳分配的企业。公司企业集产加销、农工贸为一体，从经营业务范围看，有的从事畜产品生产、加工和贸易；有的从事土特产品或果品、蔬菜、粮食类农产品的生产经营；还有的从事水产品的生产经营。这些企业在纵向一体化经营中一般都有自己的生产基地。生产基地可以是需用耕地的种植

① 牛若峰编著：《农业产业化的组织方式和运行机制》，北京大学出版社2000年版，第75页。

场,也可能是不需用耕地的工厂或厂房,以及养殖水面等。生产基地的经营管理,有的是由公司企业的职工进行生产和管理;有的是与当地农户联合经营,即按劳动、土地、资本等生产要素作价入股按比例进行收益分配。

按照股权分布和控制权结构的不同,公司制性质的农村经济组织可以划分为四类,即自然人控股企业、集体控股企业、股东经营型企业、职工分散持股型企业。

②合作经济组织模式的农村经济组织

由于合作经济组织的法律地位以及与企业的关系尚未完全明晰,所以独立出来单独作为一个类别,当然其中也包含一些社会团体性质的协会和研究会等,这些是企业无法容纳的。合作经济组织模式的农村经济组织是指按照合作制原则,将分散的、势力弱小的农民组织起来,通过初始约定的生产经营活动,运用合作剩余,为入社的农民谋取经济利益,按社员与合作社的交易额来实行利润返还的农村经济组织。①

合作经济组织或是自身从事产前生产资料供应、农产品产后加工、销售等经营活动,成为一体化经营的直接载体和组织者;或是作为农户的代言人,以"中介人"的身份与涉农工商企业连接,将农户纳入一体化轨道。合作经济组织农民的自由联合,首先是劳动者的联合,是生产者和消费者劳动联合的约定共营经济组织;其次是以劳动的联合为基础,农民以入股形式实现其资金的联合,并且合作经济组织可以利用一定限度的非社员资金。合作经济组织实行自愿互利、自主决策、民主管理、为社员服务的原则,资本在其中为劳动服务。合作社共同经营的宗旨和目的是增加社员收入,增进社员福利。我国目前有多种类型的具有合作性质的经济组织,如各类专业协会、专业合作社、社区合作经济组织等,见表5—1。

---

① 王能应:《我国农村经济组织模式的比较研究》,载《党政干部论坛》2004年第2期。

表5—1 合作社模式的农村经济组织类型

类型	具体形式
社区性合作经济组织	土地股份合作社
	社区资本联合型股份合作社
	村级集体经济组织改造型合作经济合作社
专业合作经济组织	能人和大户带动型
	农技部门牵头型
	农产品批发市场中介型
	基层供销社改造型
专业(行业)协会	服务型专业(行业)协会
	生产经营型专业(行业)协会
经济联合体	生产型经济联合体
	加工型联合体
	经销型联合体

③产业化经营模式的农村经济组织

产业化经营模式的农村经济组织主要是契约式(合同制)产业化经营组织形式,具有“准农村经济组织”的意义。它虽然不是明确严格的组织,而只是一种组织形式,但它的形式相对比较稳定,它的发展趋势为农村经济组织的前两类形态。主要是“+”型的组织形式,包括“公司+农户”、“公司+合作社+农户”、“合作社+农户”、“生产基地+农户”、“批发市场+农户”等组织形式。

在产业化经营模式下,一般由企业或公司负责技术密集、资金要求高、风险大的生产加工环节或市场销售环节,而把劳动密集、风险小、分散性强的部分交给农民。农民专一于农产品的生产,农民家庭仍然是农业生产的基本单位;公司或企业则专一于农产品的加工、销售环节。公司和农户利益相互独立,双方通过合同建立经济联系。在合同的订立、履行和违约责任承担等方面,双方都处于平等的法律地位。

根据合同性质的不同,产业化经营模式的农村经济组织形式可以划分为两种类型,即纯粹市场契约形式的合同生产模式、中长期契

约形式的合同生产模式。

(4)比较分析:农村经济组织模式的比较分析

①性质比较

产业化经营模式的农村经济组织是以契约形式作为公司与农户之间联系方式的一体化组织。在一体化组织经营系统中,契约(产销合同)是联结各参与主体或交易各方的纽带,它在生产前就规定了生产什么(品种和标准)、生产多少(规模和数量)、为谁生产(不同层次产品的客户或消费者)、怎样生产(技术和服务)、如何销售(渠道和价格),乃至可以预先知道盈亏前景。从这个意义上说,产销合同就是驾驭市场的一种有效手段,它能在相当程度上避免生产的盲目性,增强市场交易运行的有序性,保证供需平衡和价格稳定,从而减少农业生产者、农产品加工和销售者的市场风险。

合作经济组织模式的农村经济组织是以利益为纽带用市场方式形成的互利合作组织。合作经济组织的所有者同时也是合作经济组织的主顾,合作经济组织内部实行民主管理。合作经济组织对外实行营利性经营,同时对内又具有非营利的自我服务或保护,是一种非资本化的劳动者的联合。

企业制模式的农村经济组织是产权结构明晰的独立决策的利益实体。在一个产权独立的决策实体里(个体的、合伙的或企业公司),连续的生产阶段或销售阶段在一个厂商内部协同进行。公司企业拥有相对独立的生产基地,成为一种农工贸综合企业。

②特点比较

产业化经营模式的农村经济组织中纯粹市场契约形式的特点是,合同双方没有共同的经济利益,相互之间仍为完全的自由买卖关系,价格一般是随行就市。这种方式只相当于农户把分散的交易集中到少数几家。因此从严格的意义上这还不能算一种组织形态,而停留在组织形式的层次上。中长期契约形式的特点是公司和农户通过中长期契约规定双方在生产、销售、服务以及利益分配和风险分摊等方面的权利和义务,建立一种相对稳定的、长期的经济合作关系。

合作经济组织模式的农村经济组织中的专业协会（农民技术协会、销售协会、专业研究会等）的特点是，一般由农户自发组织而成。它是一种社团组织而非企业法人，主要功能是提供信息、调剂资金、协调生产、帮助交易谈判等，它并不直接干预农户经营，农户拥有完全的自主经营权。专业合作经济组织就更进了一步，它是以利益为纽带用市场方式形成的互利合作组织，它在某些方面需要指导农户生产。入社农户的农资供应和产品销售活动主要是通过合作社进行，业务的盈亏先体现为合作社的盈亏，然后再分摊到农户。社区合作经济组织的特点是，以土地的集体所有制为基础，以土地作为联系农户的纽带，只要农民耕种社区范围内的土地，就是这种组织的当然成员。

企业制模式的农村经济组织中的自然人控股企业的特点是，大股东拥有企业一半以上的或足以控股的股权，职工相对平均地、分散地持有少量股票。集体控股企业的特点是在股权结构上保留了集体股的控股地位。股东经营型企业的特点是企业的股权掌握在一组自愿联合起来的股东的手里，每个股东拥有的股份份额接近或相等。职工分散持股型企业的特点是企业股权广泛分布在组织内部各个成员中间，个人持股份额从决策者到管理者到生产者依次递减，但悬殊不是太大。在组建这类组织时，一般要求每个职工缴纳少量的资金，或者把集体资产折股平均地分配给社区的每一个成员。

③适用领域比较

由于产业化经营模式的农村经济组织中纯粹市场契约形式的特点，要使双方的合作顺利进行，一般必须满足以下条件：交易对象为大宗普通农产品，市场价格波动比较小，产品的标准化程度比较高，产量较为容易预测，企业需求量大且没有特别要求。这也就是这种形态适用的领域。产业化经营模式中长期契约形式比较适合于在技术水平高、分工细、专业化程度高，以及资金技术密集型的生产领域中发展。目前比较常见的需要加工的农产品经营领域，主要是畜牧、水产业、粮油食品、饲料加工领域，以及蔬菜、水果中的一部分。

合作经济组织模式中专业合作经济组织一般都集中在劳动密集型领域，集中在一些对资本要求不高的行业和环节，以经营利润较高、市场风险较大的行业居多。主要分布在蔬菜、水果、养蜂、家禽、生猪、养蚕等商品化程度比较高的产业。社区合作经济组织作为"双层"经营的一个层次，为农民家庭经营提供一定的服务。服务集中在粮、棉、油等传统的农产品生产环节，服务项目主要限于机耕、排灌、植保等方面。

企业制模式的农村经济组织在农村产生和发展，主要是在农产品深加工领域或可以甚至已经形成一定地方特色的产品生产领域。但目前农村的企业组织大多不很规范，治理结构和运行机制都有待完善。

④局限性比较

产业化经营模式的农村经济组织中纯粹市场契约形式的局限性在于，契约双方的信息是不对称的，缺乏稳定性。由于农业生产过程中自然条件（如气候、土壤等）的作用，很难对农产品产量事先做出预测，也很难在契约中规定交易量。在农产品生产出来以后，如果市场价格高于合同价格，农户可能向企业低报产量，而把一部分产品转移到市场上出售。相反，如果市场价格低于合同价格，企业可能拒绝按合同价格收购。机会主义行为使双方的交易关系相当不稳定。产业化经营模式的中长期契约形式由于在一定程度上实现了"风险共担，利益均沾"，因此合同的签订十分重要，合同的内容比纯粹市场契约要复杂得多，这对普通农民来说，维护自身利益就有难度。而且，这类合同在规定交换价格的基础上，通常还要求企业向农民提供一定的信息、技术、经营指导等服务，企业为农户提供预付资金、种子、饲料、化肥等，有时也要求农民预先缴纳一部分保证金。

合作经济组织模式的农村经济组织中的专业合作经济组织目前局限于提供一些对资本需求较低的技术服务和信息咨询。而在西方国家，专业合作经济组织是衔接农民和市场的中介组织，能够为农民提供加工、销售、采购、信用等多方面的服务。社区合作经济组织目

前所存在的问题，一是本来作为经济组织，却在很大程度上与政治组织和社会组织相互混同，因而组织目标不明确；二是组织运行的成本比较高，追求一些合作经济组织以外的目标和利益，缺乏一定的制度安排予以缓解。

企业制模式的农村经济组织中的自然人控股企业一般实行所有权与经营权相统一的做法，大股东一般既是董事长，又是总经理，面临着"投资视野"的限制。企业的经营不稳定，资金融通比较困难，企业扩大再生产时存在一定的障碍。集体控股企业在经营过程中，非经济目标起到了较为重要的影响（如弥补财政开支不足、安置当地劳动力就业等），职工股东的利益得不到应有的保障。在企业内部，存在着较为严重的委托代理问题，大多经营效益比较低。股东经营型企业由于每一项决定都必须征得每一个股东的同意，因此企业决策成本很高，内部制度的规范性比较差，一般没有正式的监督机制。职工分散持股型企业类似于社区合作经济组织，企业成员多为社区内部成员，开放度不高，管理人员外聘不多，股东大会与村民委员会、党支部等治理机构并存，发展受多方制约。

要注意多种模式的取长补短，综合运用。以"合作社 + 农户"、"公司 + 农户"为主要形式的农业产业一体化是促进农产品生产、销售、加工转化增值的有效途径。农业产业一体化经营要充分发挥龙头企业、专业合作经济组织、民间销售协会、中介组织、农村经纪人队伍等带动农户的作用。同时，还要与农户形成较为稳定的购销关系，带领农民发展生产，进入市场。家庭搞种养，龙头企业搞加工、销售，专业合作社、民间销售协会、中介组织、农村经纪人带领农民闯市场，将成为农业的基本经营模式。

2. 历史与现实：农村经济组织的演变评析

（1）渊源与流变：农村经济组织的演变

在漫长的封建社会，农村经济组织一直以分散经营的小农家庭经济组织为主要形式，同时出现了一些专业户和小业主的作坊雇工经营方式。

农村经济组织在土地改革中与传统封建地主制经济及其统治下的小农经济组织决裂,在涅槃中开始了农村经济组织的再造与重生,这是我国农村经济组织演化的历史质变点和理论阐述有意义的标界。① 实行土地改革以后,废除了土地的地主所有制,把土地分给农民,但由于没有改变家庭经营方式,同时地权落实到农户身上,所有权与经营权统一,则使这一经济组织形式得到稳固。从1953年社会主义过渡时期总路线公布以后,我国加速了农业合作化运动。合作化的合理性在于突破农户经营的局限性,即社会化生产水平提高与小农经济组织的矛盾。但合作化产生的一个致命弱点是,农业家庭经济组织被人为地甚至强行地分解,由农村合作社的集体经营取代。1958年,我国农村合作社过渡到"队为基础,三级所有"的人民公社组织。人民公社是一种"政社合一"性质的组织,实际上这是"政企不分"的城市计划经济体制在农村经济组织中的映射,不仅把经济活动政治化,同时把生产经营和社会政治活动混合化。

到了20世纪70年代末,矛盾积累到极点,而解决矛盾的关键首先就在农村经济组织上,即推行家庭联产承包责任制,恢复了家庭经营为主体的经济组织形式。通过政社分开,建立以家庭经营为基础的统分结合的新体制,家庭经济组织又成为我国农村中基本的经济组织形式。农村家庭经营方式一方面发挥其经营灵活,权、责、利、风险四者结合紧密的特点,而不断产生着新的活力;另一方面,则因其过小的家庭经营规模难以与日益提高的工业劳动生产率及生产社会化要求相适应,在社会主义市场经济面前遭遇一系列的挫折与尴尬。

20世纪80年代中后期,股份合作经济形式在浙江温州、山东淄博、安徽阜阳、深圳宝安等地首先发展起来了。这种股份合作经济在性质上是兼有股份制产权与合作劳动经营的双重属性的企业组织,融合了股份制和合作制各自的组织特点,构造出一种新的经济组织

① 郑子耿、陈惠雄:《中国农村经济组织的演变与发展》,载《中国农村观察》1998年第4期。

形态。它与合作制的最大区别是，在组织结构和管理原则上已从合作制的平等向股份制的平等演变。与此同时，逐渐形成了风格各异、形式多样的合作经济组织及农业产业化经营组织形式。

(2)劣势与趋势：农村经济组织的制度困境与抉择

近三十年的农村改革与发展，为多层次、多形式的农村经济组织的发育提供了前所未有的契机。但它面临的问题也是明显的，如果处理不好，将直接影响农村经济组织的发展。①稳定性差。第一，目前农村经济组织所采用的一个重要产权模式“劳资均等型”的合作方式，使得发展受制于合作体劳动和资金的承受力，同时利益冲突极易导致组织决裂。第二，农村经济组织对“能人效应”的过分依赖，使得不稳定的个人权威极易破坏组织的稳定性。第三，多数农村经济组织局限于进入成本和退出障碍比较小的领域，进出壁垒较高的领域则少有涉足，使农村经济组织的发展狭隘并面临着压力比较大的竞争环境。②多功能与专业化的矛盾。农村经济组织的社区性、农业需求的多样性以及经营管理人员多角色性导致农村经济组织难以走上专业化程度高的道路。③自我封闭性。农村经济组织在资本和技术上表现出自我封闭性。这与农村经济组织产生的动因、农民的小农思想以及农村社会的大环境等是密切相关的。④产权模糊，集体激励不足。产权模糊现象严重，并导致集体的激励不足，形成了发展上的制度障碍。农村集体经济组织的产权弊病学术界探讨得比较深入，同样其他农村经济组织的产权模糊现象也非常严重，农民怀有“人人有份”导致“人人无份”的漠然，机会主义的发生几率显著增多。⑤外部环境的约束。农村经济组织外部环境的约束性强，包含政策偏好、政策波动、财权事权相分离的财政体系、农村经济组织与行政“条块”体系格局的冲突以及农村经济组织之间协调机制缺位，缺乏有序的竞争环境等方面，限制了农村经济组织的发展。当然，这也是制度创新的空间。⑥区域发展不平衡。农村经济组织发展的区域不平衡性是由于收入地域以及收入来源的差异大，支农资金和农村经济组织的资金差别随之扩大，农民经济组织的实力悬殊等引

发的。

虽然农村经济组织面临的问题比较显著,但其发展趋势仍然是乐观而坚强的,即以家庭经营为发展的出发点,以合作为依托,不断扩大业务的领域和范围,通过对内部制度改革和外部制度环境的优化,最终形成种类多样而有序的农村经济组织格局:

——村集体和社区合作经济组织将在一个相当长的时期内发挥重要作用;

——农村经济组织的领域将不断拓宽,程度不断加深;

——农村经济组织呈现出对适宜制度环境和内部组织安排创新的需求;

——政府支持将呈现出从无到有,从有到优的发展态势;

——法律尤其是经济法在农村经济组织的发展中将发挥重要作用。

3. 多维分析:农村经济组织的功能整合

(1)功能分析之一:政治国家与市民社会互动中的法治意蕴

政治国家与市民社会范畴的真正确立,虽然是西方近代历史发展的产物,但是这一对分析范畴一旦从现实中升华出来,就因其对特殊利益与普遍利益、个人权利与国家权力、私人领域与公共领域、个体价值与整体价值等人类历史轴心脉动的深层关怀和广角涵摄,而赋予了超越于东方与西方、传统与现代的历史反思性和整体关照性。[①] 为此,马克思和恩格斯才把市民社会"理解为整个历史的基础",同时"从市民社会出发阐明意识的所有各种不同理论的产物和形式",[②]进而把决不是国家制约和决定市民社会,而是市民社会制约和决定国家作为其唯物史观的"基本原理"。市民社会与国家的二元互动发展构架奠定了法治运行的基础:即普遍利益与特殊利

① 邓正来:《国家与社会——中国市民社会研究》,四川人民出版社 1998 年版,第 6 页。

② 《马克思恩格斯选集》第 1 卷,人民出版社 1995 年版,第 92 页。

益的冲突与协调导致了法律至上；多元社会权利对国家权力的分享与制衡提供了权利保障；市民社会多元利益的冲突、互动与整合衍生了理性规则秩序；具有自由理性精神的公民意识构成了法治的非制度化要素。① 这既是法治运行的基础，也是法治运行的界限。

具体到农村法制领域而言，必然形成农村多元利益、多元社会权利以及它们的冲突、互动与整合，而这恰恰表述了我国农村社会的现状，包括农民利益、农户利益、基层组织利益、国家利益等的多元利益及其权利在相互的冲突中迫切需要得到整合。但是，我们又不得不面对一个事实：农民有对多元利益和多元权利的诉求，但他们缺乏与政府的沟通渠道和对话途径，无法表达自己的"理性精神"，农村法治在"强政府，弱社会"的农村无法构筑"市民社会与政治国家"良性互动的发展图景而遭遇尴尬。于是，作为农民利益和权利诉求代表的农村组织成为农村法治发展的必然和凭借，农村组织既是农村法治的前提，也是农村法治的条件，横亘于农民利益及权利和政府利益及权力之间，成为分享权力、抗衡权力滥用和张扬农民权利、护卫农民权利的天然屏障，从而为农村法治奠定了重要的结构性基础。农村经济组织作为农民组织的重要部分，尤其关注于农民的经济利益和经济权利，更因其在"生产力决定生产关系，经济基础决定上层建筑"逻辑框架中的地位和意义而成为农村法治首要关怀的农民组织主体，进而成为农村经济法治的结构性基础和主体依赖。

农村经济组织在农村经济法治中有着重大价值：第一，有利于处理好国家和农村社会（农民）两个主体的关系。使政治国家及其政府代表和农村市民社会有了沟通的渠道和平台，在组织上搭建了缓冲区。第二，农村经济组织有利于处理好自治和强制两个法治实施方式、权利与权力两个基本概念的关系。农村经济组织的发展有利于农民以理性的方式实现自我的经济权利，避免非理性的集体行动，

① 马长山：《市民社会与政治国家：法治的基础和界限》，载《法学研究》2001 年第3期。

亦能使在农村经济组织的农民形成团队的"类生活",认识到加强个人权利的关联和合作、克服个体权利的自发性、孤立性和不稳定状态的重要意义,避免个人主义和无政府主义倾向,从而为农村法治的实现提供演习所。第三,农村经济组织有助于合理利用大传统和小传统两种法制资源。农村经济组织在市场经济的外部环境中运作,必然需要灵活娴熟地利用国家大传统的法制资源;而其作为农村组合体的内部构成,又使得农村经济组织要关注农民相互之间利益处理的小传统,从而有利于汲取和整合两种资源,为农村法治提供经验和素材。

(2)功能分析之二:经济法视野中的农村经济组织

农村经济组织是属于农村的、从事经济活动的组织,主要包括乡镇企业、合作经济组织和农业产业化经营组织形式(准农村经济组织)。农村经济组织概念的抽象和提炼,对经济法尤其是农村经济法具有重要的价值。

第一,契合了经济法的本质,并予以生动的表述和具体化。目前经济法诸多流派在探讨经济法本质时存在不同认识,但是对经济法应该调整特定经济关系则基本上是取得共识的,当然在调整的幅度、方式及具体对象等存在差异。而经济关系可以划分为第一产业经济关系即农业经济关系、第二产业经济关系即工业经济关系及第三产业经济关系;从地域上可划分城市经济关系和农村经济关系等,涉农经济关系的比重很大,对农村经济关系的调整也是经济法本质的应有之义。农村经济关系又包含经济关系的主体,这是农村经济关系中积极的能动的部分。经济法调整农村经济关系在很大一部分上是调整农村经济关系的主体,通过法律引导其为或者不为经济法所期望的行为模式,并因其行为模式的不同而承担不同的法律责任从而形成农村经济法律关系。农村经济法律关系的产生实质是经济法本质在农村经济领域发挥作用而引致的以主体为能动因素的法律关系。离开了农村经济关系的主体,经济法本质发挥作用的机制将因缺乏组织保障和结构基础而陷于瘫痪的境地,进而经济法律关系也

将无从产生。农村经济法律关系主体最重要的部分即是农村经济组织，这是对经济法本质在农村经济领域的陈述和表达。

第二，吻合和深化了经济法价值。经济法的价值包括秩序、效率、公平、正义。① 农村经济组织把千家万户分散的、原子化的农民组织起来，在政府和农民之间形成了一个有序的组织体系，同时使得政府省却面对大量分散农户的高额成本，并且随着农村经济组织效率的提高而有助于实现经济法意义上的秩序和效率。经济法的公平和正义强调的是实质意义上的，通过对农村经济组织促进规范的建立以及形式上不公平的法律支持体系引导农村经济组织提高农民收入、盘活农民经济、推动城乡一体化、工农业协调发展从而达到了实质意义上的公平公正。

第三，从产业法的角度看，农村经济组织是产业法的一个重要范畴。我国《90年代国家产业政策纲要》指出，产业政策包括产业结构政策、产业组织政策、产业技术政策和产业布局政策，以及其他对产业发展有重大影响的政策和法规。从狭义上看，农村经济组织是农业产业化的重要的组织载体，对农村产业结构的合理安排，对区域发展及其产业布局有关键的影响，既是其组织条件亦是农村产业化发展的结果，更是产业法发挥作用的载体，有助于调整属于同一市场的农村经济组织之间资源配置状况及其关联状态，有利于处理规模经济和竞争效益之间对立统一关系和农村经济组织的发展问题。

（二）农村经济组织法律支持体系的理论界定

1. 建立农村经济组织法律支持体系的意义

建立农村经济组织法律支持体系，对实现法治经济，建立和谐社会达到全面建设小康社会的目标都具有重要的意义。

（1）为农村经济组织的发展提供法律保障及体制基础。农村经济组织对国民经济的贡献与其所受的待遇、所处的地位是不相称的，

---

① 漆多俊：《经济法基础理论》，武汉大学出版社1999年版，第156页。

市场经济公平的天平在这一领域是倾斜的。为了改变这一现状，我们迫切需要农村经济组织法律支持体系。一方面保护农村经济组织的合法权益，确立农村经济组织与其他市场经济主体、政府的游戏规则。另一方面，在资金、技术、产业政策、税收、金融、社会化服务体系等诸多方面对农村经济组织实现有效支持。

(2)进一步完善我国的经济立法体系。我国经济立法一直滞后于现实的发展要求。在经济法体系内部，其结构也是不合理的。目前关于经济组织的立法，更多是侧重于城市企业或者工业企业，如《公司法》、《中小企业促进法》、《合伙企业法》等。明确而具体地支持农村经济组织发展的规定比较少。虽然有一部分法律法规涉及，但不全面、不系统，作用发挥也很小。因此，我国需要建立一系列的针对农村经济组织、促进农村经济组织发展的法律，以完善、健全我国的经济立法体系。

(3)贯彻实行依法治国方针，促进市场经济体制建立。从某种意义上说，市场经济也是法治经济。九届全国人大将"中华人民共和国实行依法治国，建设社会主义法治国家"添加到宪法第五条。农村经济组织法律支持体系的建立，必将加快我国依法治国的进程，加快社会主义市场经济体制的建立。

2. 农村经济组织法律支持体系的内涵

农村经济组织法律支持体系，是指国家为支持和保护农村经济组织发展，通过制定一系列法律、法规等规范性法律文件所体现出来的法律规范的集合体。它的作用在于，维护农村经济组织合法权益，为国家制定各种优惠政策提供法律支持，以保证政策的稳定性和有效性。这一内涵具有以下特征：

第一，农村经济组织法律支持体系，是由我国现行的有关对农村经济组织进行法律支持的法律、法规等规范性法律文件构成的整体。由于我国的国情，农村经济组织法律支持体系也在很大程度上包括一部分关于促进农村经济组织发展的政策性规定。农村经济组织法律支持体系，不包括已经失效的部分，或者尚未制定的部分。但是，

必须注意区分理论研究的超前性，从理论上研究法律支持体系的完善，并不是忽视其本身含义，而是为了丰富其构成、建立健全相关支持制度和提高制度的实效。

第二，农村经济组织法律支持体系，是一个由法律规范分类组合而形成的呈体系化的有机整体。“体系”一词指若干事物构成的一个一个相互联系的有机整体，它和静态意义上的“系统”概念相似。① 农村经济组织法律支持，作为体系，它的内部构件是法律规范，②并且这些法律规范并不是七零八散地堆积在一起，而是按照一定的标准和关系进行分类组合，呈现为一个体系化、系统化的相互联系的有机整体。

第三，农村经济组织法律支持体系，是以种类齐全、结构严密、内在协调为理想状态的系统。农村经济组织法律支持体系，无论是采用总分结构，还是分分结构，都必须涉及农村经济组织发展所必需的一些领域，不能有缺漏而抵消其体系性。农村经济组织法律支持体系，必须结构严密，形成由法律、法规、部委规章、地方政府规章、实施细则和政策性规定等规范性法律文件而依据其层级和效力形成相互配合的完备结构。内部协调是指农村经济组织法律支持体系的内部各个组成部分乃至组成单元，都必须相互配合，不能出现矛盾和冲突。

3. 农村经济组织法律支持体系的支持手段

农村经济组织法律支持体系的支持手段，是指国家为支持农村经济组织发展而制定出的资金、税收、负担、信息咨询、人员培训等方面的优惠规定，是建立农村经济组织法律支持体系的中心环节，是法律支持体系在经济生活中的动态表现。这一内容将在下面详细探讨，在这里略作介绍。

(1)广开融资渠道

目前，我国政府对农村经济组织支持力度不够的最突出表现，就

① 张文显：《法理学》，高等教育出版社、北京大学出版社 1999 年版，第 78 页。

② 包括微观层面和宏观层面的意义，同时也不仅仅局限于支持性的法律规范。

是农村经济组织普遍存在融资困难的问题。要解决这一问题,应从多方面着手:①建立为农村经济组织服务的专业金融机构。这些金融机构可以是新设立的,也可以是在原有金融机构基础上转变过来的,比如可考虑农业发展银行、农村信用合作社等金融机构。②成立金融担保机构,分担贷款风险。金融担保机构按资金来源不同,可分为两种:一种是政府出资建立国有担保银行或成立贷款担保基金;一种是组织贷款担保公司,按《公司法》成立具有法人资格,独立承担民事责任的咨询担保有限公司。③广泛创立各种基金。广泛创建风险投资基金、产业投资基金、农村经济组织互助基金等各种基金,为农村经济组织发展进行融资。基金可以通过资金援助取得农村经济组织的部分股权,促进受资公司的发展,使资本增值。

(2)多方位的法律与政策扶持

为帮助农村经济组织在激烈的市场竞争中求得生存与发展,在发挥市场机制作用的基础上政府也应实行适当倾斜的经济政策,使农村经济组织轻装上阵,获得更广阔的生产经营空间。倾斜的经济政策主要包括:①税收优惠。政府应继续推进税制改革,采用支持性的法律规范促进农村经济组织的发展。②减轻负担。应坚决取消对农村经济组织的不合理收费,即使是必不可少的收费项目,也要制度化、规范化和公开化。严格禁止乱摊派和乱集资,以保护农村经济组织发展的积极性。③基础设施建设。国家不仅要科学规划,统筹安排,加大道路交通、能源、通讯等农村经济组织发展必不可少的基础设施建设的投资力度,而且可采取一些优惠政策,如投资兴建社会公共基础设施免费让农村经济组织使用,以扶持其发展。④鼓励出口。国家应采用多种措施鼓励农村经济组织出口,如给予技术指导、为农村经济组织出口提供各种保险(包括政治风险担保)、减轻出口的增值税、设立"鼓励合资基金"等。

(3)完善农村经济组织的社会服务体系

农村经济组织的社会服务体系主要包括以下构成要素:①信息

咨询服务。信息咨询服务应是一个网络,它包括企业、大学、科研机构、中介机构和政府。其中,中介机构被世界各国公认为政府推动知识技术扩散的最重要途径。因此,政府应加快中介服务社会化、产业化,资助成立一些信息咨询服务中心,建立信息咨询协会,制定咨询师、经纪人的资格认定办法,营造一个有利于信息快速传播的社会氛围。②技术服务。政府应加强技术引导,一方面设立信息传播网络,组织研究机构为农村经济组织提供新思路,介绍新技术,帮助企业进行技术评估和鉴定,开发新产品和新工艺。另一方面,鼓励创立各种类型的信息咨询公司、行业协会等中介机构,为农村经济组织提供会计、税务、形象策划、发展战略研究、具体管理方法的运用、新技术、新工艺等生产经营各个方面的信息咨询。③人才培训服务。经济组织的发展离不开人才培养,政府帮助农村经济组织培训人才时,一方面应建立产学研联合培养机制,另一方面鼓励中介服务机构的建立和发展,使之在经验交流、学术研究、联系协调、人才推荐、社会评价等方面为农村经济组织人才培养发挥作用。

二、农村经济组织法律支持体系的机理分析

农村经济组织法律支持体系本身是一个系统,因而有必要借鉴系统论全面解剖之。机制分析法在对系统的动态分析,即系统运行时为何运动、如何运动、为什么会产生联系等有助于揭示农村经济组织法律支持体系的机理,全面把握其系统性和体系性。

(一)农村经济组织法律支持体系的内在机理分析

1. 基本元素分析:构建农村经济组织法律支持体系的起点

对于一个体系性的系统,从不同的角度分析其基本元素都将存在不同认识,而不同认识的契合则是全面分析运作机理的基础性条件,我们认为,随着分析逐渐深化,触角逐渐延伸,元素逐渐细化,应该包括以下三个层次的关系。

(1)农村经济组织法律支持体系的结构性要素分析

任何既存之法律体系,由于"法律制度变迁居于强制性变迁,变迁的主体是国家",①必然在法律制度的层面上具有类行政法律关系的结构。在农村经济组织法律支持体系中,就宏观而言,更多的是作为国家代表的政府、作为法律支持体系代表的法律规范以及作为相对方的农村经济组织三者之间的博弈关系,可以简化为政府、法律规范以及农村经济组织。这就构成了农村经济组织法律支持体系第一层次上的静态组成部分。但是,我们必须注意到一个重要区别,即法律关系和法律联系。法律关系是"在法律规范调整社会关系的过程中,所形成的人们之间的权利义务关系",②这一解释,意味着"(1)权利人与义务人之间的关系是基于个别规定而建立起来的;(2)它是具体的、特定的;(3)以主体必须实现自己的行为为前提",③但是"存在法律规范并不同时存在法律关系,当法律规范实现并转化为具体社会活动时,法律关系才产生"。④所以,现实中广泛存在且与法律密切相关而又异于法律关系的这样一个状态可以用法律联系来进行说明,在法律上表现为潜在的设定。

从宏观上考量,三者关系的描述,可以借鉴法律联系的概念予以表达。政府是法律支持体系的供给者和变迁的主导者,农村经济组织(含农民)则是法律支持体系的受动者。体现支持农村组织培育与发展的法律规范则是作用的中介载体,它与其他法律规范的区别在于三个方面:一是它是一种支持性的法律规范,是政府对农村经济组织的支持。这种支持性法律规范自反映到法律文本而付诸实施

① 曾宪义、高德步:《产权与增长:论法律制度的效率》,中国人民大学出版社1999年版,第284页。

② 张文显:《法理学》,高等教育出版社、北京大学出版社1999年版,第110页。

③ 刘瑞复:《经济法:国民经济运行法》,中国政法大学出版社1994年第2版,第339页。

④ 刘瑞复:《经济法:国民经济运行法》,中国政法大学出版社1994年第2版,第339页。

起，实际上就是限制了政府权力，设定了政府的责任，从而赋予了农村经济组织某种权利；二是它有明确的积极的目的性，是为了促进农村经济组织的产生或发展；三是它针对的是农村经济组织而非其他经济组织。但是，这只是从宏观上考察而得到的结论，处于“法律联系”状态，是潜在设定，体现一种可能性，此时法律规范并没有作用于政府而针对具体农村经济组织进入微观领域。

从微观上考察，三者关系就已经进入到了法律关系的领域。在这里，政府和农村经济组织成了具体的法律关系主体，它们围绕法律规范产生了具体的权利义务关系，它是具体的、生动的。比如，某税务部门对某农村经济组织征税，则围绕某具体的减免税条款产生了税收法律关系。在这里，实际上，处于法律联系状态的三者已经从宏观神圣的条款，迈进了生动具体的法律关系领域，是从可能领域到现实王国，法律规范得到实现，政府的立法意图得到贯彻，农村经济组织的现实利益得到尊重，同时对于尚未组织的农民或者已经存在的其他农村经济组织具有示范和引导作用。

在这里，我们必须注意到作为特殊个体存在的农村经济组织法律支持体系，它的质的规定性体现在包含政府责任和农民经济组织权利的支持性法律规范中，这一特性区别于其他法律规范体系。

(2)农村经济组织法律支持体系的功能性要素分析

农村经济组织法律支持体系从本质上看，是属于宏观调控的范畴，它通过对政府责任的设定使得政府干预农村经济发展的主动职权义务化和法律化。农村经济组织法律支持体系的功能发挥既要依赖于政府，又要依赖于农村经济组织和农民。根据上面的论述，我们把触角延伸到更为细致的法律规范中，因为法律规范集中体现了政府权责和农村经济组织的权利义务关系。也就是说，农村经济法律支持功能的发挥，是依赖其支持性法律规范发挥作用的，这既是法理学的常识，也是客观事实。而促进性法律规范，其基本的组成又大致包括：产业法律规范、金融法律规范、财税法律规范、科技法律规范、

社会化服务法律规范以及相关的其他法律规范。①

这些规范从各个方面细化了农村经济组织法律支持体系的内涵，同时又呈现出了两个层次的内涵：第一个层次是微观法律规范，它规范着国家对农村经济组织进行支持的在法律上不可再分的行为。② 如《关于扶持农业产业化经营重点龙头企业的意见》中"对重点龙头企业从事种植业、养殖业和农林产品初加工业取得的所得，比照财政部、国家税务总局《关于国有农口企事业单位征收企业所得税问题的通知》规定，暂免征收企业所得税"。这一规范即是微观法律规范，它所规范"暂免征收企业所得税"的行为是不可再分的。作为"原子行为单位"的微观法律规范是农村经济组织法律支持体系最具体的结构性细胞，这种支持性的微观法律规范可以普遍地适用于同类行为和同类事件，是政府和农村经济组织的行为具有可操作性的准则。

第二个层次是介于支持性的微观法律规范和宏观的法律支持体系之间的中观法律规范，这一中观法律规范是同类微观法律规范的集合体。比如产业法律规范是同类的、对农村经济组织进行支持的、与产业有关的法律规范的统称和集合体，在法律支持体系之间和微观的产业支持法律规范之间搭起了一座桥梁，不仅能够避免体系与规则的直接对话而显得琐碎凌乱，而且也有助于制定、执行和理解。同时，中观层次的法律规范作为一个集合体，是法律支持体系的子系统，它有其整体意义上的指导思想和指导原则，用以规范微观法律规则不至于偏离轨道，或者与其他法律（如财税法的基本原则）发生冲突。

产业法律规范是指对有关农村经济活动的哪些产业领域进行支持以及如何进行支持的法律规范。如《农业部印发农村经济工作贯

① 这些法律规范指作为农村经济组织法律支持体系的组成部分而存在的，为了论述方便，以下均如文简称。

② 赵震江主编：《法律社会学》，北京大学出版社 1998 年版，第 126 页。

彻〈国务院关于当前产业政策要点的决定〉实施办法的通知中》，列举了农村产业政策的目标、实施农村产业政策的原则、农村产业发展序列等，在产业发展序列规定的范围内，有不同级别的优惠和扶持措施。金融法律规范是针对农村经济组织的资金问题作出金融支持以及如何支持的法律规范，重点解决农村经济组织的发展资金问题。财税法律规范是从财税角度最直接体现国家对农村经济组织的支持，是财政投入和税收减免支持的法律规范。社会化服务法律规范主要指对农村经济组织（包括组织化的农民）在产前、产中和产后提供一系列相关社会服务的法律规范。科技法律规范是国家从科技上对农村经济组织进行支持以及推动其他主体如科学研究所等对农村经济组织的技术支持规范，包括联合技术开发优惠、科技成果为农村经济组织市场化提供的支持、国家对农村经济组织自主科技开发等方面支持的法律规范。

（3）农村经济组织法律支持体系的机制要素分析

机制要素分析是在结构性要素和功能性要素的基础上，从系统运行的动态角度而展开阐述的。机制是指“事物在运动中，各相关因素（包括内部结构与外部条件）有一定向度的、相互衔接的律动作用联系”，①运行机制指的是运行中的内在的动态作用联系和机制网络的联动作用关系，而一定向度或是对某种状态，或是对某种反应的指向。它不是功能与功能、结构与结构的简单直接的联系。机制要素是动态的概念，是运动态或运动的表现形态，包含动力同向、功能耦合和传递通畅三个要素。② 具体到系统意义上的有自己运行机制的农村经济组织法律支持体系，也必须要在这三个要素上做好文章，才能使其机制运行取得良好的效果。

第一，从动力同向的要素看，农村经济组织法律支持体系的各个

① 于真：《从公安系统构建新的运行机制的实践中看机制的含义与要素》，载《江苏公安专科学校学报》1998 年第 2 期。

② 于真：《从公安系统构建新的运行机制的实践中看机制的含义与要素》，载《江苏公安专科学校学报》1998 年第 2 期。

要素必须有共同的向度，即从各个方面对农村经济组织进行支持，促其产生和发展。无论是作为结构性要素的政府、法律规范和农村经济组织（农民），还是作为功能性要素的产业法律规范、金融法律规范、财税法律规范、科技法律规范、社会化服务法律规范以及相关的其他法律规范，都必须围绕“支持”做文章，劲往一处使，力往一处用，不能发生动力偏向的情况，不能“上有政策，下有对策”，也不能法律规范之间出现指导思想的混乱和矛盾。中央政府和地方政府及其各个职能部门，要群策群力围绕“支持农村经济组织”。要统一“支持农村经济组织”的认识，形成认识上的同向性；要树立“根据本地环境和条件支持农村经济组织”的观念，锐意改革，形成观念上的同向性；要不断提高政府人员的素质，提高在复杂形势下支持农村经济组织的判断力，形成人员素质上的同向性；地方政府要及时根据中央政府支持农村经济组织而调整性质结构的情况作出反应，形成结构上的同向性。

从功能性要素上看，虽然各个要素针对的是不同领域，但是它们的指向应该是一致的，即支持农村经济组织的产生和发展。各个要素本身也要以这个原则审查自身的微观法律规范，保证要素的指导思想没有偏离“支持农村经济组织发展”的路子。然后各个要素在这一思想指导下整合为农村经济组织法律支持体系，并保证其有效性。

第二，从制度耦合上看，农村经济组织法律支持体系的各个要素、结构之间的功能法律必须是耦合的。一个支持性的法律规范一旦制定出来，政府必须有效实施，农村经济组织也必须积极配合。一个环节疏忽，法律规范得不到实施，就会出现功能的耗损甚至无效，法律支持体系的目的也就得不到实现。法律支持体系的制度耦合包括以下几个方面：①政府机构之间的耦合态。如立法机关与行政机关在支持性法律规范的制定上，要互相配合，不能拖后腿。②法律规则本身的耦合态。实现相互配合，比如产业支持政策实施的同时，需要财税政策的配合等。③农村经济组织的耦合态。农民和农民经济

组织之间必须有效配合，在生产、销售等过程中遵循支持性法律规范的规定，享受优惠的同时，履行相应的义务。④从整体上讲，政府、法律规范和农村经济组织之间的耦合态，三者也必须相互配合。

第三，从传递通畅上看，必须使支持性法律规范从制定前的立法准备、制定、实施、立法反馈保留通畅的渠道。农村经济组织法律支持体系本身是自足的，是一个可循环的系统。系统的内部运行以及和外部发生的作用联系，都必须使信息的传递路径保持顺畅，防止信息在传递的过程中被不正常地消耗和阻碍，从而增加法律规范运行成本的现象。这就要求农村法律支持体系的构建，必须包含良好的立法准备、规范实施和反馈机制等环节相互衔接，在动力同向和制度耦合的基础上，从时间上保证支持性法律规范的有效实施。

上述动力同向、制度耦合和传递通畅，阐述了动态意义上的农村经济组织法律体系应该具有的机制构成要素，即"支持农村经济组织发展"的动力同向、"各个要素互相协调配合成有效率的农村经济组织法律支持体系"的制度耦合以及"支持性法律规范的有效实施和通畅"，实际上是从向度、力度和时间三个方面对农村经济组织法律支持体系提出了规范，对其机制化运行提供了动态意义上的借鉴和参考。

2. 运行机制分析：农村经济组织法律支持体系的过程

我们将机制分析法引入农村经济组织法律支持体系，是将机制运行的理论结合系统分析的原理，来从总体上分析其运行的过程和规律性。

（1）农村经济组织法律支持体系的运行机制

农村经济组织法律支持体系，实质上是政府对农村经济的有限干预，从古典经济理论和自然法学的观点看，农村经济有其内在的规律性，受"看不见的手"调节，政府只能定位在"守夜人"的角色，任何政府干预都是多余的，农村经济组织和农民一样，有自我的理性。表现在自然法学理论上，应该充分强调农村经济组织的权利和自我独立经营，它们在理性的基础上，受"看不见的手"指引，在产权、契约

自由和责任自负的法律原则下，能充分趋利避害，在追求自我利益的同时能够实现农村经济和农村社会利益的总体发展。但是，这种理论已经为历史发展所摒弃。随着凯恩斯主义的兴起以及经济法理论的勃兴，对农村经济的干预获得了其理论和实践发展的合理性根据。

在农村经济组织法律支持体系中，政府是主动性因素，起决定和主导作用。农民经济组织是受动者，受政府规范和调控。政府和农民经济组织发生法律联系的中介是作为农村经济组织法律支持体系的基本组成单元的法律规范，包括产业法律规范、金融法律规范、财税法律规范、科技法律规范、社会化服务法律规范以及相关的其他法律规范。也即形成了政府—法律规范—农村经济组织的分析框架，这一分析框架是自足的循环系统，体现出双向运动性。

①第一个环节是政府——法律规范，即法律规范的输出环节

政府是这一环节的主导变迁主体。实际上任何法律规范，不仅仅是法律支持体系的法律规范及其所构成的法律制度，都是在政府主导下的强制性制度变迁。从这个意义上讲，农村经济组织法律支持体系的构建，必须充分发挥政府的主动性和职能性，尽量消减政府行为的官僚弊病。

从政府到法律规范的环节，包含了两个具体环节。第一个环节是政府的立法准备工作。任何缺乏立法准备工作的立法工作都必将是不现实的，也必将是低效率甚至产生负面作用的法律。立法准备从狭义上指“在提出法案前进行有关立法活动，是为正式立法提供条件或奠定基础的活动”，①从广义上说，“是指一切有权主体制定和变动规范性文件的活动”，②反映到农村经济组织，就必然要求对农村经济组织法律支持体系构建要进行立法预测、编制立法规划、形成立法动议和作出立法决策等环节。这些环节取决于两个要素：一

① 张文显主编：《法理学》，高等教育出版社、北京大学出版社 1999 年版，第 278 页。

② 张文显主编：《法理学》，高等教育出版社、北京大学出版社 1999 年版，第 267 页。

是对农村经济组织规律性和现状的认识，即农村经济组织需要哪些方面的帮助；一是政府的有效行动，在政府认识的基础上，启动政府立法运行机制，否则一切将停留在认识的层面上，而没有任何实际意义。

第二个层次就是立法环节，实现法律规范的文本化。即在立法准备的基础上，启动立法程序。这里的立法，不仅指狭义的立法机关立法，而且包括政府及其与农村相关的职能部门如农业部等进行规范性文件的创制工作。由于行政部门的“条块分割”和科层体制，对农村经济组织进行支持的规范性法律文件呈现出统一和分散相结合的特征：既有中央政府及其下属部委的在全国范围内实施的规范性法律文件，又有各个地方政府及其下属政府部门制定的在本区域内实施的规范性地方法律文件。既有中央政府在个别地方就农村经济组织的试点工作依据的规范性法律文件，也有在较大区域就农村经济组织的试点工作所依据的规范性法律文件。但是其涵盖的范围仍然是农村经济组织法律支持体系的功能性要素的范畴。立法的结果是支持性法律文本的输出和对农村经济组织进行支持的法律规范的形成。

②第二个环节是法律规范——农村经济组织，即法律规范的实施环节

一旦对农村经济组织进行支持的法律规范完成其创制工作，而成为实际输出的结果，就不能停留在法律文本上。必须和农村经济组织的现实结合起来，充分发挥支持的功效，从而迈进了法的实现领域。这种支持性法律规范的有效实现与多种因素相关，特别是与法律规范社会化密切相关，它的实现“有赖于人的基本社会需要，有赖于人的社会认识的基本心理机制，有赖于法律规范与社会政治经济和文化现实的一致”。①在这一阶段，从农村经济组织法律支持体系的法律规范出现后，其就脱离了政府和农村经济组织相关的主观性

① 赵震江主编：《法律社会学》，北京大学出版社1998年版，第182页。

而相对存在，不受双方的影响而发挥其效用。

这一环节大体经过以下阶段：第一，对农村经济组织进行支持的法律规范的确定阶段。这种法律规范的对象是一般的农村经济组织和抽象意义上的政府及其与农村相关的职能部门，表达的是普遍的预期，也是对农村经济组织权利的确定和政府支农义务的设置。第二，与支持农村经济组织相关的特定的法律事实的出现。这时候，农村经济组织通过法律规范和政府就具体的法律事实发生关系，该规定得到具体运用，进入实施阶段。第三，支持农村经济组织的法律关系的出现。支持农村经济组织发展的法律规范转化为具体的农村经济组织和政府之间的行为要求，如农村经济组织享有信贷方面的优惠，是以法律赋予的权利和政府设定的相关机构的义务的具体化为前提得以享受的，也即是形成了明确化、特定化、具体化的法律关系。第四，农村经济组织实在地享有了支持其发展的法律规范所规定的权利。相应地，作为相对方的政府及其职能部门的义务也得到了履行和遵守。这一阶段是农村经济组织积极地行使支持其发展的权利，将支持性法律规范的一般规定转化为自身的具体行动。

这一阶段作为农村经济组织法律支持体系运行的重要阶段，也是其归属和目的。在这里，政府的义务和对农村经济组织的合理干预通过法律规范传递给农村经济组织，而农村经济组织通过对法律规范所传递信息的接受和分析，解读政府的导向和意图，具体地配合着和实现着支持性法律规范。

③第三个环节是农村经济组织——政府，即法律规范实施信息的反馈阶段

任何法律规范，不独是支持农村经济组织的法律规范，自其从制定的那一刻起就滞后于不停变化的现实和处于变动状态的社会关系。这并不是陷入绝对的不可知论，因为我们承认经济基础的相对稳定性，是可以被把握和预知的。支持农村经济组织的法律规范在实践中的效果如何，最终还是由农村经济组织自身的效果来证实。因此，反馈机制是必需的，特别是不适合农村经济组织发展要求的法

律规范包括个别法律条款，必须有反馈渠道反映到立法机关，并由立法机关根据得到的反馈信息对农村经济组织法律支持体系进行立、改、废的活动。而立法机关的一系列的立法活动，实际上这就进入了从政府—法律规范的第一环节，从而实现了农村经济组织法律支持运行机制的一个循环。

综合起来，农村经济组织法律支持体系的运行机制是一个运动的耦合态，实现了从政府及其职能部门—法律规范—农村经济组织—政府及其职能部门这样一个闭合的系统。当然，它同外界是存在信息交换的，这种信息交换通过作用于任何一个环节，可以内化为系统的信息要素。

(2)启动机制：农村经济组织法律支持体系运行机制的启动制度

农村经济组织法律支持体系的启动，从狭义上说也就是对农村经济组织进行法律制度创设的过程，也即是立法工作的启动。由于农村经济组织法律支持体系是属于强制性制度变迁的范畴，因而政府是制度变迁的主体，农村经济组织对法律支持体系的需要也必须通过政府的确认来得到表达。政府作为组织体具有有限理性，政府对该项工作的启动，也就必然依赖于对该项制度进行成本与收益的核算。制度收益大于制度成本，则政府乐于启动；制度收益与制度成本持平或者制度收益小于制度成本，则政府的积极性就不足。我们认为，政府对农村经济组织法律支持体系启动机制也就来源于此。

农村经济组织法律支持体系，实质上是政府对农村经济组织运行的有限介入。由于其导向体现在"支持"上，故而支持的本质是政府对农村经济组织利益的让与。从农村经济组织本身来看，是属于收益的范畴，相应地就成为政府的支出成本，这是政府创设农村经济组织法律支持体系的最大成本。归纳而言，政府的成本投入包括：①政府在创制法律支持体系时需要支付的立法成本。这主要是技术性成本，如立法准备中的调研工作、立法草案拟订的经费等，还包括相关职能部门，如农业部、财政部、税务总局为在立法中维护自身利益

而进行协调工作发生的成本,以及社会为进行立法工作而投入的成本等。②政府因制度建立而直接丧失的收益。如金融信贷支持上的贴息、减免的税收、财政投入和科技开发补贴就直接构成了财政收入的损失。但这恰恰是对农村经济组织进行支持的关键和核心。③政府为维护农村经济组织法律支持体系的良性运转而投入的费用也构成了成本。如根据相应的规定设置相应的机构所需经费等。④政府为检测农村经济组织法律支持体系搜集信息而支付的费用等。

政府从支持农村经济组织中,获取的最大收益是政治稳定和农村经济的发展以及由此带动的城市经济发展。当前,农民增收难成为构建和谐社会的重要瓶颈,农村经济薄弱阻碍了社会的进步和公平发展。而农村和农业发展起来的一个重要途径是农业产业化,这已成为理论界和决策层的共识。而农村产业化的核心在于产业化经营组织形式的构建。农村经济组织无疑是一个重要的载体和选择。乡镇企业和合作经济组织在实现农民兼业化和农民组织化上发挥着至关重要的作用。同时,农村经济组织是农民其他一切组织形式的基础,没有农村经济组织的发展带来的农民收入的提高,一切都将是虚幻。如果没有农村经济组织的蓬勃发展,农村经济发展将缺少积极活泼的市场主体要素,农民增收在速度和数量上将受到极大的限制。对于占全国人口的70%的农民来说,增收困难必将出现矛盾的不断累积;但对于建立在占全国人口的70%的农民基础上的政府来说,是个极其危险的事情,任何一个政党都无法忽略它的极端重要性。

当然,这是从政治角度而言。从经济角度看,对于政府而言同样存在远远大于成本的收益,虽然具体的经济收益无法核算。但是,依然能为我们展现一幅发展的可观图景。①农村经济的发展,具备了结构性支撑,农村的组织化得以从经济利益关系上得到突破。把农民的精力集中到经济利益上,则削减了农村从政治组织角度和其他角度组织化带来的政治风险。②农村经济组织的发展给农民直接带来的经济收益,支持了农村其他方面如基础设施建设,节省了政府在

该事项上的投入从而构成了政府的一项收益。③农村经济组织的发展，能为政府提供税收等财政收入。④农村经济组织发展而带动了城市经济的发展，支撑了城市发展的需要，节省了二元经济结构下政府不断持续的投入，如农村经济组织和城市相关经济组织的有序沟通节省了交易费用，也减少了政府因此项事业而支付的相关管理费用。当然，农村经济组织发展带来的效应远不止这些，学术界也有诸多学者论及到了。

在目前农村经济条件下，对农村经济组织进行支持的成本收益显然是划算的，对政府也是有利的。成本—收益的利益差显然就构成了政府的启动机制。但是，仅有纯粹的启动机制是不够的，政府作为制度供给方，并不能因为有大量的制度收益就应该去供给。如果按照这一逻辑，无限制提高税率而增加政府的收益就有了合理性了。另一个关键的因素是农村经济组织对法律支持体系的需求。农村经济组织对法律支持体系有了需求，就天然有一种将其扩大的倾向，以获取更多的利益。而政府为了自身收益的最大化，也有一种在达到目标基础上控制成本投入的倾向。由此，二者就产生了矛盾。这个矛盾启动了法律支持体系，也贯穿于法律支持体系的始终。这将在下个问题中讨论。

(3)互动机制：农村经济组织法律支持体系运行机制的博弈分析

农村经济组织法律支持体系，实质是政府对农村经济组织运行的有限干预。但是这种干预是积极的，是以政府利益的让与为基础，以法律规范为依托。也就是说利益的变动是其内在性，法律规范的强制力是其外在表现形式。国家确立农村经济组织法律支持体系，在进行成本收益的核算过程中，必须考察农村经济组织的现实情况和相关的制度环境，如农村经济组织是否需要支持、需要多大程度的支持、重点需要什么支持、这种支持是否会破坏农村市场经济造成损失以致加大成本等的考量，实际上也是市场调节和国家干预在农村经济组织发展中的作用定位和二者平衡点的寻找，这个属性使对农

村经济组织进行法律支持而具有了属于经济法本质范畴的意蕴。因而内含于农村经济组织法律支持体系属性的互动机制实际上由两条利益线的矛盾运动态构成:政府自身收益线不断矫正和农民经济组织收益线的不断矫正。

由于外在条件和制度环境的不同,政府的收益线时刻处在变化中,并且在一定的时期,可能出现收益转化为成本的情况。如农村经济组织法律支持体系对农村市场调节机制的影响,在初期由于市场机制的极不完善,经济发展落后,农村经济组织自身缺乏发展的能力和外在环境,因而政府的支持能够提升农村经济组织发展的能力和优化其外在环境,获得相对较高的起点以及缩短和较成熟的其他经济组织的差距,从而有利于为农村经济组织提供实质上的平等,且不会对市场调节机制造成损害。但是,随着经济的发展,农村经济组织的实力得到提高,农村经济得到发展,继续支持则可能和市场规律发生抵触而出现收益转化为成本的问题。农村经济组织法律支持体系的调整必须适应农村经济不断发展变化的现实以及由此决定的政府的成本收益线。

农村经济组织成本收益线的正扩大,是农村经济组织和政府共同的追求的目标,但须区分农村经济组织自我发展获取的收益和因政府支持而获得的收益。政府目标是提高农村经济组织自我发展获取的收益,降低因政府支持而获得的收益,前者提高的速度超过后者降低的速度,直至政府的直接投入降低到最低限度。但就农村经济组织而言,为了收益的最大化,又不希望政府支持降低的倾向和要求,从而和政府的利益线发展冲突。政府需要在既不减少农村经济组织收益的情况下,又保证自身投入不断降低从而降低成本扩大收益。这就要求政府的支持必须集中在提高农村经济组织自身实力的发展和外在环境优化上,进而提高农村经济组织自我发展获取收益的能力,使之超过或相当于政府降低支持而给农村经济组织带来的利益损失,保持农村经济组织的整体获益保持在一个稳定的水平线上。这一矛盾贯穿于农村经济组织法律支持体系的运行和发展过程,它

通过政府调和农村经济组织利益来源构成的方式获得平衡。

3. 系统模型分析：构建农村经济组织法律支持体系的运动流程

通过上面分析，已经勾勒出农村经济组织法律体系的运作过程。我们可以用一个图表来总结之，使之更加明晰。

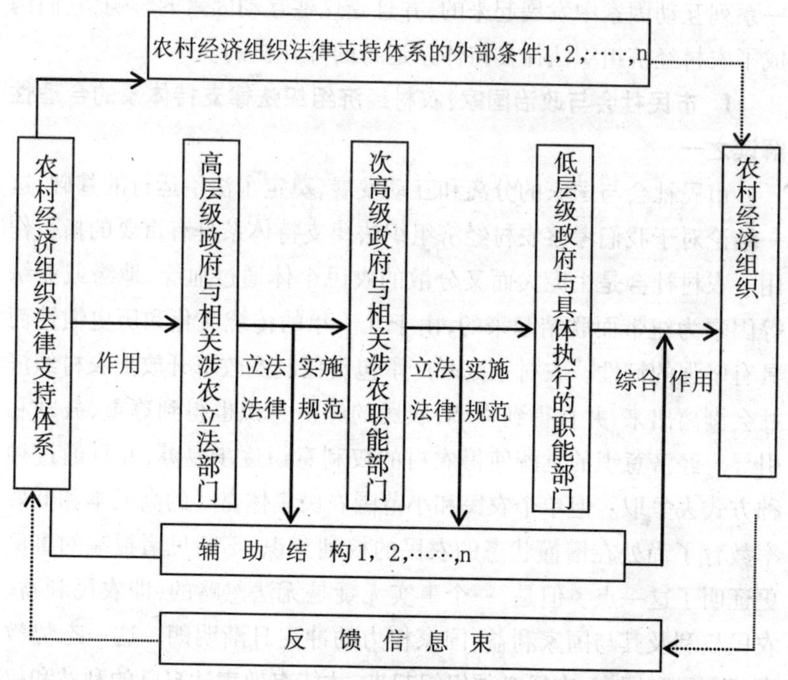

图5—1　农村经济组织法律支持体系运行机制流程图

图5—1是农村经济组织法律支持体系运行机制的流程图，由于外部条件和信息反馈是覆盖全过程的，所以用虚线表示。实际上，在农村经济组织法律支持体系需求的基础上，高层级和上一层级涉农职能部门充当了农村经济组织法律支持体系运作的始动结构，后发的下层级涉农职能部门充当了续动结构，而农村经济组织则充当受动结构和反馈的信息源，中间存在一个多次立法与实施的互动过程。它们是农村经济组织法律支持体系的主体支撑，也是至关重要的实

体结构。

(二) 农村经济组织法律支持体系的外部环境分析

农村经济组织法律支持体系的产生,有其外部合理性。它是在一系列互动因素中发展起来的,并且受这些互动因素的影响,它们构成了农村经济组织法律支持体系运行的外在机制。

1. 市民社会与政治国家:农村经济组织法律支持体系的合理性解读之一

市民社会与国家的分离和互动发展,奠定了法治运行的基础,这一结论对于我们考察农村经济组织法律支持体系具有重要的指引作用。农村社会是由庞大而又分散的农民个体通过血缘、地缘或业缘等因素为纽带而联结起来的,由于几千年的传统文化和历史惯性而具有坚强的韧性。农村家庭联产承包责任制及改革开放把农村经济社会剥离出来,并且得到强调,农民的经济意识也得到尊重、鼓励和引导。经济意识的觉醒使得农村的权利意识逐步复苏,并且通过种种方式去争取。但单个农民和小范围农民集体奋斗的高成本和低效率教育了尚处在懵懂状态的农民的权利意识,不断见诸报端的事例更证明了这一点。但是,一个事实无疑是无法忽略的,即农民利益、农民权利及其与国家利益、国家权力的冲突日渐明朗。这一态势教育了农民和国家:农民必须组织起来,才能有效表达自己的利益和权利观念,农民也认识到自己所追求的首要目标是经济权利和经济利益以及破除由此有关的其他限制;国家必须尊重农民的利益和权利尤其是经济利益和经济权利,节制国家的利益和权力,并且引导和支持农民通过组织化的合理合法的手段表述自己。这个结果多少具有一些在农村领域内市民社会与政治国家的萌芽和雏形。

在农村,市民社会与政治国家这一分析框架显然更加复杂,蕴涵了更多的不确定性因素。作为沟通市民社会与政治国家渠道的农村经济组织,目前显然不具备协调二者利益冲突的能力,它受制于自身的地位、成员、经济实力、追求目标以及权力膨胀的压抑。但是,它却

承担作为农村领域内市民社会和政治国家良性互动的结构性因素的重要历史使命。农村经济组织处在一种尴尬的地位：自身沟通能力的欠缺和自身承担的历史使命出现分裂和悖论。解决这个问题的答案只有两个途径：一是作为市民社会在农村领域主体表现的一个又一个分散的农民和小范围基层组织；一是作为政治国家代表的拥有庞大权力的各级政府。在市民社会和政治国家这一框架有效的既定前提下，解决农村经济组织沟通二者出现的分裂和悖论，显然只能依赖政治国家的扶持，即政府的权力触角深入到农村的"市民社会"内部，培育作为市民社会重要的结构性支柱的农村经济组织。但由于权力本质上的"恶"性和无限膨胀的欲望，必须有一种合适的规则方式来限制权力运行的边界，防止政治国家在深入农村社会时候借助扶持农村经济组织而吞噬了试图培育的农村经济组织。这种"合适的规则和方式"必须独立于政治国家和市民社会之外，而不能是权力的附属和衍生，否则其本身的德性值得怀疑并且易酿成人治的悲剧。法律因其自身的特性，具有天然承担起这一职责的历史逻辑，它在制定中，可以吸收权利与权力利益斗争下的合理因素，一俟其制定后，又成为超越于二者之上的规则体系。所以，作为政治国家代表的政府必须采取适当的方式对农村经济组织进行支持，而支持的载体又必然选择法律的形式。从而，农村经济组织法律支持体系在农村领域内市民社会和政治国家这一分析框架下具有了必然性和合理性。

2. 权利与权力：农村经济组织法律支持体系的合理性解读之二

农村经济组织作经济主体，是凭借其经济权利索取收益和从事经济活动的。经济权利是经济主体取得和维护自身经济利益的资格，来源于经济活动中应遵循的"等价交换"的游戏规则。经济权利的实现表现为经济权利的占有和使用的过程。只有权利的占有，没有权利的使用，权利在经济上得不到实现，权利占有本身也是没有意义的，[①]但"回首过去，对农民来说那是一个权利分布极度失衡的时

① 宋东林、金成晓：《经济权利论》，载《经济学家》1999 年第 4 期。

代，一个权利没有保障的时代”。①农村经济组织作为农民经济利益实现的重要组织载体，继受了农民权利尤其是经济权利缺失的惯性，同时现有的经济权利更多的是具有占有上的意义，在实现意义上的价值是不完整的。

农村经济组织权利的这种状态极易导致两个问题：一是权力对农村经济组织权利的侵犯；二是其他经济组织的权利对农村经济组织权利的侵犯。这两种侵犯大致表现为两种形态：一是对于农村经济组织应该有而实际上并不具有的权利而言，这种侵犯表现为“合法的侵犯”，农村经济组织缺少相应的权利对抗，如乡镇企业在产权问题上的不明晰导致了地方政府对其经济利益上的侵犯；二是对于农村经济组织具有的但并非处于完整状态的权利而言，这种侵犯表现为“事实上的侵犯”，农村经济组织的权利无法得到行使，如合作社在缔约能力上的薄弱性。农村经济组织权利上的缺失和不完整，从根本上限制了农村经济组织的发展，使农村经济组织和其他类型经济组织发生市场交易关系时，处于权利不平等的状态。救济的唯一途径也只能来自于权力，而非权利，因为权力是一种纵向关系，而权利是一种横向关系，试图依靠作为交易对象的权利所有者的自觉性来保证农村经济组织的利益，是纯粹的幻想。

权力救济农村经济组织权利时，也面临着极大的风险，“权力系统往往维持的是一种不很公平的利益划分状态，界定的权利在一定程度上使得部分甚至大部分社会成员处于不利地位”，同时“权力对权利的界定有一定的灵活性，掌握权力的人难免在界定利益关系的过程中为自己或自己想要关照的人作出一定的倾斜”，②也容易产生对农村经济组织权利的侵害。因此对权利的救济必须依托法律规范的形式。从政府权力救济农村经济组织权利，维护权利和权利之

① 王少杰：《权利的贫困与“三农”问题——给予“三农”问题的法治思考》，载《西北第二民族学院学报》2004 年第 1 期。

② 谢志平、林翠、黄新亮：《论利益、权利、权力及其关系人类经济活动基础的辩证分析》，载《湖南大学学报（社会科学版）》1999 年第 1 期。

间的公平，防止权力对权利的侵犯的角度看，也赋予了农村经济组织法律支持体系合理性和必要性。

3. 市场调节和宏观调控：农村经济组织法律支持体系的合理性解读之三

农村经济组织作为重要的市场主体，同时受市场调节和政府调控的作用，而不能游离于其中的一个，这也是市场调节和宏观调控在农业领域相结合的一个极其重要的内容。我国农业改革的过程，既是农业经济管理体制变迁的过程，也是农业中市场主体优化选择的过程。[①] 合理选择和确定市场主体是农业发展中的一个基本问题。传统计划经济体制下，单一的农村合作经济组织作为形式上的市场主体而存在。随着农业的改革与发展，农业中的市场主体已由过去的单一主体演变成了包括基层合作经济组织、股份合作制经济组织、农业企业组织等在内的多元主体构成的农村经济组织。

作为农业市场主体的农村经济组织的选择，可以靠市场调节而自发地形成，也可以靠政府行为来引导形成。但单纯依靠市场或政府往往不能形成合理有效的市场主体结构：一是因为依靠市场调节来形成农业发展中的市场主体，理论上讲有其科学合理的内在机理，但在实际运行中往往因为环境条件、基础条件、个体目标与社会目标的差异、利益关系等问题而不能保证农业发展的有效性和合理性，特别是关系到农业发展的一些基础性建设和发展项目、区域性农业的发展以及具有长远意义的建设等，难以在短期内形成适应农业发展需要的市场主体；二是因为政府行为在市场主体选择过程中作用的范围较小。事实已经证明，完全靠政府行为确定农业发展的市场主体是不可能成功的。

市场调节和政府行为在农村经济组织选择中协调的实质意义在于建立适应农业区域化、专业化、社会化、市场化以及农业现代化发

---

① 赵昌文：《政府与市场——农业发展中市场调节和政府行为的协调机制研究》，西南农业大学出版社 1998 年版，第 55 页。

展需要的多元主体结构。一般意义上讲,二者的协调表现在:①遵循市场调节的基本原则和规律,通过政府行为加速有效主体的形成。诸如区域农业综合开发主体的选择和确定,农业产业化发展主体的选择和确定,较大规模农业企业及企业集团的形成等。②市场调节起着基础性的、主要的作用,政府行为主要起着辅助的引导、调节(鼓励或抑制)作用。在一些市场调节难以快速形成农业发展所需要的、有重要意义的新的主体方面,政府行为的调控作用能够弥补市场调节的不足。③当市场调节导致农业发展市场主体结构不合理时,政府行为的调节能够克服市场调节的滞后性和盲目性所造成的问题,甚至可能通过政府行为的事前控制在一定程度上消除市场调节的盲目性和滞后性。

从市场调节基础上政府宏观调控行为的必要性可以看出,农村经济组织法律支持体系也是必然必需的。

4. 时空场域:农村经济组织法律支持体系的作用效力

探讨农村经济组织法律支持体系的时空场域,实质上是解决其发挥作用的效力问题。农村经济组织法律支持体系不是超时空的抽象存在物,它是一个实际存在并发挥作用的法律规则体系。在不同的时空条件下,农村经济组织法律支持不应该以同一的面貌出现,这是违反事物是在运动中发展变化的基本辩证法原理的。①

首先,农村经济组织法律支持体系的时间性是指农村经济组织法律支持体系实践过程中的持续性、间隔性和顺序性,其特点是一维性和不可逆性。在不同的历史发展阶段,在农村经济发展的不同周期,在农村经济组织面临的不同时段,农村经济组织法律支持体系的内容和形式表现为不同的存在。在农村经济发展的初期阶段,显然需要加大支持的力度,相应的农村经济组织法律支持体系的范围、程度、力度都要加大,而不能是泛泛而谈、体现太多的原则和抽象,要具

① 辩证法大师黑格尔认为,"时间和空间的本质在于运动",辩证唯物主义认为,时空同运动是不可分的。

有明确和具有可操作性，农村经济组织法律支持体系体现出随社会经济发展而依序演进的时间性。

其次，农村经济组织法律支持体系的空间性是指农村经济组织法律支持体系在不同区域并存的秩序，其特点是三维性或可逆性，具体表现为地域间农村经济组织法律支持体系的并存、交流、冲突和融合。在当前的农村经济发展中，明显地呈现出级差状态，即东部、中部和西部的农村经济发展水平差距扩大，南方和北方的农村经济发展水平差距扩大。这就要求对不同地区的农村经济组织法律支持体现要实现不同的支持规定，而不能一竿子到底。

在农村经济组织法律支持体系作用的时空场域上，呈现出不同的景象。我们从对象效力、空间效力和时间效力上展开一定的分析。

(1)农村经济组织法律支持体系的对象效力，即农村经济组织法律支持体系的适用对象有哪些，对什么样的组织有效。农村经济组织法律支持体系的直接适用对象是明确的，也体现了其价值取向。围绕对农村经济组织进行支持而设置的一系列支持规则，对于农村经济组织的认定，我们在前文中已论述。但是，农村经济组织法律支持体系涉及到的责任主体比较广泛，包括中央政府及地方政府、农业部门、财政部门、税收部门、银行、科技部门等以及其他负有支农责任的部门。

(2)农村经济组织法律支持体系的空间效力，即农村经济组织法律支持体系效力的地域范围。就农村经济组织法律支持体系而言，大致可以分为两个部分：在全国范围对农村经济组织统一生效的法律和在特定地域对农村经济组织生效的法律组成，而后者又可以细化到市县乃至乡镇。

(3)农村经济组织法律支持体系的时间效力，即效力的起止时限。我们应特别注意到农村经济组织法律支持体系的周期性。经济发展是有周期性和阶段性的，而由经济发展决定的农村经济组织法律支持体系也必然具有经济发展的特征。应该根据经济发展的不同阶段进行调整，使农村经济组织在得到有效支持的同时不至于生产

出其他"副产品"。如在农村经济组织得到充分发展后,就不能继续坚持初期的支持规定,而必须更改降低支持的规定和标准,否则对其他经济组织构成不公平的和低效的制度障碍。

三、农村经济组织法律支持体系的应然分析

法律的实然是实际存在的,它和国家、政治紧密相连,是由国家通过一定的方式制定出来的,并得到了国家强制力的保障,又称为制定法。① 农村经济组织法律支持体系属于法律的应然范畴,决定并反作用于农村经济组织的现实经济状态,带有浓厚的价值分析色彩,是由主权国家制定并表达一定阶级意志和阶级利益的规范体系。

(一)机理与环境:农村经济组织法律支持体系的创新基础

1. 农村与政府关系的重新审视:农村经济组织法律支持体系的能动追求

长期以来,农村与政府的关系处于畸形状态。几千年的封建社会,国家以形式上的乡村自治实施了实质上的严格控制,并以严刑酷法来维护国家统治农村社会的绝对权威。这种东方式的专制主义直接吞噬了农村社会的独立性,更不同于西方农村社会内含于市民社会与政治国家对农村的复合和同一。建国后,在政策城市偏好的指导思想下,农村和城市被截然划分,形成泾渭分明的两个社会区域,农村长期处于政策支持的边缘化地段。同时,长期计划经济体制使得农村社会被行政化,其结果是"三农"问题突出。于是,政府不得不重新审视农村与政府的关系,并形成了"以市场为导向,以计划为补充"的基本认识,正在逐步学会尊重农村社会尤其是农村经济社

① 徐刚:《论法及法律的应然与实然》,载《贵州大学学报(社会科学版)》2001年第4期。

会的独立性。国家与社会分别代表了两个领域，二者的互动不是逻辑上的抽象的互动，必须通过一定的组织实体来实现。国家不可能以中央政府的面目直接展现在农村社会面前，而农村社会也不可能实现每个人都与国家直接对话，甚至不能与基层政权直接对话。于是，农村经济组织成为代表农村社会与国家谈判的一种整合力量。农村经济组织的功能不仅能在国家和农村社会之间确定一个组织边界，同时还可以确定国家行动的边界。

从根本上说，我国农村与政府关系重构的基点是政府失效而非市场失灵，因为在我国农村没有完全的市场经济，相反一直是政府行为主宰的王国。(1)政府行为不利于农业发展中市场机制作用的充分发挥。在实际工作中，政府行为难以完全做到理性和合理，政府的不规则行为时有发生，政府行为将在很大程度上抑制市场机制的作用，不利于农业市场主体依据市场经济的运行规则开展生产经营活动。(2)政府行为不利于农业发展中"责、权、利"的有机统一。首先，政府对农产品生产经营的限制和干预，人为地造成了部分领域的进出壁垒，使市场主体处于不平等竞争地位，从而导致了利益分配的失衡和地区农业发展的失衡。其次，政府对农业生产经营活动的统一安排和布局客观上限制了市场主体的自主权利和利益。最后，政府及有关部门的不合理收费往往是加重农民经济组织负担的一个基本原因。(3)政府行为在一定程度上弱化了农户作为基本的市场主体所应有的自主经营和决策权。

政府在农村关系上有其局限性，但不意味着政府行为应撤出农村社会，相反有其存在的价值。在农村经济组织的培育中，政府的作用不可或缺。因为农村经济组织的培育不仅仅是单个企业或农户的生产和发展问题，而是设计农村市场经济发展和农村市场开拓的大问题。在农村经济组织的发育和培育过程中，要涉及到诸多部门、诸多环节、诸多利益主体的经济利益问题和诸多矛盾，涉及到生产关系的调整和组织创新。这许多问题和矛盾的解决，必须依靠政府的力量，发挥政府的积极作用。

(1)扶持和保护作用。扶持和保护主要是资金支持和政策保护。资金支持方面,一是要充分运用财政投资、融资和信贷,对农业产业化发展起牵引作用。二是制定税收、信贷及土地使用等优惠政策,鼓励国内大企业和外商投资开发农业,组建带动农业产业化的龙头企业。三是尽量争取中央将农业产业化链条各环节所实现的中央税收大部分或全部留给地方,以保护地方财政支持农业产业化的积极性。政策保护,就是要加强对农业产业化经营体系中各农村经济组织主体利益的保护,尤其是农户利益的保护。一是要求各级政府严格执行国家制定的各项扶农、惠农的支农政策,确保农业产业化中各投资主体的稳定性和积极性。二是协调好农业产业化经营体系中龙头企业与农户的利益分配关系,在公平互惠、利益均沾的原则下,确保农户的既得利益不受侵犯。三是建立和发展中介组织的作用,保护农民的合法经济利益。

(2)引导作用。政府引导各市场主体,使其生产经营活动能及时适应市场。首先,引导它们增强市场意识,把对市场的研究、预测和开拓作为生产经营的起点和归宿。其次,按照市场化和产业化规划的要求,引导农村经济组织调整产业结构和产品结构,布局规划主导产业区。最后,引导各市场主体增强环境保护意识,使其生产经营活动建立在可持续发展的基础之上。

(3)组织协调作用。首先,政府应以积极的态度明确并发挥自身在农村经济组织培育中的职能,运用各种经济手段、法律手段及必要的行政手段为农村经济组织创造一个平等、公平、进出有序的竞争环境和法律环境。其次,协调各部门的关系。如在组织农业产业化龙头企业方面,对龙头企业的审批手续要简化,要从区位优势着眼合理布局,避免农村经济组织恶性、无序竞争。最后,协调农村经济组织在农业社会再生产过程中各环节的衔接和责、权、利关系。

(4)服务作用。一是搞好交通通讯等基础设施建设,建立起各种信息网,为市场主体获取各类市场信息提供基础性服务。二是建立各种农业科技的研究、推广组织,为解决市场主体的技术难题服

务。三是搞好商品流通服务，建立以市场需求为导向，统一开放、竞争有序的市场体系。四是为农村经济组织搞好相关法律服务。

2. 农村经济组织的重要性：农村经济组织法律支持体系的现实基础

改革开放近三十年来，农业和农村经济发生了深刻的历史性变化。但进入新的发展阶段后，农产品卖难，价格持续走低，农民增收滞缓的矛盾日趋明显，成为党中央高度重视、社会各界普遍关注的一个热点和焦点问题。如何破解这一难题呢？普遍认为，农民进城、组织创新、增加积累是当前最起码的三个办法。其中，提高农民的组织化程度，把家庭联产承包经营的责任心、灵活性与规模经营结合起来是增加一些农民竞争能力的有效办法。从农村经济社会发展进程看，这也是必经的一个发展阶段。

农村经济组织发展的必然性向我们昭示了发展的导向，这也为现实所证实。①从农民本身看，作为占我国人口绝大多数的群体，却一直缺乏能代表自身利益的声音。农村经济组织及其联合组织形式作为代表和维护农民权益的利益集团，则能及时向政府及其有关部门反映本区域农民和组织的要求、建议与意见，积极争取政府的政策扶持。②从国内环境看，自20世纪80年代初我国全面推行"家庭联产承包制"后，农户家庭成为了农业资源配置和社会秩序优化的基本组织单元。这一制度充分调动了农民生产经营的积极性，从而解决了亿万农民的"温饱"问题，但同时也使我国农业组织出现小规模、分散化的特点。由此导致的卖粮难、增产不增收、交易费用上升、不确定性增加等问题频繁出现，由此而产生了一系列严重的政治、经济、社会问题。发展农村经济组织等中介组织，可以为广大农户提供农资供应、产品加工与销售、市场信息、技术交流与培训、生产指导等服务，从而能缓解小生产与大市场之间的矛盾，促进农业结构调整，最终实现农民增收和农业增效。③从国际环境看，我国加入WTO后，我国政府对农业的直接保护力度将逐年减弱。与此同时，近年来国外大企业、大协会纷纷抢滩中国市场，我国农业生产经营正面临来

自国外农业的巨大挑战。如果我们不能通过新的形式把分散经营的农户有效组织起来,"散兵游勇"势必难以抵御"八国联军","提篮小卖"肯定无法对抗"跨国集团"。提高我国农业组织化程度刻不容缓,而建立农村经济组织是提高农业组织化程度最重要的一个手段。

通过分析可以发现,我国农村经济组织存在诸多问题:①我国大多数农户刚刚解决温饱问题奔向小康,经济基础薄弱,缺少投资能力,农业生产率低下,农业劳动主要功能是谋生的手段。②我国的合作社曾受到"左"倾错误的伤害,近年刚刚进入一个发展的时期,形式不成熟,功能不完全,数量还不多,对农户家庭经营的服务和带动作用还不强。③我国的农村经济组织绝大多数已走进市场,有参与市场竞争的热情和信心,但总体上不够成熟,机制还没有完全摆脱计划经济的桎梏,参与国际竞争的实力和经验严重缺乏。④我国大多数农村经济组织尤其是乡镇企业还带有古典企业的色彩,企业规模较小,职能和产品单一;市场规模狭小,大多数情况下局限于地方市场;经营决策为集权式,所有权和经营权是统一的;筹资方式和渠道单一,技术、工艺水平低下。在企业发展上,我国农村经济组织更为侧重内部发展战略而较为忽略外部发展战略。即内部管理制度建设、开源节流、更新技术、减员增效等常常是企业领导优先考虑的问题。外而忽视外部发展战略即忽视企业扩大生产经营规模,难以实现规模经济、增加赢利机会。⑤大多数农业企业主要是面向地方市场或区域性市场,狭小的市场范围决定了企业低水平的经营规模、经营方式和简单的科技工艺。⑥我国证券市场出现时间较短,机制不健全,国际化程度不高,农村经济组织上市不多,利用证券市场的工具和手段比较单一,证券市场推动农业的力度与发达国家相比尚有较大差距。从整体上看主要是"三个不适应、一个不充分",即思想认识不适应、组织发育不适应、政策环境不适应,在经济发展中的拉动作用还很不充分。

(1)农村经济组织创新,可以统一调度资源,使生产要素实现优化组合,增强市场开拓能力和市场谈判地位,降低经营成本,提高整

体竞争力。入世后欧盟、日本、韩国等发达国家对我国的农产品出口多次亮起红灯，日本甚至提出了对我国农产品进行批批检验和对加工的每一道环节进行检测的苛刻要求，贸易保护由关税壁垒转向技术壁垒。面对这些贸易纠纷，一家一户的农民势单力薄，很难构成对等谈判主体，在贸易交往中往往明显处于劣势地位。必须加快组织创新，通过新的组织形式，构建新型生产关系和生产力布局，把千家万户的小规模生产联合起来，形成统一的竞争实体和谈判主体，有利于够提高农民在国际市场上的谈判地位和竞争能力。

(2)农村经济组织创新，还能够极大地推动农民进城的步伐。一定意义上讲，参与新型经济组织的农民，与传统意义上的农民已经有了相当大的区别。他们在社会参与性上显得比较积极，为了维护自己的利益、增加自己的收益能够主动地寻求组织依托。

(3)农村经济组织创新，是新形势下农村改革的深化，是生产力和生产关系矛盾运动的内在要求。从农村工作实际看，农民收入增长滞缓的一个重要原因是农户经营规模较小，城乡经济分离，农业和工业脱节。这使农业生产中效益较高的加工和运销环节基本被排斥在农业之外，农业内部只剩下盈利较少的生产环节。这造成了农业发展过程中，一边是投入不足，另一边还有利益流失、效益低下的问题。同时个体农户与大市场信息不对称、资金量不对称、专业化不对称，竞争能力和抗御风险能力大打折扣，进入市场的难度加大。解决这些问题，迫切需要创新经济组织，把农民从分散的领域和地域中组织起来，参与产加销等农业生产的各个环节之中。通过扩大产业链条，促进专业化，提高区域化、规模化生产水平，牵动农业向规模经营和集约经营发展，使农村经济组织成为风险共担、利益共享的经济联合体，将农产品加工和销售环节的利润留在农业内部，形成农业增效、农民增收、财政实力增强，加快农业第二次飞跃的新格局。

3. 支持政策的运用：农村经济组织法律支持体系的技术基础

虽然目前对农村经济组织进行法律支持缺乏系统性和全面性，但是我国政府对农业、乡镇企业以及中小企业进行支持的政策实践

为农村经济组织法律支持体系的构建提供了技术基础。特别是《中小企业促进法》的出台,为对农村经济组织进行法律支持提供了范本和演习堂。《乡镇企业法》也有诸多条款涉及到国家对乡镇企业的支持。从总体上说,支持规则的系统化、体系化以及法制化都还存在着很大的缺陷,但是这些政策和法治实践为农村经济组织法律支持体系的构建提供了参照,积累了经验,使得农村经济组织法律支持体系的构建减少了法律供给的成本和与实践的摩擦力。

(二)应然体系:农村经济组织法律支持体系的构建

本部分内容重点分析农村经济组织法律支持体系的应然框架,提出宏观思路,为下文具体内容的展开提供坐标和参照系。

1. 农村经济组织法律支持体系的法律目的

为了充分发挥农村经济组织在解决"三农"问题中的重要作用,农村经济组织法律支持体系必须围绕一定的目的进行具体化。我们认为,农村经济组织法律支持体系法律目的的确定必须依据以下两个原则:第一,保护农村经济组织合法权益。从总体上说,农村经济组织是市场的弱者,而且绝大多数是中小企业以及实力相对较差的合作经济组织,经常受到歧视和不公正的待遇,包括在法律上享受权利的歧视以及行使权利受到的实际上的歧视。所以,国家必须保护农村经济组织财产及其出资人(主要是以资金、不动产以及劳务出资的农民)的合法权益,任何单位和个人不得侵犯农村经济组织财产及其合法权益,不得向农村经济组织非法摊派、收费和罚款。任何单位和个人不得歧视农村经济组织,不得对农村经济组织附加不平等的交易条件。第二,积极扶持农村经济组织创业和发展。这是政府的职责,也是农村经济组织法律支持体系的核心及主旨所在。政府要充分运用财政政策、金融政策、税收政策、产业政策、技术政策以及社会化服务政策,为农村经济组织的发展塑造良好的经营环境,发挥农村经济组织在解决"三农"问题中的独特作用和价值。

根据上述指导思想,我们认为农村经济组织法律支持体系的法

律目的有两个方面：

(1)促进农村经济组织健康发展。农村经济组织的发展，取决于内部因素和外部因素，即一方面依赖于外部的发展环境，另一方面也取决于内部的经营措施、管理水平、生产内容、科技含量等。“促进农村经济组织健康发展”，核心在促进，目的在发展。促进不是压制、刁难、歧视和设置障碍，不是消极对待，而是扶持、服务、帮助、积极地采取措施，促进是一种行为，表明的是一种态度，表示了国家立法对农村经济组织发展的政策导向，表现为国家将在法律上为农村经济组织的发展提供支持。一切法律、政策和措施的制定都着眼于促进农村经济组织的健康发展。这主要是针对提升农村经济组织自身的实力，通过支持性规则引导其提高经营管理水平、优化产品结构、提高科技含量等内部因素的改善，而获取一定的发展资本。甚至可以直接深入到农村经济组织内部，以法律的强制性规则来牵引其发展。在社会主义市场经济条件下，不主张过多地使用直接干预的手段，而应以引导性规范为主。

(2)改善农村经济组织的经营环境。健康发展和经营环境密切相关，改善经营环境是农村经济组织健康发展的外部条件，也是重要的基础条件。从某种意义上说，农村经济组织的健康发展是良好外部环境的可能表现。改善经营环境是针对不良经营环境而言的。当前农村经济组织的发展遇到很多问题，如乡镇企业的负担重，参与咨询、参加培训的费用比较高，特别是针对乡镇企业乱收费的现象普遍存在，作为行政主体的相关行政机关对乡镇企业的服务意识淡薄，但干预现象严重；作为农村组织化的有效载体，合作社的发展发挥了重要的作用，但是，国家缺乏必要的组织化去引导推动合作经济组织走横向联合的道路，导致合作经济组织的实力较弱，发展空间无法扩展，也限制了合作经济组织在农业产业化中组织载体作用的发挥。

2. 法律支持体系中国家对农村经济组织应遵循的方针

在农村经济组织法律支持体系中，确定国家对农村经济组织的方针非常关键。既要明确国家主要是作为责任主体出现，又不能完

全丢弃国家促进同时的职权性质；既要主要突出支持、突出促进，也要明确国家对农村经济组织的管理关系。这一关系的处理可以借鉴国家在处理与中小企业关系上的一些有益的经验。

(1)积极扶持。扶持农村经济组织的发展，涉及的面比较广，农村经济组织法律支持体系的主要内容是支持，也即是扶持。一方面政府及其职能部门要扶持农村经济组织的发展，要改善农村经济组织的外部环境，要杜绝压制、刁难等不良现象，为农村经济组织的发展提供便利。另一方面政府对农村经济组织的扶持必须积极。这种积极不能侵犯农村经济组织的合法权益，不能非法干涉农村经济组织的生产经营。政府必须实现从消极行政向积极行政的转变，重在服务。

(2)加强引导。在对农村经济组织进行支持扶助的同时，还要对其进行正确地引导。从某种意义上说，正确的引导也是扶持的一个方面，引导好了，农村经济组织健康发展，少走弯路，少出差错，这实质上也是一种支持和促进。加强引导不能只是思想上、理论上的指导，还应当有管理方法、法律规范、高新技术、先进生产工艺、市场开拓、资金支持等各方面的支持和辅导，帮助农村经济组织走上健康正确的发展道路，摒弃那些不正当竞争、不遵循市场行为规范、不遵守法律法规、不良的甚至是违法的行为。

(3)完善服务。农村经济组织在市场经济中处于弱势地位，在获得各类信息、人才、资金和适用技术，进行生产资料采购、生产、销售等都面临不少困难。分析这些问题，社会化服务体系不健全也是制约农村经济组织发展的原因之一。专门针对农村经济组织从事社会服务的终极结构比较少，且往往设在政府部门，如“七站八所”，同时行政色彩浓厚，不能真正地提供农村经济组织所需要的社会服务。政府在支持建立农村经济组织的社会化服务体系时，必须动员社会各方面的力量、鼓励各种类型的社会中介机构为农村经济组织提供服务。

(4)依法规范。依法规范与加强引导在某种意义上说基本含义

是大体相同的，依法规范更多地是从消极角度来看的。在农村，政府经济职能迅速扩大的同时，并没有对农村经济组织实施有效的管理和调整，使农村经济组织面临的一些问题不能及时得到规范。依法是指依照国家的法律法规，不仅局限于农村经济组织法律支持体系的法律规范，还包括其他法律法规。农村经济组织要严格遵守国家法律法规，政府在规范的同时也必须依照法律进行规范活动，实施规范行为。

(5)保障权益。在农村经济组织的发展过程中，无论哪种类型的农村经济组织的合法权益都必须得到保障。无论是歧视和不公正待遇，还是非法摊派、收费和罚款，都是对农村经济组织合法权益的侵犯。农村经济组织的资产必须得到法律保障，任何单位和个人都不得增加农村经济组织的负担。同时，行政管理部门有责任维护农村经济组织的合法权益。

以上这些方针，实质上就是为农村经济组织的发展创造良好的政策环境、市场环境和法制环境。

3. 农村经济组织法律支持体系的法律规范构成

农村经济组织法律支持体系，重在支持，即国家如何对农村经济组织进行支持。对农村经济组织的支持，涉及的面广，措施也是多方面的。如资金的支持、创业的支持、技术创新方面的帮助、市场开拓的辅助、社会服务方面的措施等。从主体上，可以有政府支持、行业支持、社会支持等；从行为上说，可以有财政支持、资金支持、技术支持、税收支持、信贷支持等；从过程上说，可以有创业支持、管理支持、生产支持、市场开拓支持、销售支持等。法律是规范行为的，支持行为对农村经济组织的作用是关键性的。因而从行为的角度分析农村经济组织法律支持体系的构成，具有重要意义。农村经济组织法律支持体系的法律规范构成包括产业支持法律规范、财政支持法律规范、技术支持法律规范、税收支持法律规范、信贷支持法律规范等。但核心规范可以归结为对资金支持以及技术支持，其他的法律规范是围绕这两个规范展开和发挥作用的。

资金支持法律规范具体包括财政支持法律规范、信贷支持法律规范、金融法律支持规范、税收支持法律规范等。①财政支持法律规范指中央财政和地方财政对农村经济组织的支持。具体包括:中央财政预算应当设立农村经济组织科目,安排支持农村经济组织发展专项基金;地方政府应当根据实际情况为农村经济组织提供财政支持。②信贷法律支持规范是指为改善农村经济组织的融资环境,金融机构根据国家的信贷法律法规和政策,调整信贷结构,加强信贷管理,改进信贷工作方法,使信用贷款切实成为农村经济组织解决融资问题的重要途径。③金融支持法律规范是指金融机构应努力改进金融服务,转变服务作风,增强服务意识,提高服务质量,为农村经济组织融通资金提供形式多样、产品丰富的金融服务。④税收支持法律规范指国家为支持农村经济组织而实行的税收优惠的法律规范。包括税收减免、降低税率、提高税收起征点以及提高固定资产折旧率、税收宽限及简化手续等优惠措施。

技术支持法律规范是国家鼓励农村经济组织技术创新的法律规范。大致包括以下几个方面的内容:①国家制定政策鼓励农村经济组织按照市场需要,开发新产品,采用先进技术、生产工艺和设备,提高产品质量,实现技术进步。农村经济组织创新项目以及为其他经济组织产品配套的技术改造项目,可以享受贷款贴息政策。②政府有关部门提高政策支持,推进建立各类技术服务机构、生产力促进项目和科技龙头企业孵化基地,为农村经济组织提供技术信息、咨询和转让服务,为农村经济组织产品研制开发、技术开发提供服务,促进科技成果转化,实现技术、产品升级。③国家鼓励农村经济组织与研究机构、大专院校开展技术合作、开发与交流,促进科技成果产业化等。

四、农村经济组织法律支持体系的实然分析

本部分从实然分析角度,着重考察我国目前农村经济组织法律

支持体系的立法现状并进行评析，为制度构建提供现实基础。

（一）农村经济组织法律支持体系的相关立法状况

1. 企业制模式的农村经济组织立法及相关法律法规

有关乡镇企业的立法是农村经济组织法律支持体系中最为完备的立法。自 1996 年 10 月通过《乡镇企业法》以后，以 2002 年《中小企业促进法》为推动，初步形成了以《乡镇企业法》和《中小企业促进法》为核心，以大量的行政法规和行政规章为辅助，以政策性法律文件为补充的乡镇企业法律支持体系。主要包括以下法律法规：

《中华人民共和国乡镇企业法》、《中华人民共和国中小企业促进法》、《财政部、国家税务总局关于乡镇企业东西合作示范项目有关财税政策问题的通知》、《财政部关于对乡镇企业进一步减、免工商所得税的通知》、《财政部关于财政支持农业技术推广的若干意见》、《财政部关于调整农村社队企业和基层供销社缴纳工商所得税税率的规定的通知》、《财政部关于鼓励科技人员支援乡镇企业有关财务列支问题的通知》、《国务院纠正行业不正之风办公室关于治理向乡镇企业乱收费、乱罚款、乱集资和各种摊派等问题的通知》、《农业部、国家计划委员会、国家经济贸易委员会、国家教育委员会、国家科学技术委员会关于加快乡镇企业科技进步的意见》、《农业部、国家计划委员会、国家经济贸易委员会、国家教育委员会、国家科学技术委员会关于印发“九五”乡镇企业科技进步纲要的通知》、《农业部、人事部关于进一步鼓励人才向乡镇企业流动的通知》、《农业部关于加强农村经纪人队伍建设的意见》、《农业部全国乡镇企业家管理办法》、《农业部印发〈关于加强乡镇企业信用管理工作的意见〉的通知》、《农业部乡镇企业东西合作示范工程方案》、农业部等七部委《乡镇企业负担监督管理办法》、《农业部乡镇企业组建和发展企业集团暂行办法》等大量的法律、法规和规章，以及各个地方出台的支持乡镇企业发展的地方性法律文件，涉及到乡镇企业的方方面面，为乡镇企业出现“三分天下有其一”的辉煌提供了良好的法律支持

环境。

2. 合作经济组织模式的农村经济组织立法及相关法律法规

以合作经济组织为主体的立法则相对滞后,有许多法律基本上处于空白状态,亟待完善立法,为合作经济组织的发展提供支持。《农民专业合作社法》的通过是一个重大突破,对合作经济组织的发展具有重大意义。

2003 年实施的《中华人民共和国农业法》第十一条规定,"国家鼓励农民在家庭承包经营的基础上自愿组成各类专业合作经济组织";该法第十四条规定,"农民和农业生产经营组织可以按照法律、行政法规成立各种农产品行业协会,为成员提供生产、营销、信息、技术、培训等服务,发挥协调和自律作用,提出农产品贸易救济措施的申请,维护成员和行业的利益"。该法第四十四条规定,"国家鼓励供销合作社、农村集体经济组织、农业专业合作经济组织、其他组织和个人发展多种形式的农业生产产前、产中、产后的社会化服务事业。县级以上人民政府及其各有关部门应当对农业社会化服务事业给予支持"。

《农村土地承包法》第四十二条"承包方之间为发展农业生产,可以自愿联合将土地承包经营入股,从事农业合作生产",法律肯定农村"专业合作经济组织"、"农产品行业协会"、"社会化服务事业"和"土地承包经营权入股"的合法性。

《农村专业合作社指导办法(试行)》第二条规定,"本办法所称专业合作社是指由从事同行业或同类产品的生产者和经营者,按照合作社原则,自愿出资联合设立,自主经营、自负盈亏、自我服务、民主管理,实现共同发展的合作经济组织"。其第三条规定,"专业合作社的基本职责是贯彻执行国家有关政策法规,遵纪守法,诚实守信,为社员提供生产、生活服务,维护社员合法权益,增加社员收入,在农民与市场之间发挥桥梁和纽带作用"。其第四条规定,"设立专业合作社应具备下列条件:(一)从事同类产品或同种行业的生产、经营和服务,组织 3 家以上、农户和自然人 7 人以上作为发起人;

（二）有经社员共同讨论制定的章程；（三）有固定的经营场所，及与其开展业务活动相适应的资金和经营服务手段”。2003 年 12 月《中共中央国务院关于促进农民增加收入若干政策的意见》的第十二条谈到要“培育农产品营销主体。鼓励发展各类农产品专业合作组织、购销大户和农民经纪人。积极推进有关农民专业合作组织的立法工作。从 2004 年起，中央和地方要安排专门资金，支持农民专业合作组织开展信息、技术、培训、质量标准与认证、市场营销等服务。有关金融机构支持农民专业合作组织建设标准化生产基地、兴办仓储设施和加工企业、购置农产品运销设备，财政可适当给予贴息。深化供销社改革，发挥其带动农民进入市场的作用。加快发展农产品连锁、超市、配送经营，鼓励有条件的地方将城市农贸市场改建成超市，支持农业龙头企业到城市开办农产品超市，逐步把网络延伸到城市社区。进一步加强产地和销地批发市场建设，创造条件发展现代物流业。加强农业生产资料市场管理，有关部门要保证货源充足、价格基本稳定，严厉打击制售假冒伪劣农资等坑农伤农行为。支持鲜活农产品运销，在全国建立高效率的绿色通道，各地要从实际出发进一步改善农产品的流通环境”。党中央国务院数个一号文件也强调了要鼓励发展各类农产品专业合作社。这些法律和政策为农村合作经济组织的发展提供了有力支持，发挥出巨大的效应。

同时，各个地方制定了一些促进和支持农村合作经济组织发展的法律文件。如江苏省 2000 年下发了《关于发展农村专业合作经济组织的意见》，2003 年出台了《省政府关于全面推进农业产业化经营意见》，明确提出专业合作经济组织是推进农业产业化的三大主体之一。2004 年下发了《关于促进农民增加收入若干政策意见》对发展农村经济组织进一步明确了支持政策。

浙江省 2003 年出台《关于进一步加快农村经济社会发展的意见》和《浙江省农民专业合作社示范章程》，对引导规范农村合作经济组织发育发展起了重要作用。2003 年 6 月，浙江省被农业部批准为全国唯一“农民专业合作经济试点省”，试点省的总目标是“制定

扶持政策、加快立法进程，为农民专业合作经济组织创造良好的发展环境；坚持统一指导，多层次、多类型兴办，努力在培育和发展有新突破；深入调查研究，认真总结经验，进一步规范农民专业合作经济组织的运行机制”。在这一目标下，试验主要完成六项任务：(1)开展农民专业合作经济组织地方立法调研，确立农民专业合作经济组织的法律地位；(2)探索政府和农业主管部门对农民专业合作经济组织的宏观管理和指导方式，制定政府对农民专业合作经济组织和农产品行业协会的扶持政策；(3)指导农民专业合作经济组织规范发展，探索组织内部运行机制；(4)研究农产品行业协会与农民专业合作经济组织的连接方式，农产品行业协会的职能及发展规划等问题；(5)研究农业主管部门统一指导，有关部门配合，多层次、多类型兴办的发展机制；(6)探索农民专业合作经济组织带动农户，推进农业专业化发展的有效途径①。

2006 年 10 月 31 日通过的《中华人民共和国农民专业合作社法》，对合作经济组织的发展具有里程碑式的意义。明确了依法成立的农民专业合作社具有法人地位，并且在第七章规定了国家对农民专业合作社的扶持政策。该法于 2007 年 7 月 1 日正式实施，实施的成效如何还有待于实践进一步检验。但有一点需要强调的是，对于第七章规定的扶持政策，有关部门必须尽快制定配套法规和规章，否则只能流于形式，使该法的实践效果大打折扣。

3. 产业化经营模式的农村经济组织立法及相关法律文件

产业化概念被提出后，就作为一个重要的概念在理论和决策层占据了重要地位。在这一阶段，比较有代表性的法律文件有以下一些：《中央财政支持农业产业化资金管理暂行办法》、农业部等八部委《关于扶持农业产业化经营重点龙头企业的意见》、《国家税务总局关于明确农业产业化国家重点龙头企业所得税征免问题的通

① 浙江省农业厅文件（[2003]20 号）《关于做好农业农民专业合作经济组织试点省实施工作的通知》。

知》、农业部等八部委联合颁发《农业产业化国家重点龙头企业认定和运行监测管理暂行办法》、《中央财政支持农业产业化立项指南（试行）》、《关于财政部门支持农业产业化发展的意见》、《北京市财政局关于下发〈财政支持农业产业化项目资金暂行管理办法〉的通知》、《北京市财政局关于下发北京市财政支持农业产业化资金管理办法的通知》、《安徽省人民政府批转省农经办关于组建农业产业化省级龙头企业集团实施意见的通知》、《甘肃省人民政府办公厅关于印发甘肃省大型农业产业化龙头企业和饲料生产企业入市直接收购粮食实施办法的通知》、《黑龙江省关于对全省农业产业化情况进行调查的通知》、《中共广东省委关于大力推进农业产业化经营的决定》、《中共江西省委、江西省人民政府关于加快发展农业产业化经营的决定》等。

这些规范性法律文件和政策对产业化经营组织形式的培育和发展发挥了重要的作用，既取得了良好的效果，也存在诸多的不足。

（二）农村经济组织法律支持体系立法状况评析

1. 从支持制度的实体评析

（1）政策失衡，体制不顺

主要表现在：一是政策的周期性和不公平。20世纪80年代初期，国家对以中小企业为主的乡镇企业的发展，给予了许多优惠政策，随着改革的推进，这些优惠政策逐步取消。在新的形势下，中小企业不但很少得到政策优惠，反而由于各级政府热衷于组建和发展大企业集团，乡镇企业遭受冷遇和不公平。近年出台的政策多是按照企业规模和所有制设计操作的，对大企业和国有企业优待多，对农村经济组织考虑少，政策适用不够公平。二是缺乏法律法规的支持和保障。世界上许多国家都出台了农村经济组织的相关法律法规。三是管理体制未理顺。政出多门、职权交叉、多头管理，致使口径不一、管理分散，使地方和农村经济组织无所适从。如在项目审批、产品鉴定等方面职责不清、多方插手、重复收费、“三乱”现象比较严

重,直接影响了其健康发展。

(2)竞争不公,市场无序

低水平过度竞争,是整个农村经济组织之间普遍存在的问题。为了争夺市场,生产同类产品的农村经济组织尤其是乡镇企业之间竞相压价;为了能在低价格时维持一定的赢利,偷工减料,降低产品质量。显然,这种竞争的基础是不公平的,竞争的手段是不正当的。导致的后果不是优胜劣汰,而是以资源的巨大浪费为代价的优劣并存,甚至劣胜优败。在乡镇企业之间的竞争中,诸如假冒名牌、制造虚假广告、窃取他人商业秘密、进行有奖销售、低价倾销等,我国《反不正当竞争法》中列述的五类不正当竞争行为,都曾经使用或正在被用着。此外,市场交易规则缺乏,市场秩序混乱,使农村经济组织深感生存和发展之艰难。

(3)资金缺乏,融资困难

农村经济组织大多规模小、实力弱、负债高,信用等级偏低,不易获得银行贷款,而且融资渠道少、难度大。农村经济组织在这方面的困难尤其突出:一是供应不足。作为贷款发放主渠道的四大国有商业银行服务对象主要是大中型企业,加之商业银行体制改革后包括农业银行的权力上收,以农村经济组织为放贷对象的基层银行有责无权、有心无力;商业银行实行负债比例管理后,逐级下达"存贷比例",使本来就少的贷款数量更为可怜,贷款供应缺口加大;二是农村经济组织信用和担保缺乏。我国的信贷担保,特别是关于农村经济组织的信贷担保明显不足。由于农村经济组织在创办和经营时自身担保实力不济,银行只认可土地、房产等不动产。另一方面,一是农村经济组织的信用担保机构少,担保的品种单一,寻保难;二是中小企业借贷成本高,放贷责任大,直接融资渠道极为狭窄。

(4)素质较低,人才缺乏

我国农村经济组织整体素质不高,人才短缺是普遍现象。一是技术水平偏低,产品结构单一,技术含量低,缺乏竞争力。二是管理水平落后,相当多的农村经济组织还处在传统落后的家族企业、经验

管理阶段。三是人才缺乏，管理粗放。

2. 从法律支持体系自身评析

(1)体系性差，各个构成零落散乱

农村经济组织法律支持体系是一个相对完备自足的体系，现阶段有关农村经济组织的法律规范零星分散，尚未围绕"支持"形成一个系统。主要表现在：一是对农村经济组织法律支持体系独立性的认识尚未形成主流，对其体系性的认识更是滞后于实践的发展。二是农村经济组织各种构成要素意义上的法律规范过于分散，不统一，分别分散到《乡镇企业法》、《中小企业促进法》、《土地承包法》、《农业法》以及大量的行政法规和行政规章中。三是内容极不完善，有关农村经济主体的立法，虽然《乡镇企业法》已颁布实施，但其一系列配套仍未出台；农村市场主体中很重要的合作经济组织的立法不完善，有关股份合作制的规范也只是农业部颁布的规章性条例。①

(2)政策性、原则性强，规范性和可操作性差

包括《乡镇企业法》在内的农村经济组织的相关法律支持规范，内容大多比较原则，即使地方政府细化而制定的规章文件等依然比较笼统，同时主要采用鼓动式的、宣传式、个性化的政策口号。如大多采用"各级政府一定要大力支持×××农村经济组织的大力发展"等公文式套路，而未能在实际工作中予以落实，形成了"上有政策、下有对策"以及"政策软化法律"的局面。就具体的条款而言，比较随便，缺乏法律规范应有的逻辑和严谨，降低了法律条款应有的神圣和权威。

(3)立法层次低，法律效力弱

全国人大及其常务委员会所制定的有关农村经济组织法律及其支持性法律和国务院制定的专项法规少，而大多表现为中央政策性文件、农业部等部门规章以及地方政府为落实中央精神而制定的政

① 王文举主编：《保护调动农民积极性问题研究》，安徽人民出版社 1998 年版，第 684 页。

策性文件。同时,对农村经济组织进行支持的绝大多数条款大多没有对法律责任的明确规定,使得已有的条款虚置,特别是强制性规范的缺乏抵消了农村经济组织法律支持体系的体系效率以及立法目的。

(4)支持力度畸轻畸重,规范性与非规范性并存

从整体上讲,农村经济组织法律支持体系的规范性比较弱,也即非规范性比较强,从上面的立法概况可以表现出来。但是,就其内部规范性的比较而言,乡镇企业的法律支持体系较农村经济组织其他类型的法律支持体系要强。首先,乡镇企业立法的时间和起点都比较高。《乡镇企业法》于 1996 年颁布就以法律的形式存在,这也是由其在改革开放进程中异军突起引起的"三分天下有其一"的态势所决定的,在制度变迁中起了突变的效果。其他农村经济组织如合作社,则由于建国后一系列的合作运动所导致的负面效应使得其功能发挥大打折扣,随着农业产业化进程的推动,乡镇企业的锋芒渐弱,合作社的作用日益凸显。其次,《乡镇企业法》的带动作用和乡镇企业在经济社会发展中的巨大作用,引致了大量配套法律法规和实施性的法律法规的出台,各地纷纷制定了大量的实施细则,但从总体上呈现"默认——强支持——弱支持——合理支持"的态势。而合作经济组织和产业化经营组织形式的立法显然落后于实践,也落后于乡镇企业法律支持体系的规范化进程。农村经济组织的法律支持资源分配不公平,也导致了在实体制度上存在如上的诸多结构性缺陷。

(5)存在法律规范的实施悖论

作为促进性和支持性法律体系,农村经济组织法律支持体系的价值取向是支持,表明了国家的姿态和政策走向。它在农村经济组织的培育和发展上为国家设定了责任,即国家必须从产业、金融、财政、税收、技术、社会化服务等方面对农村经济组织展开扶持。但是由于存在国家权力膨胀而责任弱化的倾向,容易导致权力和职责的冲突,以及国家在处理二者冲突时易选择维护权力的天然偏好,使得

职责性条款的出台比较困难，其实质上是国家在利益资源分配上的自我优位性。而在支持性法律规范的实施中，由于存在各种利益集团，如中央政府的整体利益、地方政府的地方利益、政府不同部门的个体利益、辅助机构的自我利益、农村经济组织的自我经济利益，使其实施的现实基础建立在多元利益博弈的框架上，这使得农村经济组织法律支持体系的有效实施面临着巨大的挑战。

五、农村经济组织法律支持体系之实现

农村经济组织法律支持体系的构建，必须以实然分析为基础，以应然分析为指导，在其运作机理的正确认识上予以构建，缺一不可。忽视了实然分析，农村经济组织法律支持体系则丧失了现实基础；忽视了应然分析，农村经济组织法律支持体系的构建则缺乏指向和引导；忽视了运作机理的正确认识，农村经济组织法律支持体系构建的有效性是值得怀疑的。

（一）总体构想：农村经济组织法律支持体系的框架

1. 农村经济组织法律支持体系的构建原则

在当前的农村经济条件下，农村经济组织法律支持体系的构建，应该遵循以下原则。

（1）分类分层次构建

农村经济组织的形态比较多，在实践中表现为各种类型的组织形式。如乡镇企业表现为公司制、合伙企业以及个人独资企业，甚至包括一些松散的民商事合伙；合作经济组织表现为各种社区性合作经济组织、土地股份合作社、专业合作社、行业协会等形式（行业协会的性质有一些特殊性，在本书中不作细致考察），产业化经济组织形式又表现为“龙头企业＋农户”、“龙头企业＋合作社＋农户”、“批发市场＋农户”等“＋”字形式，各级政府及相关职能部门也分别制定了相应的或多或少的支持政策。但是，各种组织形式虽然繁杂，却

依然可以归纳为我们总结的三个方面，这三类的组织形态具有农村经济组织的统一属性外，还表现为自己独立的类属性，即乡镇企业、合作经济组织和产业化组织形式。这三种农村经济组织的组织形态相互不能混同交叉，各自的独立性应该得到尊重。由于各自的独立属性，其要求的法律支持是不同的，要求关注的重点、解决的问题也是不同的，如乡镇企业的重点是解决资金和技术的问题，而合作社当前的解决重点是法律地位和支持资格，产业化经营组织形式重点是通过法律解决利益机制的问题。

(2)突出支持重点

由于乡镇企业、合作经济组织和产业化经营组织形式各自面临需要解决的重点问题不同，其相应的支持体系的重点也就不同。如乡镇企业的支持重点应该和农业产业化结合起来，重点支持农产品加工和深加工的企业，鼓励乡镇企业带动农业的产业化、农产品的市场化，其他类型的乡镇企业可以根据《中小企业促进法》的支持条款获得相应优惠。合作社的支持重点应该放到解决合作社的法律地位、明确合作社享受的权利义务并提供什么样的支持政策。产业化经营组织形式的支持重点是如何保障农业产业化的利益联结机制，并使用优惠措施进行引导。不能不分类型，不能不分阶段，不分首要次要问题，模糊地进行支持，要根据经济条件的发展变化明确在特定历史阶段法律支持体系的任务，突出重点。在农村经济组织的各种类型的组织形态和不同发展阶段，不同的地区的支持重点是不同的，这也是农村经济组织法律支持体系时空性的表现。

(3)法律和政策结合，以法治为导向

在当前的农村经济状况和发展条件下，追求完备和理论上的法治是不现实的，也是脱离国情的缘木求鱼。法律和政策各有优劣势，二者呈现出互补关系，不能盲目排斥政策在现阶段的重大作用。对农村经济组织进行支持，构建法律支持体系，这是一个不完备的概念。法律支持体系只是相对的概念，是以法律形式为主导的、以政策为辅助，兼及法律与政策的混合体系，但是它的总体取向是完备的法

制化。

(4)合理划分立法权

农村经济组织支持性法律的调整对象是复杂多变的,而且在实践中制度创新的空间比较大,客观上需要制定不同形式的支持性法律规范,分别调整和适用于不同性质和层次的农村经济组织及其组织形态。因而其立法主体并不是单一的和唯一的,而是多元的:既有中央级的立法主体,又有地方级的立法主体;既有专门的权力机关,又有经授权的行政机关。它们在农村经济组织法律支持体系中处于不同地位,各自享有的立法权也各不相同,需要在它们中间合理划分立法权限。

2. 国家职责:农村经济组织法律支持体系的主体义务

农村经济组织在农村经济发展中,起了非常重要的作用。世界各国或者同一国家内部虽然名称不一样,类型不完全一样,但是其重要性是一致的。大体而言,国家在对农村经济发展培育和发展上主要有以下三个职责。

(1)加强农村经济组织立法

由于市场中充满了各种随机的因素和无序的运动,需要有一定的规则来使其更好地发挥作用,也可以为政府的干预提供法律依据。市场经济的法律体系应当是一个系统配套的法律体系,大体上可以分为以下三个层次:第一,规范市场基本关系的法律。在市场经济兴起的初期。民法和商法被用来规范市场基本关系。此后随着市场经济的发展,又陆续出现了预算法、税法、社会保障法、投资法、银行法等系列法律,使市场的基本关系更加规范。第二,规范市场主体行为的法律。由于企业是市场的主体,故这类法律主要用来规范企业在市场上的行为。其中包括公司法、合同法、成本法、不动产法、证券法、期货交易法等。第三,规范市场竞争秩序的法律。包括反不正当竞争法、反垄断法、反倾销法等。

政府制订相应的法律来促进农村经济组织的合理发展。通过立法来规范某些产业的分工协作生产范围,用产业法规来促进专业化

生产；以立法的形式避免农村经济组织在原料采购、产品销售方面受到歧视；保证农村经济组织不受地区保护主义、行业垄断势力的侵害。

(2)建立农村经济组织管理机构

建立农村经济组织管理专门机构，归各级地方政府管理的同时，业务上受中央行政主管部门的指导。包括一些共同职责：第一，根据有关法律制定和实施农村经济组织的扶持政策和计划，如税收优惠政策、就业鼓励政策、风险基金政策、贷款担保计划、技术援助计划、职工培训计划、政府采购计划等等。第二，维护农村经济组织的利益。如创造良好的经营环境、防止有害农村经济组织发展的垄断竞争；向更高级别的政府组织反映农村经济组织的愿望与要求。第三，从政府的角度，向农村经济组织提供所需的各种政策、法规、宏观经济形势、技术专利、国内外市场等方向的信息。第四，协助社会化服务机构搞好为农村经济组织提供的各种技术、管理和信息等方面的服务。

(3)制定农村经济组织发展规则

政府要运用经济手段，特别是运用财税和货币杠杆对有关市场结构和市场行为进行引导或约束，扶持和引导农村经济组织的发展，如对一些技术集约型产业中的乡镇企业，可采取优惠税率的办法来促进其发展。当然，也应有一部分以特定法律为根据的经济鼓励或处罚措施。但这类手段的使用比较繁杂，并且往往需要与政府的产业结构政策、社会福利政策和宏观调控政策结合使用。同时，政府还需要采取各种措施，在产品开发、技术援助、人力训练等方面，为农村经济组织发展创造良好的经济环境，保证农村经济组织的生产经营。在财政税收政策方面，注意运用税收减免等政策，包括减免企业所得税。在金融政策方面，建立专门针对农村经济组织的专业金融机构，提供资金融通保障。在技术援助方面，国家向农村经济组织提供科研贷款，并促进金融机构与企业在科研方面的合作，免费为中小企业提供有关技术咨询服务，并简化申请专利手续，减少申请专利的费

用。在人力训练方面，国家通过多种渠道和多种形式，对农村经济组织的经营管理人员和职工进行职业技术教育和培训，以逐步提高农村经济组织的生产技术和经营管理水平。

3. 特性分析：农村经济组织法律支持体系的规定性

(1)农村经济组织法律支持体系立法保障的目的性

一般来说，农村经济组织相对于城市经济组织而言，在资金实力、社会地位、掌握的各种资源上，技术管理、机器设备、成员素质等综合实力上都要落后，在市场经济中受其他经济组织的排挤、兼并而处于弱者地位。因此，保障农村经济组织的平等地位，加快现代化进程，促进农村经济组织的稳定发展是农村经济组织立法保障的一个重要目的。加快与保障农村经济组织的稳定发展是克服农村经济组织弱者地位的有效手段。

(2)农村经济组织法律支持体系立法保障的经济性

农村经济组织问题，从本质上说是一个经济弱者的问题。农村经济组织立法保护着重在运用经济性的手段来保证农村经济组织的稳定发展，加快农村经济组织的现代化进程；政府通过制定财政、金融等方面的优惠政策，运用经济杠杆来保护农村经济组织的发展。农村经济组织立法保障调整手段的经济性主要体现在保护农村经济组织的弱者地位方面。

(3)农村经济组织法律支持体系立法保障的扶持性

与其他经济组织相比，农村经济组织由于在国民经济中处于弱者地位，在市场竞争中明显受其他经济组织特别是大企业的排挤甚至被吞并，因而迫切需要政府的保护和扶持。由此可见，政府对农村经济组织的保护、扶持是农村经济组织法律支持体系的基本的立法特征。可以说，农村经济组织法律支持体系的立法目的是通过保护、扶持，增强农村经济组织的竞争力，保障其稳定经营。当然，对农村经济组织的保护和扶持也是有一定界限的，出发点并不是养成农村经济组织的依赖性，而是培育其最终的自立性。

(4)农村经济组织法律支持体系立法保障的多样性

农村经济组织与其他经济组织尤其跟大企业相比,在绝大多数情况下处于劣势地位。在市场经济条件下,农村经济组织在绝大多数领域是竞争中的弱者,因而农村经济组织法律支持体系的调整范围应是广泛的。包括农村经济组织的政府管理和指导、技术创新、融资、税收优惠、市场环境等,并且随着经济的发展和市场的变化,调整范围不断扩大,通过农村经济组织立法对农村经济组织的保护和支持是多方面、多方位的,在不同时期根据农村经济组织的需要制定相应的法律法规。同时,农村经济组织立法保障的调整手段具有多样性的特征,是充分发挥财政、税收、价格和信贷等多种经济调整手段,来引导农村经济组织健康发展,并不是以简单的行政手段强制农村经济组织服从。

(5)农村经济组织法律支持体系立法保障的可操作性

农村经济组织由于在国民经济中处于弱者地位,因而其迫切需要政府的保护和支持应是具体的,切合实际,具有较强的可操作性。过于抽象、模糊、粗略的法律法规会白白浪费法制资源而难以达到预期的效果,明确而具体的法律规定便于保证对农村经济组织立法上的支持措施能有效地贯彻执行。

4. 农村经济组织法律支持体系的总体框架

立法是保障和促进农村经济组织健康发展的重要手段。在农村经济组织发展趋向的实践中,各国都先后建立了较为完善的农村经济组织法律体系,农村经济组织的法律支持体系也已成为许多国家经济法或商法体系的重要组成部分。从各国农村经济组织立法的内容来看农村经济组织法律支持体系主要由农村经济组织基本法和涉及农村经济组织发展某一方面的专项法规组成。

(1)农村经济组织基本法

农村经济组织基本法是关于国家扶持和管理农村经济组织的根本法和母法,内容主要是关于农村经济组织或其基本组织类型的性质、定义、农村经济组织的立法原则、管理机构的设立及其主要职责

和任务、扶持农村经济组织的基本原则和具体的支持领域与方式等方面的一些基本规定。农村经济组织基本法是政府管理和扶持农村经济组织的依据，是立法机关制定农村经济组织某一方面的专门法规的依据，也是政府行政部门制定扶持农村经济组织发展计划与方案的根本依据。农村经济组织基本法可以以两种形式存在：一是农村经济组织本身的立法，可以称为《农村经济组织法》，或《农村经济组织基本法》；二是在农村经济组织法的出台不合时宜的情况下，将《农村经济组织法》分解，不制定《农村经济组织法》，而仅就农村经济组织的重要类型进行立法，如制定《乡镇企业法》、《合作社法》等。这种立法有助于节省立法资源，对农村经济组织的支持更加具体和具有可操作性。《农民专业合作社法》的通过表明了我国倾向于第二种模式。

(2)农村经济组织专项支持法律法规

农村经济组织专项法规是指关于涉及农村经济组织发展某一方面的专项法律法规。在农村经济组织基本法的基础上，根据本国的具体国情和发展农村经济组织的具体需要，还应制定或完善许多涉及农村经济组织发展某一方面的专项支持法律法规，以便更好地指导农村经济组织的健康发展。

就乡镇企业而言，包括：①关于为乡镇企业建立公平的经营环境的专项法律法规。如《反垄断法》、《反不正当竞争法》等。②关于金融支持方面的专项法律法规。③关于支持乡镇企业技术进步方面的法律法规。④关于乡镇企业结构调整和现代化方面的专项法律法规。⑤关于鼓励乡镇企业出口与投资方面的专项法律法规。⑥关于为乡镇企业提供财政税收优惠方面的专项法律法规。⑦其他方面的专项法规。

就合作经济组织而言，包括：①产业政策的倾斜。国家在进行产业立法及制定产业政策时，应当从产业结构、产业组织、产业技术、产业布局等方面体现出对合作经济发展的支持，相应政策向合作经济组织倾斜。在产业结构政策方面应突出农村合作金融在农村金融中

的主体地位、流通合作在农产品流通中的主导地位。在产业组织政策方面，应允许合作经济组织形成区域性乃至全国性的合作社联合组织以增强其竞争实力，同时应当对合作社适用《中小企业促进法》的相关规范。②财税、信贷政策的支持。政府对合作经济组织的财政支持主要体现在对其税收减免和当合作经济组织担负政策性业务时的财政补贴两个方面。③合作经济组织反垄断的豁免。对合作社进行豁免，允许垄断的存在具有合理性。

（二）基础层面：农村经济组织法律支持体系的基本构成

1. 农村经济组织产业支持法律规范

农村经济组织特别是乡镇企业，大部分依然是重复建设的小而全的加工制造业。在国民经济调整中，农村经济组织也面临着结构调整的任务，使之更适合社会需要，向更有前途更有竞争力的方向发展。这就需要国家制定一些适合农村经济组织发展的产业政策和产业目录，确定支持重点，引导农村经济组织发展，从而减少农村经济组织发展的盲目性，防止重复建设，少走弯路。对那些符合国家产业政策、产品有销路、回报率高的农村经济组织应当大力支持，对“上项目时拍脑袋、贷款时拍胸脯、还款时拍屁股、要钱没有要命一条”的农村经济组织特别是乡镇企业不能支持，对“五小”企业更不能支持。

（1）农村经济组织产业法律支持体系进行产业结构调整应遵循的基本原则

我们认为，农村经济组织产业结构的调整，要始终以国际、国内两个市场为导向，以体制创新和科技创新为依托，以产业、产品优化升级为核心，坚持产业结构、产品结构、布局结构、组织结构、技术结构调整相结合，适应性调整、战略性调整相结合，调优、调高、调大、调外相结合，把出发点和落脚点放在不断提高农村经济组织发展的质量和效益上。具体来说，应遵循以下原则。

①遵循市场经济规律，以市场为导向，在进行结构调整和优化

时，要在国家宏观调控和政策的指导下，发挥市场机制配置资源的基础作用。要从国内外市场需要出发，在市场竞争中进行结构调整和优化；竞争性产业的调整要在国家产业政策指导下，由市场调节；基础性产业，也要引进市场机制，面向市场需求。要深化改革，推动政企分开和转换经营机制，使农村经济组织成为适应市场的法人实体和竞争主体，也就是成为结构调整的主体。进一步明确政府和农村经济组织的责任和权利。农村经济组织依法经营，自负盈亏，承担在市场竞争中的责任和义务。政府主要是制定结构调整的规划，引导农村经济组织发展，制定农村经济组织产业政策和法律法规，规范农村经济组织行为和市场行为，为农村经济组织创造平等竞争的外部环境和政策保障。

②把农村经济组织产业结构调整与农村经济组织改革、转换机制、资产重组结合起来。要根据不同行业的特点，形成合理的农村经济组织结构。需要集中经营的，要按照规模经济的要求，调整农村经济组织的组织结构，实行规模经营；需要专业化分工的，要按专业化的要求，促进农村经济组织的组织结构合理化。

③把农村经济组织产业结构调整与科技进步、转变经济增长方式结合起来。从20世纪后半叶以来，以电子信息、生物技术和新材料为支柱的高新技术取得了重大突破和飞速发展，对改变产业和经济面貌等产生了根本性的影响。农村经济组织应不失时机地跟踪和了解这些技术和发展趋势，并根据实际需求，适时引进和开发这些技术。进一步加强引导，积极扶持，鼓励农村经济组织向适合自己特点的高新技术产业进军。

④把农村经济组织产业结构调整和优化与各项配套改革结合起来。农村经济组织产业结构调整，要与投融资体制改革、财税体制改革、金融（包括银行、证券、保险）体制改革、农村社会保障制度等有机结合起来，形成改革合力。

⑤从实际出发，因地制宜地提出农村经济组织产业结构调整的规划和方案。由于我国各地经济发展状况千差万别，自然资源、人文

环境、地理位置各不相同,所面临的矛盾和问题不同。因此,各地区在农村经济组织产业结构调控中,重点和任务也会存在不同的差别。需要从各地的实际出发,深入研究本地区的问题,充分考虑本地区的需要和可能,确定本地区调整的规划和方案。

(2)我国农村经济组织产业支持法律规范的价值取向

①鼓励创新,支持创业,大力推进以中平技术转化为支撑的技术密集型农村经济组织。"中平技术"是相对于"高新技术"而言的一种相对概念,是介于高新技术与传统技术之间的一种技术体系。中平技术亦是一种创新技术体系;是一种投资少、周期短、见效快的技术;是传统技术迈向高新技术的一种过渡技术;从经济学角度讲是一种中性技术。① 建议尽快制定一套完整的扶持农村经济组织发展的政策和措施,在融资、技术进步、信息、市场开发、对外合作等方面予以支持和服务。在技术进步方面,不仅要鼓励部分有条件的农村经济组织发展高新技术,同时更应该大力支持农村经济组织致力于中平技术的开发、引进和应用,培植和建立以中平技术为特征的科技进步与创新体系。金融部门、财政部门、工商税务管理部门、科技管理部门、大专院校、科研院所都应该大力支持这一体系的建立和完善。

②减轻社会保障压力,维护社会安定,加快发展以吸纳就业为主的劳动密集型农村经济组织。在我国目前经济还不发达、资本十分有限的情况下,国家没有充足的财力,也不可能进行大规模的投资,用以吸收未来10年中2.5亿之巨的农村转移和需要再就业等劳动力的就业,因此,大力发展劳动密集型农村经济组织是稳妥地解决未来10年就业问题,减少城镇贫困,减轻社会保障压力,保持社会安定的一条切实、有效的途径。

③推动农业产业化向纵深方向发展,加快农村经济的市场化,使农村经济融入整体经济发展,应大力发展以农业产业化为目标的农

---

① 李述武等:《中平技术:中小企业技术进步的现实选择》,载《科技进步与对策》1999年第6期。

村合作经济组织，切实保障产业化经营形式的利益联结机制。发展农业产业化经营，需要国家和地方提供相应的宏观环境。传统的计划经济时期形成的宏观管理体制，多部门“条块”分割管理体制，中间环节多，交易成本高，追求部门利益最大化，损害农民利益，妨碍市场经济发展，是农业产业化经营的体制障碍，影响市场农业的营运效率和经济效益，应当尽快加以改革，其方向是将农业的产前、产中和产后相关环节的管理归于一个农业系统，实行产加销一体化管理；从政策和法律上保护农民成立合作经济组织的权利，给予合乎名分的注册和法人资格。组织化了的农民才有可能与其他市场主体进行公平竞争，以合作社方式进行公平交易，并学会运用合法手段维护自身利益。

④增强资源、环境与经济协调发展的意识，大力扶持以资源综合利用和环境保护为主的可持续发展型农村经济组织。一是增强农村经济组织资源、环境与经济协调发展的意识，加强政府宏观调控。二是推进农村经济组织科技进步，引导农村经济组织向绿色产业转移。要搞好现有农村经济组织的技术改造，大力推进环保科技；推广绿色技术，积极引导农村经济组织向绿色产业转移；加快资源综合利用和环境保护咨询的发展，弥补农村经济组织资源综合利用和环保技术力量不足，提高农村经济组织资源节约和环境污染治理的专业化程度；农村经济组织尤其是乡镇企业应积极参与农业产业化，实现“种养加”、“产供销”、“贸工农”一体化经营，以提高农业的增值能力和农产品的附加值，建立自我积累、自我发展的发展机制，实现整个农业和乡镇企业再生产过程的良性循环。三是农村经济组织参与环保产品的发展，防止生产过程中形成的污染。

⑤促进农村经济组织间的联合，形成规模经济效应。一是产生优势互补效益。发挥各自在人才、资金、技术、信息中各自的某些长处，集中优势力量，共向研制开发，加速新技术、新产品的开发，有利于群体的集约化和纵深扩张。二是能产生规模效益。使产出增加、成本下降，在群体内产生规模效益。

2. 农村经济组织技术支持法律规范

借鉴国外经验，制定符合国情的、行之有效的农村经济组织技术创新法律支持体系，对促进我国农村经济组织的技术创新，加速科技体制改革和科研成果商品化的进程，加速高新技术和中平技术在农村经济组织中的发展，必将产生重要作用。

(1)支持农村经济组织发展应以技术创新为主攻方向

首先，在制定扶持农村经济组织政策时，要以引导新投资向高技术含量的产业部门转移为原则，通过扶持从总体上提高高技术产业的资本比重。其次，需要以技术水平、技术创新能力和技术进步潜力作为产业合理化的主要判别标准，对被扶持产业中的现有农村经济组织进行区分，将技术水平较低、无技术创新能力、不具备技术进步潜力的农村经济组织作为淘汰对象。政府扶持政策只适用于那些目前已经具备较高产业技术水平、有技术创新能力、技术进步潜力较大的农村经济组织。最后，对确定的被扶持农村经济组织，政府的扶持以引导技术创新、加快技术进步为重点。

(2)运用经济手段支持农村经济组织创新

首先，制定有关经济政策支持农村经济组织技术创新。在对农村经济组织的技术创新实行经济政策导向和调控方面，可制定和采用各种财政税收优惠政策，加速农村经济组织固定资产折旧，设立针对农村经济组织的政府采购制度等等，促进农村经济组织的技术进步，还可以采取财政补贴措施以及运用金融政策，为农村经济组织的研究与开发、产学研联合等提供资金支持和信贷担保。其次，建立风险投资机制鼓励农村经济组织的技术创新。可以设立专门的农村经济组织基金或者扩大农村经济组织发展基金的适用范围，对农村经济组织适用较宽的条件。

(3)制定法律法规支持农村经济组织技术创新

如何建立健全适应市场经济体制、符合农村经济组织利益的法律法规体系，是支持农村经济组织技术创新的关键。发达国家有知识产权保护法规，严格的执法环境，健全的技术市场体系，公平竞争

的市场环境，使企业技术创新要素能自由流动和及时获得优化配置。规范的法律法规环境包括：制定企业的技术进步法规；强制设备更新换代，完善符合技术进步要求的分类折旧制度；提高设备的平均折旧率；国家定期公布淘汰设备与产品，对继续使用生产者予以处罚；建立国家标准等法律法规。

3. 农村经济组织金融支持法律规范

金融支持农业产业化的基本框架应是：农业发展银行在承担粮油收购资金封闭管理的同时，将农业开发、农业基础设施建设等国家政策性的扶持项目作为支持重点；农业银行充分发挥国有商业银行的系统优势和资金优势，打破区域界限，重点扶持农业产业化龙头企业；农村信用社重点支持分散的农户、个体收贮、运销、加工企业，即农业产业化的产前产中部分，使之真正成为联系农民的纽带，发挥农村金融的主体作用。为构建这一基本框架，农村金融部门应发挥联动优势，支持农业产业化发展。

(1)农业发展银行要承担起国家扶持农业这个基础产业的重任

农村经济的发展需要培育各种市场要素，金融市场和金融服务至关重要。一是以农业生产加工环节所需生产资料的市场建设为重点，建立农业产业化经营各环节所需要的生产资料市场，建立农业产业化所需要的各种社会化服务的市场，满足农业产业化经营所需要的各种其他服务；二是按照产地、销地、集散地的原则，建立农产品及其加工产品的专业批发市场，对此金融部门要充分利用自身优势，按照经济区域、产品流向、辐射范围，统筹规划、合理布局，有所为有所不为，确定支持的重点；三是支持市场的多样化建设，做到产品销售市场、生产要素市场、生产资料市场相互协调，综合市场、专业市场、批发市场、期货市场、零售市场相配套，同时要多方投资，加强物流、信息流所必需的通讯、公路、港口、铁路和仓储设施的建设，形成一个多梯次的农村市场网络。

(2)充分发挥龙头企业的作用

在农业经济结构的战略性调整中，龙头企业担负着开拓市场、技

术创新、引导和组织基地生产与农户经营的重任，是推进结构调整的重要力量，有着广阔的市场前景。国家择优扶持一批有优势、有特色、有基础、有前景的重点龙头企业，在较短的时间内形成若干能够与国外农产品加工企业抗衡、更具竞争力的企业集团。农业银行要按照商业化经营的原则，重点支持优势产业、优良客户，打破产业、行业和所有制界限，选择一批信誉好、效益高的龙头企业给予重点培育、扶持。不能眉毛胡子一把抓，要突出重点，以点带面，支持一个，带动全局。目前制约农业产业化整体效益发挥的薄弱环节就是龙头企业少，带动、辐射作用发挥不够。农业产业化龙头企业具有极强的生命力和广阔的发展前景，是今后各家商业银行竞争的焦点之一。支持农业产业化经营，重点扶持一批龙头企业，是农村金融机构拓展农村业务的现实选择。既要支持现在有一定规模、经济效益较好的龙头企业，更要注重培育一批潜在的龙头企业，使之成为自己的基本客户。

(3)农村信用社要注意抓好农业产业化的基础环节

一是支持农业产业化中的个体私营企业和个体大户。它们不仅能提高农产品的附加值，而且对平抑市场起到一个“桥头堡”和蓄水池的作用，要重点支持这些个体私营企业。二是支持农产品基地建设。既要支持专业户生产的个体规模，也要支持区域化布局形成的群体规模，将着力点放在支持各种专业大户上，放在家庭农场和合作制农场，放在经济和社区性为农服务组织上，以示范和带动更多的农民参与，走专业户带动专业村、乡村连片建设形成规模基地的路子。三是加大农户贷款，实行农户联保等形式，及时发放化肥、农药、农机、农膜等生产资料小额贷款，支持农业“原”字头的生产。

(4)农村金融部门要提供信息和技术等综合服务

农村金融部门应充分发挥生产信息和创造信息的功能，开发出更适合农村经济发展的信贷管理信息网络，及时采集反馈产业、行业、产品市场等信息，为贷款决策服务，为农业产业化经营服务。

4. 农村经济组织财税支持法律规范

财税政策对农村经济组织发展的有力扶持作用是其他政策，如

金融政策所不能比拟的。金融政策主要是通过银行实施的，国家通过财政对农村经济组织的扶持比通过银行要直接、有效得多。银行不可能在无收益，甚至发生亏损的情况下去对农村经济组织做出救助性的扶持。目前，我国财税政策对农村经济组织发展的扶持作用应着力于三个方面：一是采取必要的财政支持和税收优惠等政策措施，建立和完善农村经济组织信用担保体系，解决融资难问题；二是为促进农村经济组织发展，直接给予财政资金扶持；三是切实减轻农村经济组织的税费负担。

(1)建立农村经济组织信用担保体系

设立农村经济组织信用担保基金并成立相应的担保机构已成为当务之急。作为政府扶持农村经济组织的重要措施，所需担保资金来源应主要由政府出资为主，包括财政拨款、固有资产(动产、不动产及国有土地使用权出让)变现，以及吸收会员风险保证金、农村经济组织入股和社会捐赠为辅等多渠道筹措。担保资金可按照“政策性资金、市场化操作、绩优者扶持”的原则运作。在市县区级可建立担保体系，在省(自治区、直辖市)级可建立再担保体系，同时，应积极鼓励社会各类商业性担保和区域性农村经济组织互保作为担保体系的必要补充。当前国家应积极探索中央一级建立国家农村经济组织信用再担保和信用保险机构的模式和途径，国家财政应拨付足够的专项资金作为担保资金的主要来源，尽快建立国家农村经济组织信用再担保体系，给各地区提供切实可行的示范，最终形成全国范围内农村经济组织信用担保和再担保纵横交错的整体网络体系。

(2)进一步加强和改善对农村经济组织的财税优惠政策

为进一步发挥财税政策对农村经济组织的经济调控功能，我国还必须从以下方面加强和改善对农村经济组织的财税支持政策措施：一是建立和规范对农村经济组织的税收优惠政策。我国农村经济组织目前所享受的一些税收优惠政策，往往只能从其他的有关政策中找到，或比照执行。这很不适应农村经济组织发展的需要。当前应尽快研究制定我国鼓励农村经济组织发展的专门的税收优惠政

策,包括税收项目和种类,引导农村经济组织健康发展。农村经济组织税收政策的制订要体现企业公平税赋、平等竞争的原则,废止以所有制和企业属性划线的做法,以维护税收政策的统一性和完整性。二是应进一步规范政府的行政行为,明确政府提供公共物品的费用都应主要出税收来承担,不应再向使用者或受益者收取额外费用,要简化农村经济组织建立审批手续和降低登记费。三是要加大财政对农村经济组织的支持力度,为农村经济组织改革和发展创造良好的条件。四是尽快设立农村经济组织专项资金。设立农村经济组织专项资金是解决农村经济组织融资问题,促进农村经济组织发展的重要渠道。各级政府应尽快设立扶持农村经济组织发展的专项资金,主要用于农村经济组织信用担保与再担保资金、新办农村经济组织的创业资助、农村经济组织产品结构调整和科技成果产业转化、农村经济组织技术改造项目助息和对农村经济组织社会化服务体系的资助等。五是建立农村经济组织发展的政府采购制度,在政府采购中划出一部分给农村经济组织。

(3)切实减轻农村经济组织的税费负担

要有效地解决农村经济组织税费负担过重问题,有赖于财税制度改革的进一步深化,也与政府职能的转换有着密切的关系。要通过规范税收制度,在清理不合理收费项目的基础上变费为税,使农村经济组织的负担稳定在合理的水平上。作为财税制度进一步改革之前的过渡措施,可以借鉴局部地区采用的"道费"的做法,即取消形形色色的收费项目,代之以政府的一次征收,以此杜绝各部门、各方面向农村经济组织乱伸手、乱收费、乱摊派的现象,切实减轻农村经济组织的税费负担。

5. 农村经济组织社会化服务法律规范

大致内容包括:鼓励农村经济组织的创建,简化各种申办手续。提供免费的创业咨询,简化开业手续,建立开业代办机构,实行创业初期的免税政策,甚至提供创业贷款担保、财政补贴和优惠贷款等。在创业咨询方面,许多国家建立了专门的咨询机构。根据它们的能

力、物力和财力，帮助其设计、修改各种创业方案，并实行跟踪指导，以保障其获得成功。在简化申办手续上，实行一次性申办手续，简化各种行政管理和税收手续。首先，严格控制农村经济组织所需的表格，简化各种章程条款，农村经济组织有权拒绝填报无关发展的表格；其次，尽量实行"一次性手续"，避免不必要的重复。在税收手续的简化上，实行统一征收制度，从根本上保证简化税收的工作，维护公平的市场竞争环境。保证农村经济组织获得政府采购份额，确保农村经济组织拥有一块稳定的市场。政府有责任限制其他实力较强的经济组织对农村经济组织不利的垄断行为，维护农村经济组织在市场上的合法权益，鼓励农村经济组织进行资本积累。制定有利于农村经济组织发展的政策，鼓励农村经济组织进行资本积累。作为政府，在农村经济组织发展上可采取的措施有：鼓励农村经济组织有关人员的投资，政府对农村经济组织的投资实行免税；鼓励农村经济组织把利润的一部分再投资农村经济组织；大幅度提高固定资产折旧率等。

(1)为农村经济组织提供信息服务

信息主要包括：政策法令信息；技术信息；竞争对手的信息；市场销售信息；国际市场信息。政府在信息服务中的作用包括：①建立健全农村经济组织信息服务机构；政府要推进建立健全农村经济组织信息咨询机构，集中各个行业生产经营情况、业务发展、技术、市场信息，并向农村经济组织公开发布。建立有关机制使得农村经济组织能主动提供自身的有关资料，形成信息库。政府或者农村经济组织自身可建立一定的计算机网络，以便在组织情报、技术等方面形成合作系统，达到信息资源的共享。政府还可帮助提供网络技术指导和人员培训工作。②设立科技情报中心和经济信息中心。③增强全社会的信息化意识和素质，搞好农村经济组织信息化人才培养。一是要加强信息基础知识教育；二是加强信息化基础技能教育，搞好农村经济组织职工的计算机和上网操作的基础技能培训；三是为农村经济组织大力培养信息技术及相关专业人才。

(2)建立农村经济组织人力资源服务体系

第一,应加强政府在农村经济组织人力资源管理上的宏观调控职能。一是制定和执行宏观调控政策,搞好农村经济组织人力资源市场的基础设施建设,创造农村经济组织良好的人力资源成长、发展环境;二是培育基础人力资源市场体系,监督人力资源市场的运行和维护平等竞争;三是调节社会再分配和组织社会保障;四是制定和实施人力资源发展的战略,实现国家的经济和社会发展目标。第二,政府应运用经济手段、法律手段和必要的行政手段管理人力资源市场,不直接干预人力资源的具体配置活动。经济手段是政府管理的主要手段,包括指导和影响人力资源活动所规定并付诸实施的准则和措施。人力资源规划与计划、人力资源政策和法规、收入分配政策等都是宏观调控的主要依据。因此,在人力资源方面,政府应为农村经济组织提供一定的支持和帮助,可在鼓励大中专院校、各科研单位与农村经济组织合作方面提供优惠政策。第三,建立各类人才培训基地和中介机构,为农村经济组织与各种科技人员或专业人员的联系提供服务,并帮助培训各种技术人员和专业人员。

(3)培育农村经济组织中介服务体系

农村经济组织中介服务体系是由行业协会或政府部门牵头,通过在咨询、信息提供、企业诊断、经营指导、人才培训等方面设立专门的中介组织或机构,为农村经济组织提供各方面的服务。大力发展农村经济组织的社会中介组织,规范中介组织的运作,提高组织的资信度。改变组织的部门分割以及沦为政府部门附属物的状况,可以使其真正成为连接农村经济组织、政府和研究机构的桥梁,成为农村经济组织发展的综合性服务机构。同时,加强农村经济组织之间在科研、生产和市场销售等方面的分工协作,加强农村经济组织间的联系,让农村经济组织根据各自的比较优势,实行组织联合,共同交流有关信息,共同增加对外的市场竞争力。促进农村经济组织提供企业诊断和经营指导服务、信息咨询服务、各类评估服务和培训服务。

农村经济组织的服务体系的建立,并不是一朝一夕的事。要强

化农村经济组织信息化观念，为农村经济组织提供全方位的信息服务；要健全和完善农村经济组织的组织化服务。国家应积极鼓励设立向农村经济组织提供各类中介服务的组织，构造包括政府指导的机构和民间组织在内的农村经济组织服务体系，并在开办费上由政府给予必要的支持；尽快制定《关于鼓励和促进农村经济组织发展的若干政策意见》及其实施办法和相应配套政策措施，切实推动农村经济组织社会化服务体系的建立，并纳入到法制化框架。

专题六：信用合作社法律规范研究

一、信用合作社的产生与发展

（一）国外信用合作社的产生和发展

一般认为，德国是信用合作社的发源地，是合作事业发展的先驱。但德国究竟何年出现信用合作社，国内学者的结论并不一致。

有学者认为是雷发巽于1849年成立了世界上第一个信用合作社。① 由于深受合作制思想影响，再加上1846～1847年农业的歉收，为免受高利贷剥削，解决农民问题，雷发巽在1849年任佛拉梅斯佛尔德市长时，组织了当地60个家境较富裕的人，创立了"佛拉梅斯佛尔德清寒农人救助社"。起初，它的主要任务是联合社员反抗牲畜贩卖商人的高利贷盘剥，但不久，又设置了储蓄和贷款业务，从而成为信用和储蓄合作社。也有人指出，1860年德国成立的第一家雷发巽式信用合作社标志着合作金融运动的正式开始。② 还有的论著提出，是H. 舒尔茨·德利奇在德国组织了世界上第一个信用协会。③ 虽然人们关于信用合作社最早出现的时间表述不一，但可以确定的是，19世纪中期应是信用合作社产生的时期。1866年，雷发

---

① 何广文著：《德国金融制度研究》，中国劳动社会保障出版社2000年9月第1版，第115页。

② 马忠富著：《中国农村合作金融发展研究》，中国金融出版社2001年6月第1版，第19页。

③ 史纪良、张功平主编：《美国信用合作社管理》，中国金融出版社2000年7月第1版，第23页。

巽撰写了《当作农民救济手段看的信用合作社》一书。该书被多次印刷，影响很大，有力地推动了信用合作社运动的发展。

雷发巽发起设立的信用合作社主要有如下特征：

(1)以互助原则为基础，而且最初带有某种程度的慈善性质和较浓厚的宗教色彩；

(2)参加者大多数是农民，并且要经过较严格的审查；

(3)合作社规模和活动范围较小，便于社员之间的相互监督；

(4)股金额较低(起初不收股金)，其目的仅在于取得入社资格，而不是为了筹集资金；

(5)合作社负债是无限责任制(后来改为有限责任制)；

(6)盈余不作分配，全部留作公积金，社员对于公积金没有任何权利，合作社解散时将公积金转赠其他合作社，意在维持合作社事业代代相传；

(7)合作社以信贷与储蓄为主，兼营多种经济业务；

(8)信用合作社联合社对基层社有较大的支配权；

(9)不主张可能形成依赖性的政府援助。①

另一早期德国合作社运动领导人H. 舒尔茨·德利奇则将信用合作原则总结为以下几个方面：(1)促进社员经济发展和收益增长的原则；(2)社员与客户的同质性原则；(3)自助原则；(4)自主经营和自我管理原则。②

由于雷发巽信用合作社影响的巨大，至1909年，在德国就有雷发巽式的信用合作社13 000多个，社员达百万人。雷发巽信用合作社在德国获得了极大的成功，并且很快为世界各国所效仿。19世纪中后期，德国的信用合作思想传入其他国家。到19世纪60年代，意大利、瑞士、奥地利和法国出现了信用合作社。1900年，加拿大出现

---

① 李树生著：《合作金融》，中国经济出版社2004年1月版，第34页。

② 转自何广文著：《合作金融发展模式及运行机制研究》，中国金融出版社2001年9月版，第42～43页。

了第一家信用合作社,美国也在1909年成立了信用合作社。① 20世纪初叶,信用合作社几乎传遍亚洲所有国家。一时间,风行全世界,形成了全世界性的“雷发巽运动”。特别是在欧洲各国,多以雷发巽信用合作社为模范,甚至于许多国家农村信用合作社,都统称之为“雷发巽信用合作社”。从世界各国信用合作社产生的实践看,创立者大体可分两类:一类是小生产者和其他劳动者个人;另一类是生产合作社、消费合作社等合作社。

雷发巽式的信用合作社之所以风行全世界,其主要原因是这种群众性的互助合作组织符合以私有制为基础的各国农村经济,对于缓解资本主义制度下的城乡矛盾、工农矛盾有一定的作用。信用合作社之所以能够在商品经济时代,商业银行已大量存在的状况下产生,有学者认为主要是为适应商品生产和流通领域的合作对资金的需求,它解决了小额贷款信息成本高的难题,比商业银行拥有更低的交易成本。②

(二)我国信用合作社的产生和发展

我国近代第一家信用合作组织是薛仙舟1919年创建的“上海国民合作储蓄银行”。1923年6月,“中国华洋义赈救灾总会”在河北省香河县成立了第一家农村信用社。③ 信用合作社在我国出现后,受到了当时各省反动军阀们的压制。这些反动军阀们认为,合作运动就是共产主义运动,于是不惜采取各种手段,予以摧残。国民党当政后,起初对合作运动采取消极的态度。由于农民群众欢迎合作社组织,城里工商业不振,商业银行信贷资金需要找出路,农村合作运动得到了迅速发展。1934年国民政府颁布了《合作社法》,开始改变

① 史纪良、张功平主编:《美国信用合作社管理》,中国金融出版社2000年7月第1版,第3页。

② 岳志著:《现代合作金融制度研究》,中国金融出版社2002年6月版,第61页。

③ 李树生著:《合作金融》,中国经济出版社2004年1月版,第125~126页。

策略，提倡合作社，到了1949年2月底，已有合作社17万个，其中31%为信用合作社。①

在中国共产党领导的根据地，为调剂农村资金的使用，打击高利贷活动，支持根据地对内外贸易，发展苏区经济，改善群众生活，粉碎敌人的经济封锁和破坏，也创建了信用合作社。早在大革命时期的1927年，湖北省黄冈县就成立了农民协会信用合作社。在第二次国内革命战争时期，革命根据地也先后建立了信用机构。后来，随着革命形势的发展和革命根据地的不断扩大，信用合作社机构遍布全国广大解放区。由于中国共产党和政府对发展信用合作事业的重视，信用合作社发展很快。

建国以来，信用合作社获得了进一步发展。我国的信用合作社分为农村信用合作社与城市信用合作社。农村信用合作社发展历史共分五个阶段：

第一个阶段为解放初期到1958年，是信用合作社普遍建立和大发展时期。当时，在开展合作化运动中，农村信用合作社得到了发展。虽然那时的信用合作社是由小农经济发展起来的，规模比较小、管理水平低，但新中国的信用合作事业由此起步。在这一段时间里，信用组织的发展又可分为两个小阶段。即从1951～1953年为试办阶段。各地普遍进行试点，培训骨干，摸索经验，为全面推行准备条件。具体的信用合作组织包括三类：信用合作社、信用互助组、供销社内附设信用部。到1953年底，全国信用合作社已达9 400个，信用互助组15 000个，供销社内附设信用部2 500个。1954～1957年为信用合作社大发展阶段。由于有了前段良好的基础，因而工作进展比较顺利。在建国后短短的几年里，农村信用合作事业无论在组织上，在业务上，均得到了迅速的发展。到1956年，全国已在97.5%的乡建立了信用合作社。到1957年年底止，全国共有信用合

① 李树生著：《合作金融》，中国经济出版社2004年1月版，第129页。

作社 88 368 个。①

第二阶段从 1958 年到 1978 年,是信用合作社经历挫折和摧残时期。这二十年,农村信用合作社先后下放给人民公社、生产大队,以及后来又交给贫下中农管理。信用合作社的干部队伍、资金和业务受到严重的损害和损失。在 1958 年后的农村财贸体制变革中,把信用合作社并入人民公社,成为人民公社的信用部。中国人民银行总行于 1959 年 5 月召开了全国分行行长会议,决定把下放给人民公社的银行营业所收回,把原来的信用合作社从人民公社信用部里分出来(实际是所社分离)下放给生产大队,变为信用分部。1962 年 11 月,中共中央和国务院批转了中国人民银行总行《关于农村信用合作社若干问题的规定》,决定恢复信用合作社的性质和任务,信用合作社的机构设置可以按人民公社设信用合作社,也可以按经济区在集镇设信用合作社;生产大队设信用站,由信用合作社统一计算盈亏。明确信用合作社组织独立,是国家银行的助手,是我国社会主义金融体系的组成部分,在业务上受人民银行的领导,信用合作社干部的待遇(工资、口粮、副食品、日用品供应等)按照人民公社同级干部的待遇标准执行等等。通过这个文件的贯彻执行,使农村信用合作社得到了恢复和发展。

1969 年 1 月,中国人民银行总行在天津召开了有 18 个省、市参加的信用合作社体制改革座谈会,会议确定了两个根本性的问题:一是把信用合作社交给贫下中农组织管理;二是信用合作社职工由脱产改为不脱产,走"亦工亦农"的道路。所谓贫下中农管理信用合作社,就是在公社或大队成立贫下中农管理委员会。把信用合作社的人权、财权和资金使用权都交给贫下中农管理委员会管理,信用合作社职工由脱产改为不脱产。

在"文化大革命"后期,再次提出银行要加强对信用合作社的业务领导,加强对信用合作社信贷计划的管理,对信用合作社的亏损,采取由银行"包下来"的办法,给予补贴。信用合作社的两次下放,

① 李树生著:《合作金融》,中国经济出版社 2004 年 1 月版,第 145 ~ 147 页。

组织和业务都遭到很大破坏；两次收回，又两次强化银行对信用合作社的领导和管理，使信用合作社更加向银行靠拢。最后变成银行的基层机构，由民办转为官办。

第三阶段，从1978年到1983年，是农村信用合作社业务开始恢复时期。“文化大革命”结束以后，国家决定把农村信用合作社交给国家银行管理，首先交给人民银行管理，后来交给农业银行管理，使信用合作社既是集体金融组织，又是国家银行的基层单位。

第四阶段，从1983年1996年，是农村信用合作社初步改革和发展阶段。1983年国务院105号文件明确规定，把农村信用合作社办成合作金融组织。此后，信用合作社的管理体制在农业银行的领导下，有了初步改革。信用合作社进行一些民主管理形式改革，业务得到了一些发展，内部管理也有了一定加强，但改革不彻底，合作制的原则没有得到很好地贯彻落实。

第五阶段，从1996年到现在，是进一步改革阶段。根据国发1996年第33号《国务院关于农村金融体制改革的决定》的要求，农村信用合作社管理体制的改革是农村金融体制改革的重点。改革的核心是把农村信用合作社逐步改为由农民入股、由社员民主管理、主要为入股社员服务的合作金融组织。

与农村信用合作社不同，中华人民共和国成立后，城市信用合作社的出现比较迟，到了1979才有了第一家，但其后发展很快，1995年全国共有城市信用合作社5 279家。① 1996年后，由于组建城市商业银行，城市信用合作社数量逐步减少。1998年，为化解金融风险，开始对城市信用合作社“大整顿”，其数量急剧下降。

截至2005年10月末，我国共有626家城市信用合作社，30 438家农村信用合作社，57家农村合作（商业）银行。②

---

① 朱崇实主编：《金融法教程》，法律出版社2005月第2版，第133页。

② 引自《中国银行业改革开放与监管的新进展》（2005年12月5日），中国银行业监督管理委员会。

就新中国信用合作社的发展历程来看，其有如下特点：一是信用合作社的产生不是内生的。二是城乡发展不平衡，信用合作社主要存在于农村；城市信用合作社数量较少，且不断萎缩。三是信用合作社的合作性不强。① 四是管理体制不稳定。农村信用社先后由中国人民银行领导管理，下放人民公社管理、下放给生产大队改为信用分部，再变成国家银行的基层机构等等。管理体制的变来变去，严重影响了信用合作社的发展。

二、我国信用合作社的立法过程及经验教训

（一）我国信用合作社政策与法规历程

我国信用合作社政策和法规的制定起始于农村互助合作运动。

1949 年的《中国人民政治协商会议共同纲领》第三十八条规定："关于合作社，鼓励和扶助广大劳动人民根据自愿原则，发展合作事业。在城镇中和乡村中组织供销合作社、消费合作社、信用合作社、生产合作社和运输合作社，在工厂、机关和学校中，应尽先组织消费合作社。"

1951 年 5 月，中国人民银行召开了全国农村金融工作会议，提出了加强农村金融工作和积极发展信用合作的任务。具体做法是在广大农民群众中重点试办农村信用合作社合作组织。会议下发了《农村信用合作社章程准则（草案）》和《农村信用互助小组公约（草案）》。其主要内容如下：(1)信用合作组织形式可多种多样，信用合作社、信用部、信用小组、借贷介绍所、合会等都可以办，以开展民间借贷和信用互助，调剂农村资金。(2)明确了信用合作社的性质是农民自己的资金互助组织，不以营利为主要目的。(3)社员入社，不

① 谢平：《中国农村信用合作社体制改革的争论》，载《金融研究》2001 年第 1 期；周脉伏著：《农村信用合作社制度变迁与创新》，中国金融出版社 2006 年 8 月版，第 177 页。

论股金多少，每人只有一票表决权。（4）信用合作社实行民主管理，规定社员大会或社员代表大会是最高权力机构，每半年召开一次，产生理事会和监事会，在理事会领导下成立信用互助小组。（5）规定了盈余分配比例。社员股金以不分红为原则，以便积累资金扩大业务，如果必须分红时，不得超过 20% 或以不超过一年存款利息的股息为限。（6）确定了银行对信用合作社的扶持政策。从这次会议精神和下发的《农村信用合作社章程准则（草案）》的内容来看，农村信用合作社的经营目标、民主管理、分配原则基本上符合合作制原则。在这次会议精神的正确引导下，农村信用合作社经过典型试办和逐步推广，获得了稳步健康发展。①

为了加强对信用合作社的控制，中国人民银行于 1954 年 8 月向中共中央报送了《关于建立中国农业银行的请示报告》，报告提出："中国农业银行的任务之一是指导和扶助信用合作的发展和壮大，中国农业银行的各级机构设置管理信用合作的职能部门，负责指导信用合作的发展，在业务上领导信用合作组织开展存贷款业务，建立健全业务、财务制度，调剂信用合作组织的资金余缺。"1955 年成立中国农业银行后，在信用合作工作方面，凡属重要的方针由中国人民银行决定，具体工作则由中国农业银行组织执行。

1977 年 11 月，国务院颁发了《关于整顿和加强银行工作的几项规定》。其中第七条规定：信用合作社是集体金融组织，又是国家银行在农村的基层机构。信用合作社的资金应当纳入国家信贷计划，人员编制应当纳入县集体劳动工资计划，职工待遇应当与人民银行一致。为贯彻上述决定，中国人民银行总行于 1978 年 5 月就信用合作社的机构设置、领导关系、人事管理、工作任务、业务经营、财务制度、会计核算等作了具体规定。在机构设置上，明确规定：在一个公社已有银行营业所又有信用合作社，所社合为一个机构，实行统一领导，挂两块牌子，使用两个印章，办理银行和信用合作社业务。只有

① 张贵乐、于左著：《合作金融论》，东北财经大学出版社 2001 年版，第 89 页。

信用合作社没有营业所的,只挂信用合作社的牌子,使用信用合作社的印章,由信用合作社承办银行和信用合作社的各项业务。以上两种机构形式同样都是国家银行在农村的基层机构,执行统一的金融政策,统一的计划管理,统一的规章制度。如此,再次把国家银行与信用合作社合二为一。

1984~1987 年,中共中央相继在四个关于农村工作的文件中,就信用合作社的改革问题做了重要指示。1984 年 6 月,农业银行总行总结了信用合作社改革试点的经验,向国务院递交了《关于改革信用合作社管理体制的报告》。8 月,国务院 105 号文件转发了《中国农业银行关于改革农村信用合作社管理体制的报告》,批示中指出:"为了适应当前农村经济发展需要,促进商品生产的发展,信用合作社管理体制必须抓紧进行改革,恢复和加强信用合作社组织上的群众性、管理上的民主性、经营上的灵活性。在国家方针、政策指导下,实行独立经营、独立核算、自负盈亏,充分发挥民间借贷的作用。各级人民政府要加强对这项改革的领导,注意研究解决改革中出现的问题,把信用合作社办成群众性的合作金融组织。"

1985 年和 1986 年中共中央一号文件和 1987 年中共中央五号文件对农村信用合作社改革增加了以下一些内容:信用合作社可以跨地区开展存贷业务。信用合作社之间、信用合作社与各专业银行之间可以发生横向业务联系。存贷利率允许参照银行所定基准利率上下浮动,有的可以接近市场利率。要分别地区适当降低信用合作社提存准备金比例,不得向信用合作社下达指令性转存款指标,保证信用合作社多存多贷。国家银行及各级政府均不得干预其资金营运的自主权。信用合作社提存准备金比例应降到与专业银行一致,业务范围可以与其他基层金融组织适当交叉。县联社的体制改革,应在保证基层信用合作性质的前提下,进行多样化试点。农业银行和其他专业银行应在平等互利基础上,为信用合作社提供服务和相互代办委托业务。

为规范城市信用合作社、农村信用合作社的组织及活动开展,

1986年中国人民银行发布了《城市信用合作社管理暂行规定》，1988年发布了《城市信用合作社管理规定》，1990年颁布了《农村信用合作社管理暂行规定》。对信用合作社的管理走上了法制轨道。《城市信用合作社管理暂行规定》仅有十七个条款，《城市信用合作社管理规定》则为六章三十三条，内容涉及机构、业务、经营、联社等方面。《农村信用合作社管理暂行规定》共有十章四十二条，内容涉及机构、业务、资金、利率、劳动、财务、民主、行政管理等方面，是第一次对农村信用合作社以部委规章的形式给予了全面规范。

1993年3月，中国农业银行印发了《农村信用合作社股份合作制试点意见》，明确试点的目的是明晰产权，恢复和保持农村集体所有制合作金融组织的性质和特点，促进政企分开和所有权与经营权分离，实现自主经营、自负盈亏，强化农村信用合作社与股东之间的经济联系。试点的基本做法是在清股核资的基础上增股扩股，实行“人股自愿、股权平等、利益共享、风险共担”的原则。增扩股的范围包括个人股和法人股。个人股包括农民、居民和行、社干部职工，法人股主要是具有法人资格的乡镇企业、国家银行及当地农村其他法人经济实体。农村信用合作社股份合作制仅在少数地区进行了试点，由于不符合把农村信用合作社办成合作金融组织的改革方向，在面上未推开。

1993年12月国务院《关于金融体制改革的决定》提出，“根据农村商品经济发展的需要，在农村信用合作社联社的基础上，有步骤地组建农村合作银行。要制定《农村合作银行条例》，并先将农村信用合作社联社从中国农业银行中独立出来，办成基层信用合作社的联合组织。农村合作银行目前只在县（含县）以下地区组建。国有商业银行可以按《农村合作银行条例》向农村合作银行参股，但不能改变农村合作银行集体合作金融性质”。

1996年8月22日，国务院颁布了《关于农村金融体制改革的决定》，明确了农村金融体制改革的指导思想是建立和完善以合作金融为基础，商业性金融、政策性金融分工协作的农村金融体系。强调

指出改革的重点是改革农村信用合作社管理体制,恢复农村信用合作社的合作性质,把农村信用合作社改造为由农民入股、由社员民主管理、主要为入股社员服务的合作性金融组织。决定对深化农村信用合作社管理体制提出了如下要求和步骤:(1)加强农村信用联社的建设。县联社是农村信用合作社的联合组织,有两种类型,一类是由农村信用合作社交纳会费,行使管理协调职能;另一类由农村信用合作社投资入股,除行使管理协调职能外,还可以从事调剂农村信用合作社的资金余缺、组织清算等信贷业务。(2)强化中国人民银行对农村信用合作社的监管。中国人民银行各级行,要在机构设立、服务方向、利率管理、风险管理、有关人员任职资格等方面,切实加强对农村信用合作社的监督和管理。(3)中国农业银行不再领导管理农村信用合作社的业务管理,改由县联社负责;对农村信用合作社的金融监督管理,由中国人民银行直接承担。(4)按合作制原则重新规范农村信用合作社。农村信用合作社主要由农户、农村集体经济组织和农村信用合作社职工入股组成。农村信用合作社的最高权力机构是社员代表大会,实行"一人一票"制。农村信用合作社实行理事会领导下的主任负责制。坚持主要为社员服务的方针,优先安排对农村种养业的贷款,对本社社员的贷款要占贷款余额的50%以上。(5)建立农村信用合作社行业自律性组织。县以上不再专设农村信用合作社经营管理机构,要建立农村信用合作社自律性组织,对信用合作社实行自我管理,自我约束,反映和维护信用合作社的合法权益,对信用合作社承担管理、指导、协调、服务职能。

此后,我国加强了信用合作社的立法。1996年中国人民银行颁布了《城市信用合作社联合社管理规定》。1997年中国人民银行颁布了《农村信用合作社管理规定》(以下简称《农信社管理规定》)、《农村信用合作社县级联合社管理规定》(以下简称《县联社管理规定》)、《农村信用合作社资产负债比例管理暂行办法》和《城市信用合作社管理办法》。1998年中国人民银行发布了《城市信用合作社联合社管理办法》、《农村信用合作社机构管理暂行办法》,发出了

《关于修改农村信用合作社资产负债比例管理指标的通知》。2000年中国人民银行制定了《农村信用合作社农户联保贷款管理指导意见》。2000年国家税务总局发布了《农村信用合作社财务管理实施办法》。

2003年6月，国务院下发《国务院关于印发深化农村信用合作社改革试点方案的通知》，转发了《深化农村信用合作社改革试点方案》(国发[2003]15号)。通知指出："深化农村信用合作社改革，改进农村金融服务，关系到农村信用合作社的稳定健康发展，事关农业发展、农民增收、农村稳定的大局。各级人民政府和国务院有关部门要从战略高度充分认识深化农村信用合作社改革试点工作的重要性和紧迫性，坚持以邓小平理论和'三个代表'重要思想为指导，按照'明晰产权关系、强化约束机制、增强服务功能、国家适当支持、地方政府负责'的总体要求，加快农村信用合作社管理体制和产权制度改革，把农村信用合作社逐步办成由农民、农村工商户和各类经济组织入股，为农民、农业和农村经济发展服务的社区性地方金融机构，充分发挥农村信用合作社农村金融主力军和联系农民的金融纽带作用，更好地支持农村经济结构调整，促进城乡经济协调发展。"

2003年银监会制定了《农村合作银行管理暂行规定》、《农村信用合作社省(自治区、直辖市)联社管理暂行规定》(以下简称《省联社管理规定》)、《农村信用合作社改革试点专项借款管理办法》、《农村信用合作社改革试点专项中央银行票据操作办法》等一系列规范性文件，颁布了《关于农村信用合作社以县(市)为单位统一法人工作的指导意见》。2003年财政部制定了《农村信用合作社保值储蓄补贴办法》。

2004年8月，国务院出台国办发[2004]66号文件，推出了《关于进一步深化农村信用合作社改革试点的意见》。此后，农村信用合作社改革的试点工作在全国范围内推开。2004年银监会制定了《农村信用合作社风险监测评价体系(试行)》。

此外，我国《商业银行法》在第九章"附则"部分第九十三条明确

规定:“城市信用合作社、农村信用合作社办理存款、贷款和结算等业务,适用本法有关规定。”2003 年 12 月 27 日第十届全国人民代表大会常务委员会第六次会议通过的《银行业监督管理法》第二条规定,该法监督管理的对象银行业金融机构,包括城市信用合作社、农村信用合作社。因此,对信用合作社的监管,除适用有关信用合作社的专门部门规章外,其基本监管法应是《银行业监督管理法》。

2007 年 1 月银监会制定了《农村资金互助社管理暂行规定》、印发了《农村资金互助社组建审批工作指引》。农村资金互助社是指经银行业监督管理机构批准,由乡(镇)、行政村农民和农村小企业自愿入股组成,为社员提供存款、贷款、结算等业务的社区互助性银行业金融机构。《农村资金互助社管理暂行规定》就机构设立、社员和股权管理、组织机构、经营管理、监督管理、合并、分立、解散和清算做出了规定。

(二)我国信用合作社规范制定的经验和教训

1. 对信用合作社的规制政策多于法规

从新中国信用合作社发展历程来看,涉及的信用合作社规范包括政策和法律法规两个方面。可以说,20 世纪 90 年代以前,指导信用合作社发展的规范主要是政策,90 年代以后才逐渐转变为以法律法规为主,但目前政策仍起重要作用。这从 1990 年开始的各种法规制定可得到印证。而在 1997 年以后,尤其是银行业监督管理委员会成立以后,相关信用合作社法规制定速度明显加快。

2. 信用合作社的政策、立法基础理论研究滞后

成熟法律规范的出现,不仅要依赖该行业自身发展运行是否足够重要和形成规模,还需要相关理论体系的成熟和完善,以便为该项立法提供足够的法理依据。遗憾的是,直到目前,我国学术界、理论界关于信用合作社的所有制性质、服务对象、社会职能等的认识尚未达到广泛的共识,关于信用合作社应该实行“合作制”、“股份制”还是“股份合作制”,以及政策性宗旨与商业性取向的矛盾等问题,也

一直争论不休。理论的模糊和不成熟，不仅困扰着基层信用合作社各项工作的开展，也困扰着国家金融管理机构有关政策和措施的制定以及立法机构的立法进程。1996年国家在改革农村金融体制时，明确提出了建立和完善以合作金融为基础，商业性金融、政策性金融分工协作的农村金融体系，农村信用合作社定性为合作金融。从现实情况来看，国家把农村信用合作社的服务对象限定在"三农"领域，要求信用合作社解决农民贷款难的问题，而这些业务大多数是政策性业务，本应由政策性银行承担。国家也没有把农村信用合作社完全当做商业性金融看待，在开办的业务品种、范围和金融工具的创新上给予限制，商业银行能办的业务信用合作社不能办。另一方面，中央银行对于农村信用合作社的金融监管、存款准备金、存款利率、再贷款等政策又将其视同商业银行对待，农村信用合作社与商业银行一样被开征营业税和所得税。

3. 已有的信用合作社立法层次不高

从现有信用合作社法律规范的层次及效力来看，信用合作社立法还没有上升到法律层面。作为数量最多的金融经营机构，规范信用合作社业务开展的主要法律依据只有国务院及中国人民银行、银行业监督管理委员会等部门制定的行政法规和部门规章。这些行政法规和部门规章大多数以"办法"、"通知"、"规定"、"暂行办法"的形式出现，效力较低，其中不少是20世纪八九十年代制定的，与现实环境已脱节。

4. 缺乏信用合作社内控制度及行业自律规范

就现有信用合作社法律规范所调整的范围来看，偏重政府部门的监管，忽视信用合作社内控制度及行业自律的建设。由于在整个信用合作社的股本中，每个社员的股份所占比例极小，承担的风险也很小，社员的股东意识不强，股东的约束力也相对较弱，再加上信息不对称，大部分社员实际参与管理的愿意和行为十分有限，现实中的农村信用合作社法人治理结构也往往流于形式。但另一方面，没有形成一整套符合信用合作社特点的内部制度设计规定。当前我国信

用合作社组织只建立到省一级，尚未形成全国性的行业组织，信用合作社的发展与管理由省级政府和银监会负责。而现有的管理体制强化了省级政府对信用合作社的控制，缺乏信用合作社全国性行业自律组织。统一的行业规范和自律原则的空白，不利于降低信用合作社经营风险和监管成本。

三、完善我国信用合作社立法应注重的若干问题

（一）信用合作社立法的立法形式

信用合作社按所在区域和服务对象划分标准，可分为农村信用合作社和城市信用合作社。目前，我国信用合作社立法也是依此标准，将信用合作社分为不同类别，并有针对性的给予规范。这些立法包括有关城市信用合作社的法规，关于农村信用合作社、农村资金互助社的法规。纵观各国立法，迄今尚未有一部专门的农村信用合作社法，均是将农村信用合作社与城市信用合作社合并立法。至于两者服务地域的区别，在立法技术上是可以克服的。① 由此，我国应制定一部《合作金融法》，将其调整对象主要分为两类：一是城市信用合作社，二是农村信用合作社，同时，还要为其他合作金融组织的建立留下存在的空间。各省、各部门可再根据《合作金融法》，结合农村合作金融的实际，在《立法法》规定的立法权限内，制定相关实施细则。

（二）合作制原则的坚持

坚持合作制原则是信用合作社立身的根本，否则所谓的信用合作社就不是真正的合作组织，就无须打着信用合作社招牌。在我国信用合作社立法过程中，问题之一就是合作制的基本原则没有得到

---

① 刘定华著：《金融法专题研究》，北京大学出版社 2002 年 10 月版第 1 版，第 332 页。

一贯坚持。合作社的原则之一是强调社员民主控制，①作为由社员控制的民主的组织，合作社的方针和重大事项由社员积极参与决定。由此，信用合作社的领导应由全体社员选举产生，社员对理事会、监事会和经理人员中的不称职者有罢免权；信用合作社的方针和重大事项由社员积极参与决定，选举产生的社员代表要对全体社员负责。社员对人事工作、经营管理有参与决策和提出建议的权利；对信用合作社工作中的失误和不良风气有批评、监督、检查的权利。

合作社是自愿联合起来的自治组织，应尽可能独立于政府部门和私营企业。为实现自治，就必须赋予信用合作社在组织机构制度设计上具有一定的自主选择权，法律和行政干涉应尽可能减少。

为全面贯彻合作制的基本原则，必须对现行立法相关条款予以修改。理事长提名为信用合作社内部事务，《农信社管理规定》应赋予理事长、副理事长候选人提名方法由信用合作社章程中做出约定。《县联社管理规定》既然规定实行理事会领导下的主任负责制，那么依法人治理结构的原则要求，就应废除主任、副主任"由县联社社员大会选举"的条款，而是规定直接由县联社理事会聘任。

（三）社员主体资格的规范

信用合作社社员主体资格是指参加信用合作社的主体应具备的条件。明确主体资格，有利于信用合作社吸收社员，规范发展。依现行立法，不同层级信用合作社社员主体资格是不同的。城市信用合作社的社员包括城市居民、个体工商户和中小企业法人。农村信用合作社基层社的社员主要由农户及农村各类具有法人资格的经济组织组成。农村信用合作社县级联合社、农村信用合作社市（地）联合社的社员是下一层级的农村信用合作社，或是县级、市（地）联合社。

① 也有人将该原则翻译成"社员民主管理"，但就英文原文"democratically - controlled"来看，翻译为民主控制更为合理。参见唐宗焜：《中国合作社政策与立法导向问题》，载《经济研究参考》2003 年第 43 期。

农村信用合作社省(自治区、直辖市)联合社社员来源则较为广泛,包括了农村信用合作社市(地)联合社、县(市、区)联合社、县(市、区)农村信用合作联社、农村合作银行、农村商业银行。

在信用合作社主体资格规定上,目前的《农村信用合作社管理规定》不尽合理:一是农村信用合作社社员来源规定上存在缺陷;二是缺乏基本的社员入社条件。

按照《农信社管理规定》的规定,参加农村信用合作社的社员可以是农户,也可以是农村各类具有法人资格的经济组织和农村信用合作社职工。据此,《农村信用合作社章程(范本)》(1997)规定农村信用合作社社员分为个体社员、团体社员、职工社员,[①]在此,将农户与个体自然人等同是值得商榷的。农户与自然人是不同的概念,农户实际上是个家庭集体概念,指的是从事农业生产的住户,而自然人是个体概念,相对法人的民事主体。严格地说,依现行农村信用合作社立法,只有"农村信用合作社职工"可依自然人身份入社,缺乏广泛的农民自然人入社规定。其实,有资格加入农村信用合作社的主体,不仅可以是农户,更可以是自然人。信用合作社是"人"的结合,不是"资本"的结合,此处的"人"当然包括自然人。在各国信用合作社立法上,社员主要分为两类,一类是以自然人资格入社的个人社员,一类是以法人资格入社的团体社员。德国信用合作社社员来源就包括自然人,美国《联邦信用合作社法案》也规定,自然人能成为社员。我国立法把具有广泛性的单个自然人、事业法人等排除在外,则失去了增加合作金融组织社员数量、增大吸收更多资本金以增强合作金融组织实力的机会。因此,应明确规定自然人可成为我国农村信用合作社社员,这也符合农村信用合作社改革方向的。国务院 2003 年 6 月发布的《深化农村信用合作社改革试点方案》就明确提出,要把信用合作社逐步办成由农民、农村工商户和各类经济组织入股,为农民、农业和农村经济发展服务的社区性地方金融机构。农

---

① 参见《农村信用合作社章程(范本)》(1997)第 11 条。

民作为参加农业生产的劳动者，在概念上当然指的是个体自然人。

自然人入社要符合一定条件。信用合作社是“人”的结合，社员须被慎重选择。对于自然人参加信用合作社，各国规定的具体条件虽不尽相同，但主要包括了以下几个方面：(1)年龄的规定。社员必须达到一定年龄，才有能力履行自助互助的合作原则。英国合作社法规定，必须年满16岁才能成为合作社社员，必须年满21岁才能当选为理事及会计等职。我国早期的《农村信用合作社示范章程草案》(1957年1月)也规定，年满16岁才可参加信用合作社，年满18岁才有被选举权。我国台湾地区合作社法规定，合作社社员必须年满20岁，或未满20岁而有行为能力者。(2)国籍和居住区域的规定。信用合作社一般不接受外地区的居民和团体为社员，许多国家规定不许外国人参加信用合作社，因为不在同一国家或同一社区的社员，其信用状况无法调查，业务开展也有诸多不便。(3)入社许可的规定。对于加入信用合作社的人选，合作社章程一般都规定家庭中只要有一个负经济责任的人员参加即可，不需全家同时参加。(4)道德方面的规定。信用合作社特别注重社员的道德，道德品质低下的人，不应成为社员。

反观我国信用合作社立法，缺乏自然人入社的一般规定。信用合作社既然是“人”的结合，自然人就可以成为社员。为体现农村信用合作社“人合”的本质，是有信用之人在信用领域进行的合作，就应当对自然人入社条件作出基本规定，以保证信用不良的人不被信用合作社所接纳，从而促进信用合作社健康发展。在基本条件上，建议对入社者的能力、信用状况等作出基本规定，并使信用合作社在执行中有一定的选择余地。

2007年1月制定的《农村资金互助社管理暂行规定》注意到了自然人入社条件问题，其第18条规定，农民向农村资金互助社入股应符合以下条件：(1)具有完全民事行为能力；(2)户口所在地或经常居住地(本地有固定住所且居住满3年)在入股农村资金互助社所在乡(镇)或行政村内；(3)入股资金为自有资金且来源合法，达到

章程规定的入股金额起点；(4)诚实守信，声誉良好；(5)银行业监督管理机构规定的其他条件。这样的规定值得今后信用合作社立法借鉴。

此外，关于社员类别，《农村信用合作社章程(范本)》(1997)依来源不同将社员分为个体社员、团体社员、职工社员。而在实践中，我国有的地方已将社员分为拥有资格股的社员与拥有优先股的社员。拥有资格股的社员，享有参加年终股金分红和按交易量取得利润返还的权利。拥有优先股的社员，只享有参加年终股金分红的权利，没有投票表决权，可谓不同类别的社员具有不同的权利。① 国外合作社也有这样的分类，如法国某些合作社允许非合作者入社，非合作者社员的股权无权参与年终盈余分红和盈余惠顾返还金分配，但有权享受比合作金融组织成员分红股息高20%的待遇。日本农业协同组合也有类似规定，其社员分为正组合员和准组合员，正组合员是入股农民会员，有选举权和被选举权，准组合员则为入股非农民会员，没有选举权和被选举权。美国的一些合作金融组织设置了普通股社员和优先股社员，普通股社员有选举权和被选举权，为正式社员；而优先股社员无选举权和被选举权，是非社员。为何国内外要有此分类呢？传统上合作金融组织主要吸收同业者即与合作金融组织有直接业务关系者入社，但随着经济发展和竞争的需要，合作金融组织对资金的占有量和需要量愈来愈大，仅仅依靠吸收社员股金已不能适应需要。出于扩大资金来源之需，行业性合作金融组织纷纷发展非本行业领域社员，社区性合作金融组织纷纷发展非社区社员，或采取设置正式社员和准社员方式扩大入股者的来源范围。对于这种因权利不同而产生的分类，有一定的合理性，这有利于扩大信用合作社的资金来源，增强信用合作社的竞争实力，适应信用合作社的发展需要。为使不同类别的社员行使权利规范、有序，保证信用合作社的

---

① 何广文著：《合作金融发展模式及运行机制研究》，中国金融出版社2001年9月版，第59页。

合作金融本质不被改变，防止在实际操作中出现混乱、无法可依，使立法不落后于现实，有必要在今后的信用合作社立法中对此种分类给予确认。

（四）内部治理结构的完善

为促使信用合作社规范经营，有效防范风险，现行立法对信用合作社内部组织机构设置进行了规定。信用合作社的社员（代表）大会是最高权力机构，理事会是其执行机构，信用合作社主任由理事会聘任，设立监事会，负责监督信用合作社的经营管理和各管理层的行为。目前这种内部组织机构制度安排要求已在各信用合作社得到普遍落实，但状况尚不能令人十分满意。学者们对信用合作社内部组织机构存在的问题进行了不少概括和总结。① 目前信用合作社内部组织机构存在的问题主要表现在以下几方面：

一是社员（代表）大会流于形式。按照信用合作社有关立法及章程规定，社员（代表）大会由社员（代表）组成，行使管理信用合作社的最高权力，享有选举理事会、监事会等权力。理事会、监事会按规定向社员（代表）大会报告工作，社员（代表）大会有权审议理事会、监事会工作报告，对信用合作社重大事项作出决议等。但在实际运作过程中，社员（代表）大会的作用受到限制，甚至被替代弱化，剥夺了信用合作社社员作为合作社资产所有者的权利。一方面，社员（代表）大会召开不正常，有的社员（代表）大会，很少按章程规定适时召开，即使召开也只是形式上走过场；有的以职工大会代替社员（代表）大会；有的信用合作社用年度工作会议代替社员（代表）大会；还有的甚至从不召开社员（代表）大会。② 另一方面，社员对社员

---

① 冯果：《深化我国农村合作金融制度改革的若干法律思考》，载《法学杂志》2005 年第 6 期；陈福成等：《农村信用合作社法人治理结构研究》，载《金融研究》2005 年第 1 期。

② 薛艳：《农村信用合作社法人治理结构问题分析》，载《中国民营科技与经济》2006 年第 3 期。

(代表)大会的召开也不关心。由于大多数社员并不直接参与信用合作社的经营和管理,只是享受其提供的服务和利益分配,信用合作社的一些重要经营问题也不向社员定期公布报告。如此的信息不对称,社员很难了解信用合作社的实际经营情况,而要了解信用合作社的财务状况、经营政策和分配政策等信息需要支付较大的成本,与其得到的权益相比,社员不愿意花费代价获取信息行使职能。① 此外,由于每个社员只有一股,表决时也只有一票,存在"搭便车"现象,即总希望别人来对信用合作社经理人员的经营管理行为实施监督,因实施监督是需要花费代价的。最终的结果是,没有人对信用合作社的经理人员和经营管理行为实施监督,导致监督空洞化。

有人在2001年对山东省139个农村信用合作社进行了抽样调查,调查结果显示:社员代表大会独立发挥作用的仅占10.3%,一般发挥作用的占38.2%,很少发挥作用的占9.6%,而完全流于形式的占41.9%。②

二是理事会决策"内部人控制"③严重。信用合作社的"内部人控制"的现象主要体现在两个方面:一方面,理事会凌驾于社员(代表)大会之上,信用合作社内部专业管理人员往往会出于赢利和自身业绩的需要,凭借手中的管理权,通过操纵社员(代表)大会做出商业化的经营决策而放弃对社员应有的资金支持,从而偏离信用合作社互助合作的经营性质;另一方面,在理事会领导下的主任负责制体制中,理事会的组成不尽合理。理事会一般应包括执行理事、非执

① 马盅富著:《中国农村合作金融发展研究》,中国金融出版社2001年6月第1版,第173~174页。

② 李俊丽、王家传:《我国农村信用合作社现行法人治理结构探析》,载《山东农业》(农村经济版)2003年第3期。

③ "内部人控制"是美国斯坦福大学的青木昌彦(M. Aoki)教授提出的概念,参见:青木昌彦,《对内部人控制的控制:转轨经济中公司治理的若干问题》,载《改革》1994年第6期。根据青木昌彦(1994)对内部人控制的论述,国内理论界大多数学者把"内部人控制"界定为企业内部人员(主要是指经理人)掌握企业的剩余控制权和剩余索取权,追求自身效用最大化的机会主义行为,从而导致出资人权益受损。

行理事和独立理事，而现实中信用合作社基本没有独立理事，这极易导致不能对社主任进行必要的监督。

三是监事会形同虚设。在监事会实际运作过程中，就监事会组成结构而言，目前除监事长为专职监事外，其他监事为兼职或外部兼职监事。县级联社监事会由于没有常设机构，一般只设监事长，通常由主管内审的稽核部门主任担任，结果是，稽核部门履行监事会职责，实质上使监事会成了联社内部稽核审计的一个部门，职工监事受制于管理层，对理事长和信用合作社主任等的监督作用非常有限。此外，社员（代表）大会对监事会缺乏硬约束，造成监事会抛开社员（代表）大会而对主任负责。这样，监事会不能发挥应有的作用。从监事会享有的知情权来看，信用合作社的资料由理事会及管理层掌管，获得此类资料首先要取得他们的帮助，而监事会获取资料的目的是对他们进行监督管理，因而获取资料难度较大。基层农村信用合作社监事会成员大部分由乡（镇）村干部和农村社员组成，信用合作社理事会、主任之间存在严重的信息不对称。

四是管理层形成“外部人控制”。按照规定，理事会由社员（代表）大会产生，信用合作社主任由理事会聘任，理事会应向社员（代表）大会负责，主任应向理事会负责。但长期以来，社员对这些管理人员的产生并不起决定性作用，而是由地方政府或上级联社指派人选，社员（代表）只是履行名义上的选举权，这就使得社员对民主管理中的程序失去了兴趣。其结果是社员（代表）大会不能制约理事会，理事会不能制约信用合作社主任。

国务院《深化农村信用合作社改革试点方案》（国发[2003]15号）提出，农村信用合作社改革要“以法人为单位，改革信用合作社产权制度，明晰产权关系，完善法人治理结构”。因此，信用合作社内部组织机构立法，必须符合企业法人治理结构原则要求，按法人治理结构原则要求来设计农村信用合作社内部组织机构的制度。

依信用合作社立法规定，我国信用合作社是企业法人，也存在着“经营与所有分离”问题。首先，对于“人合组织”性质的信用合作

社,往往社员人数众多,由所有社员直接经营合作社已不可能,如《农信社管理规定》的设立要求是,社员一般不少于500个,这样不可能人人均参加信用合作社管理,只能选出部分社员行使具体管理权。再者,信用合作社属于金融业,其业务专业性较强,必须聘请专业人士来参与信用合作社管理。信用合作社社员一般经济状况较差,受教育程度不是很高,大多缺乏足够的专业管理知识,从而不能保证所选出的社员都具备足够的经营管理能力,胜任信用合作社的领导工作,为此,从社会上聘请训练有素的专业管理人才进入信用合作社就成为必要。为对参与管理的社员和专业人士给予必要的约束和激励,信用合作社监督机关的设置不可缺少,也就是社员在选任特定的人出任经营者外,还须选任特定的人行使合作社内部监督的权利。

由于合作社的管理者并不拥有剩余索取权,因而通过改善管理所得到的收益不可能资本化为管理者的个人财产,这就导致了投机取巧行为比之其他类型的组织更容易发生。与其他经济组织相比,合作社为减少管理者的机会主义而致使监督成本较高,这可以从合作社周密的监督制度来印证。① 此外,信用合作社要在市场经济中能够生存下去,最大限度地满足为社员服务的宗旨,必须选择成本最低的经济组织形式;在面临选择特定的人经营、管理之时,对于组织机构的设计,必须选择最佳的治理结构,形成相应的分权、制衡、效率机制。

可以看出,信用合作社的治理结构与法人治理结构基本一致,因而信用合作社组织机构立法要符合法人治理结构的基本要求也就成为了必然。当然,也要注意到合作社的法人治理结构与公司等企业组织法人治理结构并不完全相同。公司的最高权力机构是股东大会,实行"一股一票"的管理决策,在各种决策中贯彻的是资本控制

---

① 国鲁来:《合作社制度及专业协会实践的制度经济学分析》,载《中国农村观察》2001年第4期。

原则；合作社的最高权力机构是社员大会，实行"一人一票"的决策机制，在合作社的各种决策中贯彻的是劳动控制原则。之所以实行"一人一票"，是因为合作社系由社员控制的民主的组织。

为完善信用合作社的内部治理机构，应进一步完善我国信用合作社内部机构立法。

一是增加社员（代表）大会的职权。修改《农村信用合作社管理规定》第二十一条规定，《县联社管理规定》第十九条，将理事会审定农村信用合作社的发展规划、经营方针、年度业务经营计划的权力调整为农村信用合作社社员代表大会职权、县联社社员大会职权，增强社员对农村信用合作社的民主控制。《美国联邦信用合作社法案》规定的会员大会职责就包括审议、批准董事会提交的有关信用合作社经营方针和重大投资计划的报告。① 增加社员代表大会"罢免"监事权，建议《农信社管理规定》参照《县联社管理规定》、《市（地）联社管理规定》的规定，将监事由社员代表大会选举和更换中的"更换"改为"罢免"，从而体现社员代表大会的权威性。

二是规定理事、监事的任职资格条件。理事是代表社员对信用合作社的业务活动进行决策和领导的专门人员，这样的人员必须在身份、品行、竞业禁止等方面符合一定的条件，才能确保具有一定道德品种、经营经验和管理能力的人才入选。理事任职资格条件包括积极资格和消极资格。积极资格是指具备何种条件的可以成为理事；消极资格是指不能成为理事的限制性条件。具体到信用合作社理事的积极资格，应包括以下几个方面：(1)具有社员身份；(2)具有完全的民事行为能力；(3)具有一定的管理能力，品行高尚。美国信用合作社董事的候选人就主要集中在具有为信用合作社的理想而无私奉献的精神、富有经验且德高望重、熟悉信用

① 史纪良、张功平主编：《美国信用合作社管理》，中国金融出版社 2000 年 7 月第 1 版，第 40 页。

合作社的基本业务程序和财务知识的会员。[①] 在消极资格方面，应借鉴我国《公司法》的规定，限制那些曾经受过刑罚、个人到期债务较大的人担任理事，[②]并同时提出竞业禁止要求。对于竞业禁止要求，《农信社管理规定》、《县联社管理规定》、《市（地）联社管理规定》只对理事长、副理事长提出，而《省联社管理规定》则笼统提到省联社高级管理人员，对于竞业禁止方面的要求应扩大到信用合作社理事。我国台湾地区《信用合作社法》就规定：信用合作社理事不得兼任其他信用合作社、银行、保险、证券事业或其他金融机构之任何职务。[③] 同样，对于监事，也应在信用合作社立法中规定相应的任职资格条件，其一，规定竞业禁止。我国台湾地区《信用合作社法》规定：信用合作社监事不得兼任其他信用合作社、银行、保险、证券事业或其他金融机构之任何职务。[④] 其二，规定任职消极资格限制。监事的竞业禁止与消极资格限制规定可与理事任职消极资格条件相同。

三是限制信用合作社理事会、县联社理事会职工理事人数。为防范信用合作社出现内部人控制现象，必须对理事会中职工理事人数给予限制。对此，《市（地）联社管理规定》第二十三条规定，市（地）联社职工代表担任理事的人数不超过理事会人数的20%。《省联社管理规定》第二十五条规定，省联社职工中担任理

① 史纪良、张功平主编：《美国信用合作社管理》，中国金融出版社 2000 年 7 月第 1 版，第 40 页。

② 我国《公司法》第一百四十七条规定，有下列情形之一的，不得担任公司的董事、监事、高级管理人员：（一）无民事行为能力或者限制民事行为能力；（二）因贪污、贿赂、侵占财产、挪用财产或者破坏社会主义市场经济秩序，被判处刑罚，执行期满未逾五年，或者因犯罪被剥夺政治权利，执行期满未逾五年；（三）担任破产清算的公司、企业的董事或者厂长、经理，对该公司、企业的破产负有个人责任的，自该公司、企业破产清算完结之日起未逾三年；（四）担任因违法被吊销营业执照、责令关闭的公司、企业的法定代表人，并负有个人责任的，自该公司、企业被吊销营业执照之日起未逾三年；（五）个人所负数额较大的债务到期未清偿。

③ 参见我国台湾地区《信用合作社法》第十六条。

④ 参见我国台湾地区《信用合作社法》第十六条。

事的人数不得超过理事人数的20%。但《农信社管理规定》、《县联社管理规定》却没有与此相应的限制。《农信社管理规定》、《县联社管理规定》也应规定职工中担任理事的人数不得超过理事人数的20%。

四是增加监事会召集社员(代表)大会的职权。为保证监事会能有效监督理事会、理事、主任的经营管理活动,维护信用合作社、社员的利益,在《农信社管理规定》、《县联社管理规定》、《市(地)联社管理规定》立法中应规定在一定情况下,监事会具有召集社员(代表)大会的职权。德国合作社法第38条就规定,为了合作社的利益,监事会可以召集社员大会。

五是明确立法的内容与章程约定的区别。在有关信用合作社设立申请规定中,提交章程是不可缺少的条件之一。对于章程所涉及的内容,关于信用合作社组织机构的立法应有所体现。但十分遗憾的是,相关立法对此规定非常少。有关金融监管机构制定了章程范本,作为信用合作社制定章程的基准,但就这些章程范本而言,本身并无法律强制力,只是供参考使用。在此情况下,考虑到信用合作知识在社会上并不十分普及,为确保信用合作社社员能参与基本的民主管理,本来那些完全应由章程规定的事项,可适度地在有关信用合作社组织机构立法中表现出来,通过强制性规范以防止信用合作社管理人员利用自身地位的优势,制定出有利于信用合作社管理人员的章程来。但无论如何,信用合作社组织机构立法的具体规定应与章程约定的事项有相对划分。除涉及信用合作社基本的组织机构原则、规则外,有关信用合作社组织机构的设立及其产生办法、职权、议事规则,应授权由章程约定。分析目前关于信用合作社组织机构立法中的一些条款可以发现,部分本应由章程约定的事项,却在法规中给予了具体规定。如有的立法规定了理事长的基本职权。理事长是由理事会选举产生,理事长主持理事会工作,由于各信用合作社具体情况不同,理事长的基本职权也不同,对于理事长的基本职权要由各信用合作社结合具体情况确定。由此,

理事长的基本职权应由信用合作社章程约定。但在农村信用合作社组织机构立法中,《市(地)联社管理规定》第二十四条、《省联社管理规定》第二十四条就对其规定得很具体。再如,立法规定了主任的基本职权。由于主任是由理事会聘任的,全面负责信用合作社管理工作,对于主任的基本职权也应由信用合作社章程约定的,但《农信社管理规定》第二十三条、《县联社管理规定》第二十一条、《市(地)联社管理规定》第二十六条、《省联社管理规定》第二十八条均对其做了规定。新制定的《农村资金互助社管理暂行规定》对章程应约定的内容做出了具体规定,较好地防止了上述立法不足的出现,值得借鉴。

六是明确管理人员的义务与责任。总体而言,作为管理人员,理事、监事、主任共同的义务主要体现在注意义务与忠实义务两个方面。注意义务即理事、监事、主任在处理信用合作社事务时须以善良管理人为标准给予合理注意的义务。忠实义务,也称诚信义务,是指理事、监事、主任在履行职责时,必须以信用合作社利益高于一切,不得背信弃义,为个人利益而牺牲信用合作社利益。其具体有两点:一是理事、监事、主任必须诚实、正当地行使职权,不得背信弃义,利用职权损害信用合作社利益;二是在自身利益与信用合作社利益相冲突的场合,理事、监事、主任不得使个人利益高于信用合作社利益。由于理事、监事、主任分别有不同的职权,在具体规定他们各自注意义务与忠实义务时,内容上应有所不同。同时,应明确管理人员应承担的法律责任。倘若因理事、监事、主任不履行义务或未能全面充分地履行注意义务而给信用合作社造成损害的,对信用合作社应负赔偿责任。如使第三人(包括社员和信用合作社的债权人)遭受损害,也应承担一定的责任。由于信用合作社是企业法人,理事、监事、主任的责任主要为民事责任,故在信用合作社立法修改完善中,必须加强理事、监事、主任义务与责任条款的制定,使理事、监事、主任的权力得到必要的制衡,以利于信用合作社内部组织制度的完善。我国台湾地区《信用合作社法》第十八条规定:理事应依照法令、章程及

社员大会之决议执行职务。理事会之决议违反前项规定，致信用合作社受损害时，参与决议之理事，对于信用合作社负赔偿之责。但经表示异议之理事，有记录或书面声明可证者，免其责任。监事因怠忽监察职务，致信用合作社受损害者，对信用合作社负赔偿责任。监事对信用合作社或第三人负损害赔偿责任，而理事亦负其责任时，应连带负赔偿之责。德国合作社法第三十四条第二款规定，理事会的成员失于履行他们的职责，需要各自并连带地赔偿合作社因此造成的损失。关于是否尽到了一个尽职的管理人员应尽的注意，理事们承担举证责任。日本合作社法第三十三条第二款规定，如果理事们疏于履行他们的职责，他们应当共同赔偿合作社的损失；第三款规定，如果理事们在履行职责时存在恶意或重大过失，他们应当对第三方的损失承担连带责任。

在具体责任方面，就信用合作社理事而言，可规定，一是对信用合作社的责任，包括理事参与理事会违反决议而产生的民事责任，理事违反理事会决议而产生的民事责任，理事越权行为而产生的民事责任，理事违反竞业禁止规定给信用合作社造成损失而承担的赔偿责任；二是对第三人的责任，在理事管理信用合作社事务时致第三人受到损害，理事与信用合作社负连带赔偿责任。对监事来说，其主要责任是其怠于行使监督义务，致使信用合作社或第三人受到损害时，应承担的对信用合作社或第三人的损害赔偿责任。至于主任的责任主要是违反法律规定或章程约定的义务，致使信用合作社受到损害时，应负赔偿责任。

（五）信用合作社的责任形式

依社员与信用合作社的权责关系为标准，信用合作社的责任形式可以分为三种：无限责任制、有限责任制和保证责任制。

无限责任制，是指所有入社社员对信用合作社债务负连带无限责任的信用合作社，即入社社员不是以其出资额而是以其拥有的全部财产作为清偿信用合作社的保证，当信用合作社经营失败，信用合

作社自己的财产不足以偿还债务时，入社社员要以其入资额以外的财产清偿信用合作社的债务。

有限责任制，与无限责任制相对应，又可以称为封闭责任制，是指入社社员仅以其出资额为限对信用合作社的债务负清偿责任。而社员出资额以外附加一定责任的担保额的则为保证责任。

在信用合作社的责任制形式方面，各国立法不尽相同。德国合作金融业发展的初期，合作经济组织主要采取无限责任制形式，社员的责任是无限的。在合作社实践中，因有限责任制比无限责任制更有利于合作经济组织的发展，无限责任制形式的合作经济组织，已逐渐演化成社员以出资额以外附加一定责任的担保额为限对债务负清偿责任的有限责任制形式，目前德国信用合作组织均采取这种责任制形式，即保证责任制。法国在1894年制定关于农业信贷银行的法律时，采取了有限责任制形式。作为合作金融的荷兰拉博银行采取的也是有限责任制形式，其村级合作银行（信用合作社）社员一般承担有限责任5 000荷兰盾。① 我国台湾地区则规定，信用合作社的责任形式可以是三种责任制中的任何一种。②

我国信用合作社立法虽只规定了有限责任形式，但关于有限责任的条款表述不够规范。所谓信用合作社的有限责任，其一是指信用合作社以其全部资产对其债务承担责任；其二是指社员仅以其出资额为限对信用合作社的债务负清偿责任。因此，完整、规范的有限责任规定表述应包含上述两个方面的内容。分析比较现有的信用合作社立法可以发现，对于信用合作社的有限责任，《农村信用合作社管理规定》、《农村信用合作社省（自治区、直辖市）联合社管理暂行规定》规定的比较全面，两个方面都给予了表述；而《农村信用合作社县级联合社管理规定》、《农村信用合作社市（地）联合社管理规定

① 何广文著：《合作金融发展模式及运行机制研究》，中国金融出版社2001年9月版，第64～65页。

② 我国台湾地区《合作社法》第四条。

(暂行)》却均只涉及到一个方面。① 虽然已规定信用合作社以其全部资产对其债务承担责任，表明了信用合作社财产的独立性，包含了社员责任的有限性，但从有限责任表述的完整性、规范性来说，应补充相关内容给予完善。

由此可认为，现行立法规定的责任形式过于单一，可能不利于我国信用合作社的进一步发展；应增加新的责任制，使信用合作社有更多的选择。有限责任制虽然有限制投资入股风险，有利于动员和吸引社会大众加入信用合作社的优点，但也应当看到，在有限责任制下，社员承担责任的有限性决定了它不利于最大限度地强化社员与信用合作社的责权关系，也不利于社员参与信用合作社经营管理积极性的调动，那些仅持有最低限度的资格股的社员往往很少有积极性去关心信用合作社的经营活动。况且，现行立法对社员的入股标准不是很高，社员参与信用合作社经营管理积极性更是难调动起来。按规定，虽然县联社每个社员入股金额不得低于5万元，市(地)联社每个社员社入股金额不得低于10万元，省联社每股股金10万元人民币；但对农村信用合作社，则只有"所有社员必须用货币资金入股，单个社员的最高持股比例不得超过该农村信用合作社股本金总额的百分之二"的规定，并没有最低社员入股资金要求，如此，从理论上说，1元入股都可以。虽然在1997年中

---

① 《农村信用合作社管理规定》第二条规定，"农村信用合作社是独立的企业法人，以其全部资产对农村信用合作社的债务承担责任，依法享有民事权利，承担民事责任"；第三条规定，"社员以其出资额为限承担风险和民事责任"。《农村信用合作社省(自治区、直辖市)联合社管理暂行规定》第三条规定，"社员社以其所持股份为限对省联社承担责任；省联社以其全部资产对其债务承担责任"。《农村信用合作社县级联合社管理规定》只有第三条规定，"县联社依法自主经营，自担风险，自负盈亏，自我约束，以其全部资产对县联社的债务承担责任，依法享有民事权利，承担民事责任"，其他条款根本没有关于社员有限责任的规定。同样，《农村信用合作社市(地)联合社管理规定(暂行)》也只是第三条规定，"市(地)联社依法履行职责，自担风险，自负盈亏，自我约束，以其全部资产对市(地)联社的债务承担责任，依法享有民事权利，承担民事责任"，在其他条款中，也是没有关于社员有限责任的规定。

国人民银行发布的《农村信用合作社章程(范本)》中,关于股金有如下规定:股金每股10元人民币,①但社员至少应入多少股,立法上没有规定最低要求。此外,由于社员退社自由,资本金是可以变动的,有限责任制对信用合作社的客户和债权人利益保护程度较低,资信度不高,仅有有限责任制度设计并不有利于信用合作社从金融市场筹集资金。为更好地促进信用合作社的发展,增强社员的经营管理积极性,有必要增加新的责任制度,供信用合作社选择。

无限责任制风险太大,对于大多属于弱者的希望入社者来说,不利于吸引他们加入信用合作社,可能不宜采用。保证责任制虽责任有限,但同有限责任制相比较,适当地加大了社员的责任,这有利于促进社员对信用合作社业务的关心,积极行使自身的权利,参加对信用合作社的管理;同时也提高了信用合作社信用度,增强客户、债权人对信用合作社的信心。故此,建议在立法上借鉴德国、我国台湾地区的经验,增加保证责任制。②

(六)监管的加强

信用合作社就性质而言,不仅是企业法人,而且属于金融行业。金融行业的特点之一就是面临较大的经营风险。要防范、降低金融机构存在的风险,就必须对其给予必要的监管。《农村信用合作社管理规定》、《农村信用合作社县联社管理规定》、《农村信用合作社市(地)联合社管理规定(暂行)》、《农村信用合作社省(自治区、直辖市)联社管理暂行规定》,《城市信用合作社管理办法》、《城市信用合作社联合社管理办法》,从某种意义上说,就是有关信用合作社金融监管的法。健全的金融监管组织体系应包括官方监管和非官方监

① 参见《农村信用合作社章程(范本)》(1997)第十六条。

② 岳志著:《现代合作金融制度研究》,中国金融出版社2002年6月第1版,第162页。

控。作为正式制度安排的官方监管，其实施成本和维持成本相对较多，并且可能会带来很大的间接效益损失，但规范的官方监管见效快、力度大，同时隐含政府的信誉担保，更能使公众维系对整个金融体系的信心。非官方监控包括金融机构的自律内控，金融业自律监督和社会监督，是在金融活动中由当事人之间长期博弈自发形成的，它不需要借助政府强制力量来实施，实施成本和维持成本比较低，而且造成的间接效益损失比较小。

目前，就监管主体而言，信用合作社由省级人民政府和银行业监督管理机构在各自职权范围内对其进行共同监管。根据《国务院关于印发深化农村信用合作社改革试点方案的通知》（国发[2003]15号）规定，对农村信用合作社按照"国家宏观调控、加强监管，省级政府依法管理、落实责任，信用合作社自我约束、自担风险"的监督管理体制，分别确定省级人民政府和银行业监督管理机构的监督管理责任。

省级人民政府对信用合作社管理的主要职责包括：一是督促信用合作社贯彻执行国家金融方针政策，引导信用合作社坚持为"三农"服务的经营宗旨；二是依照国家有关法律法规，指导本地信用合作社加强自律性管理，督促信用合作社依法选举领导班子和聘用主要管理人员；三是统一组织有关部门防范和处理辖内信用合作社金融风险；四是帮助信用合作社清收旧贷，打击逃废债，查处信用合作社各类案件，建立良好的信用环境，维护农村金融秩序稳定。

银行监督管理机构对信用合作社的金融监管职责为：一是根据国家有关法律法规，制定监管的规章制度；二是审批机构的设立、变更、终止及其业务范围；三是依法组织现场检查和非现场监测，做好信息统计和风险评价，依法查处违法违规行为；四是审查高级管理人员的任职资格；五是向省级人民政府提供监管数据及有关信息，对风险类机构提出风险预警，并协助省级人民政府处置风险；六是对省级人民政府的专职人员进行培训；七是受国务院委托，对省级人民政府管理信用合作社的工作情况进行总体评价，报告国务院。

目前这种管理体制也隐含着一些问题。省级人民政府与银行监督管理机构的管理职权存在一定的重叠,省级人民政府对信用合作社的管理权是通过政策来确定的,并没有上升到法律层次。而且,由省联社代表省政府对全省农村信用合作社管理,使省联社兼有行政管理职能和企业职能,其产生的后果并不能令人乐观,容易形成一个新的省联社利益集团,容易对信用合作社形成强大的控制。① 因此,必须对省政府与银行监督管理机构的责任进行划分,并通过立法的形式固定下来。

国内外的监管实践充分表明,实现有效监管,第一位的是促进金融机构本身形成良好的治理机制和内控制度,其次是市场约束和自律机制,第三才是外部监管。信用合作社的监管工作也不例外。从目前情况看,信用合作社存在很多问题,但最根本的原因还是在内部。因此,必须加强对信用合作社内控监管,督促信用合作社逐步建立起决策、管理、监督相互制衡,激励和约束相互结合的科学有效的经营机制。因此,在立法中,一是要加强信用合作社内部控制制规定;二是加强信用合作社遵循民主管理原则的规定,摆脱管理手段的行政化。

此外,还应加强信用合作社的行业自律。信用合作社的行业自律监管非常重要,这主要是由信用合作社的现状和特点决定的。一是农村信用合作社数量大,据统计,至2005 年10 月末,全国共有626家城市信用合作社,30 438 家农村信用合作社。二是信用合作社分布分散,距离监管机构相对较远。因此在此种情况下,仅靠监督管理机构监管是不够的;由于信用合作社监管信息搜集速度慢,现在不少信用合作社仍用手工记账,即使使用了计算机,也没有联网,监督管理机构监管难度大,往往成本高,效果并不一定好。通过信用合作社自己的组织进行监管,可以提高监管的针对性。为提高整个行业的

---

① 周脉伏著:《农村信用合作社制度变迁与创新》,中国金融出版社 2006 年 8 月版,第 173 页。

自律性，这就需要适时建立农村信用合作社的行业自律机构——信用合作社协会。美国的信用合作社协会就在信用合作社的自我管理、自我发展中发挥了非常重要的作用。信用合作社协会的主要作用是协调政府有关主管机构进行本行业的各项管理、监督；加强与主管机构及信用合作社之间的沟通、业务指导及信息交流；落实行业发展规划，通过各种手段加强行业的自律管理，规范会员的经营活动，维护和保障会员的合法权益；向社会普及合作金融知识，为信用合作社培训和积聚合作金融人才。

目前，我国在信用合作社的行业自律监管方面缺少行业协会这样的真正行业自律机构，有关信用合作社（联社）管理规定根本没有对行业自律监管作出规定，出现了立法空白。行业协会就性质而言，主要体现以下几点：一是自愿性。各国的大部分行业协会均采会员制，即行业成员可以自愿申请入会，同时会员也有退会的权利。自愿原则是行业协会作为民事团体的本质特征所在。二是非营利性。行业协会作为一个独立的社会实体，并不以营利性为目的，它以追求整个行业的总体利益为己任，通过指导而不干涉，协调而不强制，监督而不管卡的原则服务于整个行业。三是责任的有限性。它的非营利性与社会服务性决定了它的责任有限性，即行业协会以法人的身份承受着法律上的权利义务。四是自律性。行业协会通过各自的章程和规章制度实现着行业的自我管理、自我服务、自我监督、自我保护。因此，就性质而言，行业协会是社会团体法人。社会团体法人是指自然人或法人自愿组成为实现会员共同意愿，按照其章程开展活动的非营利性社会组织。

对照有关行业协会的性质特征，现在我国的各级信用合作社联社不是信用合作社行业自律机构。一方面这些信用合作社联社是企业法人，不是社会团体法人；①另一方面根据信用合作社联社管理法

---

① 参见《农村信用合作社县级联合社管理》第二条，《农村信用合作社市（地）联合社管理规定（暂行）》第二条，《农村信用合作社省（自治区、直辖市）联合社管理暂行规定》第二条，均规定联社是金融企业法人。

规规定，它们履行着行业管理职能，是行业管理机关。① 国务院的《深化农村信用合作社改革试点方案》中就规定：成立省级联社的，省级联社在省级人民政府领导下，具体承担对辖内信用合作社的管理、指导、协调和服务职能，省级联社为信用合作社行业管理主管部门。

信用合作社行业自律监管机构的缺位，不利于信用合作社的健康发展和行业自律，不利于构建健全的农村信用合作社监管体系。为此，建议尽快通过立法，对信用合作社行业协会的自律监督职责给予规范；同时，尽快组建各级信用合作社协会，充分发挥信用合作社行业协会自我约束、自我监督的优势，弥补现有信用合作社监管存在的不足，创造更加良好、有序的信用合作社发展环境。

（七）存款保险制度

现代意义的存款保险制度始于20世纪30年代的美国。目前，许多国家的合作金融机构都建立了存款保险制度，且各有特色，但核心内容基本相同。

大部分国家的存款保险机构有三项职能：一是破产处理，这是其最初的职能；二是金融监管，对参加保险的金融机构业务进行监管；三是金融援助，当参加存款保险的金融机构出现支付危机时，存款保险机构通过赠款、贷款、转移存款、购买资产等措施，帮助其渡过难关。因此，当前建立农村合作金融存款保险制度是非常必要的。② 对信用合作社进行单独的存款保险制度设计理由在于：

首先，信用合作社作为合作金融的重要组成部分，其发展过程中须充分体现出合作经济的基本特征，应遵循合作社的基本原则、

---

① 参见《农村信用合作社县级联合社管理》第二十三条，《农村信用合作社市（地）联合社管理规定（暂行）》第二十八条，《农村信用合作社省（自治区、直辖市）联合社管理暂行规定》第二十四条，均规定了联社对辖内信用合作社（联社）的具体管理职能。

② 欧阳仁根：《论我国存款保险制度的构建》，载《法学》2003年第9期。

体现合作社的价值。这就使得信用合作社与其他商业金融组织相比，无论是在组织性质上，还是在财产关系、内部管理形式、经营宗旨等方面，都有自己鲜明的特点。信用合作社的特性，使得信用合作社的设置、经营活动及对其的金融管制等方面与一般商业性金融机构不同，从而在其存款保险制度设计方面也应体现出其应有的特性。

其次，与其他商业性金融机构不同，由于法人机构多而分散，一般规模较小、经营管理水平较低、经营环境恶劣和管理体制等多方面的原因，信用合作社的金融风险与一般商业性金融机构相比有其自身的特殊性。其风险正在积累和集聚，信用合作社经营高风险表现为资本充足率严重偏低、备付率低、不良贷款比例高等特点，由此，必须对信用合作社设计独特的存款保险制度。

再次，信用合作社所服务的主要领域决定应对其单独建立相应的存款保险制度。我国信用合作社的主体——农村信用合作社地处农村，服务农业、服务农民。农村信用合作社组织资金难；农业是社会再生产和自然再生产且受自然再生产严重制约的弱质产业，决定了信用合作社贷款风险大，收息难。

因此，有必要建立专门的信用合作社存款保险制度，给予信用合作社特殊的保护。在美国完整的存款保险制度中，就成立了信合保险集团为信用合作社提供保险服务，经过美国国会批准，设立了美国信用合作社存款保险基金。①

① 史纪良、张功平主编：《美国信用合作社管理》，中国金融出版社 2000 年 7 月第 1 版，第 281 页。

专题七:我国农业知识产权法律制度完善研究

我国是一个农业大国,但不是一个农业强国,究其根本原因是以科学技术为特色的知识产权在农业资本构成中的比例偏低。21 世纪是知识经济时代,知识化浪潮扑面而来,一个国家农业中科技含量的高低将决定该国家农业的强弱。我国加入 WTO 后,农业面临的挑战和机遇是前所未有的。分析世界上的各个经济强国和农业强国,无一不是与其拥有大量的专利、专有技术有关,所以说当今世界各国综合国力的竞争,就是各国知识产权研发、保护的较量,一个知识产权含量稀少的工业企业或农业企业,不可能在全球化背景下成为一个成功的企业;一个不懂得如何有效保护本国知识产权的国家,是不可能屹立于世界强国之林的。在世界各国特别是西方国家不断强化保护本国知识产权之际,我国的知识产权特别是农业知识产权的研发、保护等相关工作相对滞后,加强农业知识产权的相关工作乃是我国全民奔小康的总体目标能否实现的关键一环。农业知识产权的研究和完善不但有利于解决我国 8 亿农民的温饱和小康,而且对国家的稳定和立于世界强国之林必将发挥至关重要的作用。

一、农业知识产权的一般分析

1883 年《保护工业产权巴黎公约》(1979 年修正本)第 1 条第 3 款对工业产权的定义作了最广义的解释,认为:"工业产权不仅应适用于工业和商业本身,而且也应同样适用于农业和采掘业,适用于一切制成品或天然产品,例如:酒类、谷物、烟叶、水果、牲畜、矿产品、矿泉水、啤酒、花卉和谷类的粉。"该工业产权已相当于我们今天所说

的传统知识产权。从上述可以看出,农业知识产权是知识产权的一个行业性分支,农业知识产权的概念是知识产权的种概念,它们的关系在逻辑学上是种属关系。相对于知识产权,农业知识产权具有知识产权的根本特征,但又有其独特性。

(一)农业知识产权的内涵

我国对知识产权的概念一直存在争议,对于农业知识产权,学者们更是很少涉及,有学者用列举的方式给农业知识产权下了定义,认为:农业知识产权主要是与农业领域有关的智力成果权利,主要包括农业专利(动植物育种方法、新品种权)、农业科技著作权(含农业应用计算机软件程序)、农业产品地理标识及商标权和农业商业秘密等五个方面。① 我们认为,用列举的方法给农业知识产权这种多变发展的学科下定义难免有所疏漏,用抽象概括的方法更能符合农业知识产权这种特定非物质性权利发展的需要。因此,比较知识产权的概念,应该说,农业知识产权是指农业民事主体占有的受法律保护的智力成果和具有经济价值的涉农性信息的总称。可以从以下几个方面理解:(1)农业知识产权的主体为农业民事主体,包括涉农企业、直接从事农业劳动的农民、进行农业科学技术研究的机构或其人员。(2) 农业知识产权的客体为农业知识产品,农业知识产品包括农业创造性成果、农业经营性标记和农业经营性资信,具体可以包括农业生物技术、农产品地理标志、农产品商标和农业领域商业秘密等方面。

(二)农业知识产权的法律特征

作为知识产权的行业性分支,农业知识产权具有知识产权的共性如非物质性、专有性、地域性、时间性、法定的受保护性和可复制

---

① 贡锡峰:《我国加入 WTO 后农业知识产权保护和技术贸易对策研究》,中国农业大学 2004 年优秀博士论文,第 11 页。

性。与狭义的工业、商业知识产权相比,界定农业知识产权具有复杂性,这种复杂性增加了对农业知识产权保护的难度。农业知识产权具有其他行业性知识产权所不具有的特性。

1. 涉农性

农业知识产权的涉农性是指知识产权所涉及的是与农业领域有关的智力成果、农业企业商誉权和经营活动中的标记权等。农业知识产权所关注的是农业领域的知识产权的开发、取得、保护等问题,涉农性是农业知识产权的行业性根本特征。只要知识产权法的调整对象与农业有关,都应该属于农业知识产权范围。随着动植物品种保护和农业生物技术的发展,农业知识产权的调整范围在不断地扩大,而农业知识产权的扩大同时也使传统知识产权的调整对象发生巨大的变化。

2. 田间公示性

相比较其他的行业性知识产权,农业是一个特殊的行业,它不可能像工业一样进行工厂式封闭生产,大多数农业科学研究的新成果、新技术的示范传播都在田间进行。因此,它的保密性能差,一项新技术成果可能在试验阶段或者还没来得及申请专利就被他人窥探了核心技术。权利的易受侵犯性可能致使权利人的投资和心血血本无归,具有更大的风险。

3. 自然风险性

农业并非是有了好的技术和专利就能获得好的成果,农业生产和季节、气候、地域等客观因素有很大的关系,一项在甲地成功的农业科研成果,在乙地并不一定适用,农业知识产权中的科技成果应遵循"因地制宜"原则,使用农业科学技术要和当地的自然条件相结合,尽量减少农业知识产权的自然风险性。

4. 主体的难以规制性

知识产权是私权,是绝对权、对世权。农业知识产权的主体分为权利主体和义务主体。权利主体是权利所有人,包括农业专利权人、农业著作权人、农业商标权人等;义务主体是除权利人以外的所有

人。在我国，由于农业分散性和权利主体的维权意识淡薄以及义务主体大多是农业生产者，他们在实际生产活动中对知识产权的理解受传统农业体制和自身素质的影响，对农业知识产权保护的思想就更为淡漠。

（三）农业知识产权的范围

21 世纪是知识经济时代，知识经济在农业领域的体现是知识向农业的各个分支流域如种植业、畜牧业、渔业、林业渗透，凸显知识农业的特色。农业知识产权根据不同的标准可以进行不同的分类。从农业分支种类上，可以分为种植业知识产权、畜牧业知识产权、渔业知识产权和林业知识产权；从结合形式上看，既有与商标专利相结合的作物、植物和动物品牌，也有与技术秘密相结合的种子培育技术、种植栽培技术和动物繁育技术等；从知识产权角度，可以将农业知识产权分为农业智力成果权、农业经营性标记权和农业经营性资信权；随着社会经济的发展和市场的进一步开放，农业知识产权的范围还将不断地扩大。对农业知识产权的范围划分应该参照相关的多边国际条约，同时，农业知识产权的发展必将导致知识产权原有调整范围乃至体系发生变化如植物新品种权的出现。因此，我们认为，在农业领域，知识产权的范围应当是农业科技创新的知识产权，植物新品种权，农业商业秘密权（包括动植物的育种方法、产品配方、生产工艺、技术资料、数据、数据库、设计、程序、管理技巧、价格信息等技术秘密和经营秘密），农业著作权（含计算机软件），农产品商标权，农产品原产地（地理标志）保护和其他来自智力活动的权利（如品种、品系、亲本、菌株、毒株及其他遗传资源）等系列权利。

二、我国农业知识产权法律制度亟须完善

（一）我国农业知识产权法律制度亟须完善的时代背景

对于农业知识产权法律制度完善的意义和紧迫性，有学者已经

作了较为系统的分析，笔者在此就不再赘述了。考虑到农业在国民经济中的基础地位，农业的发展状况直接影响着整个社会经济的发展。“建设社会主义新农村”战略的提出为完善农业知识产权法律制度提供了难得的历史契机。这些因素都使得我国的农业知识产权法律制度完善具有很强的现实意义，因而亟须完善我们的农业知识产权法律制度。

（二）我国农业知识产权法律制度的现状

1. 立法现状

众所周知，我国知识产权立法包括农业知识产权的立法建设从20世纪70年代末才刚刚起步。经过近三十年的发展，基本形成了中国现有的农业知识产权保护法律体系，即主要由法律、行政法规和部门规章三个部分组成。其中，法律主要包括《商标法》、《专利法》、《著作权法》等；行政法规包括《商标法实施条例》、《专利法实施细则》、《著作权法实施条例》、《植物新品种保护条例》等；行政规章包括《驰名商标认定和保护规定》、《集体商标、证明商标注册和管理办法》、《专利实施强制许可办法》等。2001年以来，知识产权立法进展迅速。经过重大修改的《专利法》、《商标法》和《著作权法》先后于2001年下半年开始施行。国家开始加大农业知识产权的立法力度，在农业领域除了以上的有关法律以外，还有《基因工程安全管理办法》、《农业生物基因工程安全管理实施办法》、《原产地域产品保护规定》、《原产地域产品通用要求》等。这些法律法规的出台，有力地保护了我国农业及农业知识产权。2001年在陕西杨陵成立了我国第一个农业知识产权信息中心，标志着我国农业知识产权保护工作已初具规模。对如何完善农业知识产权立法，诸多学者也开始从理论角度进行多维度论述。

然而，与发达国家的农业知识产权保护制度相比较，我国的农业知识产权法律制度还有待完善，现实中立法存在着诸多不足：（1）动植物品种的可专利性方面。我国法律规定不授予动植物品种专利，

而发达国家不但可授予动植物品种专利，而且育种材料、育成品种的加工产品在某些发达国家均可予以专利保护。(2)我国农业专利的范围包括育种方法、化肥、饲料配方、微生物菌种权、饮料和调味品酿造技术；发达国家除了我国的这些范围以外还包括生物制药、食品。(3)农民的特权问题。我国规定只要不用于销售、营利目的，农民有权自己繁育种子；发达国家取消了农民自留种子的权利，自留种子也必须向育种者支付费用。(4)对基因工程育成的新品种我国不予专利保护，发达国家却予以专利保护。(5)我国保护新品种年限为15～20年，发达国家为20～25年。(6)我国对植物新品种的保护按《国际植物新品种保护公约》(UPOV)1978年文本保护，加入时对5个属种进行保护，8年后达到24个属或种即可；发达国家按UPOV 1991年文本，加入时最低对15个属种进行保护，10年内对所有属种进行保护。农业知识产权的范围十分广泛，以上仅是从一个侧面显示我国和发达国家在农业知识产权保护方面存在的差异，发达国家由于农业产业化实施较早，其目前的农业知识产权保护基本上和工业、商业方面的知识产权保护同步，我国长期以来的国家政策以工业商业为主，农业上的总体滞后导致农业知识产权保护的力度不足。

2. 执法现状

农业知识产权具有易扩散性和田间性，因此，容易被他人非法窃取或流失，这需要行政主管部门对知识产权主体进行有效保护，保护其权利免受侵犯。然而现实中，地方农业行政主管部门的执法意识不强、执法观念淡薄致使权利人屡遭侵权。例如，在《植物新品种保护条例》颁布前，各科研院所选育的种子均无偿供给种子公司开发经营，实施《植物新品种保护条例》后，授权品种均需有偿使用，这使种子界处于被动地位，许多地方种子公司和企业不愿支付品种开发和经营费用，往往是侵权和无偿使用。有些地方农业行政主管部门对其下属种子经营单位采取行业保护，对其侵权行为采取充耳不闻、视而不见的态度；即使发现了侵权行为，只要受害方不主动追究，行政当局也不去过问，这些行为严重地阻碍了《植物新品种保护条例》

的实施。

由于知识产权侵权现象得不到及时有效制裁，在一定程度上影响了单位和科技人员保护知识产权的积极性。由于对农业新品种和农业专利保护力度不够，造成假冒、侵权、技术违约现象严重，或用非法手段获取产权所有人材料和技术牟取私利，造成产权所有人名誉及利益受损。

三、农业知识产权法律制度的价值取向及应遵循的基本原则

（一）农业知识产权法律制度的价值取向

法的价值是指法这种客体对个人、阶级、社会的积极意义，是法的存在、作用和变化对这些主体需要的满足及其程度。① 法的价值取向应该属于社会主体对法这种客体的主观意识的范畴，体现了主体对法这种客体的需要及满意程度，是统治阶级所代表的大多数社会主体发挥其能动性，对法律价值的主观判断、情感体现、意志保证及其综合。法的价值取向的选择是个变化过程。在不同的历史时期，人们对法的价值取向实际上受制于特定的经济关系，即特定的生产力发展状况和生产关系。知识产权法的法制建设离不开法的价值取向，知识产权法的科学性和合理性程度以及健全和完善程度，在一定程度上取决于社会主体对法的价值取向。农业知识产权制度中存在着权利主体对农业知识产品的专有权利与社会公众对农业知识产品的合法需求之间的矛盾，农业知识产品兼有公共性和私人性，如何使用和分享农业知识产品是农业知识产权制度的核心问题。也就是说，农业知识产权法的价值取向和价值目标就是在权利人的垄断利益与社会公众利益之间构建适当的利益平衡机制。保护农业技术权

① 刘金国、舒国滢主编：《法理学教科书》，中国政法大学出版社 1999 年版，第 289 页。

利人的垄断利益是农业知识产权法的鼓励创新原则的要求，由于技术创新的各种实践，不仅依赖于创新者的人力资本和知识投入的积累，而且依赖于农产品商业化应用和推广过程中巨大的人力、物力和财力的投入。因而，尊重创新者人力资本和知识的投入，满足创新成果所有人关于利益回报的要求，对调动创新者的创新热情和维护创新者持续的创新能力有着极为重要的意义，尤其是在农业科技更新速度不断加快、市场竞争日趋激化、创新者为维护自身的创新能力和完善既定的创新目标不得不承受巨大竞争压力和风险的情况下，建立一种准确公正的评价机制，鼓励权利人创新是农业知识产权制度利益平衡的一个主要前提。然而贯彻利益平衡还必须对权利人进行合理和必要的限制，而这种限制主要是通过对专有权利本身从多方面加以限制，以及通过赋予社会公众一定条件和程度的自由使用农业知识产品的权利来实现的。从更广泛的意义来说，任何知识产权人在一个环境下是作为所有人，在另外一个环境下本身也是使用者的一员，每个创造者都是在前人的基础上的创新，在不同知识产权制度中，都体现了为限制专有权利人的公共利益原则，公众不但可以自由使用已过法律保护期限的知识产权，而且依知识产权的专门法律分别享有法定许可使用、强制许可使用、合理使用等利益。但为使社会公众利用知识产权的权利限定在合理的范围内，防止权利的滥用和损害信息首创者的权益，需要在知识产权法中的个人利益特别是知识产权人利益和社会整体利益之间维持平衡和协调的关系。美国众议院在就美国 1988 年《伯尔尼公约》实施法令所作的报告中宣称：“除作品创造及专有权的保护期限外，国会尚须权衡公众因对个别权益的保护所付出的代价和取得的利益。宪法规定设立版权的目的在于促进思想的传播以推广知识。……版权的根本目的不在奖励作者，而在于保障公众从作者的创造中受益。”法律保护知识产权的最终价值取向，是既能使创造者在一定的合理时间内取得相应的效益，激发人们创造的积极性，又能使知识得到传播和使用，为人类社会未来持续发展提供动力和源泉。只有在合理的价值指引下，才能

达到既维护农业知识产权权利人的合法权益，又能兼顾相关利益主体的利益需求；在“有效发展”中寻利益平衡，在公平中求有效发展，形成和谐的社会秩序，促进农业知识产权向着良性发展。

（二）农业知识产权法律制度应遵循的基本原则

众所周知，农业知识产权法律制度是知识产权法的一大分支，两者的关系属于属种关系。那么在此讨论农业知识产权法的基本原则，不可避免地或者更主要地是讨论知识产权法的基本原则，农业知识产权法律制度的基本原则只是知识产权法律制度基本原则在农业领域的具体化。而且农业知识产权法律制度涉及了农业著作权法、农业专利法、农业商标法和农业商业秘密法等知识产权法的所有范围，因而农业知识产权法的基本原则与知识产权法的基本原则具有同质性。笔者把知识产权法基本原则作为研究起点，再把知识产权法的基本原则运用到农业知识产权法律制度。

对于知识产权法应遵循的基本原则，学界还鲜有论述。有学者认为：知识产权法的原则有诚实信用原则、公序良俗原则、利益平衡原则、合理保护原则；①有学者认为，知识产权法的基本原则为：鼓励和保护智力创造活动的原则，促进智力成果推广应用的原则，遵守国家法律和社会公德的原则，本国法与参加的国际条约相一致的原则；②有学者把知识产权法基本原则归纳为：“尊重知识、尊重人才”原则，鼓励和保护智力创造活动原则，智力成果商品化、产业化原则，立足本国、兼顾国际惯例原则，权利不得滥用原则；③有学者仅认为智力竞争是知识产权法的基本原则。④

---

① 陶鑫良、袁真富著：《知识产权法总论》，知识产权出版社 2005 年 1 月版，第 14 ~ 21 页。

② 刘春茂主编：《知识产权原理》，知识产权出版社 2002 年 9 月版，第 24 ~ 29 页。

③ 林刚主编：《知识产权法学》，中国法制出版社 1999 年 6 月版，第 17 ~ 24 页。

④ 李少章：《知识产权法基本原则新探》，载《山西省政法管理干部学院学报》2001 年第 3 期。

通过不同学者对知识产权法基本原则的总结，发现针对基本原则的论述普遍存在缺乏规范性和科学性的缺陷。有些是将非法律原则表述为知识产权法基本原则，如本国法与参加的国际条约相一致的原则，“尊重知识、尊重人才”原则，智力成果商品化、产业化原则，立足本国、兼顾国际惯例原则，智力竞争原则；有些却将法律的一般原则或某一部门法的原则表述为知识产权法基本原则，这些原则并不能反映出知识产权法的特性，如诚实信用原则、权利不得滥用原则；有些则是将知识产权法的子部门法原则上升为知识产权法基本原则，如鼓励和保护智力创造活动的原则、合理保护原则、促进智力成果推广应用的原则。但也不能完全否认学者在这一问题上所作的有益探索，这些研究对于知识产权法基本原则的研究具有借鉴和启发意义，在一定程度上，有些法律基本原则跨越不同的法律部门，如公序良俗原则、利益平衡原则等，这是法律随着社会变迁不断矫正的结果。

布莱克法律辞典把法律原则解释为：法律的基础性真理或原理，为其他规则提供基础性或本原的综合性规则或原理，是法律行为、法律程序、法律决定的决定性规则。[①] 就知识产权法而言，知识产权法基本原则应是贯穿于知识产权法始终，具有普遍效力的基本准则。在借鉴了学者对知识产权法的探讨之后，我们认为农业知识产权法律制度应重点遵循公序良俗原则、合理性原则和利益平衡原则，这些原则的一个共同点都是与公共利益存在着密切联系。

1. 不得违背公序良俗原则。农业知识产品从产生、使用到归属等各个方面都具有公共性、社会性特征，因而各国在有关知识产权法律制度的总则中都会作出排除性规定，我国专利法第五条规定：“对违反国家法律、社会公德或者妨害社会公共利益的发明创造，不授予专利权。”在农业生物技术立法中，特别是在有关转基因农作物的管理中，要深刻了解到农业生物技术的“双刃剑”性质，防范其可能损

---

① Black's Law Dictionary, West Publishing Co. 1983. p. 1074.

害社会公共利益的危害和潜在风险。常态下使用农业商标和农业地理标志是为了制止不正当竞争。因此,在农业商标和地理标志法律制度中都应体现公序良俗原则,用于促进公平竞争和良好经济秩序的形成。

2. 合理性原则体现在对农业知识产品的合理保护、合理限制之中。随着社会由工业经济时代向知识经济时代转变,科技、经济、法律呈现一体化趋势。农业知识产品的重要性、对于社会发展的积极意义,无须赘言,等待我们去做的,就是积极对其进行制度变迁,保护农业知识产权人的无形财产,保护植物育种者权利,保护农业中的"祖传秘方"。当然,要亮好这把"双刃剑",还需要农业知识产权法律制度对相关农业技术及其产品的安全性进行管理,限制其潜在的负效应性;合理限制还表现为对农业知识产权的限制,即对权利人专有权行使的限制,平衡权利人与社会公众之间的利益(这又与利益平衡有着不可分割的联系)。

3. 利益平衡原则涉及到公共利益和个人利益之间的平衡协调。利益平衡原则要求农业知识产权制度应当以兼顾个人利益和社会利益的需求为出发点,一方面通过授予农业知识产权人相关权利,激发其从事创造性活动的积极性,不断向社会供给人们所需要的农业知识产品,同时也要通过运用对个体权利的合理限制等机制,确保社会公共利益对于农业知识产品的需求。如对于植物新品种的保护,既要考虑到植物育种者的个人利益,又要利于植物新品种的推广,增进社会福祉,因而农业知识产权法律制度需在个人利益和社会公共利益不断博弈中找到属于自己的"均衡点"。再如在农业商标法中,存在着农业商标权人的利益、农产品消费者的利益、竞争性厂商的利益和一般公众的利益等,这些利益都是需要农业知识产权法律制度进行调和的。农业商业秘密法律制度应充分兼顾各方利益,寻求农业商业秘密权利人与有关各方利益主体的平衡点,以保证个体目标和行为与社会整体目标和运行秩序的和谐。农业地理标志知识产权具有私有性和公有性特征,在农业地理标志知识产权中应保证"公私

分明”。

此外，在农业知识产权法律制度的各子分支中也有各自需要遵循的原则，如在农业商标法律制度中，人们更加关注诚实信用原则，对这一原则的关注可归因于一些典型的抢注商标案，恶意的抢注严重损害了他人的合法权益；维护商业道德应在农业商业秘密法律制度中有所体现；等等。

四、保护与管制并举的农业生物技术立法

科学技术对人类发展所起的进步作用是显而易见的，但闪光的未必全都是金子。人们对生物技术与植物新品种的期望与我们面对的现实迫使我们再次思考科学技术“双刃剑”及其法律规制问题。[①]生物技术将为最终解决人口、食物、能源、资源、环境等影响人类生存的重大问题发挥越来越大的作用，将对世界经济的发展和人类生活质量的提高产生重大影响。充分发挥生物技术在现代农业技术中的重要作用，对加速我国传统农业向现代农业的根本性转变，促进农业可持续发展，加速农业现代化建设，实现我国经济高速持续发展、人民生活质量稳步提高、资源永续供给和生态环境质量改善的目标，以及提高我国的国际地位和国际竞争力具有重要意义。

但生物技术在许多方面异于传统技术，特别是其产品及工艺过程直接来源于自然，让传统法律制度倍感为难。在生物技术领域，发明与发现的界限模糊，强化抑或淡化生物技术领域的发现与发明颇具争议。现代生物技术在农业中的运用，尤其是转基因农产品的商业化生产，在世界范围内引起了激烈的争论。争论最初只涉及转基因农作物的安全性问题，后来又蔓延到了社会、经济、政治、道德和伦理等领域，并由此引发出了一系列相关的经济和社会问题。许多国

① 吴汉东主编：《高科技发展与民法制度创新》，中国人民大学出版社 2003 年版，第 365 页。

家纷纷修改现有的规章和法规,或进行政策的相应调整,甚至重新立法,以适应新技术带来的挑战。由技术创新而引发的市场失灵,以及各利益相关者之间的冲突等经济和社会问题,给技术创新蒙上了一层浓浓的阴霾。至此,迫切需要政府履行其经济和社会管理的职能。① 各国纷纷采取措施,一方面强化农业生物技术成果知识产权保护,促进农业生物技术产业发展;另一方面加强农业生物技术的管制,特别是针对转基因技术及其产品的安全性管制。形成了保护与管制并存的农业生物技术立法局面,这对我国农业生物技术方面立法有着重要的引导作用。

(一)生物技术的内涵

生物技术(Biotechnology)是匈牙利工程师 Karl Ereky 于 1917 年提出的。九十年的理论探讨之后,各国对生物技术的内涵已经有了较为统一的界定。美国商务部把生物技术定义为用生物体或者它们的细胞、亚细胞或者分子成分来生产产品或者修饰携带特定性的植物、动物和微生物的技术。包含基因重组技术、分子生物学和其他领域发展出来的治疗疾病的方法、动物和植物驯化技术、发酵技术、生物信息学技术等。② 日本特许厅也有类似的生物技术定义,不仅包括发酵、杂交在内的老生物技术,还包括基因工程为代表的新生物技术。较其他技术相比,生物技术的特点尤为明显,一是经济利益性,二是潜在风险性,三是引发广泛的公序良俗争论,③四是交叉性。

在农业领域运用的生物技术被称为"农业生物技术"(Agriculture – biotechnology),是农业科学与生物技术相结合而形成的综合性

---

① 吕立才、罗高峰:《现代农业生物技术与政府管理:一个研究综述》,载《农业技术经济》2004 年第 6 期。

② 魏衍亮著:《生物技术的专利保护研究》,知识产权出版社 2004 年版,第 8 页。

③ 魏衍亮著:《生物技术的专利保护研究》,知识产权出版社 2004 年版,第 9 页。

边缘科学。现代农业生物技术是20世纪70年代以来基因工程和细胞工程为主的生物技术，通过在细胞和分子水平上对基因进行操作，打破物种间遗传物质转移交换的天然屏障，定向地改变生物的某些性状。① 主要限于植物新品种、转基因农作物两大领域。吴汉东教授把农业生物技术直接集中在转基因动植物领域，认为“农业生物技术很长时间以来重点研究开发的是转基因动物和植物”。② 为了研究的深入程度，笔者集中对两者进行论述。

（二）国外相关立法经验

1. 欧盟

（1）植物新品种

欧洲专利条例第53(a)条款严格禁止那些与公共秩序或道德相悖的发明授予专利，并排除植物和动物变种的专利以及动植物生产的生物学过程的专利性。这种单轨制的保护模式被误认为欧盟的植物新品种保护水平偏低，不利于保护植物品种权人的权利和利益。

实际上，在20世纪50年代，荷兰和德国先后建立了植物新品种保护制度，正是在他们带领下，促进了《国际植物新品种保护公约》(UPOV)③的形成。1961年在世界范围内肯定了给予植物新品种育种者以知识产权保护；植物育种的技术进步迫使公约不断进行修改，1978年修改的文本第2条第1项规定：“联盟各成员国可通过授予专门保护权利或专利权，承认本公约规定的育种者的权利。”UPOV公约经过1991年修改后，对成员采用何种方式以及是否以一种或两种方法保护植物品种未作任何规定，实际上为用专利方式或同时兼

① 乔颖丽、田颖莉、贾金凤：《现代农业生物技术产业化发展的思考》，载《河北北方学院学报》(自然科学版)2005年第5期。

② 吴汉东、胡开忠等著：《走向知识经济时代的知识产权法》，法律出版社2002年版，第57页。

③ 因为其是在欧共体部分成员国倡导下制定的，所以其文本内容的修改多反映了欧盟对植物新品种保护的立法趋势。

用专门方式保护发了“通行证”。其保护水平接近专利方式,进一步强化保护商业育种者利益,对于农民权利加以限制,植物育种发达国家力推的 UPOV 方式,保护水准更高。

以欧盟为代表的发达国家强力推动将知识产权保护纳入世界贸易体系,形成“与贸易有关的知识产权协定”(以下简称《TRIPS 协议》)。该协定对成员国知识产权保护设立了最低保护标准,如果达不到该标准,将受到贸易制裁。协定第 27 条第 3 项(b)规定:WTO 成员国应当以专利或有效的专门制度,或两种制度结合,给植物新品种提供有效保护。

(2)转基因技术

欧盟对转基因产品的安全性规制可追溯到 1990 年的关于转基因微生物的封闭利用的第 90 /219 /EEC 号指令,1990 年的关于转基因生物有意环境释放欧共体第 90/220/EEC 号指令(该指令主要涉及转基因食品、动物饲料、种子和环境安全),1997 年 1 月颁布的关于新食品和新食品成分的第 97 /258 /EEC 号指令。在 1998 年 5 月颁布的关于由转基因生物制成特定食品除第 79 /112 号指令要求食品零售商必须在标签上标明其是否含有转基因成分,充分赋予消费者以知情权和选择权。对具有高度风险的生物技术产品应禁止其进行市场开发,其他转基因产品的运输和销售要使用专门的包装和标志。2000 年 1 月颁布的关于含有转基因成分或由转基因生物制成的添加剂和调味剂的食品和食品成分的第 50 /2000 号条例。2001 年,欧盟颁布了第 2001/18/EC 号新指令,对转基因产品的环境释放风险评估、上市后强制性监测和风险管理等问题提出了更加详细的要求,加强了以前立法中的有关规定。2004 年正式实施的欧盟基因修饰食品和饲料规制,基因修饰生物体的追溯和标签以及从基因修饰生物体制作的食品和饲料追溯的规则,与修改前相比,新标准更加严格。

通过欧盟关于转基因技术的系列立法,可以发现欧盟在这方面的立法特点:

①管理机构。欧盟针对生物安全的管理机构包括环境、核安全和公民保护总司,运输总司,科学、研究与发展总司,欧盟联合生物技术及环境系统、信息、安全联合研究中心,消费者政策与消费者健康保护总司,工业总司,农业总司。环境、核安全和公民保护总司依据第90 /219 /EEC号指令和第90 /220 /EEC号指令负责生物安全水平系列法规管理;工业总司和农业总司依据第70 /524 /EEC号指令及其修正案第93 /114 /EEC号指令等负责产品系列法规的管理;运输总司负责转基因生物的运输等。详细内容参见表7—1。

表7—1 欧盟生物技术的管理部门、管理职责与管理依据

管理部门	管理职责	管理依据
环境、核安全和公民保护总司	负责生物安全水平系列法规管理	《遗传修饰微生物的隔离使用》(90/ 219/ EEC)、《遗传饰生物体的目的释放》(90/ 220/ EEC)
运输总司	转基因生物的运输	
科学、研究与发展总司,欧盟联合生物技术及环境系统、信息、安全联合研究中心	为相关的研究和开发活动提供服务	
消费者政策与消费者健康保护总司	负责用于人类、动物及植物的相关科技问题;可能影响人类、动物健康或环境的非食品包括杀虫剂的生产过程	关于含有转基因成分或由转基因生物制成的添加剂和调味剂的食品和食品成分的第50 /2000号条例
工业总司、农业总司	负责产品系列法规的管理	《新食品和食品成分》(97/ 258/ EEC);关于饲料添加剂的第70 /524 /EEC号指令及其修正案第93 /114 /EEC号指令

②管理态度。实行严格的生物技术安全管理,欧盟国家首先假定 GMOs 及其产品有潜在的危险,对转基因食品的管理比较严格,对安全问题非常重视。但其在研究开发上未作过多的硬性规定。

③管理模式。基于转基因技术及其产品采用以工艺过程为基础的管理模式,认为现代生物技术本身具有潜在的危险性,因此,只要与重组 DNA 相关的活动都应进行安全性评价并接受管理。

2. 美国

(1)植物新品种

美国的专利法案(U. S. Patent Act)可以追溯到 1790 年,其对满足新颖性、实用性和非显而易见性条件的技术或产品给予专利保护,授予创新者生产、销售、使用该技术或产品的排他独占权。此时的"专利法"认为生命形式的生物体是自然界的产物,属于"发现物"之列而不授予专利。1930 年出台的"植物专利法"(The Townsend-Purnell Plant Patent Act of 1930),打破了植物繁殖者和工业发明者之间的藩篱,扩充了专利物质的定义,为无性繁殖的植物授予专利,是世界上第一个以专利形式保护植物新品种权的法律。虽然在当时的技术条件下,农业品种主要通过有性繁殖获得,但在刺激农业新品种的创新和发展上起到了不可替代的作用,成为美国农业发展政策的分水岭。

随着农业科技在全球的深化,西方各国对植物新品种保护立法的强化,美国受到欧盟和日本等影响,于 1970 年颁布了"植物新品种保护法"(Plant Variety Protection Act,简称 PVPA),该法案对以有性繁殖方法培育的植物新品种、野生植物、自然生长的植物和其他植物品种进行保护,并由美国农业部植物品种保护办公室负责审查。其反映了对于有性繁殖植物新品种保护的社会需求,顺应了全球对于植物新品种的立法潮流,体现了"阳光之下的任何人造之物都可以获得专利"的哲学理念。这样美国就形成了专利法保护和专门法保护植物新品种的双重格局,对于美国农业的发展产生了深远影响。"与植物专利法不同,植物新品种保护法的管理机构不是美国专利

与商标局而是农业部，申请者向农业部植物新品种保护局提出植物新品种保护申请，申请被批准后，申请者获得植物新品种保护证书”。①

(2)转基因产品

美国在生物技术研究领域处于领先地位，是最早开展生物技术安全研究和立法的国家。1973年，随着第一例重组DNA实验在美国获得成功，1976年美国就颁布了《重组DNA分子研究总则》，1986年又颁布了《生物技术管理协调框架》。

转基因农作物安全是生物安全的重要内容之一。迄今为止，美国尚未针对转基因农作物安全进行专门立法，但在2002年5月，五项涉及转基因农作物安全问题的法案被提交国会讨论，其中三项法案较为重要。其一，《转基因农作物和动物农民保护法案》(HR4812)。该法案旨在为可能因转基因种子、植物或者动物在经济上受到危害的农民提供保护，以确保农民在与有关生物技术公司交易中免受损失。其二，《转基因食品知情权法案》(HR4814)。该法案要求对含有转基因物质的食品或由转基因物质制成的食品实行标识制度，其要点包括：食品公司应对含有转基因物质的食品或由转基因物质制成的食品进行标识；食品与药品管理局应对产品进行定期检测；允许自愿性的非转基因食品标识；确保标识的精确性。其三，《转基因生物责任法案》(HR4816)。该法案旨在针对转基因生物造成的损害确定相应的责任，其要点包括：转基因生物所造成的负面影响由制造该转基因生物的生物技术公司承担；对于由转基因生物所造成的损害，农民有权获得赔偿；制造转基因生物的生物技术公司不得推卸其责任。②

通过美国关于转基因产品的系列立法，可以发现美国在这方面的立法特点：

① 原晓爽：《国际植物新品种保护的发展趋势》，载《山西大学学报》(哲学社会科学版)2006年第3期。

② 于文轩、王灿发：《国外生物安全立法及对中国立法的思考》，载《科技与法律》2005年第4期。

①管理机构。在美国,主要采取“实质等同性”原则,由美国农业部、联邦环境保护署、食品与药品管理局、国立卫生研究院和职业安全与卫生管理局各负其责,明确分工,互相协调。农业部负责监督转基因作物的普及种植,粮食作物和农产品的安全;联邦环境保护署负责管理农药的性能和用途;食品与药品管理局负责转基因食品的安全性和有效性等。详细内容参见表7—2。

表7—2　美国生物技术的管理部门、管理职责与管理依据①

管理部门	管理职责	管理依据
农业部(USDA)及其动植物检疫局(APHIS)	负责有害生物、植物、牲畜及负责监督转基因作物的普及种植;负责动植物基因重组体、粮食作物和农产品的安全;管理动植物疾病和害虫的引入和扩散	《联邦植物有害生物法》(FPPA);《植物检疫法》;《病毒—血清—毒素法》;《生物安全法》
联邦环境保护署(EPA)及其农药办公室和毒物办公室	负责微生物、植物农药,农药的新用途,新微生物及负责管理转基因作物抗杀虫剂的性能	《联邦食品、药品与化妆品法》(FFDCA);《联邦杀虫剂、杀真菌剂、杀啮齿动物药物法》(FIFRA);《毒物控制法》(TSCA);《生物技术微生物产品准则》(1997);《关于新微生物申请的准备要点》(1997)
食品与药品管理局(FDA)及其所属的生物制品评价和研究中心(CBER)、药品评价中心(CDER)、兽医学中心(CVM)	负责转基因食品、饲料、食品添加剂、兽药、医药及医疗设备的安全性和有效性;生物制品和药品进行管理,建立安全评价体系,安全评价标准	《联邦食品、药品与化妆品法》;《公共卫生服务法》

① 表格内容参考了以下论文,但内容有所增删。毛新志、周锋:《美国、欧盟有关转基因食品的管理、法律法规对我国的启示》,载《科技管理研究》2005年第2期;陈俊红:《美国转基因食品安全管理体系》,载《食品安全》2004年第8期;于文轩、王灿发:《国外生物安全立法及对中国立法的思考》,载《科技与法律》2005年第4期。

续表

管理部门	管理职责	管理依据
国立卫生研究院(NIH)	负责管理实验室阶段涉及重组 DNA 的活动;为基因治疗的管理活动提供咨询和建议	《重组 DNA 分子研究准则》(1976)
职业安全与卫生管理局(OSHA)	负责在生物技术领域保护雇员的安全和健康	本部门的生物技术准则

②管理态度。与欧盟相比,美国实行较为宽松的生物产品安全管理,在 GMOs 及其产品与非 GMOs 及其产品没有本质区别,是世界上批准 GMOs 及其产品上市最多的国家。尽管遭到欧盟等国家的抵制,美国政府仍在想办法促进转基因农作物的出口。

③管理模式。对转基因采取以产品为基础的管理模式,其监控对象只是农业生物技术产品,不包括农业生物技术本身,因而其没有制定有关转基因的专门法律,只在原有的诸如《有毒物质控制法》、《联邦食品、药物和化妆品法》、《植物检疫法》等基础上,增加了转基因方面的内容。

3. 日本

(1)植物新品种

在日本,植物和动物也是可专利的专题。日本农林省在 1947 年制定施行农业种苗法,对植物新品种加以保护。其后特许厅在 1972 年 5 月设置植物专利委员会,其主要目的是针对依现行专利法及农业种苗可以受到保护的植物新品种范围进行检讨,及开始以物质发明之动向加以研究。在 1975 年,日本特许厅制定了关于植物新品种审查基准,使植物新品种亦得享受专利法保护。① 1978 年 5 月,日本政府向国会提交了《农业种子和种苗法》的修订草案,6 月该草案被

① 沈尚珍:《植物新品种国际保护的法律问题》,载《天津市政法管理干部学院学报》2005 年第 2 期。

批准通过。1982 年,日本加入了 UPOV 公约 1978 年文本,1998 年加入该公约 1991 年文本。1998 年 12 月修订的《农业种子和种苗法》开始生效,2003 年 6 月国会再次对该法进行了修订。与中国专利法不同,日本专利法没有规定对可专利性专题的排除条款,且日本对植物品种发明专利保护的历史悠久。1975 年,日本特许厅(JPO)发布《关于植物品种的审查标准》,承认如果所培育的植物新品种可以得到反复验证且与其亲代植物的特点不同,若有创造性可视为与一般专利相同,对育种的植物品种本身的发明也承认其有专利权,并且规定,凡是符合专利法发明授予条件的植物品种都可以享受专利法的保护。因此,植物新品种只要符合专利法之可专利性要件,即可享专利法之保护。但日本的双轨制与美国的双轨制在植物新品种保护方面存在差异,在专利法中仅保护未被列入政府颁布的植物品种明细表中的植物品种,列入其中的受专门法保护。

(2)转基因

日本非常重视转基因生物的生态环境安全和食品安全,建立了一套操作性强、实用性强的安全评价制度和产品监管制度。为推进转基因生物安全制度的实施,日本注重技术支撑能力建设,建立了一批规范的转基因生物环境安全检测机构和转基因产品检验机构,有针对性地开展了多项转基因生物安全性研究,以解决转基因生物安全评价过程中的科学问题。日本在 1979 年制定了《重组 DNA 实验管理条例》,开始生物技术的安全管理。1992 年以来又先后制定了《重组 DNA 生物在农业、渔业、林业、食品工业和其他相关工业中的应用准则》、《重组 DNA 生物在饲养中应用的安全评估准则》、《重组 DNA 生物技术生产食物、食品添加剂准则》、《重组 DNA 技术在制药等行业中的应用准则》和《重组 DNA 技术工业化标准》。①

通过日本关于转基因技术的系列立法,可以发现日本在这方面的立法特点:

① 周乃元:《浅议生物安全的有关问题》,载《科技与法律》2003 年第 1 期。

①管理机构。科学技术厅、经济产业省、农林水产省、健康福利部、通产省、厚生劳动省等共同管理转基因技术及其产品的安全。科学技术厅依据《重组 DNA 实验准则》负责对公共、私人和大学有关基因修饰实验阶段的工作进行管理；农林水产省依据《重组 DNA 实验准则》负责重组 DNA 活动的审批；农林水产省依据《农林渔业及食品工业应用重组 DNA 准则》负责对动物饲料和饲料添加剂进行安全性评价；转基因作物的环境安全性评价；等等。详细内容见表 7—3。

表 7—3　日本生物技术的管理部门、管理职责与管理依据

管理部门	管理职责	管理依据
科学技术厅	对研究安全性评估；计划的审批；负责对公共、私人和大学有关基因修饰实验阶段的工作进行管理	《重组 DNA 实验准则》(1979 颁布，1991 年修改)；《规制转基因生物保护生物多样性法》及其《实施细则》(2003)；《转基因生物野外试验管理准则》(1989)
经济产业省	负责生物技术和 GMO 在产业中的应用	《规制转基因生物保护生物多样性法》及其《实施细则》(2003)；《有关规制转基因生物保护生物多样性法》(2004)
农林水产省	重组 DNA 活动的受理、审批；负责对动物饲料和饲料添加剂进行安全性评价；转基因作物的环境安全性	《转基因饲料安全评价指南》；《转基因饲料添加剂安全评价指南》；《农林渔业及食品工业应用重组 DNA 准则》(1992 颁布，1995 年修订)；《规制转基因生物保护生物多样性法》及其《实施细则》(2003)；《有关规制转基因生物保护生物多样性法》(2004)；《转基因食品标识标准》(2000)
健康福利部	负责食品及其成分含有 GMO 或利用重组 DNA 技术生产的产品安全	《转基因食品管理准则》

续表

管理部门	管理职责	管理依据
通产省	转基因生物与受体性质的比较后进行安全性评价；教育培训和健康管理	《转基因生物工业化准则》(1986)；《规制转基因生物保护生物多样性法》及其《实施细则》(2003)
厚生劳动省	对食品和食品添加剂实施安全评价	《规制转基因生物保护生物多样性法》及其《实施细则》(2003)；《有关规制转基因生物保护生物多样性法》(2004)；《转基因食品管理准则》(1991)；《转基因食品和食品添加剂安全评价指南》

②管理态度。日本也是世界上较早进行生物安全立法的国家，积极应对生物安全问题。与欧盟、美国相比，其态度介于二者之间，比美国严厉，比欧盟宽松。

③管理模式。其管理模式以转基因技术为基础，辅之以转基因产品。对于DNA相关的活动进行安全性评价。

（三）我国农业生物技术的保护现状

1. 我国植物新品种的保护现状

我国对农业生物技术的专利保护范围是按照目前《专利法》及其实施细则执行的，根据《专利法》第二十五条，不论是用传统的生物学方法培育的植物新品种，还是通过基因工程的DNA重组技术或现代杂交技术得到的转基因新植物，都不给予专利保护，只保护育种方法。但实践中，育种方法却很难得到有效保护，因为在专利实施过程中，植物育种方法往往以杂交制种方法表现出来，所以就育种者财产权保护的效力而言，效果不尽如人意。“这些杂交制种方法即使获得了专利权，专利权人还是担心一旦出售父母本，别人很容易利用父母本去繁殖销售种子，而人民法院甚至包括专利权人很难判断他人繁殖销售的种子就是依专利方法生产的。尽管修改后的专利法规

定，方法专利可延伸到依该方法直接制得的产品，但对植物品种来说，仍不能得到有效保护。对于杂交种，他人可以只用专利权人培育出的亲本与其他亲本生产杂交种，而不一定非要按照方法专利所保护的生产技术去操作，从而达到既不侵权，又可无偿使用他人成果的目的”。[①] 只是对于符合条件的植物新品种，植物育种者可以通过1997 年 10 月 1 日实行的《中华人民共和国植物新品种保护条例》进行保护，取得植物新品种权。这种保护方式降低了植物新品种的保护门槛，只是在一定程度上激励了对于新品种的研发。这种立法保护模式与欧美等国的保护力度存在差距，同时其效力等级也有待提高。

2. 有关农业转基因技术规制立法现状

在中国目前转基因生物安全立法体系中，相比其他领域的转基因生物安全立法，有关农业转基因生物安全的专门立法取得了可喜的成绩，规定较为完备。1996 年 7 月 10 日农业部发布了《农业生物基因工程安全管理实施办法》，就《基因工程安全管理办法》中涉及农业生物基因工程安全管理问题做出了比较具体的规定，特别规定了进行农业生物基因工程登记和安全评价的具体程序和规则。“2001 年的《农业转基因生物安全管理条例》，旨在加强生物技术与GMO 的安全管理；2002 年颁布的《条例》的三个配套规章，即《农业转基因生物安全评价管理办法》、《农业转基因生物标识管理办法》和《农业转基因生物进口安全管理办法》，分别对农业转基因生物安全管理的安全评价制度、进口安全审批制度和标志管理制度做出了具体规定。2002 年颁布的三个管理程序，即《农业转基因生物安全评价管理程序》、《农业转基因生物进口安全管理程序》和《农业转基因生物标识审查认可程序》；2002 年 7 月，卫生部颁布了《转基因食品卫生管理条例》。2002 年 3 月、2002 年 10 月和 2003 年 3 月三次

① 赵继红：《我国植物新品种立法保护若干问题研究》，2006 年兰州大学优秀硕士学位论文，第 36 页。

决定延长转基因农产品安全管理临时措施实施期限的决定。这些立法从适用范围、主管机关和协调机制、安全评价制度、安全措施制度、标识制度、报告制度、许可制度、资料存档制度、监督检查制度、应急处理制度、法律责任制度等方面,就农业转基因生物安全管理做出了规定”。①

但是,这并不能表明我国在农业转基因技术管理、立法上已经尽善尽美了,也还存在有待提高之处。

(1)法律、法规方面。①立法层级低,停留在行政法规、规章的层面上,尚没有全国人大或全国人大常委会通过的法律,效力远远低于法律,权威性不够,影响了执法力度,直接影响了其功能的发挥。②我国还缺乏一部全面、专门、完整的生物安全方面的法律。目前,我国关于转基因食品管理的法律、法规众多,但有一部分没有发挥应有的作用,各个法规之间的协调性还有待于提高。这主要源于没有一部从整个生物系统角度出发的生物安全管理的专门性法律。目前转基因食品的管理主要由农业部负责,卫生部的《转基因食品卫生管理条例》没有发挥其应有的作用。亟须制定统一的生物安全法,或者专门性的生物安全法律、法规,统一转基因生物体的审批、实验、生产和安全检测程序,加强监督与规范管理。

(2)管理方面。①管理制度不完善。综合性专门立法的缺乏反映到管理制度上,出现了诸如我国的转基因食品多头管理,各个部门的协调性不高,部门之间的法律法规存在冲突的现象。虽然目前转基因食品的管理主要由农业部负责,但是卫生部、科技部以及国家环保局都介入了转基因食品管理,各个部门之间对转基因食品管理并没有形成统一有效的管理机制。②转基因植物生物安全评价体系滞后,管理法规运作机制薄弱。③必要内容欠缺。例如,《农业转基因生物安全管理条例》规定的转基因食品仅包括转基因农产品的直接

---

① 于文轩、王灿发:《国外生物安全立法及对中国立法的思考》,载《科技与法律》2005 年第 4 期。

加工食品，但不包括使用转基因生物原料加工的食品。该《条例》中没有规定对这类食品应当如何管理。此外，法律责任规定的缺失也屡见不鲜。①

（四）完善我国农业生物技术立法建议

1. 顺应植物新品种保护的立法趋势

国内外关于植物新品种的立法保护模式，既有单轨制的专门立法保护，又有双轨制的保护模式，而且 UPOV 的双重保护正在成为一种趋势。作为农业大国的中国，伴随着我国农业科学技术的稳步发展，与国际植物新品种保护制度接轨成为不二选择，逐步缩小与发达国家对植物新品种保护的差距，适应经济全球化和农业生物技术发展对植物新品种保护的要求，提高对植物育种者的保护水平，激励植物新品种研发者的积极性。早在 2000 年修订专利法时就有学者提倡应当对植物新品种进行专利保护。② 受发达国家和发展中国家对于植物新品种保护的立场平衡、专利的垄断性、专利保护模式在发达的欧洲国家也并未被选择等因素的影响，使这一建议并未被采纳。笔者认为虽然中国的专门立法保护模式是根据中国国情做出的一种明智选择，但社会是处于不断发展之中，与植物新品种的国际立法保护接轨并不用担心“狼来了”，而应该主动地“与狼共舞”，不顺应这种国际立法趋势，忽视农业生物技术发展的现实，最终的苦果只能自己吞咽。我们应该分步骤、有计划、有选择性地缩小与西方保护植物新品种法律的差距。

2. 有选择性的双轨制保护模式

西方国家对植物新品种的保护模式主要有两种模式，一种是单轨制，即采用专门法进行保护；另一种是双轨制，即专利法 + 专门法

---

① 于文轩、王灿发：《国外生物安全立法及对中国立法的思考》，载《科技与法律》2005 年第 4 期。

② 李明德：《TRIPS 协议与〈生物多样性公约〉、传统知识和民间文学的关系》，载《贵州师范大学学报》（社会科学版）2005 年第 1 期。

进行保护，双轨制又存在两种类型，以美国为代表的专门法加专利法的全面双轨制和以日本为代表的专门法加专门法“适用除外”的专利法的部分双轨制（专利法仅保护未被列入政府颁布的植物品种明细表中的植物品种，列入其中的受专门法保护）。我国目前采用的是专门法的单轨制模式，但考虑到植物新品种的立法趋势，可以有选择性地采用双轨制保护模式，把部分植物新品种专利列入专利法，适当拓宽专利权的保护范围，用专利法来进行保护。

3. 建立健全的转基因产品法律法规体系

提高目前的法规的效力层次，制定统一的、完整的、专门的生物技术安全立法，称做《生物技术安全法》或者《生物安全法》，明确生物技术安全立法的目的、原则，保障生物技术的健康发展，避免可能造成的风险，坚持协调、促进原则与风险预防原则；建立基本的法律制度，包括农业生物技术安全，对农业生物技术进行规制；确立以国务院生物技术安全管理委员会为最高管理机关的生物技术安全管理体系，再发挥各个职能部门的优势，由各个部委制定在本部门本领域贯彻实施该法的实施办法。

4. 健全科学的管理体制，设立科学的管理机构，强化对农作物安全的监督管理

包括安全评估制度，对农业生物技术及其产品进行安全性评价；标签制度，在生物技术产品上做出识别标志，充分尊重消费者的知情权；注册制度。明确科技部、农业部、卫生部和各省、直辖市的科技厅（局）、农业厅（局）、卫生厅（局）等部门对农业转基因技术及转基因食品实施管理的职权和职责分工。

五、我国农产品地理标志法律保护制度的完善

（一）不同法律语境中的地理标志及其相关术语辨析

从1883年《保护工业产权巴黎公约》（以下简称《巴黎公约》）的缔结到1999年《TRIPS协议》签订的一百多年中，在涉及地理标志保

护的数个多边国际条约和若干个国家的国内立法中都分别使用了不同的法律术语对地理标志作了概括，但由于诸多的原因这些法律术语并不统一，其含义也存在着较大的差异。因此，在探析农产品地理标志法律保护时，对地理标志及其相关概念进行界定，澄清对地理标志及其相关概念的各种模糊或不准确认识，是我国农产品地理标志法律保护制度完善研究的逻辑起点。

1. 多边国际条约中的地理标志及其相关术语

从地理标志法律保护的历史来看，涉及地理标志及与地理标志概念有关的多边国际条约通常被认为包括1883年的《巴黎公约》、1891年的《制止商品产地虚假或欺骗性标记马德里协定》(以下简称《马德里协定》)、1958年的《保护原产地名称及其国际注册里斯本协定》(以下简称《里斯本协定》)和1994年的《TRIPS协议》。① 在这些国际条约中，分别使用了货源标志、原产地名称、地理标志等法律术语。

《巴黎公约》自1883年缔结至今，已经历了8次修改。在其1883年文本中首先使用了“货源标志”这个法律术语，但对其未作解释。1891年签订的《马德里协定》作为修改《巴黎公约》的结果，沿用了这一法律术语，明确指出货源标志是直接或间接地指示出某一国家或该国的某个地方的标志。如果一个标志虽然是某个国家或其中的某个地方的名称，但已被作为某种商品的通用名称，不再具有地理指示作用，那么该标志不属于受《马德里协定》保护的货源标志。这让人们比较清晰看到，货源标志的法律意义在于“产品”与“产地”的联系。

《巴黎公约》于1925年在海牙进行修订时，使用了“原产地名称”这一法律术语，并将“原产地名称”与“货源标志”一起列入受工

---

① 当然在其他一些国际组织起草的条约和区域性条约中也使用了地理标志的概念，如WIPO1975年起草的《地理标志保护条约(草案)》以及区域性的《北美自由贸易协定》也都使用了地理标志这个概念。

业产权保护的对象,但也未对其进行定义,也没有规定任何直接的保护措施。直至在1958年的《里斯本协定》中才将原产地名称定义为"系指一个国家、地区或地方的地理名称用于指示一项产品来源于该地,其质量或特征完全或主要取决于地理环境,包括自然和人文因素"。与此同时,还规定了具体的保护内容和保护措施。原产地名称这一定义说明原产地名称中的"原产地"是一个具体的地理名称(地名),它不仅表示某一产品出产于该地,而且它与出产于该地域的产品的质量或其他特征还有必然的内在联系。

《TRIPS协议》作为一个多边国际条约首次使用了"地理标志"这一法律概念。该协议第22条第1款指出:"本协议的地理标志系指下列标志:其标示出某商品来源于某成员地域内,或来源于该地域中的某地区或某地方,该商品的特定质量、信誉或其他特征,主要与该地理来源相关联。"这一定义告诉人们地理标志是一种能够指向特定国家、地区或地方的任何标志。它表明了商品产地对其质量、信誉或其他特征的决定作用或影响。这意味着,仅指示出商品产地的标志,以及仅指示商品质量、信誉或其他特征的标志,都不能成为地理标志。①

2. 我国现行法律中的地理标志及其相关术语

《商标法》是我国目前唯一的一部与地理标志有直接关系的法律。该法第十六条第二款规定:"前款所称地理标志,是指标示某商品来源于某地区,该商品的特定质量、信誉或者其他特征,主要由该地区的自然因素或者人文因素所决定的标志。"它与《TRIPS协议》所规定的地理标志的主要区别是:前者指出该商品的特定质量、信誉或其他特征,主要由该地区的"自然因素或人文因素"所决定;而后者指出该商品的特定质量、信誉或其他特征,主要与该"地理来源"相关联。究竟何为"地理来源",笔者认为,可以理解为既包括自然

① 董炳和著:《地理标志知识产权制度研究——构建以利益分享为基础的权利体系》,中国政法大学出版社2005年9月版,第57页。

因素又包括人文因素，应该说是《里斯本协定》中所说的地理环境。但在我国《商标法》对地理标志所下的定义中显然是将“自然因素”与“人文因素”看做各自独立的一种因素。

1999 年 7 月 30 日原国家质量技术监督局通过了《原产地域产品保护规定》，并于 8 月 17 日以局长令的方式正式发布实施。现在该规定已被国家质量监督检验检疫总局 2005 年 7 月新施行的《地理标志产品保护规定》替代，该规章第二条规定：“本规定所称的地理标志产品，是指产自特定地域，所具有的质量、声誉或其他特性本质上取决于该产地的自然因素和人文因素，经审核批准以地理名称进行命名的产品。”该定义透露出的地理标志含义与我国《商标法》的阐释有两个不同之处：一是前者所述的地理标志仅仅是地理名称，而后者所述的地理标志不仅有地理名称，还包括如图案、徽记等其他标记。二是前者将影响产品质量、声誉或其他特性的因素界定为“自然因素和人文因素”，采用了《里斯本协定》的提法，而后者则界定为“自然因素或人文因素”。显然，后者的外延明显大于前者。

除此之外，自 20 世纪 80 年代以来，我国还颁布了一系列涉及到货源标志保护的规范性法律文件，如《反不正当竞争法》第五条第四款规定不得在商品上伪造产地；《产品质量法》第五条规定禁止伪造产品的产地；《消费者权益保护法》第二十条规定经营者应当标明其产品的真实名称和标记。

3. 不同法律语境中的地理标志及其相关术语比较

通过前文的阐释，我们可以清楚地看到地理标志及其相关术语之间虽有一定的联系，但也有相当大的差异，不能相互混淆。

（1）地理标志与原产地名称。地理标志同原产地名称一样，具有产品质量和特征的指示作用，这是它们与货源标志的根本区别，因为货源标志仅在一种产品与产地之间起到关联作用，只要能够帮助消费者认识到产品来自该标志所指示的产地即可。两者的主要区别是：第一，地理标志涵盖包括地理名称及其之外任何标志，而原产地名称必须是地理名称；第二，原产地名称仅对产品“质量或特征”具

有指示作用,而地理标志还包括"信誉";第三,原产地名称要求"质量或特征"完全或主要取决于"地理环境",即"包括自然因素和人文因素",地理标志的概念则指出"主要与该地理来源相关联",其含义更为广泛。虽然原产地名称与地理标志有一定的差异,但从地理标志是涵盖包括地理名称及其之外的任何标志来看,可以认为地理名称是一种直接地理标志。从这种意义上来说,本专题所提及的农产品地理标志,也可以称为农产品原产地名称。

(2)地理标志与货源标志。两者都是知识产权的客体,都指示产品的来源地。但货源标志一般不能向消费者传递关于商品的品质、信誉或其他特征,而地理标志不仅是指示出产地的标志,而且是指示产品来源地对产品质量、信誉或其他特征的决定作用或影响。

(3)原产地名称与货源标志。货源标志与原产地名称除了具有同地理标志之间存在的异同之处之外,还有以下差异:一是货源标志所指示的产品来源地涉及的区域范围较大,可以是某国家或某地区,而原产地名称中所指的原产地还可以是某国家或某地区内某个范围较小的区域。二是原产地名称一般只适用于天然产品、农产品和地方名优土特产品,货源标志可以用于标示任何性质和种类的产品,包括工业产品和农业产品。

最后,需要提示注意的是原产地名称中的"原产地"与WTO《原产地规则协议》中的"原产地"的区别。尽管两个"原产地"都是指货物(产品)的生产、加工或装配地点,但两者并非一样。原产地名称中的"原产地",强调的是产品特有的质量或特性与产地的地理环境之间的关联性,因此,使"原产地"的名称成为"原产"与该地产品的"名称",依法受到保护。原产地规则中的"原产地"表达的是某种货物在某特定国家、地区或地方生产或加工的事实,它确定某种货物在关税及非关税方面的待遇的基准,与货物质量或特性无关。

(二)农产品地理标志保护的必要性

首先是促进我国农业经济发展,帮助农民致富的需要。我国是

一个发展中国家，也是一个农业大国，农村人口占全国人口的70%以上，我们必须大力发展经济，尤其是农业经济，解决"三农"问题，真正缩小城乡二元经济差距，促进社会稳定，实现全社会的和谐发展。但是，发展农业经济离不开知识产权，如前文所述，涉农知识产权包括植物新品种权、农业机械、生物技术和农产品深度加工中的专利权及商业秘密权、农产品的商标权和地理标志权等。近年来，由于政府重视、科技人员努力，我国在生物技术、植物新品种研发、农产品深度加工等方面也取得比较多的成果，但相对于发达国家来说，我们在这些领域从整体上来看，并不处于领先地位，缺乏自己独特的优势。我国幅员辽阔，地理气候条件独特，历史悠久，文化底蕴深厚，使我国具有相当丰富的自然资源和人文资源，有许多名优土特产品和农产品传统加工工艺。我们在这些方面所拥的知识产权应当充分使用，当然也需要充分保护。《TRIPS 协议》规定了地理标志受知识产权保护，但没有规定地理标志可以适用在哪些产品之上，可是《TRIPS 协议》中地理标志的定义却明确地告诉我们地理标志强调自然因素和人文因素对产品质量、信誉及其特征的决定性作用，那么其适用范围应主要是农产品、食品、初级原料和手工制品。这对在历史上农业比较发达的我国来说，农产品的地理标志是发展农业经济，促进农业可持续发展的一项重要资源。据不完全统计，截至 2006 年 5 月，我国现已登记注册的地理标志产品有 500 多个，其中 480 多个是农产品，占 95%。这些地理标志产品的主体有农户、农产品加工企业、农业主管部门或农业科学研究机构。① 农户因为有了地理标志而增收，根据国家工商行政管理总局统计，目前从全国各地反映的情况看，已获得地理标志注册的农产品收购价格普遍上涨了 15% ~ 20%。由于地理标志产品是具有鲜明地域特色的涉农产品，因而可以运用地理标志将分散的农户聚集起来，形成地理标志产品生产基

① 曹新明：《我国地理标志保护制度之完善——以促进我国农业经济发展为视角》，载《知识产权》2007 年第 1 期。

地再与农产品加工企业以及专营店相结合,实现特色农业产业化与规模化,甚至还可以借助地理标志推出乡村特色旅游项目,如杭州郊区的梅家坞,因为是地理标志产品"西湖龙井"的产地而吸引许多游客,带动了当地的经济发展。另外,农产品地理标志是自然因素和人文因素共同作用的产物,保护农产品地理标志其实也是在保护某种传统的历史与文化,它对于一个地区乃至一个民族的历史文化将会起到重要的传统作用。

其次是增强我国农产品在国际市场上竞争力的需要。我国地理标志农产品质优誉高,深受国内外消费者喜爱。正因为如此,在国际市场上这些产品时常遭受侵权假冒,因此寻求进口国法律保护,维护农产品国际市场竞争力是一项迫切任务。《TRIPS 协议》第 24 条第 9 款规定,对于在其来源国不受保护或中止保护的地理标志或在来源国已废止使用的地理标志,依本协议无保护的义务。这就是说,WTO 成员的地理标志能否在其他成员中获得保护取决于来源国的连续保护。所以,通过国内立法规范对农产品地理标志的保护并予以使用是十分必要的。

此外,从维护消费者利益角度来考虑,也应该加强对农产品地理标志的保护。消费者是地理标志的直接受惠者,但如果消费了假冒的地理标志产品,同样也是直接的受害者。如前文所述,地理标志虽然是表示产品来源的标志,但其真正的价值并不在于这一方面,它是决定产品特有品质、信誉或其他特性的原产地标志。它的作用是能使消费者产生产品产地与产品质量之间的联系,地理标志实际上是给消费者提供了一种质量与信誉担保。因此,保护真实的农产品地理标志,使消费者免受被虚假农产品地理标志误导而误购具有非常重要的意义。

(三)农产品地理标志保护基本现状分析

1. 初步建立了我国农产品地理标志法律保护体系

我国现行《商标法》第十六条第一款以法律的形式首次引入地

理标志的概念，并予以定义，定义的具体内容前文已经提及，在此不作赘述。我国商标法律法规还从消极与积极两个方面对地理标志保护做出了相应规定。消极保护体现在《商标法》的以下两条规定之中。一是现行《商标法》第十条第2款规定："县级以上行政区划的地名或公众知晓的外国地名，不得作为商标。但是，地名具有其他含义或作为集体商标、证明商标组成部分的除外，已经注册的使用地名的商标继续有效。"国家工商行政管理局商标局于1986年11月6日发出的《县级以上行政区划名称作为商标等问题的复函》中曾经将"与保护原产地名称产生矛盾"看做是禁止将地名作为商标的原因，这一理由表明了商标禁止条款为地理标志保护提供了最基础的保护。二是现行《商标法》第十六条第1款规定："商标中有商品的地理标志，而该商品并非来源于该标志所标识的地区，误导公众的，不予注册并禁止使用；但是，已经善意取得注册的继续有效。"2002年8月11日由国务院颁布的《商标法实施条例》第六条规定："商标法第十六条规定的地理标志，可以依照商标法和本条例的规定，作为证明商标或集体商标申请注册。"随后施行的《集体商标、证明商标注册和管理办法》对地理标志申请注册为集体商标、证明商标以及使用管理等作出了相关规定。以上规定可视为对地理标志的积极保护。上述的消极保护与积极保护当然也适用于对农产品地理标志的保护。

此外，原国家质量技术监督局于1999年8月17日发布的《原产地域产品保护规定》，是我国第一部专门规定原产地域产品①保护制度的部门规章。该规定对原产地域产品的定义、强制审批和注册登记制度、申报及审核程序、行政保护制度等做出了具体规定，开创了我国地理标志保护的先河。2005年7月15日国家质量监督检验检疫总局公布的《地理标志产品保护规定》开始施行，对地理标志产品

① 原产地域产品是中国化的概念。从《原产地域产品保护规定》对上述概念所作的界定中可以看出原产地域产品中的"原产地域"从其实质内容来看，就是地理标志。

进行专门保护,与此同时,原国家质量技术监督局公布的《原产地域产品保护规定》废止。部门规章的修改实现了地理标志名称的统一,为地理标志的有序使用创造了法制环境。

综上所述,地理标志(含农产品地理标志)作为知识产权在我国已被纳入法律保护范畴,并已初步形成了商标法与专门法相结合的法律保护体系,在一定程度上改变了我国加入 WTO 后在地理标志保护方面的被动局面,对促进经济发展,解决"三农"问题发挥了积极作用。

2. 我国农产品地理标志保护存在的问题分析

(1)双重保护模式导致权利冲突和管理混乱

目前国外保护地理标志的模式有三种:一是美国式的商标注册保护模式;二是法国式的通过制定单行法加以专门保护模式;三是德国式的通过商标注册和同时设立地理标志权予以保护模式。由于我国在地理标志保护方面的本土法律资源不足,不可避免地要借鉴或移植国外的保护模式。因此,如前所述,我国农产品地理标志采用了商标保护和地理标志产品保护相结合的双重保护模式。

由于商标保护与地理标志产品保护分别由国家工商行政管理总局商标局和国家质检总局这两个行政部门负责,如果一个农产品地理标志既要申请证明商标,其所标示的产品还要申请地理标志产品保护就必须分别向上述两个行政部门申请。这样既浪费行政资源,又增加申请者的负担,且不利于统一管理,甚至出现一个部门认定为地理标志而另外一个部门给予处罚的现象。

双重保护模式还会带来下述问题:如果某个农产品地理标志没有提出过证明商标或者集体商标注册申请,或者虽提出过证明商标或集体商标注册申请,但其申请没有被批准,那么,这样的地理标志产品能否向国家质量监督检验检疫总局提出地理标志产品保护呢?如果能够被批准登记,两者就发生了冲突:任何地理标志,不论是否被核准注册为证明商标或集体商标,却能与具有特定品质、声誉或其他特性的产品相连接被登记注册为地理标志产品,且与已被核准注

册为证明商标或集体商标的地理标志所连接的特定品质、声誉或其他特性的产品享有相同待遇，①必然会影响人们申请证明商标或集体商标的积极性。

此外，还可能出现某一农产品地理标志已作为地理标志保护登记，但又被他人作为证明商标或集体商标申请注册，那么在证明商标或集体商标初步审定并公告后的异议期内，在先地理标志产品保护的登记人能否以在先登记为由阻止商标注册呢？笔者认为，地理标志产品保护只是一项行政管理措施，先地理标志产品保护的登记人无权对抗他人的证明商标或集体商标申请注册。当某一农产品地理标志获得商标保护，其所标示的产品又获得地理标志的保护，由于权利（利益）主体不同，或者先获得地理标志产品保护，尔后再获得商标保护，这样在使用过程中不可避免地出现商标权与地理标志产品保护权利的冲突。

(2)农产品地理标志保护观念与措施缺失

第一，人们对农产品地理标志的私权属性认识不足。《TRIPS 协议》在篇首部分强调"承认知识产权为私权"，在第 1 条第 2 款中指出"对本协议，'知识产权'术语，系指第二部分第 1 至第 7 节中所包括的所有类别的知识产权"。第二部分第 3 节所指的知识产权即为地理标志。由于对其属性认识不足，导致许多人对其保护的重要性认识不够，加上对相关法律法规不了解，不知道通过申请注册证明商标或集体商标，或登记注册地理标志产品加以保护，使某些地理标志的显著性逐渐沦为同类农产品的通用商标。

第二，政府尚未给予足够重视，用于地理标志产品的专项资金投入不够，缺乏品牌企业、龙头企业带动，产业化程度偏低，因此在农产品地理标志与保护方面难以取得较大的成绩。

第三，执法措施不足。在高额利润的诱使下，一些企业毫无顾忌

① 曹新明：《我国地理标志保护制度之完善——以促进我国农业经济发展为视角》，载《知识产权》2007 年第 1 期，第 29 页。

地冒用地理标志，造成市场混乱，使许多久负盛名的地理标志产品的声誉一落千丈，使生产者与经营者失去了一部分消费者。

(3)使用地理标志的农户和企业缺乏质量意识

地理标志所指示的产品是有特定品质、良好声誉和其他特性的产品，这些特质又与产品来源地的自然因素和人文因素相关。而在现实生活中，有些农户和企业不仅不重视对自然资源和人文资源的保护，还对其进行掠夺性的利用，证明商标和集体商标的注册人对地理标志产品的原材料、生产技术工艺及标准、成品的质量与等级等疏于监督，使地理标志产品的市场竞争力下降。有毒金华火腿就是一个典型的例子。

(四)完善农产品地理标志法律保护制度的构想

1. 立法保护模式的选择

如前所述，目前世界上为地理标志提供立法保护的模式有三种：商标法保护模式、专门立法保护模式及反不正当竞争法保护模式。各种立法保护模式都有其价值性及合理性，究竟是选择其中一种还是重构一种新的模式可视各国的具体国情而定。美国式的商标保护模式在商标与地理标志发生冲突时往往会偏向于商标，因为对地理标志作为商标禁止性规定有很多例外，使得通过注册证明商标或集体商标来保护地理标志遇到困难。此外，美国商标权的产生是以使用为依据，这与我国的商标确权传统也是不一致的。法国式的专门立法保护模式重在使用原产地名称的产品质量及生产过程的严格控制。原产地名称通常被认为是公权而非私权，由于我国的市场经济发育尚不成熟，法制还有待健全，如完全简单地采用法国式的立法模式，往往容易形成政府对市场的过度干预。当然，目前在我国允许行政权力适度介入地理标志保护领域对保证规范地理标志的使用与管理，保证地理标志产品质量还是必要的。通过比较，笔者认为专门制定《地理标志法》对地理标志加以保护可以克服双重保护造成的管理混乱和权利冲突，充分发挥地理标志的知识产权优势。

2.《地理标志法》的主要内容构想

《地理标志法》应该包括以下主要内容：

（1）立法宗旨。《地理标志法》的宗旨是加强地理标志管理，保护地区相关生产者对地理标志享有的权利，促进相关生产者和经营者保证商品质量，维护地理标志信誉，促进相关地区的社会经济发展。

（2）适用范围。首先应采取《TRIPS 协议》第 22 条第 1 款的表述，对地理标志作出定义，明确地理标志为私权，并同时强调产地的自然因素和人文因素对产品质量、声誉或其他特性的共同作用，规定《地理标志法》适用于对天然、农业、手工业和工业品的地理标志的法律保护。另外，还应规定哪些标志不受《地理标志法》的保护。

（3）地理标志权保护的产生。地理标志权采用注册保护制度。注册登记的主体是地区内的相关行业协会。在未建立相关行业协会的情况下，由申请保护范围内的县级人民政府；跨县域范围的，由地市级人民政府；跨地市范围的，由省级人民政府作为主体向注册主管机关自愿提出注册申请。申请者应提交要求保护的申请书，地理标志所标示的产品名称、类别、产地范围、特色或其他特性及其产地的自然因素和人文因素的关系，产品的生产技术标准和质量标准。地理标志保护申请经注册主管机关审查、公布后，在规定期限内没有异议或异议不成立，予以核准。此外，注册登记机关应对受地理标志保护的产品制定出安全、卫生、环保等强制性的国家标准，予以监督实施。

（4）地理标志注册人和地区内生产者享有的权利及应承担的义务。注册人对经核准注册的地理标志，享有包括许可权和禁止权在内的专有权。地区内的生产者有权在符合地理标志使用条件并按规定程序申请之后获得使用权，地理标志注册人不得滥用权利，对达到使用标准地区内的生产者申请，不得无故拒绝、拖延、刁难。如果出现这种情况，地区内的生产者可以向注册登记机关提出地理标志使用的强制许可。基于地理标志所具有的社会公益性及对其地理来源

地的自然人文环境的依赖性,必须防止地理标志注册人及使用人为自身利益最大化而毫无节制地开发地理标志资源。因此,地理标志注册人和使用人有义务保护地理标志产品来源地的自然环境,对地理标志产品赖以形成的人文因素负有保存和发展义务。此外,使用人不得将经核准注册的地理标志作为商标或商号使用,不得作为产品的通用名称使用,也无权转让或许可他人使用。

(5)地理标志注册的撤销和无效。当出现以欺骗手段获取注册的,或产品质量、特性与产地的地理环境的关联性丧失或基本丧失的,或地理标志在其原产国已停止使用或不再受保护的,该地理标志的注册将被撤销。

(6)地理标志权的保护及争议的解决。应明确地理标志专有权的保护期限不受时间限制。凡未经许可在相同或类似商品上使用与地理标志相同或近似的标志,构成侵权。根据《TRIPS 协议》的要求,还应规定"即发侵权"。经授权的使用者有权单独以自己的名义对侵权行为提起民事诉讼。侵权应承担的法律责任,包括民事责任、行政责任和刑事责任。可将地理标志视为特殊商标,比照商标法的有关规定给予保护。发生地理标志权纠纷时,可由当事人协商解决,或请求地理标志登记注册机关处理,或通过向人民法院起诉。

(7)地理标志的管理机构。基于国家质量监督检验检疫总局既具有保护地理标志产品的实践经验,又具有强大的技术力量的实际情况,由该行政部门作为地理标志的管理机构,负责地理标志保护申请的受理、审核、注册及管理工作。可依法对相关违法行为予以行政处罚,协助司法机关制止和制裁侵犯地理标志专用权的行为。

由于农产品的地理标志与工业品的地理标志的法律保护相比较,具有一定的特殊性。国家质量监督检验检疫总局可依据《地理标志法》,并借鉴欧盟的相关法律法规制定《农产品地理标志保护规定》,对适用于地理标志的农产品范围作出准确界定,对农产品的"绿色"特质及保证措施与监管制度等提出具体要求,为使用地理标志的农产品提高市场竞争优势、为维护消费者利益提供法律保障。

3. 从法律法规层面引导地理标志行业协会建设

地理标志属于特定区域内的生产者所享有的一种集体性权利，不能“私有化”，而地理标志又具有私权属性，所以这种集体性权利既不宜由行政机关掌握，也不能归特定区域内的生产者个人所有，应由这些生产者协商成立地理标志行业协会来代为管理。地理标志行业协会是一个非营利性法人，其工作职责是保护和管理某种地理标志，提高该地理标志行业效益。但是，现行相关法律法规对其几乎没有任何具体规定，致使该成立的地理标志行业协会没有成立，有的即使成立了现状也不尽如人意，没有发挥其应有作用。出现上述问题的原因多种多样，除了体制与现实条件所限外，最主要的缺乏法律规制。因此，从法律法规层面引导地理标志行业协会建设刻不容缓。

六、我国农产品商标法律制度的完善

（一）农产品商标简述

农产品有狭义农产品和广义农产品之分。狭义农产品是指粮食和经济作物，即可食用的植物籽粒或作物本身。广义农产品包括种植业、林业、牧业、副业、渔业、禽业、微生物业等部门所生产的产品。在 WTO 的《农业协议》中，其附件 1 中采取详细列举的方式确定了《协议》所适用的农产品范围，这个范围包括《商品名称及编码协调制度》第 1 ~ 24 章所列的全部产品以及这 24 章以外的甘露糖醇、山梨醇、精油和生丝等十余类产品。根据《农业协议》的规定，在《商标注册用商品与服务国际分类尼斯协定》中，农产品主要集中在第 29 类（肉、鱼、家禽及干制、煮熟的水果和蔬菜等产品类）、第 30 类（咖啡、茶、可可、食盐等产品类）、第 31 类（新鲜水果和蔬菜、种子等产品类）、第 32 类（啤酒、矿泉水和汽水以及其他不含酒精的饮料等产品类）、第 33 类（含酒精的饮料类）和第 34 类（烟草类）之中。可见，上述国际条约是从广义上使用农产品的概念的，因此，我国农产品商标的定位也应该在广义的农产品概念基础上确定其内涵。我们认为，农产品商标是指

农业生产经营者能够将其生产经营的产品与其他农业生产经营者的产品区别开来的标记。同样,农产品商标在我国也分为三种:农产品普通商标、农产品集体商标和农产品证明商标。

1. 农产品普通商标

农产品普通商标是指农产品的生产者或经营者为了将自己的商品与他人的商品相区别而使用的标记。农产品申请注册普通商标,必须达到规定的质量标准。

2. 农产品集体商标

农产品集体商标是指以农业团体、协会或其他农业组织的名义注册,供该组织成员在商业活动中使用,以表明使用者具有该农业组织成员资格的标志。农产品集体商标属于开放型商标,只要申请使用并符合条件者都可以使用,这是由农产品的生产特点所决定的。农业生产与工业生产相比具有自己的特色,农业生产者和生产地比较分散,为了使分散的生产统一起来,形成一个具有某种联系的组织,注册农产品集体商标,是一条重要途径。

3. 农产品证明商标

农产品证明商标是指由对农产品具有检测和监督能力的组织所控制,而由该组织以外的农产品生产者使用在其所生产的农产品上,用以证明该农产品的原产地、原料、制造方法、质量或其他特定品质的商品商标。证明商标应由某个具有检测和监督能力的组织注册,由注册人以外的其他人使用。证明商标的功用在于提供质量证明,打开商品销路,使商品对消费者产生吸引力。①

(二)我国农产品商标保护必要性分析

1. 农产品商标能有效规避农产品市场风险,拉动农产品消费需求

农产品商标在一定程度上增强了农产品抵御市场风险的能力,

① 吴汉东等著:《知识产权基本问题研究》,中国人民大学出版社2005年版,第514页。

确保农产品稳定的销量和畅通的渠道。农产品商标有利于推动订单农业发展，促使农户根据其本身或其所在的乡村组织同农产品的购买者之间所签订的订单组织安排农产品生产，既减少农户盲目决策，降低农业产业化的运行成本与风险，增加农民的收入，也有利于加强企业之间、农户与企业之间的有机联系，促进其均衡经营、持续发展。农产品属于生活必需品，其需求价格缺乏弹性。由于农产品的消费需求呈相对稳定态势，而农产品生产具有季节性及不易储存性，当农产品供给增加时，形成买方市场，"谷贱伤农"的现象屡见不鲜。农产品商标化可以使农产品在质量标准、营养含量、包装广告等方面趋于规范稳定，农产品商标所蕴涵的价值承诺刺激了消费者营养保健的需求，从而挖掘农产品的消费潜力。一个著名的农产品商标可以建立稳定的客户消费群体，即使在消费淡季也可以持续保持生产商的市场份额。有商标的农产品以可靠的质量及特殊品质被消费者认可，并以较高的价格使消费者持续购买，这已是不争的事实。各种品牌农产品形成稳定的消费群体，从而形成有稳定的销售市场，将有利于农业生产者有计划地安排生产，避免市场销售风险以及农产品价格的大起大落，保障了农民的经济利益，实现增产增收。同时，有商标的农产品吸引很多的固定消费者人群的同时，会因宣传效应而增加新的消费者，这样就排斥那些生产相同农产品却没有商品标识的生产者的进入，这样就对潜在竞争者进入本商品市场造成了障碍。因此，保护农产品商标既是一种确保竞争优势、保护市场份额的有力手段，也是保障农民收入稳定增长的有效途径。

2. 保护农产品商标是抵御国外农产品冲击的重要途径

加入 WTO 后，农产品关税降至 10%，国外农产品价格下降，国外一些优质高档农产品通过发展著名农产品商标战略即农产品品牌战略，以较高价格在我国市场获得了好的销路，挤占国内农产品高利润市场。同时，我国因缺乏上述策略，多数农产品在低利润层面上生存，难以在高利润层面上参与竞争。再有，随着农村生产力水平迅速提高，农产品供求关系已经产生供大于求的局面，形成买方市场。于是，那

些农产品没有商标形成不了自己商品特色的生产者只有靠压低商品价格参与市场竞争,往往得不偿失,血本无归。而好的农产品商标或品牌,可以在竞争中占据有利地位形成品牌效应。我国最大的香蕉产地海南,香蕉在外形和口感上并不比洋香蕉差,2001年在洋香蕉冲击前败下阵来,每公斤不足两角钱也没人要,主要原因是缺乏有号召力的品牌。

3. 保护农产品商标可以带动一方农业经济发展,使地区优势得以发挥

以名牌企业产品为核心的产业链可以优化产业结构,促进资源的优化配置,振兴一方经济,形成新区域经济的增长点,提高地区知名度,树立地区形象,改善本地区内引外联的软环境,促进区域经济整体发展;对农业企业和生产者而言,可以形成名牌产品系列,促进相关产品的崛起。创一个品牌,带一个行业,兴一方经济。如"伊利"、"蒙牛"等乳制品集团带动了当地畜牧业的发展;"金华火腿"促进了当地养殖业的发展;"汇源"果汁带动了当地种植业的大发展等等。

4. 加强农产品商标保护是推动农业产业化的必要途径

所谓农业产业化经营,是指通过组织化的方式,实现农业种养加、产供销、农工商一体化的经营。据研究,农业产业化经营的特点,可以概括为:生产专业化、布局区域化、经营一体化服务社会化和管理企业化。目前,我国农业产业化经营的模式主要有:公司+农户、专业市场+农户、加工企业+农户、生产基地+农户,服务组织+农户、专业协会+农户等。① 长期以来,我国的农业生产存在着生产规模小、经营分散、产品质量低、机械化标准化生产难以推广等问题。这些问题严重阻碍了我国的农业发展,要解决这些问题就必须推行农业产业化,而建立起一个完善的农产品商标保护制度是推动农业产业化的有效的途径。农业产业化要求农户与农业企业建立起紧密而稳定的联系,形成一个有着一致目标的利益共同体。农产品商标

---

① 赵建、朱弋玮:《农业产业化经营与农产品品牌战略》,载《商业研究》2001年第9期。

如农产品集体商标和农产品证明商标对于农业产业化的贡献就在于它能够起到纽带的作用，把各农户和各农业企业以及农户和农业企业紧密联系起来，发展他们的共性、提高生产效率、扩大生产规模。也就是说，生产有特色的高质量农产品、发展有竞争力的农业的目标具体化就是培育一个优秀的农产品商标。

5. 农产品证明商标的发展是解决“三农”问题的重要途径

农产品证明商标的作用主要表现在：[①](1)保护农产品证明商标是创立知名品牌、提高农产品市场竞争力的需要。农产品证明商标有以下几个功能：一是介绍功能；二是引导功能；三是保证功能。因此，消费者在使用带有证明商标的农产品时，可以获知农产品信息，在消费的同时也获得一定的安全保障，容易对该农产品产生信任。一旦农产品使用了证明商标，农产品就在品质上有了保证，商品或者服务在创立知名品牌时就有了质量基础和信任基础。(2)保护农产品证明商标是满足人们生活水平不断提高的需要。随着经济的不断发展，人们生活水平不断提高，生活需求也不断提高。怎样满足人们的这一需求呢？农产品证明商标是证明农产品的特定品质的，如果农产品使用证明商标，人们在消费农产品时直接就能了解农产品的特性，所以农产品证明商标为满足人们生活需求提供了一条途径。(3)保护农产品证明商标是维护国家经济利益的需要。我国幅员辽阔，物产丰饶，有许许多多地方特产。这些特产在许多地方充当经济支柱角色，并形成了富有市场竞争力的特色经济。特色经济不仅是地方经济的重要组成部分，而且还是我国国家经济的一个重要成分。如果不对特色经济加以保护，就会流失国外，或被国外同类经济超越。多年实践证明，注册原产地证明商标，可以保护地方特产。(4)保护农产品证明商标也是全球经济一体化和农业产业化的需要。目前，世界许多国家都将农产品证明商标纳入法律保护范围。

---

① 福建省工商局：《证明商标——一条农村致富之路》，载《工商行政管理》2005年第3期。

如果别国在保护农产品证明商标而我国却不保护，我国就无法适应新的经济形势，就无法真正与国际经济融为一体。从国内经济发展上看，我国正在全力推进农业产业化进程。农业产业化必须依靠农产品知名品牌的参与。保护农产品证明商标，就能促进农产品名牌的创立；同时，保护农产品证明商标，使众多的生产者、销售者使用统一品牌，就能促使农业生产规模化、经营一体化。

（三）我国农产品商标发展中存在的问题

我国农产品商标的蓬勃发展是从 20 世纪 90 年代以后，随着很多地区注重培育本地区特色农产品战略的实施，不少农产品开始使用商标，但大多是注重商标的识别功能和促销功能，而忽略了对农产品商标尤为重要的保证品质和广告宣传的功能。近年来，著名农产品商标和产品越来越多，鲜肉、活鱼、水果都用上了商标，鸡蛋贴着商标卖也随处可见并获得了意想不到的收益，①使农业生产者着实体会到农产品商标给其带来的可见利益。但从我国农产品商标发展的整体看，与工业品相比，农产品商标发展相对滞后，同时也存在许多问题。

1. 农产品驰名商标少，商标意识淡漠

一部分优质农产品生产者商标注册不及时，失去了竞争优势。众所周知，农业商标并不能自动获得法律保护，农产品商标必须注册，才能受到法律的保护。这就要求农业经济主体有清醒的法律头脑。在工商界无形资产的法律意识日益增强的今天，农业领域的情况不容乐观。据报道，目前国外在我国注册的农业类商标约有 7 万多个，而我国在国外的农业类商标注册量不足千件。很多优质农产品由于历史的原因都有较高的知名度和广泛的群众基础，但正是由于这种传统产品有着“皇帝女儿不愁嫁”的根深蒂固的观念，漠视现代营销理念，因而，我国许多农业生产经营者漠视广告宣传的作用，

---

① 曹光辉：《小鸡蛋争得大市场》，载《中华商标》2006 年第 9 期。

坚信“酒香不怕巷子深”，这样的观念急需改变，产品的品质固然重要，但广告宣传的作用也是不可忽视的。生产者的这种缺乏利用商标创名牌、保名牌的意识，与当今竞争日趋激烈的市场经济极不协调，影响了农产品的发展。因此，及时在国内、国外注册商标是农产品在开拓市场创立名牌过程中的必不可少的起步，必须予以高度重视。

2. 商标权利人文化素质参差不齐，商标运作不规范

一是有些地区注重商标的申请，不注重商标的保护。近年来，随着市场经济的发展和我国加入 WTO，国内掀起了农产品商标注册热。有的地方随着流行的品牌潮给自己的农产品注册了一个商标，树起了一块牌子，通过大量的广告炒作提高了知名度，不少传统农产品的牌子开始叫响，许多新的农产品名牌脱颖而出。但是由于品牌注册的混杂，不少地方名优农产品商标的优势并没有得到发挥，有相当一部分农产品商标只是徒有其名。二是只重视商标的抢注，不注重驰名商标的培育。我国有许多地方的农产品都发生过抢注商标风潮，其初衷是希望在国内外市场竞争中占有主动。这种超前意识当然是好事，问题是在农产品创牌中，要避免品牌规模偏小和过于分散的倾向而形成那种能带动农业产业化的品牌。有的地方同一种产品品牌多、名字杂，并注册了很多商标，仅仅为了占有商标而注册。结果是家家有商标，户户不培育，产品的质量和效益得不到提高，最终还是费心劳力，什么都没得到。三是往往有一种农产品著名商标形成，市场上就会出现大量的模仿商标甚至假冒商标，由于农产品本身的特色，消费者不容易区分，加上面对假冒、模仿、封杀等商标侵权行为，农产品生产者的资金、能力有限，无能为力，最终失去了自己的市场优势。

3. 有限的资金阻碍和制约了商标的培育、繁衍及发展

一个好的商标，从其设计、注册、宣传、保护，到最后形成品牌资源优势，要花费大量的人力、物力、财力，要想保持这种优势，与资金的不断投入是密切相连的。而我国农产品企业由于历史因素及市场

经济发展的短期性，与发达国家相比，个体资金积累非常有限，致使一些颇有影响的地方特产、名产苦于资金因素而形不成品牌优势。

4. 农产品商标的科技含量低

品牌质量背后是科技支持。在农产品品牌化经营过程中，从种苗的培育到产品的生产，从农产品的加工、包装到销售，各个环节都需要相应的科技支持。表现为：一是农作物、畜禽和水产品优良品种的培养，优化品种结构，形成各自特有的专用性品种；二是农作物的耕作改制、精量播种、配方施肥、节水灌溉等栽培技术以及畜、禽、鱼集约化饲养配套技术的研究和开发难以确保生产出营养性高、安全性好的优质农产品；三是农产品的采收、包装、储藏、运输和加工技术落后，不能提高农产品的科技含量和附加值；四是广大农民对科技的引进和培训教育的认识不足，严重地制约了营销策略的有效实施。目前我国农产品商标的特色是初级产品多，深加工、精加工产品少。农产品的加工增值不够，形成了“一等原料，二等加工，三等价格”的局面。形成上述这种局面的一个主要原因就是缺乏科技含量。

5. 农产品商标数量在全国范围内发展不平衡

东部地区农产品名优商标绝对量多，中西部地区的农产品拥有量少。我国农产品商标区域间发展也极不平衡：东部地区商标的发展保持着强劲的势头；中部地区虽然起步较晚，但发展较为平稳；而西部地区的商标发展则起伏较大。这样就导致了东西部差距越来越大。从总量上看，如东部地区的浙江省，至2005年底注册农产品商标累计达到3万件，而西部的重庆市农产品商标总量才4 000件，不及浙江省的1/7。此外，东部的山东省、江苏省以及北京市等地的农产品品牌发展迅速，而西藏、青海、甘肃等省的农产品品牌发展有快有慢，很不平稳。

(四)我国农产品商标保护体系完善对策

1. 农产品商标权利人应树立农产品品牌意识

商标和品牌是不同的概念，品牌是商标的发展和深化。商标是

法律赋予合乎条件经过相应程序的产品，品牌是在市场竞争中由消费者认可的硕果。商标是品牌中的标志和名称部分，它便于消费者视觉上的识别。但品牌的含义远不止于此。品牌是一个综合而复杂的概念，它是商标、包装、价格、声誉、符号、广告风格和渠道模式的无形总和。它是一个综合的象征，需要赋予其形象、个性和生命，以使其在消费者心目中形成一种理念。① 农产品生产商及经营商应充分认识实施品牌战略在农产品生产经营中的重要作用。树立新的农业发展观念，通过多种途径，采取多种形式，切实转变思想观念，增强品牌意识，认识到建立品牌、创立品牌是提升农产品商标档次，提高市场竞争力，实现市场最大化、效益最优化的重要途径。目前，发展市场经济需要品牌，消费者青睐名牌，越来越多的企业都在崇尚品牌、打造品牌。从某种程度上说，农产品的品牌是该产品利益和生存的保证。因此，农业生产经营者只有实施品牌战略，才能在市场竞争中求得生存和发展壮大，并在激烈的竞争中立于不败之地。

2. 实施农产品著名商标整合计划

首先，从国际经济发展的大格局看，世界各主要经济体产业结构调整步伐进一步加快，区域经济一体化、世界经济全球化浪潮一浪高过一浪，国际竞争日趋激烈。农产品竞争更是残酷，这从农产品作为世贸组织各方谈判的焦点并屡屡失败可为例证。为此，统一农产品品牌、统一管理、统一标准，进而整合众多的农产品品牌，将成为我国农产品商标国际化的必然要求，也是增强我国农产品国际竞争力的必然需要。其次，从国内看，加入世贸组织发展至今，中国经济正进入开放型经济发展阶段，诸多的农产品品牌、不平衡发展无疑又将成为农产品经济可持续发展、农产品跨国或跨区域经营的主要限制因素。所以，品牌整合不仅可以维护农民、农业企业入世后的长远利益，也是市场经济发展的需要。近年来，农产品品牌整合已引起农业

---

① 邱琪、张旭东：《关于农产品品牌建设的思考》，载《黑龙江社会科学》2005 年第 4 期。

生产、加工等行业的高度重视,在目前激烈的市场竞争中,农产品商标资源的相互整合也开始崭露头角。我国可以根据各地区农业品牌产业的各地特色,以某种农产品在全国享有的知名度为基础,以扶植我国农村经济的支柱产业和提高农民收入为目的,整合我国农产品的商标、品牌。

3. 强化农业行业协会的主导作用

农业要产业化经营,农产品集体商标和农产品证明就要发挥其应有的功用。基于农产品集体商标和证明商标的非个人持有的特性,农业行业协会是集体商标和证明商标的主要持有者,农业行业协会在注册和管理中有着政府和农产品生产者不可替代的作用。农业行业协会是农业生产者自愿组织的自治体,具有分业性、非营利性和协调性。国外农业行业协会在治理农业经济活动中主要有以下四大基本功能:(1)行业代表。主要包含两个方面的意义,一是向上(政府)反映本行业利益集团的意见、要求和建议,通过游说、联合或影响政府管理者制定和实施政策,有时还要协助政府管制经济和实施援助计划,以争取政府对本行业的支持;二是对外(行业以外或国外)参与侵权行为、反倾销、反垄断的诉讼,以维护本行业生产经营者的利益。(2)行业服务。行业服务的内容十分宽泛,既包括为本协会会员服务,也包括为本行业非会员服务,还包括为政府服务。(3)行业自律。就是在行业内部通过自我教育、自我管理,树立诚信为本的观念和形象,防止和避免出现过度竞争、不正当竞争等行为。(4)行业协调。是对本行业内部会员之间或会员与非会员之间的竞争和合作关系进行协调,也包括本行业与外部各种关系的协调。①由于我国的农业行业协会功能还没有发展到国外的上述层次,因此,在各方面特别是农产品商标管理方面有巨大的发展空间。以美国的农业行业协会为例,美国各农业行业协会全体成员使用统一的商标,

① 吴文洁:《国外农业行业协会的发展及启示》,载《西安石油大学学报》(社会科学版)2006年第1期。

制定统一行业标准，规范会员生产行为，提高产品质量，协会向外统一宣传产品。① 同时，农业行业协会在资金支持和反侵权方面有十分重要的作用。首先，当农业生产者在开发或管理农产品商标方面资金不足时，行业协会可以为成员筹集资金。其次，遇到侵权行为人侵害农业生产经营者商标权时权利人可以专心生产，将该事务交行业协会处理，在侵权人生产规模小而又数量众多等特殊情况下，走司法救济和行政救济途径都难以达到好的效果时，农业生产经营者可以依靠行业协会的力量来打击侵权。

4. 完善农产品证明商标立法制度

我国证明商标注册和保护起步比较晚，与发达国家的证明商标制度相比，我国证明商标制度还存在一定差距。要发展证明商标，提高保护水平，可以从以下几方面着手。

(1)加快证明商标立法工作，完善农产品证明商标制度。1993年修订《商标法实施细则》时，增加了集体商标、证明商标内容，这是我国最早保护证明商标的法规。1994 年，国家工商局发布《集体商标、证明商标注册和管理办法》，办法共 20 条，对集体商标、证明商标申请、注册、管理和保护作了一些规定。2001 年新《商标法》中对证明商标做出了一些规定，总的来说，目前农产品证明商标立法比较滞后。滞后的立法无法适应证明商标保护问题的复杂性和多样性，而且，现有的关于证明商标的规章条文粗、内容落后、可操作性比较差。证明商标经过几年的发展，在注册、管理和保护上已经积累了一定经验，立法时机已经成熟。有关部门应该充分总结经验，加快证明商标制度立法工作，完善证明商标制度。

(2)规范注册人和使用人行为，在保护上充分调动工商部门、注册人和使用人积极性。农产品证明商标要得到有效保护，注册人和使用人必须规范使用，不得擅自改变农产品证明商标的文字和图形，

---

① 蔡海智:《美国农业行业协会的发展经验及其对我国的启示》，载《南方经济》2003 年第 2 期。

同时要及时、全面、准确地将使用人名单报工商部门存档和商标局备案，以便于工商部门正确判断合法使用和非法使用。工商部门也要将市场上证明商标侵权查处情况告知注册人，以便注册人及时调整使用人和使用方式。

(3)政府出面协调各种关系。农产品证明商标侵权情形复杂，矛盾尖锐，因此，要做好农产品证明商标保护工作，单靠工商部门和农产品证明商标注册人是不行的，必须充分发动其他力量参与。在农产品证明商标注册阶段，政府都非常支持。在农产品证明商标保护上，也应取得政府的支持，让政府参与农产品证明商标管理和保护工作。在查处证明商标侵权遇到阻力时，应及时请政府出面协调。

(4)做好宣传工作，努力营造良好的执法环境和氛围。由于工商行政管理部门和农产品证明商标注册人对证明商标宣传不够，或在宣传中没有突出证明商标的特点，没有把证明商标与普通商标区别开来，因而使许多人证明商标意识淡薄，认为证明商标是社会的共同财富，是任何人都可以任意使用的商标。因此，必须加强证明商标宣传工作，增强社会证明商标意识，让人们认识到证明商标是受法律保护的，未经许可就使用证明商标是违法行为，是要承担法律责任的。只有全社会都认识到了这个问题，在保护证明商标上才能有更大的主动权，商标行政执法才能有良好的执法环境和氛围。

5. 制定农产品质量标准化法律法规

提高市场信誉占有市场开展品牌经营生产，必须以产品质量为先导。按确定标准组织生产管理，是提高农产品质量稳定农产品质量，保证农产品安全最有效的措施和手段。按照标准严格生产，是创建、维持农产品名优商标的基石。所以，我国的农产品及其商标想摆脱目前这种弱、散、小的状况，必须大力推行农产品的标准化工作。突出抓好农业质量标准体系、农产品质量监督检测体系和农业标准化技术推广三大体系建设。将农产品集体商标和农产品证明商标与上述三大标准化体系相结合，达到上述标准的农产品才可以授予农产品集体商标或农产品证明商标。做到授予农产品集体或证明商标

的农产品质量有标准，生产工艺符合规程，有确定标志，上市时有监测。

6. 政府行政部门应转化保护策略

不仅要强化打击商标侵权等保护农产品商标权的直接手段，还应发挥政府部门优势，采取激励、宣传、帮扶等政策在保护农产品商标的间接手段方面多下功夫。知识产权是一种“私权”，权利人如果对商标侵权等知识产权侵权行为听之任之，那么国家司法会采取“不告不理”的态度。而我国在商标侵权等方面采取的是行政和司法双重管辖的手段，在打击农产品商标侵权、保护农产品商标的发展等方面具有自己的特色。如 2004 年 12 月 7 日国家工商行政管理总局和农业部联合下发了《关于加强农产品地理标志保护与商标注册工作的通知》，在全国立刻掀起了农产品商标的保护热潮，地方各级工商行政管理机关和农业主观部门为配合该通知也纷纷根据本地区的实际情况制定并出台了相关的政策，这些政策的颁行为农产品商标的保护发挥了非常积极的作用，但这些政策都是只注意应用直接手段来保护农产品商标，而忽略了间接手段的应用。结合我国的资源特色和社会情况，以激励政策、帮扶政策和宣传政策为主要间接手段的作用的发挥将起到仅以打击侵权为主的直接手段无法比拟的效果。

首先，激励政策是政府进行激励性管制的工具，激励性管制的实质就是管制者利用被管制者对自身利益最大化的追求，设计一种特定的程序和可选择的合同菜单，激励当事人采取与管制者目标一致的最优行动，提高经济和社会管制效率。与政府单方面的强制管制相比，激励性管制更注重运用激励和引导的手段使市场主体遵照政府的意志进行经济活动。① 同时，农产品商标权作为知识产权的一种，其本身就是政府激励机制的产物，它可以激励农业生产经营者主观能动性，自觉地培育优秀的商标并努力维护商标的声誉，这样不仅

① 刘华著：《知识产权制度的理性与绩效分析》，中国社会科学出版社 2004 年 6 月版，第 126 页。

可以因政府的激励政策而受益,更重要的是因农产品的发展而从中受益。

其次,我国农产品商标保护工作面对的一个桎梏,就是农业生产经营者商标意识的缺乏,这不仅体现在权利维护上的态度消极,还体现在只注重注册不注意维护。因为缺乏商标意识,农业生产经营者常常忽视对商标的保护,不积极采取措施维护提高农产品商标现有价值,导致原本拥有上佳声誉的商标逐渐退化甚至丑化。在这种情况下,政府的宣传政策就显得十分重要,它可以挽救农产品商标乃至农业企业。宣传政策的制定和实施应当侧重三个方面:一是对农产品商标价值的宣传。要让农业生产经营者知道商标能给他们带来巨大的现实和潜在利益,维护好商标就能维护好一个企业,唤起他们使用和保护商标的积极性。二是对农产品商标知识的宣传。通过这方面的宣传使农业生产经营者懂得如何申请注册商标,在商标权受到侵害时又应该如何维护自己的权利。三是通过对侵害农产品商标进行处罚的宣传,使潜在的侵权者望而止步,从而避免侵权事件的发生,节约社会成本。各地工商部门和农业部门可以根据当地的具体情况采取形式各异的宣传方法。商标意识的培养和商标素质的提高是一个漫长的社会工程,与全民整体文化氛围和政府的长久不懈的宣传有直接联系,如果要在我国广大农村地区形成良好的商标文化氛围,宣传政策的常抓不懈就是必不可少的。

再次,由于我国的改革开放的时间比较短,全民 GDP 特别是我国农民作为一个整体的 GDP 还处在一个比较低的层次上,所以,即使是有些地区有着自己的地缘优势,但苦于没有资金启动,也只好望洋兴叹。针对这些特殊情况,政府部门在商标保护工作中,制定和实施帮扶政策非常重要。当然,帮扶政策如仅仅限于资金帮扶就以偏概全了,政府制定的帮扶政策应该有确切的适应力,在帮扶政策中,农产品商标持有者是帮扶的主动者,政府应根据帮扶者的实际情况进行帮扶。比如,政府可以通过组织专家提供咨询服务来为农业生产经营者解答有关商标申请、使用管理、权利维护及如何提高商标竞

争力等方面的问题，还可以组织各种农业单位及行业协会配合起来从共同扶植农业生产经营者申请和保护商标出发，组建产品供销链，培植农产品商标。

七、我国农业领域商业秘密法律制度的完善

（一）我国农业商业秘密概述

当知识产权逐渐走近普通农民的生活后，他们开始知道农业专利，知道农业著作权。但农业领域的商业秘密，却常常游离于他们的视野之外。在法国，商业秘密被定义为：制造的各种方法，具有实际的或商业的利益，被用于工业中，并向公众保密。① 可见，在法国这样的一个注重知识产权的大国，对商业秘密的认同也仅仅限于工业领域。众所周知，我国几千年的封建社会的发展，一直是以自给自足的农耕为基础，积累了丰富的农业方面的经验和秘诀，我国古代农业社会的“祖传秘方”其实已具有现代知识产权中商业秘密的雏形。我国的农业主管部门和知识产权主管部门如农业部和国家知识产权局一直十分重视农业领域商业秘密，在各种会议上强调保护农业领域的商业秘密的重要性，②认为农业领域的商业秘密是农业知识产权体系不可分割的一部分。商业秘密对现代经济活动的影响已经达到前所未有的深度和广度，就我国农业领域而言，必须引起农业科技人员、农业生产经营人员的高度重视，采取措施，及时保护。

依据我国《反不正当竞争法》第十条之规定，受法律保护的商业秘密，是指不为公众所知悉、能为权利人带来经济利益、具有实用性并经权利人采取保密措施的技术信息和经营信息。其中，符合商业秘密条件的技术信息称为技术秘密，符合商业秘密条件的经营信息

① 吴汉东等著：《知识产权基本问题研究》，中国人民大学出版社2005年版，第710页。

② 如2006年3月28在北京举行的农业知识产权管理培训会。

称为经营秘密。我们认为,商业秘密概念的界定,其核心在于揭示商业秘密的构成要件;立法者通过明确商业秘密的秘密性、经济价值性、实用性、新颖性构成要件,昭示商业秘密法律制度对其所保护的对象的实质要求,规范商业秘密法律关系,从而保障市场经济健康有序发展。农业商业秘密和商业秘密是特别和一般的关系,农业商业秘密具有商业秘密的一般属性。因此,农业商业秘密是指不为公众所知悉、能为权利人带来经济利益、具有实用性并经权利人采取保密措施的与农产品生产经营相联系的农机具设计、农业动植物饲养方法、农产品配方、农产品制作工艺、农业管理诀窍、农产品产销策略等应用于农业领域的技术信息和经营信息。

1. 农业技术秘密

农业商业秘密中的农业技术秘密,是指农业商业秘密中最具有价值的部分,也是最早被确认为农业商业秘密并加以保护的。农业技术秘密是指不为公众所知悉、能为权利人带来经济利益、具有使用性并经权利人采取保密措施的涉农性技术信息。这种技术信息是研究开发、工艺改进等技术创新的结果,是技术性的智力劳动成果,其特征在于可以用于农业生产活动,以制造新的农业作物、提高农业劳动生产率从而提高经济效益。其外延包括:各种适合于保密的技术成果,如各种新产品、新工艺、新材料、新品种以及新的技术系统等;虽不足以构成完整的技术成果但尚处于保密状态的各种农产品配方、农业工艺图纸、技术参数、技术诀窍等。

2. 农业经营秘密

农业经营秘密是指农业企业、农民等农业主体在自己的生产经营活动中所形成的不为公众所知悉、能为权利人带来经济利益、具有实用性并经权利人采取保密措施的涉农性经营信息。这些信息是农业经营者管理创新的成果,是农业经营者经营管理经验和知识的积累,它表现为农业经营者的发展战略、计划与规划、市场网络(含客户关系)以及独特的管理运行方法等。那些虽然可能影响外界对于农业主体评价的反映某些可能或者已经发生的事实状态的信息,即

使农业主体采取了适当的保密措施，也不属于农业商业秘密。

我国农业领域商业秘密基于“我国”和“农业”双重限制，因而其具有独特的内涵：

（1）秘密性和田间公示性的矛盾。商业秘密的秘密性是指商业秘密持有人主观上将其持有的某种信息视为商业秘密，并采取保密措施加以管理。如果持有人未将其所持有的信息视为商业秘密或客观上未采取保密措施，也就不能称其为商业秘密，当然也就不能获得法律保护。而农业领域的商业秘密大多通过田间耕种来实现如农作物套种方法，这种运作方式使权利人很难采取适当的保密方式而不为公众所知晓。

（2）新颖性和传统性的矛盾。新颖性是指非显而易见或独特性，商业秘密一定不为公众所普遍知晓。新颖性也表明了商业秘密中包含了权利人的创造性智力劳动，它不是本行业的普通信息，而应具有一定的创造水平。① 农业商业秘密就我国而言，大多是传统生产工艺和生产方法，有许多农业商业秘密在过去的某个时期为某个行业所共知，但随着时间的推移这种技术因知情人的减少而不为大众所知，而成为某行业的商业秘密。这种传统性商业秘密在我国农业领域占了大部分份额。

（3）传统商业秘密丰富，创新商业秘密稀缺。我国农民整体创新力不足，农业商业秘密具有发展周期长、可控性差、保密难等特点。同时，农业生产对温度、湿度、光照等自然因素依赖性较强，从事这方面的研究和生产所产生的成果及商业秘密数量也相对较少，因此研究和保护起来相对比较困难。而传统的“祖传秘方”类商业秘密遗传资源是几代甚至几十代人的成果，相比较而言，这类农业商业秘密比较多。

（4）对农业商业秘密认知性差，权利人受侵害后不知道保护。

---

① 冯晓青著：《企业知识产权战略》，知识产权出版社 2005 年第 2 版，第 400 页。

农业商业秘密的权利主体大多是农民,许多人根本不知道商业秘密权为何种权利,受侵害后不知道采取保护和救济措施。

(二)我国农业领域商业秘密保护的缺陷

比较国内外的立法、司法实践,我们认为我国农业的领域商业秘密的保护存在以下的问题。

第一,立法薄弱。我国现行立法商业秘密保护的规定过于分散、片面,对商业秘密的法律保护散见于《合同法》、《公司法》、《劳动法》、《反不正当竞争法》、《刑法》、《民事诉讼法》以及一些行政法规之中,导致现有的各部法律对商业秘密的保护都不充分、不完全,而对作为农业知识产权一个重要组成部分的农业商业秘密的规制近乎空白,世界各国的商业秘密的发展都起源于农耕社会,我国作为一个历史悠久的传统国家,其传统的意识体现在商业秘密领域在于以自己个人的能力保护自己的专业技术秘密,而不去申请专利等利用国家的权力去保护的知识产权,农民作为主体的农业领域的商业秘密更是如此。如何保护农业领域的商业秘密,亟待专家学者和国家立法部门携手合作去研究、解决。

第二,有关法律规定过于原则,操作性不强。为正确、及时地解决商业秘密侵权纠纷和维护司法统一带来困难,《反不正当竞争法》作为保护商业秘密的重要法律,只规定了经营者、第三人的民事、行政责任,侵权方式的规定采取了完全列举的方式,很不周全,将其他许多侵权方式排除在外。当农业企业或者农业雇主雇佣的农业生产工人或者被雇佣者侵犯了农业企业或雇主的商业秘密时,该如何调整,法律没有相关规定。

第三,缺乏程序性的规定。商业秘密作为一种无形财产被侵犯,而致权利人受损引起纠纷时,应遵循怎样的诉讼程序,现行立法未作规定。以农业商业秘密为例,侵权人侵犯了权利人的农业商业秘密权,该遵循怎样的程序去保护自己的权利。

第四,我国的商业秘密保护存在重行政手段轻司法手段,侵权民

事责任的规定过轻，侵害商业秘密的刑法保护也不充分，表现为处罚比较轻，在各国都加大对知识产权保护的今天，我们刑法上加大处罚力度体现了我国对知识产权的重视。农业商业秘密对发展农业而言，具有农业专利一样的甚至超过其实用价值，只是权利人采取了不同的保护方式而已。在农业领域的知识产权保护上普遍存在的是专利就强化保护，是商业秘密就不以为然的执法态度应该转变。

第五，现行法律商业秘密规制与 TRIPS 要求尚有一定距离，与国际通行规则还有一些差距。如 TRIPS 协议规定，对一些采用新化学成分的医用或农用化工产品，如要在一国政府主管部门取得进入市场的许可证，就必须把相关未披露的实验数据或其他数据提供给该政府主管部门，该国政府主管部门应保护该数据，确保这些数据不被不正当地商业使用；不公开这些数据。同时，TRIPS 协议还规定了这种义务的例外，即为了维护公共利益的需要，可以在特定情况下公开此类数据，我国现行法律对此并未规定。①

第六，商业秘密保护范围不周延，关于人才流动中的商业秘密保护规定的较少。农业领域的雇佣人员往往利用本地闲散农民，鉴于本身素质，其对农业商业秘密的认知几乎空白，更别说对农业商业秘密侵权，他们往往在无意中侵害了权利人的商业秘密，而商业秘密的本质属性就在于其“秘密性”，商业秘密的泄密对农业生产者特别是那种代代相传的商业秘密的损害是无法估量的。同时，在各国都以发展生物技术为代表的农业知识产权阶段，我国对农业商业秘密没有法律法规规制，这对我国农业领域的商业秘密保护乃至农业知识产权的发展的隐患是无法估量的。

（三）农业商业秘密保护具体建议

针对上述不足，我们认为就农业领域的商业秘密而言，如下几点

---

① 肖楚琴：《TRIPS 协议与我国商业秘密的法律保护》，载《行政与法》2004 年第 6 期。

是当前所必做的。

第一，制定相关法律法规。我国国务院应授权国家知识产权局、国家工商管理局、农业部等其他部委在现行制定《商业秘密保护法》不成熟的情况下制定《商业秘密保护条例》，待条件成熟时，以后者为基础由全国人大常委会制定《商业秘密保护法》。我国的这种条例的制定要以 TRIPS 协议的规定为蓝本，以适应国际联合保护知识产权的发展趋势。

第二，选择适当的法律保护模式。目前，我国宜建立以《反不正当竞争法》为指导的，以《商业秘密保护条例》为核心的同时辅以合同法保护、侵权法保护、劳动法保护等多元化、系统性的商业秘密保护，形成与专利权、商标权、著作权等传统知识产权相结合，扬长避短的、强有力的知识产权保护体系。在农业领域，明确农民雇佣关系中的“竞业禁止”，农业临时雇佣关系中，被雇佣人有义务保守雇主的农业商业秘密。

第三，《商业秘密保护条例》的基本内容：明确立法目的；确立基本原则；统一商业秘密的概念、内涵、范围；对侵犯商业秘密的行为进行具体规制；侵权救济制度；明确政府各部门的责任；程序性具体规定。特别是强化农业部在保护农业商业秘密中的作用，鉴于我国农业生产正在向农业机械化、产业化过渡阶段，这时的农业领域的商业秘密呈现出杂、散、乱的局面，农业部作为全国农业的主管部门，有着管理农业的丰富经验，强化农业部及其所属的各地方农业厅局管理农业商业秘密，它们能充分发挥自己的优势。

第四，农业商业秘密保护应以事前保护为主、事后制裁为辅的原则。我国农业目前强调的是结合本地资源、多品种经营为主的农业发展规划，注重农业特色经营、消除农业生产单一化，这种以家庭为单位生产经营主体在商业秘密的发展和保护中当其商业秘密被侵权后，调查取证工作所带来的社会成本高昂且商业秘密一旦泄露，这种救济对权利人来说得不偿失。事先保护的主体是商业秘密权利人，而我国自古就有保护“家传绝技”、“祖传秘方”的传统，但随着现代

科技的发展，现代通信等高科技手段的发展如微型摄像、窃听技术向我国传统的商业秘密保护提出了挑战。因此，农业商业秘密的保护需要政府和权利人等多方合作，政府农业部门可以在保密技术和手段方面对农业商业秘密权利人给予支持，以应对农业领域生产"田间公示性"的不足，化不利为预防，注意事前预防中的整体效果，杜绝可泄密的各种渠道。

第五，进行必要的法制宣传。我国的政府主管农业的农业部应组织会同国家知识产权局和国家工商管理局就农业领域的知识产权特别是商业秘密内涵、转让、侵权、救济等进行深入而持久的宣传，让农民明白什么是农业知识产权、什么是农业商业秘密，如何保护权利人的农业商业秘密、如何转让自己的商业秘密，以保证商业秘密不被侵害，也防止商业秘密因权利人不知如何转让而流失已有的商业秘密。这是农业商业秘密保护所应具有的社会环境，只有具备良好的法制环境，才能更好地保护农业商业秘密。

专题八:农村法律实施若干问题研究

一、农村依法行政若干问题

中共中央与国务院于2005年12月31日制定了《中共中央、国务院关于推进社会主义新农村建设的若干意见》,并作为2006年第一号文件下发,这是连续第三次为我国农村建设下发第一号文件。这份纲领性文件中为我国农村建设的前景构建了一幅美好的画卷,即"生产发展、生活宽裕、乡风文明、村容整洁、管理民主"。为了实现这样的农村社会的理想图景,有关经济、文化与政治方面的改革必须相互协调地稳步推进。在这个宏伟改革的系统工程中,依法行政的问题自然就会摆在显要的位置上,因为行政权在农村各项事业的建设中发挥灵魂似的主导作用。所谓的行政权,是指"由国家或其他行政主体担当的执行法律,对行政事务主动、直接、连续、具体管理的权力,是国家权力的组成部分"。① 行政机关是否依法行政,不仅涉及到国家与农民之间关系模式的确定、农民基本权利维护的程度和方式,还与农村文化的发展倾向有关。基于农民在我国人口中占绝大多数,所以如果在农村行政权力不能依法运作,一个法治的中国就不可能成为现实。本部分拟对农村依法行政问题进行研究,在结构上作如下安排:首先分析我们应当为农村依法行政这一个复杂的系统确立怎样的理想图景,然后对我国农村行政执法的不合理现象做简要分析,最后探讨达到既定理想图景的措施分别有哪些。

---

① 应松年:《论行政权》,载《政法论坛》2001年第4期。

(一)农村依法行政理想图景的确定

所谓理想图景,是指人们希望实现的目的以及愿意到达的理想之地,是指导现实活动的一种可欲的蓝图。理想图景也可以称为愿景,“愿景是一个具体的目标,是一个心向往之的将来的生动画面,它既是可以被描述的,又是具有挑战性的”。① 邓正来在论述中国法治理想图景的价值时说道:“法官头脑中必须有一幅更为详尽的蓝图,以便在他们发现法律规则、解释法律规则并将法律规则适用于判案的时候为他们提供指导。立法人员的头脑中必须有一幅指导他们制定法律的更为详尽的蓝图。法学家的头脑中也必须有一幅明确的图景,以便在他们构设创造性活动的方向、条理化活动的方向和系统化活动之方向的时候为他们提供指导。”②笔者以为,一个完整的中国法治的理想图景应当包括农村依法行政理想图景这个部分。农村依法行政的理想图景,是人们超越现实而希望接近的一种理想的状态,它蕴涵人们对行政权力运作的合理期望,并能作为判断现实制度及执法行为的合理性标准。在论述有关农村依法行政问题的时候,必须事先确定好这种理想图景是什么样的,由此形成对有关行政执法行为进行判断的合理标准。

“依法行政”这四个字本身就可以作为一种价值宣示,当然在这句比较简洁的表述中,含有大量的丰富内容。我们无法不求诸法治文明,来揭示依法行政这一“价值丛”的意蕴。依法行政所赖以建基其上的法治、民主与自由等理念,作为与中华传统文明有重大区别的价值观,虽然原先根植于西方文明之中,不过在我国进行文明的痛苦转型后,已与我国本土资源混为一体,成为新的中国传统。我们在分析这束“价值丛”的主要内容的时候,当然不能对我国包括“致中和”

---

① 黄海军、徐津春:《“愿景”一词探析》,载《上海翻译》2006 年第 2 期。

② 邓正来:《中国法学向何处去(上)——建构“中国法律理想图景”时代的论纲》,载《政法论坛》2005 年第 1 期。

等理念在内的特有资源视而不见，否则我们或许会陷于西方式法治模式的窠臼无法自拔，把中国法治的理想图景与西式图景等同齐观。笔者认为，农村依法行政的理想图景主要包括以下理念。

第一，法治。法治与人治的争论由来已久，并不是说法治的治国模式绝无瑕疵，而人治的治国方式就一无是处，只能说经两害相权后，法治才以坏处最小的治国方略为我国所选择。“作为法律理想，法治为制度注入锻骨强魄的理性，为学术提供激浊扬清的活力，然又因承载过多的政治意愿和社会情感而臃杂不纯，以致时常被曲解”。[①] 亚里士多德对法治早有论述，即有一良法以资遵循，同时法律获得普遍的服从。这种说法，已有一定的自然法的声音，因为他对法的性质在善恶方面有所区别，这与以后的实证主义法学思想的旨趣大相径庭。后者对法治的理解，是将法治等同于纯粹的规则之治。法之良善虽然也有一定的判断标准，不过受到价值选择的影响，歧见也大量存在。尤其对那些受相对主义学说影响的学者来说，为法之合道德性寻到一块牢固的价值地基，真是天方夜谭了。本部分对法治的理解，主要是强调行政权力在农村运作的合规则性，强调限制乃至杜绝随意、无法源以及脱离程序规制的权力运作。“在不存在现代意义行政法时代的行政权，曾经是能支配整个社会的权力。其凌驾于社会之上，占绝对统治地位，不受任何约束，对所有的社会生活领域进行无限度、无止境干预，且不依程序而无序行使，又与义务、责任全不相及”。[②] 这样不受制约的行政权力，正是法治着力规制的对象。法治的题中之意，是在行使权力的主体之上再增设一个非人格化的最终权威，让这个稳定的、经过审慎考察的权威成为所有的强制与服从的最终根源。在大多数场合，法治这种秩序的形成与维护方式，侧重于规制国家权力，这正如夏勇所言“作为一个与‘人治’相对

① 夏勇:《法治是什么——渊源、规诫与价值》，载《中国社会科学》1999 年第 4 期。

② 罗豪才、崔卓兰:《论行政权、行政相对方权利及相互关系》，载《中国法学》1998 年第 3 期。

立的概念，法治本身就是为了通过法律遏制政府权力而不是为了通过法律管治普通民众而提出来的”。[①] 相应地，最没有什么资本可供援用的农民，自然就是这一良性秩序的受益者了。所以，由于农民在现实中处于弱势的地位，法治应当说最符合农民的利益。无可否认，法治这种治国模式基于对形式理性的执著，加之人们对法治具体模式的理解与实践总不能完全避免简单化、机械化与偏执化的错误，那么在某些涉农案件处理中，或许会导致一些漠视与侵害农民利益等实质不公现象的出现。在这个时候，适当超脱对个案的现实利益考量，从制度的长远建设的角度分析问题可能更为重要。法治之于农民的利益，并非一时一地的可有可无的利益，而是根本与长远的关键利益。

第二，自由。伯林明确提出“积极自由”与“消极自由”这两个术语，在他看来，积极自由是一种理性的自主，是一种自主行为的能力，消极自由所要回答的问题则是，“我的行动究竟有多少是受到限制的？我不受限制的活动空间究竟有多大”？[②] 消极自由主义者把自由理解为“免受强制的自由”，也就是说，“自由在于摆脱强制，而不在于寻求自决，它既不关注一个自由的人在没有强制的环境中实现目标所必备的机会、权利和财富，更不规定自由的人应该达到的目标”。[③] 历史经验告诉我们，在一个权力不受限制的国家里，民众可能安全或者富裕，但是却缺少自由，因为国家权力的触角可以伸向民众生活的方方面面。对民众来说，他们没有什么样可靠的手段来抵御官员非法行为的侵害。本部分所论述的依法行政，绝对不能持这样的国家与公民的关系模式。任何一名农民，都是不可替代的，都拥

---

① 夏勇：《法治是什么——渊源、规诫与价值》，载《中国社会科学》1999 年第 4 期。

② 吴玉军：《个人自由与国家行为的界限——“积极自由”与“消极自由”的思想史考察》，载《理论与改革》2003 年第 6 期。

③ 申建林：《自由与道德、能力、市场——消极自由主义者与积极自由主义者的论战》，载《武汉大学学报（哲学社会科学版）》2004 年第 5 期。

有不可被剥夺的生命权、自由权与财产权等基本权利。必须给农民提供依据其意志而行为的一定空间,必须让农民拥有对抗国家权力侵害的手段,也就是说必须保障农民获得基本的自由。相应地,对行政执法人员来说,罗豪才指出,“凡是法律、法规未明文规定即授权的,都不得去作,否则将构成违法、越权。除非是在职权范围内应行政相对方所求的诸如兴利、除弊、授益、给付等事宜;必须恪守‘公民权利是政府权力天然界限’之基本原则,不得没有法律根据而介入私权领域,对个人生活之必要干预也应止于最低限度”。① 在我国的许多乡村,基层行政官员基于或善或恶的动机,用行政干预的手段强迫农民进行官方选定的生产经营或者乡村建设。农民被推定为没有能力、没有资格判断什么对自己才真正有利的人,他们决定如何生活、如何经营的选择余地被压减,意志被限制,从而在一定程度上丧失了自由。但是,只有自由的农民才会真正认识到法治社会的重要价值,从而建设性地参与到与国家权力的良性互动关系中去;只有自由的农民,才能真正地开发出自己潜能,最为有效地利用所有的知识来创造财富,为他人提供生存与发展服务;只有自由的农民,才能真正地体会到人格的独立与自我的尊严,并进而意识到责任之重大,从而在此基础之上把自己融入集体、民族与国家之中。

第三,民主。我们在这里所说的民主,只可从国家权力归属的角度进行认识,也即民主意味着所有的国家权力来源于人民,并服务于人民,任何政治权力的合法取得与运作在最终的意义上都必须经过人民的同意。“近现代民主国家一般均在其宪法中宣称人民主权的基本原则,认为作为主权所有者的人民与作为国家权力行使者的政府之间是一种主从关系;政府是主权者人民为了实现公意而建立的一种管理社会事务的机构,它必须执行人民的意志”。② 罗豪才指

① 罗豪才、崔卓兰:《论行政权、行政相对方权利及相互关系》,载《中国法学》1998 年第 3 期。

② 周叶中、司久贵:《行政权的正当性及其法制保障》,载《湖南社会科学》2002 年第 1 期。

出，“诸如行政机关的每一项职权，都可溯源至作为国家主人的公民享有的对国家事务的管理权，又通过一定的政治程序委派给其代理人具体实施”。[①] 在宪政民主的语境中，“国家是公民的集合体，公民的权利独立于国家的权力，国家权力不得超越于公民权利之上，公民权利为国家权力的行使划出了的边界，所谓的公益也只是私益的和谐组合”，[②]由此可见民主确立了这样的逻辑顺序：人民在权力行使者之先。由此可引申出：任何特权性的封闭群体在民主的社会中都是非法的，任何专一单独地为谋求自我利益而行使公共权力的行为都是不当的。农村依法行政的理想图景，其实排除了以国家权力为凝聚手段的任何封闭群体存在的合法性，行政权力除了为民众的根本利益服务之外，不应当有其他任何目的。所以，在农村依法行政的过程中，行政权力运作的目的自然不能是一己之私，相对人也不应是利益逼取的对象，执法措施绝对不能异化为牟取私利的手段。民主理念对农村依法行政理想图景之刻画，还突出体现在农民对行政机关的外部制约，比如通过农村村民委员会、人民代表大会与媒体，通过控告、上访、诉讼甚至是合法的游行、示威等各种渠道表达意见以及体现意志。

第四，和谐。农村依法行政涉及到行政法律关系的当事双方，即行政机关与行政相对人，他们之间可能存在尖锐的角色差别、认知差异与利益对立。在某些极端情况下，行政机关还可能采取强制手段来执行法律。难道强制与对立，是行政执法不可逃脱的魔咒吗？或者说，行政执法所具有的单向结构果真不可变更，并且充满斗争与碰撞吗？这不是我们希望看到的理想局面。中国传统文化中有极为丰富的和谐思想，肇始于春秋时期的儒家文化，即是这方面的典型之一。孔子讲到一种处理问题的思维方式，即“执其两端而道中庸”，

① 罗豪才、崔卓兰：《论行政权、行政相对方权利及相互关系》，载《中国法学》1998 年第 3 期。

② 董炯：《权利至上、制度设计及其运作——行政权与公民权平衡中的行政法》，载《比较法研究》1998 年第 3 期。

又论述了"和为天下之根本"的思想,这一切都建立在对"仁"这种理想人格的追求上。江泽民同志在美国乔治·布什总统图书馆发表演说时指出:"两千多年前,中国先秦思想家孔子提出'君子和而不同'的思想。和谐而又不千篇一律,不同而又不相互冲突,和谐以共生共长,不同以相辅相成。'和而不同',是社会事物和社会关系发展的一条重要规律,也是人们处世行事应该遵循的准则,是人类各种文明协调发展的真谛"。[①] 我们可以看出,儒家文化之旨趣欣赏保守主义色彩浓厚的稳定与温和,而排斥可能引发动乱与暴力的行为偏执。这种要求众多相异力量"和而不同"的文化自觉,可以用来全新审视农村行政执法制度。和谐理念被运用到执法者与相对人之间关系的时候,行政执法结构就会发生一个根本的变化,即该结构从单向的线性结构,转变为权力主体与权利主体的双向互动结构。无形之中,农民在这种结构中的主体地位获得提升与保障,双方的关系也从强制变为以信息交流与理性讨论为主的关系。在和谐理念的影响下,行政执法过程之中的价值观也必然多元化,法律关系的当事双方会更为强调对自己意志的怀疑、控制和对对方的尊重、理解。就是在必须采取强制措施的时候,有了和谐理念于胸,执法者也可以将比例性原则视为使自己行为合法化的关键要素之一,从而不至于造成不必要的伤害与损失。

所有的理念都必须具体落实到制度的层面,才能化虚为实,真切地对社会福祉的增长起到促进作用。但是必须注意的是,任何制度都绝对不是真理与正义的唯一体现者,如果具体的制度被僵化理解,就会使人们产生所谓的偶像崇拜,令其思想与行为趋向偏执,这绝不是制度构建与变迁的适当样式。

(二)现行农村行政执法过程中不合理现象之揭示及分析

前文确定了农村行政执法系统长远演化应当趋近的理想图景,它

① 陈增辉:《孔子的社会和谐理论》,载《孔子研究》2006年第4期。

是判断目前行政执法行为是否合理的理想性标准。在我们面前存在两个世界，一个是完美无缺的理想世界；而另一个则是有瑕疵的现存世界。比较这两个并存的世界，我们必然会对现存世界的合理性进行分析与判断，从而找出不合理现象，很明显这是制度革新的前提。下面笔者对一些与理想图景相悖的不合理现象进行揭示与分析。

1. 权力行使者思想错位与行为失范

官本位思想、权力无限思想与等级思想等浸润着农村行政执法者，让他们认为自己一旦拥有权力就拥有一切，而农民则是与自己不同类的贱民，只能被管理而没有资格与自己对话。① 面对法治文明，这些人员在思想上是抵触的，因为这会剥夺他们的既有利益，所以他们想出许多办法予以规避，让法律被架空。他们还认为，在农村进行依法行政为时过早，法律的规定超前，目前还没有达到执行法律的阶段；或者依法行政仅仅是一种必要的形式，只要写写材料就能应付得过去。对权力的执迷，让一些人狂妄到不可一世的程度，比如有人说在某某乡自己就是行政诉讼法，要挟民众不要拿法律来吓唬干部等。② 就是对一些法官来说，他们也有一些与法律精神相悖的认识，比如感觉法院是政府机关，应当与行政部门相配合，把工作做好。这里所讲的配合工作，不过是将法律赋予人民法院监督行政机关的权力放弃，把自己异化为行政执法机关的助手罢了。在有些地方，法院在进行行政诉讼的时候审查原告的行为，而不是审查被告的具体行政行为，这样违法的操作方式，当然是基于法官的错位认识。有的行政执法人员在执法时，认为只要最终的结果大致合理就足够了，程序是不是合法不重要，有人甚至把法定程序当做约束自己的障碍，或者把程序视为手续在事后予以补充，或者索性把程序性法律束之高阁。

有了思想错位，那么行政执法人员的行为失范就是不可避免的了。有人提到了行政权异化的概念，“行政权异化是指在行政权行

①② 胡文凯：《农村基层行政中“侵权”现象的思考》，载《人大研究》1999 年第 2 期。

使过程中，其性质发生变异而偏离行政权的设立宗旨，超越法律规定、滥用行政权的一种非法状态"。[①] 行政权异化是执法人员行为失范的本质。在农村的行政执法实践中，这些失范行为有如下表现形式：(1)行政行为没有法律授权或者超越法定授权范围。[②] 众所周知，行政机关必须在法律明确授权的情况之下才能执法，否则就违背了法治原则与分权原则。不过，有些行政机关在农村事务管理中，尤其涉及到行政罚款时，却是自己给自己"授权"。(2)行政机关不尽法定义务。有些行政机关有责不负，对违法行为不予以制止不进行处理，这使社会秩序处于相对紊乱的状态。这在农村治安、农用物资打假与基本农田保护等领域表现得比较突出。(3)行政机关滥用职权。根据某地镇党委副书记张凯的观察，在农村行政机关这种违法行为的表现形式有：第一是目的不良。即乡镇行政机关及其工作人员明知自己的行为违背或者偏离法律、法规的目的或者原则，基于其个人或者小团体利益，仍作出不合理的具体行政行为。第二是不适当考虑。即他们在作出具体行政行为时未考虑应当考虑的因素或者考虑了不应当考虑的因素，作出不合理的具体行政行为。第三是反复无常。即他们对同种情况的案件在情势未发生变化的情况下，执法行为反复变化，使行政相对人无所适从，从而引发纠纷。[③] 在有些农村，还存有乡镇政府非法干涉村委会选举的现象，"个别乡镇对于村民自己通过民主选举选出来的村委会，因不符合乡镇政府及村支部的意愿，他们往往假借各种理由使得选举无效而进行重选，直至选出令他们满意的村委会为止"。[④] (4)行政机关不能依法独立行使

① 潘彦宏：《论行政权的异化与治理》，载《行政与法》2003 年第 1 期。

② 鲁春霞：《论必须从权力来源上控制行政权》，载《北京科技大学学报(社会科学版)》2000 年第 3 期。

③ 张凯：《乡镇行政机关行使行政权存在的问题及对策》，载《经济与社会发展》2006 年第 1 期。

④ 陈文兴、许文兴：《农村违法行政及其法律对策》，载《福建农林大学学报(哲学社会科学版)》2004 年第 1 期。

职权，或者相互之间权限不清。在有的地方，地方政府将所属行政机关的权力非法地予以集中，或者予以分散，甚至进行权力的转移，有的则是没有按照法律的本意运行政权，比如使用公安机关派出所的警力去收取税款或者进行计划生育工作等。(5)行政权异化为谋利之工具。有的行政人员执法犹如商人，只是为了自己的收入，在营利思想主宰下，一切的公益都是借口，一切的制度制约都是纸上谈兵。(6)行政执法行为暴力化。

2. 行政结构畸形：农民作为相对人被排斥于行政过程之外

在有些执法过程中，执法依据对农民保密，一些法律法规和政策被当做私有财富拒不向相对人开示，相对人只是证据的提供者与裁决的接受者，他们好像是行政执法过程的旁观人员一样，与之没有任何的利害关系。此时行政执法的结构明显是单向的线性结构，从权力享有者指向权力服从者。农民作为相对人被假设为绝对的服从对象，这就是所有的程序虚无与权力专横的原因之一。由于执法结构呈封闭状态，相对人不知道有哪些对自己有利的事实与法律信息，在与行政机关的博弈中处于必然的劣势，有些执法者则可以利用农民对法律的无知所形成的胆怯，恶意以法为工具追求私利。农民在整体上由于文化水平的低下，对法治文明不是很了解，在与行政机关交涉时仍然遵循当地惯例，在心理上有着对官员既敬又惧的心理，①这会妨碍农民向行政机关提供证据争取对自己有利的事实认定，也会妨碍农民提出抗辩理由去说服执法人员，这些在客观上都会加强行政执法结构的单向性与封闭性。

3. 农村行政执法系统与社会之间关系不协调

农村行政执法是一项系统工程，我们不能单纯地分析在这个系统中的执法者与相对人，还得注意该系统与社会之间的关系是否协调与适当。笔者认为，目前在有些农村地区执法系统与社会之间的

---

① 李小萍、李景春：《浅析农村社会存在的违法行政问题——由“精神病人死得其‘锁’”引发的思考》，载《燕山大学学报（哲学社会科学版）》2003 年第 11 期。

关系并不协调,主要表现在两个方面:其一为外界对行政执法系统的投入不足,使一些行政机关被迫进行违法行为以求生存;其二是外界对某些行政执法行为予以妖魔化的评价,以至于影响到行政机关依法"独立"执法。

在一些农村地区,由于财政收入不足,所以当地行政机关获得的财政拨款不能满足办公所需,加之所负债务较重,行政机关处于一种很困难的境地。"目前全国乡镇共负债3 200多亿元(村级债务未算),乡镇财政已经陷入政策性亏损状态。乡镇背负的沉重债务包袱,严重制约了基层政府的施政能力,损害了基层政权的权威性,甚至对基层政权的稳固产生了冲击"。① 不过社会对农村执法机关提出的一些要求,比如要求社会治安良好,又会给他们造成强大的压力,那么一些违法创收方式就会应运而生。比如,公安机关对赌博人员加大处罚力度,甚至光罚款不处理,刻意地保留所谓的"创收源"。我们并不是说财政供给不足就是他们违法行为的理由,但是如果对我国农村持现实主义的观察角度,就不得不承认这样的违法行为还是有比较大的生存空间。

我们当然不能否认在农村存在一些违法的行政执法行为,但是没有经过普遍的社会调查,就认为农村行政执法根本没有所谓的法治可言,也是不正确的。我们是不是应当反思,新闻媒体的有些负面报道,是不是引发了阅读受众对执法机关的妖魔化评价呢?如果人们已在头脑中对行政机关有种反感的情绪,再以此情绪作为底色来评价某执法事件,那么自然难以做到真正的客观。对新闻媒体报道的案件,最好持一种读而不评的态度,因为人们透过媒体报道获知的事实往往很少,但是一个未经报道的细节问题或许就可以改变整个事件的定性。在我国,虽然社会舆论对农村执法活动的制约往往偏少,但是如果一起事件被知名媒体报道后,又有可能受到全国民众的

---

① 黄伟才:《应重视农村基层政权行政能力弱化问题》,载《党政干部论坛》2004年第10期。

关注，这反过来又可能给行政机关施加不当压力，甚至导致所谓的舆论审判。没有事实依据的妖魔化评价对执法者不公，民众非理性的情感怒潮会挟持农村行政执法者，在这种情况下的行政执法当然也难以真正地依法进行。

（三）规范农村行政执法行为的制度建设

对农村依法行政系统来说，使之合理化的关键着力点在于两个方面：制度与参与制度运作的人。虽然没有执法人员的良好文化素质与道德修养，就算制度被合理构建也没有运作的基础，反而倒可能成为违法行为的挡箭牌，但是没有一个良好构建的制度，就不能有效克制人性的潜在卑陋，须知任何道德楷模与英雄人物都没有合理的制度更值得人们信赖与依赖。下面所提到的措施，仅仅从制度的构建与完善这个角度入手。

1. 保障行政权力依法“受限”运作与“独立”运作

行政权相对其他各项国家权力，是最积极主动的，也最容易超越法定界限行事，所以在法治的国家中对行政权的基本态度，不能不以制约为主，让它依法“受限”运作。对行政系统来说，制约分为系统内部制约与系统外部制约。系统内部制约，不仅包括不同行政机关、行政部门与不同职务间的相互牵制，还包括监察部门的专门监督。虽然这样的制约在力度上有时比不了来自于系统外部的制约，但是往往更为主动，而且更为及时。为了加强内部制约，任何涉农行政机关都必须设立自己的法制机构，由它受理农民的申诉并及时处理，如果发现执法行为涉嫌非法，应当向机关负责人汇报以便进行处理。行政机关的外部制约，表现形式极为广泛，包括党的纪检部门的纪律检查、人大作为权力机关的监督、检察机关的专门法律监督、人民法院的司法审查以及舆论监督等。关于人民法院的司法审查，在下文有详细说明。

谈论对行政权的支持可能有些不合时宜，一般人认为在绝大部分场合中行政权作为一种极易向外扩张自己势力的权力，没有外界

的支持也能彰显自己的存在。“行政权本身具有扩张性、侵犯性、任意性的内在基因，行政管理活动又具有行政主体居高临下、发号施令之方式特点，这使得行政权对于行政相对方权利的挤逼吸纳既有主观动力又有条件便利”。① 当然，这种现象并不意味着某些具体的行政权就一定拥有“独立”的地位，有时它对公民权益的侵犯，可能是在其他权力挟持之下进行的。所谓行政权的“独立”，是指法律给行政机关设定的权力，由其垄断行使，不受任何政治人物、政治势力、上级行政机关与其他组织的非法干预，其他任何公民、法人、社会团体与国家机关也不得非法代为行使这种权力。在农村依法行政中，行政权不独立行使的现象并非少见，比如本应由工商行政管理机关享有的权力，却因为当地政府成立没有法源的临时综合执法单位而丧失，再如镇党委命令公安派出所为收税、计划生育等执法活动派出警力，这些意味着合法的行政权受到了干预。我国宪法中明确规定了司法权力依法独立运作的原则，但是没有规定行政权也可以独立运作。其实依据法治的原则，我们可以推理出如下原则：行政权只能由法定的主体拥有并且行使，其他任何机关不依法定程序不能强行施加自己的意愿，我们正是从这一点来理解行政权依法“独立”运作的意思。行政机关依法“独立”执法，并不是说行政机关在农村执法时不能被上级行政机关干预，只是说这样的干预要有法源，要遵循法定程序而已。如果法律没有规定权力的转移或者代行，那么即使存在合法干预，执法活动最后也只能由法定机关进行。

我们认为，如果行政机关、行政部门与公务员的权力被非法地剥夺或者限制，他们对此不当的外界干预应有抵制的权力。

为了保障执法机关“独立”执法，法律在给行政机关授权或者施加义务的时候，必须同时进行财政资金支持这个方面的分析，尽量做到“办事”与“给钱”同步，否则没有足够资金支持的行政机关不仅不

① 罗豪才、崔卓兰：《论行政权、行政相对方权利及相互关系》，载《中国法学》1998 年第 3 期。

可能有效依法行政，倒可能异化为纯粹“创收”的半官半商机构。在这个方面，美国就做得比较好。如果联邦政府机构准备提议制定或者颁布的规章有可能对有实质数量的微小主体产生实质的经济影响，在每年的十月与四月，都应当在《联邦公报》(*Federal Register*)上公布规章适应性议程(Regulatory Flexibility Agenda)，包括对该规章的适用领域与规章内容概要的简介、负责官员的地址与电话，以方便公众知悉与发表评论。① 这里所指的微小主体，不仅包括小企业、小组织，还包括人口少于五万人的市、县、镇、村与学区的政府。② 另外，总统第13132号行政命令规定，如果规章对各州、州与联邦的关系，以及在不同的政府层级分配权力与责任有实质性影响，那么联邦政府机构应当负责地保障各州与地方官员可以有意义、及时地对规章的制定发表意见。1995年，美国国会制定了《无拨款命令改革法案》(*Unfunded Mandates Reform Act*)，目的之一是：结束在没有得到国会的充分审议下联邦政府给各州、地方与部落政府施加的没有充分财政拨款的命令，这种命令可能会取代各州、地方与部落政府其他关键的优先目标。③ 这部法律对国会立法与联邦政府各机关制定规章都作出了规范，比如要求政府机关在颁布任何最终的规章之前，都要准备书面的材料，其内容包括：对联邦命令的预期费用与收益进行质与量的评估，这也包括对各州、地方、部落政府或者私人部门形成的费用和收益的评估；联邦财政就前述费用对各州、地方与部落政府支持的程度；联邦政府拥有用以执行命令的可用资源的范围；等等。④

行政权的“独立”运作与“受限”运作，有着相辅相成的辩证关系。如果要确保行政机关可独立执法，就必须在权力根据上予以明确的法律规定，对其限制性赋权。“我国法律对行政权规定得很原

---

① 5U. S. C. §602(2000)。
② 5U. S. C. §601(2000)。
③ 2U. S. C. §1501(2000)。
④ 2U. S. C. §1532(2000)。

则，存在不少关于行政权设定的法律空白，尤其政府所属职能部门的权力，几乎没有明确的法律界定。……诸如此类的问题，法律往往没有及时明确界定，这就好比为行政机关开了一张权力的'空白支票'"。① 在这种情况下，一方面行政机关可能滥用权力，另一方面有着无限权力的行政机关在有些情况下等于没有权力的机关，不仅得不到民众的同情与支持，也无法依法抵御外来的不当干预。对行政权力法源上的限制，同时也是对其"独立"执法的支持，这正是关于行政权力"受限"与"独立"的辩证法。在农村行政执法的语境中，必须对执法机关的执法依据进行清理，删除那些与法律相违背的部分。如果执法依据含混，对执法机关的权力行使条件、方法与责任承担界定不明，不能有效地限制执法权力，这样的执法依据就必须加以修改或者废止。

2. 行政权力运作程序化

行政权力的存在，是为了追求与维护公共利益，公共利益的崇高地位并不是它可以不择手段运作的借口。即便是为了实现最为关键、最为重要的社会利益，在最为急迫的情境下，行政机关也必须考虑自己行为的正当性，有一些根本的底限是不能突破的，有一些基本的公民权利是不能被克减的。为了确保农村行政执法的受制性，就必须以法律的方式规定行政执法的方式、方法、步骤与程序，从而让行政权在特定的时空内适当地展开，这就是行政权行使的程序化。"在行政权膨胀的情况下，立法权不可能完全通过实体法对行政权进行制约，而主要以制定程序法规定行政机关程序性义务和赋予公民程序性权利的方式，即通过公民行使权利的方式来对行政权进行制约"，②"程序控权机制顺应了现代行政权扩增以后社会现实的需求，程序所具有的反思性、交涉性、沟通性、过程性、参与性

① 鲁春霞：《论必须从权力来源上控制行政权》，载《北京科技大学学报（社会科学版）》2000 年第 3 期。

② 董炯：《权利至上、制度设计及其运作——行政权与公民权平衡中的行政法》，载《比较法研究》1998 年第 3 期。

和包容性，显示了其不可替代的优越性。这样，程序控权机制既能保证行政权能动性的发挥，增进社会福利，又能尽量地减少行政权的破坏性进而有效地保障人权”。① 有些学者则认为，行政法的控权功能主要体现在程序控制上，而行政法实质上就是行政程序法，是行政权运行的程序规则的集合体，美国行政法学家甚至认为“行政法即行政程序”。②

虽然考虑到执法效率与行政机关并非中立的法律地位，行政程序与诉讼程序相比，不可能具有诉讼程序那样的公开性与公正性，但是行政执法程序必须达到最为基本的公正底线。在农村行政执法这个情境中，行政执法程序在以下各个方面须得到强调：第一，尽力减少执法机关与农民在信息方面的失衡与不对称状态。行政机关应负行政公开的义务，“行政公开要求行政机关在履行行政管理职能的过程中依法定程序向行政相对人和利害关系人公开自己的有关行政活动、行政决定、文件资料及其依据，行政相对人有权了解、查阅或获取相关资料”。③ 我们认为，由于农村文化相对落后，农民的法律知识相对淡薄，所以行政执法人员必须负起对相对人详细告知违法行为的事实、相关法律依据以及裁决理由的义务，这种告知必须以相对人可以理解的通俗语言进行。就案件事实认定所依据的证据，执法人员应当就其客观性、相关性与合法性进行分析并告知对方。第二，增强相对人获取证据的能力。在法律王国中，权利的享有与案件事实如何认定有着极为密切的关系，作为当事人的农民有无充足的取证能力直接关系到其利益的保障程度。不顾及农民相对落后的经济

---

① 胡肖华：《论行政权的宪法规制》，载《行政法学研究》2004 年第 1 期。

② 李煜兴：《宪政理论的代际演进与均衡的行政权》，载《西南政法大学学报》2006 年第 2 期。

③ 张一菡：《集体滥用行政权之防范》，载《河北法学》2005 年第 1 期。即将于 2008 年 5 月 1 日施行的《政府信息公开条例》第九条规定，行政机关对符合下列基本要求之一的政府信息应当主动公开：(1)涉及公民、法人或者其他组织切身利益的；(2)需要社会公众广泛知晓或者参与的；(3)反映本行政机关机构设置、职能、办事程序等情况的；(4)其他依照法律、法规和国家有关规定应当主动公开的。

实力与较为薄弱的法律知识,抽象地谈论取证程序是有害的。在设计取证程序的时候,必须体现国家对弱势人群的关注这种责任,比如给行政机关施加义务,使其辅助与配合农民对自己所控制、掌握的证据材料进行查阅、摘抄与复制,对农民以自己的能力难以获取的证据,执法机关应当依职权调查取证,然后将证据材料移送给对方。这种机制在行政法中没有得到很明确的体现,不能不说这是一个很大的缺陷。第三,保障执法程序内在的公正性,这主要体现在两个方面:回避机制与对抗机制。程序正义有一项基本的内容,即任何人不得做自己案件的法官。在行政执法程序中,如果执法人员与案件有利害关系或者与当事人有近亲属关系等法定情形,应当退出案件处理。假如在执法程序中回避机制缺位的话,也就谈不上最为基本的公正了。另外,行政机关与作为相对人的农民适当程度的对抗,可以起到凸显案件焦点、强化信息交流、提升农民主体地位与增加案件处理的公开性等作用。适当的对抗体现了农民对行政执法程序的参与。"行政权的运作有公民的参与,充分听取相对人的意见,可以使行政机关的决定建立在较为公正的基础上,以防止行政机关的违法、专横和武断"。① 执法程序的对抗机制,在行政法中多处得到体现,比如《行政处罚法》第三十二条规定,当事人有权进行陈述和申辩。行政机关必须充分听取当事人的意见,对当事人提出的事实、理由和证据,应当进行复核。对抗机制还可以体现在听证程序的设置上,《行政处罚法》第四十二条规定,行政机关作出责令停产停业、吊销许可证或者执照、较大数额罚款等行政处罚决定之前,应当告知当事人有要求举行听证的权利;当事人要求听证的,行政机关应当组织听证。这时的听证,在形式与运作机制上,类似于庭审程序,相对人与案件调查人员直接相对,以事实与法律相互理性地争论、辩驳。无疑,这种有着一定三角形结构的机制相对于线形结构更加公正。

《行政处罚法》对行政权力的程序化运作提出要求:凡是没有经

---

① 应松年:《论行政权》,载《政法论坛》2001 年第 4 期。

过法定程序而进行的处罚，都不能发生法律效力。①《行政诉讼法》也规定了人民法院可以以程序违法为由，撤销行政机关所作出的具体行政行为。另外，在行政诉讼中由被告承担证明责任，即由行政机关搜集证据证明自己行为的程序合法性，这无形当中又加重了行政机关在维护程序合法性方面的义务。应当说，我国现行法律对行政权运作时程序违法而设置的制裁措施，是相当严厉的。不过在实践中，由于司法权行使等诸多方面的原因，既定的法律规定有时难以化为规范权力的实际力量。另外，就社会舆论而言，大部分农民对行政权评判时仅着重于执法动机与最后的实体效果，而疏于从程序的合法性方面着手审查。某些罔顾程序的具体行政行为短期内确实可能带来巨大的实际效益，可是这样的违法行为具有极强的示范作用，这会损害法定的执法秩序，从根本上来说是不利于农民的长远利益。

3. 构建便利农民诉讼的行政诉讼机制

在一个以法治为基本战略方向的农村行政执法机制中，适格的人民法院必然居于特别重要的地位，这是因为中立的审判机关是纠纷得以解决的最佳裁决者。行政诉讼程序有着先天的优势，即审判机关拥有法律地位的中立性、消极性，诉讼程序具有开放性、对抗性，在解决纠纷的时候严格遵循证据规则来认定案件事实，适用法律时必须沿着演绎性的思维逻辑进行推理与论证。另外，由于作为原告的农民是当事人之一，与被起诉的行政机关平等对抗，对诉讼程序有着较大的参与权，这样会加大他们接受裁判的可能。为了强化对行政执法的诉讼制约，涉农诉讼的便利性应当被高度重视。农民是否利用行政诉讼的方式寻求救济，其实是一个利害权衡的过程，诉讼便利就意味着诉讼成本的降低，从而起到刺激、吸引与鼓励农民选择诉讼这种合法方式表达利益诉求。农民一般来说居住较为分散，距离县市中心区的距离不等，便利农民诉讼的主要方式在于强化处于乡

---

① 《行政处罚法》第三条规定，没有法定依据或者不遵守法定程序的，行政处罚无效。

村的人民法庭的作用。

人民法庭是基层人民法院的派出机构和组成部分，一般设置在农村或者城乡结合部。另外，根据《最高人民法院关于全面加强人民法庭工作的决定》的规定，基层人民法院可根据需要设立巡回审判点，由法庭对案件进行巡回审理。至于基层法庭对案件的管辖范围，由它所属的基层人民法院"在自己管辖的一审民事、刑事自诉和执行案件范围内根据实际情况确定"。"经基层人民法院同意，人民法庭可以直接受理案件。对于当事人直接向人民法庭起诉的案件，经审查认为符合人民法庭受理条件而决定立案的，人民法庭应当及时将当事人的基本情况、案由、简要案情等报基层人民法院立案庭，由立案庭统一编立案号"。由此可见，基层法庭目前无权审理行政案件，对其他案件的来说，案件的立案一般来说也是由基层法院进行的。我们认为这种做法有些不妥。

在实践当中，与农民距离最近的行政机关是乡镇政府以及一些县、市级行政机关的派出机构，大量的行政执法活动由其完成。假如行政案件不能由法庭来立案受理、审理，那么农民就必须到基层法院所在地去立案、出庭诉讼或者申请执行等，这种路程的往返对一些经济贫困与生产繁忙的农民来说是难以承受的负担。这就会导致行政诉讼的成本相对于农民而言有些过高，令一些农民不得不放弃行政诉讼这种制约行政机关的极佳方式。基于加强管理的正规性和案件审理的质量，基层法院在行政诉讼这个方面对法庭没有赋权，其初衷不能说不是为了维护司法公正，可是如果这种维护令农民根本放弃提起行政诉讼，就表明已超出了其必要的限度，也表明制度设计者没有充分考虑到诉讼公正与诉讼效率、司法改革与便利农民之间存在的紧张关系。解决之道，在于在提高法庭法官的素质的基础上赋予基层法庭审理一些行政诉讼案件的权力，以及相关的立案权与执行权。

为了便利农民诉讼，降低利用诉讼方式制约行政执法的成本，除了前述措施以外，还应赋予一些设置于农村的某些行政机关的内设机构、派出机构以独立的诉讼地位。在农村设有所谓的"七站八

所”，比如派出所、土地所、工商所、税务所、粮管所、司法所、计划生育服务站、公路站、交通管理站等，其中相当一部分可以行政执法。它们与农民联系最为紧密，也是农民提起行政诉讼针对的主要对象。《最高人民法院关于执行〈中华人民共和国行政诉讼法〉若干问题的解释》第二十条规定，“法律、法规或者规章授权行使行政职权的行政机关内设机构、派出机构或者其他组织，超出法定授权范围实施行政行为，当事人不服提起诉讼的，应当以实施该行为的机构或者组织为被告”。比如，根据《治安管理处罚法》第九十一条的规定，警告、五百元以下的罚款可以由公安派出所决定，公安派出所作为基层公安机关的派出机构拥有合法的诉讼主体资格。不过，该司法解释第二十条又规定，“行政机关组建并赋予行政管理职能但不具有独立承担法律责任能力的机构，以自己的名义作出具体行政行为，当事人不服提起诉讼的，应当以组建该机构的行政机关为被告。行政机关的内设机构或者派出机构在没有法律、法规或者规章授权的情况下，以自己的名义作出具体行政行为，当事人不服提起诉讼的，应当以该行政机关为被告”，该司法解释第二十一条规定，“行政机关在没有法律、法规或者规章规定的情况下，授权其内设机构、派出机构或者其他组织行使行政职权的，应当视为委托。当事人不服提起诉讼的，应当以该行政机关为被告”。在农村行政执法这种语境中，许多违法行为都是乡镇政府与某些“站、所”在没有法律根据，或者在上级机关违法授权的情况下进行的，在司法解释所提到的后几种情况中，具体进行违法行为的主体并没有法律上的诉讼主体资格，只可由基层行政机关作为被告，这样即便案件再简单，所涉及的事实与情节再清楚，受理该案件的审判机关也不可能再是与原告相距较近的法庭。我们认为，应借鉴民事诉讼法司法解释对“其他组织”的诉讼主体资格的处理方式，赋予这些行政主体以独立的诉讼主体地位。在民事诉讼领域，虽然“其他组织”在实体法的意义上不能独立承担民事责任，但是这不妨碍它们有着独立的诉讼法意义上的诉讼主体资格。如果最高人民法院以司法解释的形式规定，在农村行政执法的情境

中,实施具体违法行为的行政执法主体具有诉讼主体资格,并且在强制执行时法院可以直接将被告所属的行政机关作为被执行人,那么就必然可以在很大程度上方便农民诉讼。当然,被告所属的行政机关也可以参与诉讼,比如派员到法庭应诉,不过这样一来较多的诉讼成本就不再是由农民来支付了。

4. 明确规定农民对明显违法的行政行为有直接拒绝权

作为行政相对人的农民用自己的力量直接制约行政机关,是一种极为重要的行政权力制约方式。应松年指出,"以公民权直接制约行政权是现代法律制度的核心之一"。① 赋予农民对明显违法的行政行为以直接拒绝权,便是一种最为有力、最为有效的制约行政机关的方式。有人认为行政权具有先定性,即"行政行为一经作出,为了行政的权威和效率就需要预设其效力,使之具有相对稳定性,即使有不同意见,相对人和行政主体也首先服从该行政行为,非依法不得变更和撤销"。② 但是,对这种先定性不能绝对化理解。罗豪才指出,"为了防止某些性质恶劣、后果严重,且凭常识、理智便能判定的行政侵权,诸如无证检(搜)查、扣押、处罚、打骂侮辱人、发出明显违法命令等,则可设定行政相对方的即时拒绝权利。否则,一般公民、法人在遭遇官方侵害时将无以'紧急避险'"。③ 这在我国法律中有一定的体现,如《行政处罚法》第四十九条规定:"行政机关及其执法人员当场收缴罚款的,必须向当事人出具省、自治区、直辖市财政部门统一制发的罚款收据;不出具财政部门统一制发的罚款收据的,当事人有权拒绝缴纳罚款"。《农业法》第六十七条规定,"任何机关或者单位向农民或者农业生产经营组织收取行政、事业性费用必须依据法律、法规的规定。收费的项目、范围和标准应当公布。没有法

---

① 应松年:《论行政权》,载《政法论坛》2001年第4期。

② 孙笑侠:《司法权的本质是判断权——司法权与行政权的十大区别》,载《法学》1998年第8期。

③ 罗豪才、崔卓兰:《论行政权、行政相对方权利及相互关系》,载《中国法学》1998年第3期。

律、法规依据的收费，农民和农业生产经营组织有权拒绝。任何机关或者单位对农民或者农业生产经营组织进行罚款处罚必须依据法律、法规、规章的规定。没有法律、法规、规章依据的罚款，农民和农业生产经营组织有权拒绝。任何机关或者单位不得以任何方式向农民或者农业生产经营组织进行摊派。除法律、法规另有规定外，任何机关或者单位以任何方式要求农民或者农业生产经营组织提供人力、财力、物力的，属于摊派。农民和农业生产经营组织有权拒绝任何方式的摊派”。这些法律规定在一定程度上体现出梭罗所讲的公民之不服从权利，梭罗认为，一旦政府运作出现偏差和失误，从而导致对公民的权利和自由的侵犯，公民有权从“良知”出发对政府的不公正行为采取抵制措施。①

什么是行政执法行为的“明显违法”呢？就是作为拥有正常理智的普通社会人可以明白识别并且做出判断的违法行为，其违法性不会引发争议。我们认为这主要体现在所谓的“行政行为”无争议地欠缺法律授权、超出法定权限范围、从根本上欠缺生效要件、无事实依据与严重不符合程序的规定。比如，在一些涉及基本农田的非法征用的案件中，地方政府特别是基层单位没有权力大面积征用是十分明确的，此时如农民行使拒绝权用自己的力量抗拒非法的土地占用，一定是十分有力。另如，交警非法查扣车辆及索取罚款也是明显违法，如果农民也可以直接拒绝，那么类似的违法行为定可大为减少。

有学者从人的主体性价值、权利本位与权利制衡权力理论、民主参与原理与正当防卫原理等方面对行政相对人的拒绝权进行论证。② 也有学者从自然法、功利主义与基本权利等方面，梳理了对不

---

① 朱小琳：《重读梭罗：公民为何不服从?》，载《北京第二外国语学院学报》2003 年第 6 期。

② 魏建新：《试论行政相对人的程序抵制权——行政不服从问题研究》，载《行政与法》2003 年第 10 期。

服从权利予以正当化的学说。① 我们认为，农民对明显违法的行政执法行为应享有直接拒绝权，理由是违法的行政行为不得视为执行公务，而应视为一般的非法侵害行为；此时的执法人也不得视为执法官员，而应视为一般的非法侵害人。我们应秉持如下推定：法律不会授权公共官员作恶，所以当官员违法作恶时就不再是法律意义上的官员。违法的行政行为不能一方面违反法律，另外一个方面又接受法律的保护。比如执法人员在处理计划生育案件时，闯入农民家中利用暴力手段殴打对方、强搬财物等，那么依据法律不授权官员作恶的原则，此时的执法人员与一般的侵害人无异，农民在侵害正在进行之时，完全可以对对方进行正当防卫。也许这个农民果真违反了《人口与计划生育法》的相关规定，但是农民违法生育案件与其正当防卫案件是两个不同的案件，不能因为该农民生育违法而取消他对抗违法行为的权利。

赋予农民对明显违法行政行为的直接拒绝权，正是保障其"消极自由"的有力措施。前文已述，在定义消极自由的时候，正是以外在强制为对立面的，公民能获得自由只有依靠消除外在的不当强制。消除方式有两种，第一种是依靠外界的力量，比如国家力量、政治力量与社会力量来消除强制；第二种则是由农民自己动手消除外在的强制。依靠外界力量保障农民的自由是远远不够的，因为他人往往不能体会到作为被侵害人的农民的感受，不像农民自己有维护自我权益的强烈动机与坚强意志。另外，外界力量介入来消除强制，会受到有限资源的限制，也难以对处于微观层面的任何违法执法行为迅速做出反应。个体农民享有直接拒绝权，就可以在微观层面针对具体的违法行政行为予以制约。这种依靠个体农民的自我救济而具有活力的对抗机制，可以让农民产生并保持珍惜自由的心理、维护自我权利的勇气，从而为宏观法治秩序的真正形成打下坚实的微观基础。

总之，农村行政执法的法治化，也即依法行政，是建设社会主义

---

① 周永胜：《论公民不服从》，载《法制与社会发展》1999 年第 5 期。

新农村的重要内容之一，农村依法行政这六个字其实已为我们确立了行政执法的理想图景。本部分从法治、自由、民主与和谐理念的层面，对我们应当追求的合理目标进行阐释，这些是判断现行农村执法活动与执法体制是否正当的理想标准，任何现行事物都要在其面前接受审判。该理想图景以中国化的法治文明为背景，表现在行政权“独立”与“受限”、行政执法过程的程序化与便利农民诉讼的行政诉讼等制度上。不过，现行农村行政执法有诸多不合理的地方，比如执法人理念与行为不规范、执法过程的结构严重线性化以及行政执法系统与社会之间关系的不协调等。为解决这些问题，在制度建设上要以制约行政权与保障作为相对人的农民之基本权利作为主要着力点。在利用行政诉讼对行政权进行制约时，必须考虑便利农民诉讼，降低其诉讼成本，这时就必须充分发挥地处乡村的人民法庭的作用。在促使农村行政执法活动程序化时，应当努力减少执法机关与农民信息不对称的状况、提升农民取证能力与适当加强执法过程的对抗机制。这时，执法机关应负行政公开、法律告知、证据开示、理据论证与辅助、配合农民调查取证等义务。此外，赋予农民对明显不合法的执法行为以直接的拒绝权，也是一项制约行政执法行为的有力方式。

二、农村司法若干问题

我国在《宪法》中确定依法治国的基本方略后，在逻辑上就有一个必然的结果，即将所有的中国公民纳入到同一个法律体系的规范之中，在这里没有法律之外的特殊公民被保护或者被歧视。为达到这个目的，司法体制的构建，就有着极为重要的意义，因为在一个法治的国家中，对矛盾与纠纷最终解决的权力只属于法院，此时的法院是作为社会的纠纷裁决中心在法治社会中体现自己的存在价值。①

---

① 石茂生、赵丽娜：《中外法院制度比较研究》，载《河南司法警官职业学院学报》2005 年第 1 期。

历史给予我们的一个基本经验是:合理的社会体制远比所谓的圣人更值得我们信任与依赖。如果用这样的眼光去审视我国农民的处境与命运的话,有关合理构建农村司法体制的重要性就不言而喻了。下面拟对我国农村司法问题进行初步的分析,在行文结构上采用问题的提出与解决这种传统模式。

(一)问题与弊端:对农村司法现状的考察

现在摆在我们面前等待解剖的,就是现实的农村司法体制以及相关司法行为。司法两字,在理论上有着不同的见解,为了确立统一的理论参考系,我们认可如下观点:司法指由审判机关在诉讼案件中依法处理争讼双方之间的纠纷的活动与相关体制。这样,我们就把公安机关与检察机关的刑事诉讼活动排除于讨论的范围之外,这是在最为狭窄的意义上使用司法的概念。

1. 固执于形式正义的农村司法有损农民利益

人民法院审理案件并作出裁判,是以法律为依据的,此处所指的法律是包括司法解释在内的广义上的法律。在我国,人民法院虽然没有立法的权力,法官造法的理念没有被广泛接受,但是人民法院却可以利用制定司法解释的权力,合法地为审判行为设置抽象的规则。“法官用司法解释去确定法律的效力,是法官的一种普遍的思维模式”。[①] 在一个法治的国家中,法治有着一个不言自明的内涵,即所谓的形式性、抽象性与非歧视性。法律“这套规则是明确的、抽象的而又可操作的,它要求非人格化的服从”。[②] 只要所适用的法律依据是经由法定程序而制定,只要符合所谓的程序公正,拥有内在的善,那么它就必然拥有执行力,对适用对象一体适用。此时的法律,成为法律实证主义语境中无须求助于“社会目标、政策与道

---

① 沈舒、丁卯章:《论“两高”司法解释的合法性》,载《重庆工商大学学报(社会科学版)》2005 年第 2 期。

② 尹力:《法治价值论》,载《河北法学》2004 年第 4 期。

德”的命令。① 有时法律的非歧视性执行，可能意味着一些特定群体，比如农民，利益受损或者得不到有效保障，但是此时利益受损者往往被当做承担了法治的代价，他们在实质正义上受损。形式正义与实质正义在这里可能存有尖锐的冲突，如果固执于法律的形式正义，就会给一些人群带来实质的不公。在最高人民法院的司法解释中，实体正义与形式正义存有矛盾的例子是在一定程度上是存在的。

比如，针对民事诉讼中举证责任制度的改革，最高人民法院制定了《最高人民法院关于民事诉讼证据的若干规定》，力图加大当事人的举证责任，改变人民法院原先过多包揽证据搜集的情况。这种改革是建立在《民事诉讼法》从职权主义模式向当事人主义模式转变的理论基础之上的，重在强化审判机关的中立性。另外，该司法解释在适用的时候，并没有特别地针对农民或者其他群体，严格地遵循了法治的形式性原则。但是，如果从实际执行的角度分析一下这些条文，就会发现它在实质上对农民等弱势群体是不利的。该司法解释第三十四条规定：“当事人应当在举证期限内向人民法院提交证据材料，当事人在举证期限内不提交的，视为放弃举证权利。对于当事人逾期提交的证据材料，人民法院审理时不组织质证。但对方当事人同意质证的除外。”在诉讼中，如果当事人不能在举证期限内进行证据交换，那么在法律上就视其没有证据支持其诉讼主张，就必然在诉讼中处于不利的地位。假设在事实上原告有实质的合法权益被侵害，只要他不能按照这项司法解释的规定取得证据，或者虽然取得证据但是没有在举证期限内与对方进行证据交换，就不可能获得人民法院的保护。在谈到这一点时，我们不能忘记不同的公民与不同的人群调查取证与理解法律的能力是不同的，这种能力又与他们能否享有法律专业人员的帮助有着密切的关系。前述能力与外界的帮助，与当事人所处的社会地位、经济地位和所接受的教育有关。设想有两位当事人，一位是偏远

① 陈锐：《论法律实证主义》，载《河南师范大学学报（哲学社会科学版）》2005年第1期。

地区的农民，一位是经济发达地区的公务员，他们经济条件与文化程度不同，那么同一条法律对他们的意义就是截然不同的。这位农民可能仅仅凭照自己朴素的公正意识去诉讼，根本就不知道司法解释关于举证期限的规定，他就有可能应当胜诉而未胜诉；而那位公务员则不然。处于弱势的人们，正是需要代表国家的人民法院的帮助，即使这样的帮助与法院所处的中立地位在表面上有些冲突。

2. 法律依据不统一

人民法院在作出裁判时适用的同一个法律依据会给不同的人群有不同的影响，从而造成具体的利益差别，这也是法治的一种难以规避的缺陷。"法律既对现实社会中的个人在先天禀赋、家庭出身、人生际遇等方面的差异所带来的实质不公平竞争结果给予默认，更对因竞争导致社会成员之间的巨大贫富差距给予了明确肯定。这就表明法律形式化的规则公平实质上就是奉行弱肉强食的丛林准则"。①

在涉及人身损害赔偿的事项上，最高人民法院制定了《最高人民法院关于审理人身损害赔偿案件适用法律若干问题的解释》，在这项司法解释中，农民与市民获得赔偿的计算基准是明显不一样的。比如该司法解释第二十五条规定："残疾赔偿金根据受害人丧失劳动能力程度或者伤残等级，按照受诉法院所在地上一年度城镇居民人均可支配收入或者农村居民人均纯收入标准，自定残之日起按二十年计算。但六十周岁以上的，年龄每增加一岁减少一年；七十五周岁以上的，按五年计算"。此外，该解释对受害人的死亡赔偿金与被抚养人的生活费的计算，也是按照市民与农民两分的思维方式进行办理的。依据该解释第三十五条的规定，"城镇居民人均可支配收入"、"农村居民人均纯收入"、"城镇居民人均消费性支出"、"农村居民人均年生活消费支出"、"职工平均工资"，按照政府统计部门公布的各省、自治区、直辖市以及经济特区和计划单列市上一年度相关统计数据确定。可是，我国存在着比较显著的城乡分隔的现象，这些数字必然因为城乡的不

---

① 秦国荣：《法治社会中法律的局限性及其矫正》，载《法学》2005 年第 3 期。

同而有较大的差别。这样,在同一起案件中就是因为被害人的身份不同,人民法院适用不同的规则对他们做出不同的保护。

3. 农村文化被忽视

亨廷顿曾对人类文明的类型划分及其相互之间的关系进行研究,得出了所谓的文明冲突的结论。[①] 文明冲突有一个存在的前提,就是各种文明间有着本质的不同,各自拥有存在的主体性。其实,可以仿照文明冲突这种思维方式来理解工业文化与农村文化之间的关系,我们可以发问:代表工业文化与当代文明的司法制度和农村文化,有没有一定的紧张关系呢？答案是肯定的,苏力在《法治及其本土资源》一书中对此进行了专门的研究。[②] 比如对秋菊打官司这一虚拟案件的分析,苏力就揭示出作为受农村文化影响至深的秋菊对公安司法机关案件处理方式的不理解,秋菊好像在面对着一个强大的异己力量,这个力量主宰着秋菊但是漠视她的意愿。秋菊案件虽然并不是一件真实的案件,却是一件典型的案件,折射出农村文化为司法机关所漠视。

从西方国家泊来的法治文明,不仅背负着古希腊罗马文化、日耳曼文化与基督教文化的古老图腾,还有当代工业社会的加持。西方文化与中国传统文化旨趣相左,这已是一个不争的事实。工业社会更是一个陌生人的社会,与许多农村仍处于"差序格局"的熟人社会更是有着本质不同。这种具有"差序格局"的社会以儒家伦理为根本意识形态的。[③] 许多研究证明,工业文化与农村文化有着各自不同的价值标准,有着各自不同的维护社会秩序的方法,也有着各自不同的规范人们人际关系的方式。不过无论这两种文化区别有多大,它们都是地位平等的,没有高低贵贱之分。处于农业文化之中的农民,他本人拥有权利安居于此文化之中,其他任何人甚至是国家都没

---

① 刘振洪:《亨廷顿"文明冲突论"四题》,载《阴山学刊》1999 年第 6 期。

② 苏力著:《法治及其本土资源》,中国政法大学出版社 1996 年版,第 26 页。

③ 刘增合:《儒教经济伦理观念"差序格局"界论》,载《孔子研究》2000 年第 2 期。

有权力要求他做出改变，除非这位农民本人有意改变自己的生活。代替农民自己做出判断与选择的父爱主义，其实已侵犯到农民的自治权，侵犯到农民的基本自由。

在涉农诉讼中，假如司法者思维稍有机械，那么就会出现国家法律与地方本土文化冲突的现象，农民的本来意愿可能得不到尊重。在建国前期的陕北边区，马锡武贴近群众，灵活办案，形成一种所谓的重调查、重调解、重实质正义的办案方式，他所推崇的“依靠群众、调查研究、调解为主、就地解决”十六字方针还被认为是我国民事审判的成功经验”。[①] 我们完全有理由说马锡武审判方式不仅尊重了农民的生活习俗，而且比较好地把国家意志贯彻到农村。在我们这个已进入工业社会的国家里，还存在着许多大大小小的农村文化孤岛。如果司法者忽视农村文化的独立性，不能尊重农民的心理，那么本来以维护民众利益为目的的法律，此时却可能异化为农民的对立物。

（二）原则与理念：处理农村司法问题的理论皈依

处理复杂的系统性问题，必须得有战略的眼光从宏观的角度切入，选择合适与正当的原则与理念作为指导，如果陷入具体事务不能超越，就会迷失方向而步入误区。不同的原则与理念，可能体现出不同思维方式的区别，也可能体现出不同利益的考量，它们是一系列逻辑推理与演绎的大前提，或者说是“衍生其他规则的规则”。[②] 可以这样说，我们选择了什么样的原则与理念，就选择了什么样的问题处理方式，具体的处理结果相应地就可以得到大致预测了。对农村司法问题，我们认为首要原则是尊重农民主体地位的原则，这是进行所有思考之初必须确定的前提。没有这样的思维，就不能杜绝对农民形形色色的歧视。另外，在具体的制度批判与构建上，不能急于求成

---

① 辛忠孝、张辅伦：《民事诉讼中调解原则的回顾与展望》，载《华中理工大学学报（社会科学版）》1998 年第 2 期。

② 张守文：《经济法基本原则的确立》，载《北京大学学报（哲学社会科学版）》2003 年第 2 期。

也不能放弃对合理目的的追求，而是应走一条相对合理之路。

1. 农民主体原则

主体是与客体相对立的一个概念，这些概念一开始都是先存在于认识论哲学中，主体是认识者，而客体则是被动的待认知者，后来这些概念被引申到存在论哲学之中。客体与主体不是处于一个平等的层面上，而是服从、服务于主体的利益，围绕着主体，在主体的边缘地带存在，它的存在价值也就仅限于此了。主体与客体的这种关系模式，其实体现出一种权力的单向关系，主体拥有道德上的正当性或法律上的合法性单向地支配客体，而客体则没有相应的抵抗的自由。此时的客体，是作为“他者”单纯地被关照和使用，无主体性和人格性可言。① 相应地，这种线性权力结构又表现出文化上的排斥性，在没有相互平等交流的格局中，没有容忍与宽容存在的余地。

处理农村司法问题，在战略上的选择就是认识到并始终坚持农民主体的原则。农民主体原则的内涵是：摒弃主客两分的思维方式，将包括农民、市民与其他人群在内的所有人群都视为有自己独立存在价值的主体，并持“和而不同”的理念处理相互之间的并存偕荣的关系。农民主体的原则，与中国的传统文化有着极为亲近的血缘关系，在儒家文化经典中孕育着对“致中和”的精辟认识。② 在当代社会，坚持农民的主体性原则，是使社会和谐化的重要之策。坚持农民主体原则，就必须在如下方面有所行为：认可农民有自己生存于其中的正当文化，认可农民有自己独立的经济利益、文化利益与政治利益，认可农民有自己正当的行为方式与心理偏好，认可农民这个群体有自己判断问题是非的独立的合理性标准。在这个前提下，认可农民有对自己事务不可被剥夺的选择权与处理权。在进行农村事务处理时，他们只能被说服，不能被强制。影响农民的正当方式，只能是

① 曹卫东：《权力的他者》，上海教育出版社2004年版，第124页。

② 程梅花、邹林：《论儒家“致中和”的思维方式》，载《孔子研究》2000年第3期。

提出议题进行讨论,以交流的方式获得共识。必须认可交流平台建立的重要性,而且认可农民有权利组织起来利用对话平台反映、认定、论证与获得自己的利益。

2. 相对合理主义

龙宗智教授是刑事诉讼法学界颇有稳健色彩的一名学者,创立了相对合理主义理论。他认为,我国进行司法改革,应当遵循相对合理主义。他写到,"相对合理主义并不意味着极端的文化相对主义与价值相对主义。它确认人类社会存在着一些跨局域文化的,基于人类共同生存条件的基本需要,反映人类文明共同成果的准则"。"相对合理主义的理论前提与价值预设,是承认具有公理性及普适性的基本准则"。① "相对合理主义是一种建立在现实基础上的应对理论,由体制和文化所决定,其理论的出发点是我国法治处于初级阶段的现实。法治初级阶段最为突出的特征,就是支持通常所谓法治的某些基本条件很不充分。比如,'司法独立至多是一种技术性独立'",②"由体制和文化所决定,在社会规范体系中法律的至上,在司法体系中审判的至上,无论在理论上和实践中都是难以确立的"。③因此,龙宗智认为,"在目前情况下,具有现实合理性的方式才是制度改造的适当方式,因此,法治推进和司法改革只能采取一种渐进的,逐步改良的方式,即'相对合理主义'"。④ "所谓的'相对合理主义',是指在一个不尽如人意的法治环境中,在多方面条件的制约下,我们无论是制度改革还是程序操作,都只能追求一种相对合理,不能企求尽善尽美"。⑤龙宗智认为这一思想由"渐进论"、"较好论"与"从技术到制度"这三点进行支撑。⑥

---

① 龙宗智:《相对合理主义》,中国政法大学出版社 1999 年版,第 3 页。
② 龙宗智:《相对合理主义》,中国政法大学出版社 1999 年版,第 11 页。
③ 龙宗智:《相对合理主义》,中国政法大学出版社 1999 年版,第 12 页。
④ 龙宗智:《相对合理主义》,中国政法大学出版社 1999 年版,第 17 页。
⑤ 龙宗智:《相对合理主义》,中国政法大学出版社 1999 年版,第 18 页。
⑥ 龙宗智:《相对合理主义》,中国政法大学出版社 1999 年版,第 20 页。

虽然相对合理主义理论产生于诉讼法学与司法制度的研究领域,但是我们认为这个分析工具可以上升到哲学的层面,成为制度变迁的一项普遍的指导原则,从而可对农村司法制度的改革发挥高屋建瓴的指导作用。任何制度的变迁,都要对具有国际普适性的文化与本土资源之间的关系协调这个问题做出回答,分析如何既接受那些基本的国际正义准则,又要顾及到本土的实际情况,做到域内外两种知识都能为制度的变迁所合理运用并且不会"食洋不化"。另外,任何制度变迁也要回应这样的一个疑问:是全盘变革现有的不尽合理的制度呢?还是先创造一定的条件,从局部的变化入手,以积累量变从而实现制度质的飞跃呢?相对合理主义理论正好可以回答这两个问题,它承认有一些制度变迁必须要达到的具有公理意义的标准,制度的构建者不能以任何借口而规避实现制度公理化的责任;另外,它又认为基于一个不尽如人意的制度变迁环境,只能求较好的改革效果,不可盲目推进,或者会过犹不及,应当采纳所谓改良的态度,走一条渐进之路。可以看出,相对合理主义理论不是相对主义,因为相对主义是否认真理的客观性与唯一性,如果我们以相对主义的理论为指导进行改革的话,那么域外的先进文化就没理由汇进中华文化之中。相对合理主义理论也不是一种力求革命的突变理论,它给了我们一种比较务实的眼光,因为制约改革的外界困难是现实存在的,如果极力向所谓的合理目的突进,就得不到外界的同情,反而会使努力功亏一篑。这种理念建议我们在特定条件下向不合理的现象低头,先妥协让步,然后从技术的层面入手,时间会让微观上的技术性改革演化为制度的合理变迁的。

运用相对合理主义理论来分析农村司法问题的时候,第一个关键性问题就是确定公理性的标准是什么。我们能不能把在西方工业文明国家中得以适用的所有具体做法都作为公理性的标准,从而无限地接近呢?比如,将严格的当事人主义模式作为民事诉讼的完美原型,在农村司法改革中也要以此为范本?我们以为,在确定公理性标准的时候,也要持渐进的方式,我们不能一次性一劳永逸地把这个

问题予以解决,尤其在认定具体制度的公理性这个方面。我们这个国家与社会,还处于一个战略选择与过渡的时期,许多发展方向的选择其实还没有确定,那么过早地对司法改革确定所谓的公理性标准,就有可能与国家的整体政治、法律与经济制度变迁不相吻合,这是没有任何意义的。在目前,我们只能大致地确定一些比较抽象的原则与肯定具有合理性的做法为公理,比如:

(1)人民法院在诉讼中应当中立于行政机关、社会团体与公民,依法独立地行审判权力。法院系统在"人、财、物"方面独立于其他国家机关。法官拥有身份保障。

(2)人民法院的任何审判行为,都要考虑到农民在经济与认识上的承担能力,并且尽最大的可能为农民提供法律上的解答与诉讼上的引导。如果农民没有足够的能力调查取证,法院应当依职权进行调查。

(3)人民法院进行诉讼时,应当照顾农村的乡情,尊重农民的诉讼心理,采取灵活多样的方式说服与劝和,尽可能地用调解的方式结案。

(4)诉讼程序在保障最为基本的公正的前提下,应当简化进行,以减少当事人的讼累。尽最大的可能为农民节约诉讼费用。建立农民诉讼费用减免甚至不收诉讼费的制度。

(5)人民法院任何强制性的司法行为,都要与农民的违法行为的不法程度相适应,而且建立异议的提出机制。强制性行为非经法定程序做出是无效的,人民法院应当对此承担相应的法律责任。

这些公理性标准予以确定后,就成为预悬于我们面前的一盏明灯,吸引现行司法制度与之靠近。但是,我们要认识到制约这种公理化过程的一些现实困难。比如,国家在整体上还没有认真对待农村司法机制,没有承认它有适当的独特性;在许多农村地区,司法人员乃至当地事务的主要决策人员文化素质不高,甚至人格道德上存在一定的缺陷;地方经济比较困难,没有进行制度改进所需的必要资金;司法人员存在偏见,将传统当做落后,将经济贫穷问题化为道德

低下问题予以对待，从而不尊重农民，等等。① 在这样的情况下，我国司法体制改革，只能针对具体的问题进行细微的解决，以点滴的进步求得最后的全盘突破。另外，在逐步改革这个比较漫长的过程中，随着我国社会整体上向工业社会、信息社会的快速过渡，有关公理化标准的认识可能会有些改变。这也会导致司法机制的相应发展倾向的调整，而这些是我们目前不能预测的。我们可以放心地等待这个制度在农民自我改变的基础之上自行缓慢地演化，不予过多的强力干预，这或许是一种比较明智的选择。

（三）农村司法体制创新的若干角度

在我国并不存在独立的"农村司法制度"，我们所指的农村司法体制，指在农村、农民与农业的语境中进行观察与理解的司法体制，是侧重于保障农民利益来理解司法体制。所谓的农村司法体制，就是在处理"三农"问题时涉及的司法体制。这其实是用逻辑之刀来切割现实制度，是无奈之举，也是必要的学术方法。在优化农村司法体制时，可供选择的角度有许多，这里只是从如下四个方面进行分析。

1. 农村本土文化的调查与理解

这应当是制度良性演化的首要环节，也是落实前述农民主体性原则的关键步骤。我们可以回忆我国首次准备拟制民法典时对中国本土文化的大规模调查，②在如今涉及农村诉讼案件的办理，司法者也必须做到对当地农民的行为习惯、乡土风俗以及民众好恶有明确认知，并在此基础上有种"认知后的同情"。在办理涉农案件的时候，尤其是不涉及国家与社会利益的民事案件，司法者还有必要参照当地的价值观，采用法律没有禁止的灵活措施，以使案件的解决具有

---

① 李秀忠：《关于农村法律信仰危机的思考》，载《山东师大学报（人文社会科学版）》2001 年第 2 期。

② 李建华、许中缘：《论民事习惯与我国民法典》，载《河南省政法管理干部学院报》2004 年第 2 期。

较好的社会效果，也能使案件的处理结果可被当事人自动执行。比如在某民事执行案件中，执行法官先倾听农民的诉苦，甚至表示对其同情，这样来拉近与对方的心理距离。然后法官对该农民表明，对方不履行判决，就是按当地的本土规矩也是不道德的，而自己在执行公务，如对方不配合就是让自己丢饭碗，法官这样的表示就把被执行人置入一个道德陷阱之中。最后，法官以退为进，以采取强制措施对其施加压力。这种执行方式正是契合当地农民的心理，以变通的方式比较温和地实现了法律预期的目的。在这时，如果法官没有对当地风土人情的细致了解，仅是强力执行法院的生效判决，最终的执行效果是可想而知的。

如果司法者就是当地熟谙风土人情的居民，理解并同情当地文化可能并不是一件难事，不过随着法官职业化的进展，法官逐渐精英化，[1]这就会给人们提出了一个疑问：精英化的法官，会不会与乡土民俗在文化上有所脱节呢？精英化的法官，如果受主流文化的主宰，会不会在心理上排斥乡土文化，从而机械地理解法律并强力甚至粗暴地予以推进呢？这是一个值得忧思的难题，我们以为法官职业化是大势所趋，也是正确的方向选择，但是职业化如果异化为封闭状态的精英化，让法官成为封闭的社会阶层，这就有可能造成较大的风险。加强法官与社会民众的交流，促使法官的本土化，并且加强陪审制度的建设来强化民众对法官行为的制约，或许是比较好的解决办法。

2. 农村法律援助制度的确立与完善

首先必须确立这样一种观念，即法律援助是国家所承担的义务，绝对不是国家对农民的恩赐，申请法律援助对贫困农民来说是其一项基本的权利。[2] 在农村确立与完善该制度，不过是国家把本应向

① 谭兵、王志胜：《试论我国法官的精英化》，载《现代法学》2004 年第 2 期。

② 田绍军、左平凡：《我国法律援助制度的建立、意义和发展》，载《理论界》2005 年第 3 期。

农民兑现的期票予以兑现罢了。前面已述，在涉农诉讼案件处理中，人民法院所适用的法律虽然表面上是同一个，但是基于当事人在经济条件、社会地位和文化知识上的差别，实际意味大不相同。法律援助制度的存在，可以让处于弱势的农民得到免费的法律事务帮助，这样便使他们比较公正地与对方竞争。由此可见，农村法律援助可以很好地化解在市场经济的环境下实行依法治国方略可能出现的弊端，进而促进社会的公正，让社会更加和谐化。从这一点出发进行考虑，法律援助制度基于对弱势群体利益的专门的呵护，可以与我国社会主义建设联系起来，作为社会主义事业的一个有机组成部分。

确立与完善农村法律援助制度，首先是立法者的责任，①必须在法律的层面上给各地政府施加义务，使他们不致因为所谓的户籍制度而疏于对本地农民工的法律援助。导致城乡分化的所有壁垒，都必须彻底地予以清除，因为所有的待援助者都是中国的公民。另外，在农村地区还必须很好地利用法律服务工作者这支力量。农村经济不发达，所以实际上以营利为目的的律师群体很少把业务触角伸到农村地区，那么农村法律服务工作者作为乡土法律人才，有条件也有责任承担起直接面对农民的法律援助来。最后，法律援助体制的生存问题，主要取决于有关办案费用的补偿能否落于实处。在加强政府投入的基础上，应当鼓励非政府组织在法律援助中的积极作用，并且将该类组织向社会进行慈善募捐的活动合法与制度化，从而形成为法律援助提供稳定资金的渠道。

3. 公益诉讼制度的确立与完善

农民作为当事人参与诉讼，因为其自身力量不足，难以使自己获得法律的平等保护，所以迫切需要外界力量介入。另外，涉农体制的变迁，也不能完全依靠国家机关来主导，国家并非万能，民间力量有责任在这一领域介入。这两种因素使公益诉讼在农民权益保护方面应当能发挥出较大的作用。公益诉讼，是指与具体的诉讼案件没有

---

① 任悦：《法律援助中的责任主体》，载《中国司法》2005 年第 6 期。

直接法律利害关系的人员,为了追求与维护公共利益,从而策划、参与诉讼案件运作的一类诉讼行为。现行法律对原告资格的限制,使与案件无关的公民与组织不能合法地以原告的身份介入诉讼,他们只能在背后支持原告提起与展开诉讼。公益诉讼的进行,其实是那些有心公益者借之在社会上创造公共讨论的议题,以此开发民智的活动。而相关的制度变迁,在民智大开的前提下,就成为理所当然的结果了。

农村公益诉讼的策划者与支持者,大部分是有意于维护社会公正的知识分子,他们有自己的理想蓝图与社会愿景。他们经对典型案件进行筛选后,主动介入,支持利益受损的农民向人民法院提起民事诉讼或者行政诉讼,从而得以在法庭以及各种可能的媒体上将自己的观点向民众推介,最终得以参与到制度变迁的博弈中去。知识分子们所期望的是在制度上造就一个良性的中国,而客观受益的则是作为当事人的农民。农村公益诉讼可与法律援助机制有机地结合起来,共同为农民权益的维护提供合法的渠道。我们可以看出,无论是公益诉讼还是法律援助,都要受非政府组织是否能积极展开活动的影响,在最终的意义上取决于市民社会发育得是否健全与成熟。

4. 道德体制的构建

在表面上,有关人格健全的话题似乎不属于农村司法体制健全的讨论范围之内的事项,其实不然,因为任何参与制度运作与变迁的主体,都是有着不同人格与道德的人。尽管建立了表面上很合理的制度,但是如果行使权力者有私欲,那么他必然可以从貌似严密的法网中找到可以利用的漏洞。我们重视法治意义上的规则之治去使制度得以构建与完善,但是绝不能忽视人的道德建设。拥有道德支持的司法体制,可以低成本地运作,可以在最大的程度上获得民众的支持与同情,甚至可以在一定程度上弥补制度本来存在的缺陷。司法人员如果在道德的领域寻到一块可以安身立命的空间,必能更加文明与和善地对待当事人,此时"人格之善"对"程序之善"所给予的助力是不言而喻的。

在这里儒家文化可以发挥出较大的作用。儒家文化对人性的陶冶可能分为两部分，第一部分是“格物、致知、诚意与正心”，以此使人们获得一种类似宗教的神秘体验，人们因此更可以加强自己对待他人与外物的“诚”。这是经修身后所得的有效结果。第二部分是“齐家、治国与平天下”，这不仅是修身后的外用，也是进一步的修身行为。在这样的努力中，奉行儒家文化者便可以领悟到“致中和”这种文化的美感，也会在人际关系中“己所不欲，勿施于人”，因而得以有效约束自己的行为。① 儒家文化提倡各人“和而不同”，认可“和为天下之大本”，②能理解异己力量存在的价值，所以更能欣赏一个温和而有序的多元社会。这些文化旨趣，都能有效地暗示行为人如何进行正确的行为选择。

总之，农民所有的利益，最终都会归结于法律上的权利，农民利益维护的最佳方式也就是以法律为依归的司法途径。相对于农民对正义的渴求，现行的农民司法体制及相关司法行为有一些缺陷或者说弊端，比如在司法中法律依据对农民不利等。法治这种治国模式，其价值在于重视形式正义，但是同时会因为这个原因侵害到农民本应享有的实质正义，这一点在人民法院涉农司法的过程中体现也是很明显的。此外，由于我国许多农村地区还在客观上处于农业文明的主宰之下，农民有着自己坚持的本来利益，虽然此利益与城市文明不一致，但毕竟是农民认可的利益，假如在诉讼中这种利益不能被有效认可与保障的话，作为当事人的农民自然就会感觉到利益受损。这些问题必须要被解决，至于解决问题的原则与理念，必须要支持农民主体性原则。至于制度演化的节奏，须渐进而缓行，也就是走一条相对合理的改革之路，此时龙宗智教授的相对合理主义理论可以发挥出重要的指引作用。所有的农村司法体制的优化，都必须建立在对农民文化的调查与认知的基础之上，只有如此，所谓的合理性标准才能得以确定。由于农民处于一个弱势的地位，为了不使社会与经

①② 修建军：《论“和”为儒学之精义》，载《孔子研究》2005 年第 3 期。

济因素消极地影响到法律的实施，所以必须从公益诉讼与法律援助两个方面进行改革，以弥补农民之所欠缺。司法人员的道德素质之优劣，与司法正义之实现有着极大关系，应当借鉴中国传统文化的有益要素建构某种机制，以强化其道德修养，为农村司法正义的实现确立必要的前提。所有的这些，都是为了一个目标，让农民真正享有法律赋予自己的权利。

三、农村法律援助若干问题

法律援助首先起自于英国，英国的律师自1924年开始自愿地为贫穷的受助人提供慈善性质的帮助，当时财政部给他们拨一小部分资金作为管理费用。随着1949年《法律援助与法律咨询法》(*Legal Aid and Advice Act*)的出台，法律援助就不再是一种律师对赤贫者所负的职业义务，而成为人们基于法律规定的权利。虽然法律援助制度在许多国家是改革争议的对象，但不可否认的是，"目前，法律援助制度已成为世界各国通行的一项司法人权保障制度，并载入有关人权的国际公约当中"。① 随着法律援助历程的进展，其性质不断发生根本变化，国家的责任获得极大程度的强调。② 如果我们把法律援助性质变化的过程与人类文明发展的历程作一比较，就会发现人类文明的民主化、自由化与法律援助始终地同向而行。在一个暴政的国家里，当政者是没有心情为自己的子民提供所谓的援助的，更不可能把这一项烦琐的任务设计成自己的义务。在学术研究上，也可以看到类似的情况，在上个世纪我们还不能检索到大量的有关法律援助的论文，③可是时至新世纪的今天，有关法律援助的论文汗牛充栋，这从一个方面反映出社会对法律援助的重视，反映出一些弱势群

① 胡玉霞、胡晓涛:《对国外法律援助模式之比较与借鉴》，载《华中科技大学学报(社会科学版)》2006年第3期。

②③ 李学宽、胡玉霞:《现代法律援助制度中的国家责任》，载《现代法学》2001年第5期。

体在整个社会中的地位的提高，这是文明的进步，也是人类人性的纯化。众所周知，在我国社会中，存在着比较严重的社会阶层的分化，其中最为严重的就是城乡两元分化，而农村相对于城市处于欠发展的状态，农民相对于市民来说更是处于弱势的地位。这种弱势，不仅仅是经济意义上的贫困，也是文化意义上的落寞，同时也是法律社会学意义上农民的"不在场"。这直接影响了依法治国基本方略的实现，消除这种现象，国家责无旁贷，建立并完善在农村的法律援助制度就是主要的切入点之一。

（一）相关概念内涵的确定

1. 法律援助概念的确定

世界上已有150多个国家建立了法律援助制度，它们各具特色，但有代表性的主要是美国和瑞典，为世界各国所模仿和移植。① 比如，以瑞典为代表的国家，曾经有一段时间将法律援助纳入国家的整体福利制度之中，国家承担法律援助的资金。不过在1997年，瑞典政府对法律服务政策进行力度极大的改革，主要目的之一就是削减在法律援助方面的公共开支。以前大多数的瑞典人在遇到法律问题或者需要咨询或者要到法院诉讼时，可以依赖（至少在一定程度上）受公共资助的法律援助。不过，从1997年12月1日起，大多数的瑞典人必须依赖自己的法律费用保险了，而这种保险将帮助的范围局限于相当狭窄的诉讼案件。②其他曾被视为典型的福利国家的斯堪的纳维亚地区国家也在进行类似的改革。与国家责任被演绎到极端的运作方式相反，在英国与美国这样普通法系国家中，法律援助的范围相对狭窄些，直接进行法律援助操作的大都是一些私人性质的团体或个人。虽然法律援助的表现形式各异，我们仍然可以试图从繁

---

① 沈红卫：《论中国法律援助模式的选择》，载《湖南社会科学》2004年第5期。

② Regan F, The Swedish Legal Services Policy Remix: The Shift from Public Legal Aid to Private Legal Expense Insurance, *Journal of Law & Society* 2003: 30(1): pp. 49 – 65.

芜纷杂的现象中抽象出这个概念的内涵来。

如果从法律援助的主体这一角度切入进行分析，法律援助的概念有主体多元说与主体单一说两种。主体多元说，是指把法律援助的主体定义为律师、公证员、基层法律工作者等法律服务人员，这在《司法部关于开展法律援助工作的通知》中可以找到根据。[①] 另外，《法律援助条例》也列明了从事法律援助活动的人员范围，条例第二十一条规定，"法律援助机构可以指派律师事务所安排律师或者安排本机构的工作人员办理法律援助案件；也可以根据其他社会组织的要求，安排其所属人员办理法律援助案件"。主体单一说，则把法律援助仅仅当做律师所提供的法律服务。在我国香港地区，具体从事法律援助的，是法律援助署署长与"所有已在按照《法律执业者条例》（第一百五十九章）的条文备存的大律师或律师登记册上登记，而又愿意在有人申请给予法律援助时进行调查、作出报告及提供意见，并代受助人行事的大律师及律师"。[②] 在美国，在联邦这个层面，为当事人提供代理服务的人员应当从由法院批准或者指定的律师小组中挑选，或者来自于律师协会、法律援助机构或者辩护者组织（defender organization）提供的律师。[③] 我们认为，在界定法律援助的主体时，首先应当给国家施加义务，使国家在这个社会公益事业中承担不可规避的责任。国家责任的落实，是法律援助得以现实化、稳定化的根基之所在。国家在法律援助中，可以从法律制定、政策落实、设置机构与操作协调这些方面体现自己的存在。不管如何，只把注意力放在律师或者法律工作者上，而忽视了国家在法律援助中的主体地位是不妥当的。另外，我国有我国的国情，律师这个社会群体虽然在改革开放以来有了长足的发展，人数快速地增加，但是还不足以满

① 在该通知中，法律援助被这样界定："法律援助，是指在国家设立的法律援助机构的指导和协调下，律师、公证员、基层法律工作者等法律服务人员为经济困难或特殊案件的当事人给予减免收费提供法律帮助的一项法律制度。"

② 我国香港《法律援助条例》第四条。

③ 18U. S. C. 3006A(a)(3)(2000)。

足整个社会的需要。在许多农村偏远地区，律师尚无力或无心涉及，这个空白领域就必须由没有律师执业资格的法律工作者填补。公证事务，作为非诉业务，也会在很大的程度上影响公民的权益的实现，如果当事人因极为贫困不能支付接受这种法律服务的费用，而得不到公证人员的法律援助，这自然不利于维护当事人的正当利益。所以，就我国现实国情而言，将法律援助的主体尽可能地扩大化，使之包含国家、律师、公证员与其他法律工作者，是较为重要的。

法律援助的范围，该如何界定呢？是不是一定要局限于诉讼事项呢？在苏格兰地区，法律援助的范围要广一些，有两种形式，第一是所谓的咨询与帮助，即由一名律师就涉及苏格兰法律的事项提供咨询，受帮助人不一定会到法院诉讼。第二才是狭义的法律援助，即由律师代理受助人去进行诉讼。① 对我国来说，在法律的层面上也是将法律援助分为诉讼与非讼这两类。我国《律师法》第四十一条规定："公民在赡养、工伤、刑事诉讼、请求国家赔偿和请求依法发给抚恤金等方面需要获得律师帮助，但是无力支付律师费用的，可以按照国家规定获得法律援助。"在这些法定的领域中，比如赡养、工伤等，既可能由当事人对簿公堂，以诉讼的方式来了结纠纷，也可能由当事人采取诉讼之外的方式来得到解决，那么与之相对应法律援助也应分为诉讼与非讼这两类。《法律援助条例》第十条明确规定，公民可以就请求国家赔偿、请求给予社会保险待遇或者最低生活保障待遇事项向法律援助机构申请法律咨询。显而易见，将法律援助分为诉讼与非讼两类，更有益于保护受援助人的利益。

法律援助的受助对象如何确定，是一个根本的重要问题。我国香港地区一般地以经济困难者为受援对象，香港《法律援助条例》规定，该条例"旨在就向经济能力有限的人给予法律援助以进行民事

① Scottish legal aid board, "A guide to civil legal aid", at: http://www.slab.org.uk/getting_legal_help/pdf/2007_Guide_to_civil_%20legal_aid.pdf, last visited: May27, 2007.

诉讼事宜，以及为由该事宜附带引起的或与该事宜相关的目的，订定条文”。① 这里所指的经济能力有限的人，是指“财务资源不超过158 300港元的人”（可申请法律援助）与“财务资源超过158 300港元，但不超过439 800港元的人”（可获得根据法律援助辅助计划给予的法律援助）。另外，如果法律援助署长确信违反《香港人权法案条例》（第383章）或抵触《公民权利和政治权利国际公约》中适用于香港的规定是法律程序的争论点，可免除前述针对财务资源的限制条件。② 澳大利亚新南威尔士州《法律援助委员会法》赋予了委员会“确定可以向之提供法律援助的人员或者人群，以及确定可以因其而提供法律援助的事项”，③在法律的层面没有直言受助人是经济困难人，不过操作时依然是以经济困难者为援助对象的。另外，法律援助委员会可以“对申请者以及与其有关联的人之财产与情况进行它认为合适的调查”。④ 在美国联邦这个层面，“每一个合众国地区法院，经巡回区司法会议的批准，应当确立在该地区运作的计划，为由于经济原因不能获得充足代理的任何人提供代理”。⑤ 在英国的苏格兰地区，可接受民事法律援助的人员，其储蓄与财产价值（不包括居住的房屋）在1 502英镑以下，而且还得满足以下两项条件之一：或者接受求职津贴的人，或者周可支配收入少于215英镑。领取退休金的人员不受这些条件限制。⑥ 瑞典作为福利国家，曾经为绝大多数的公民提供法律援助，但是现在则将法律援助的对象锁定为穷

---

① 我国香港《法律援助条例》第1条。

② 我国香港《法律援助条例》第5条、第5A条、第5AA条。

③ 澳大利亚新南威尔士州《法律援助委员会法》（*Legal Aid Commission Act*）第10条。

④ 澳大利亚新南威尔士州《法律援助委员会法》第33条。

⑤ 18U. S. C. 3006A(2000)。

⑥ Scottish legal aid board, “A guide to civil legal aid”, at: http://www.slab.org.uk/getting_legal_help/pdf/2007_Guide_to_civil_%20legal_aid.pdf, last visited: May27, 2007.

人，即收入较低的百分之二十的人群，而不再包括绝大部分人群了。① 在我国大陆地区，有实务工作人员对现状这样描述："实践中我们在审查申请人时，主要看以下二个条件：一是主体条件即贫者（经济困难）、弱者（老、幼、妇、残）或某些刑事被告等特殊群体；二是案件条件，即申请人确实有提出诉讼的案件理由，且有充分的事实和证据证明自己的合法权利已经或正在受到侵害，有胜诉的希望或者和解、调解可能，同时，申请人所要求的主张或诉讼请求必须符合法律援助所规定的援助范围"。② 我国《刑事诉讼法》为人民法院施加的指定辩护的义务，受益者必须是由于各种原因自己不能委托辩护人。那些可能面对人民法院死刑判决的被告人，如果有能力自行委托律师为自己辩护，人民法院也不必为其指定承担法律援助义务的律师提供法律帮助。我国《法律援助条例》第一条也规定，为保障经济困难的公民获得必要的法律服务而制定该条例。前述法例很明显地向我们显示这样的现实：只有己所不能者，才是受援助者。不过，我们知道法律援助是国家向每一位公民应尽的义务，是公民相应所取得的基本人权，此处所涉及到义务与权利，是不应受公民经济状况的影响的。我们以为，从理论上说向每一位公民提供法律帮助，是国家必须要履行的道德上的责任，法律援助发展的最终趋势，就是"按需援助"。但是，由于各国的国情各异，经济条件对法律援助有着现实的制约性，那么实践中对法律援助的受益者进行限制，也是不得已而为之的无奈选择。

国家在法律援助中所起的作用，是至关重要的，如何界定国家在此过程所尽的义务，是理解法律援助概念内涵的关键所在。在法律援助的起始之初，国家还没有起到任何的作用，只是由一些心怀慈善

---

① Regan F, The Swedish Legal Services Policy Remix: The Shift from Public Legal Aid to Private Legal Expense Insurance, *Journal of Law & Society 2003*: 30(1): pp. 49 - 65.

② 信萍、陈丹、洪靓：《刍议我国法律援助中的援助对象的合理界定》，载《辽宁大学学报（哲学社会科学版）》2000 年第 9 期。

的人员为那些穷困者做些善事罢了。我们看待法律援助发展的过程,就是国家不断发挥自己的影响与作用的过程,而且国家不断地把法律援助演化为自己的义务。北欧的一些国家,法律援助涵盖的面曾经极为广泛,甚至成为国民的一项福利,比如在1997年改革之前,瑞典的法律援助覆盖面达到公民人数的百分之八十五。① 在澳大利亚新南威尔士州,州设立法律援助委员会,具体负责法律援助事务。收到法律援助的申请后,委员会可以对申请者以及与其有关联的人之财产与情况进行它认为合适的调查,然后对申请应作出无条件同意、附条件同意或者拒绝的决定。② 我国香港地区设立法律援助署,署长须分别编制及备存大律师及律师的名册,可对申请人的经济能力及个案的成功机会作出其认为适当的查讯,将法律援助证书发给申请人,署长或律师(如有需要,包括大律师)根据代表受助人办理案件。这些法例都表明政府在法律援助的程序中发挥着主导作用。③ 我国《法律援助条例》明确规定,法律援助是政府的责任。在我国,国家制定立法,确定法律援助制度,为律师及法律工作者施加了进行法律援助的义务,这些都是国家发挥作用的表现形式。当然,在一些发展中国家,国家在法律援助中作用发挥暂时还处于一种比较低微的程度。我们可以把国家所承担责任的程度为标准,对一些法律援助的模式进行归类。如果说国家承担所有的责任,那么这样的法律援助模式为国家绝对责任型;相反,如果国家只是在其中起到部分作用,大量的法律援助工作由私人性质的公民或者组织而承担,这样的法律援助模式即为国家相对责任型。④ 应当说,目前国家绝

---

① Regan F, The Swedish Legal Services Policy Remix: The Shift from Public Legal Aid to Private Legal Expense Insurance, *Journal of Law & Society 2003*;30(1):pp. 49–65.

② 澳大利亚新南威尔士州《法律援助委员会法》第33条、第34条。

③ 我国香港《法律援助条例》第4条、第6条、第9条、第10条。

④ 林凤章:《论法律援助制度建立过程中的政府责任》,载《福建师范大学学报(哲学社会科学版)》2006年第5期。

对责任型的法律援助是不存在的。

不同国家与地区的法律援助是否完全免费提供，是有所不同的。在澳大利亚新南威尔士州，在批准法律援助申请的时候，法律援助委员会可以做下列两件事情中的一项或者全部：第一，就法律服务的费用，委员会确定一定的数额，要求申请人付给委员会，并把这当做批准法律援助申请的条件。第二，如果对方当事人获得了要求申请人支付诉讼费用的法院命令，委员会可确定要求申请人向自己支付这些费用的最高数额。如果曾是或者正是接受法律援助的人员不能按要求支付，委员会可以将这些费用及相关利息作为债务，在有合法管辖权的法院追索。① 可见，在特定情况下，法律援助接受人自己也是支付一定费用的。在瑞典，1997 年 12 月 1 日之前，法律咨询是收费的，不过对低收入人群可能不收费或者减少收费。对诉讼案件提供的法律援助，有支出的最高限额，同时根据申请人的收入设置有渐次提高的收费率。现在，除了保留根据申请人收入而定的收费率外，对诉讼案件的法律援助最高支出限额为一百个小时的辩护工作。② 在我国香港地区，凡受助人根据法律援助辅助计划获得法律援助，受助人须依法向署长缴付分担费用；如果属于其他情况，如果署长提出要求，受助人须就可能要由署长为该人缴付的款项或可能变为要由署长为该人缴付的款项，向署长缴付分担费用。受助人根据条例须向署长缴付的分担费用视为欠署长的债项。③ 我国《法律援助条例》所指的法律援助，则全部是无偿的，受援人不存在分担费用的问题。我们认为，要求受援助人在一定情况下分担费用，可以遏制他们滥用法律援助的可能，这在福利国家中有比较大的意义。但是，考虑到我国经济发展不平衡与法律援助开展还十分不充分的现状，将法律援助

① 澳大利亚新南威尔士州《法律援助委员会法》第 36 条。

② Regan F, The Swedish Legal Services Policy Remix: The Shift from Public Legal Aid to Private Legal Expense Insurance, *Journal of Law & Society 2003*: 30(1): pp. 49 - 65.

③ 我国香港《法律援助条例》第 18 条。

全部规定为无偿的服务，更为合理一些。

由前所述，法律援助的概念内涵的界定，不仅应建立在对现状的描述上，还应注意法律援助这一现象的本质及其发展趋势。所谓的法律援助，是国家通过立法规制及设立特定机构、公设律师的形式，或者为私人性质的律师、法律工作者等人员施加义务，由他们对由于经济困难等原因无力获得法律服务的人员提供免费帮助，解决诉讼或非讼法律问题的机制。

2. 农村法律援助概念内涵的界定

邓正来先生是一位深知我国法学研究之弊病的学者，他在分析中国法学研究模式时，发现农村与农民被有意无意地排斥在研究范围之外。比如，他对消费者权益保障这一方面的论文进行检索，发现大部分论文的写作者其实只是将笔触伸向城市，农民于其而言不过是不必在意的空白。邓正来认为，造成这样的研究现状，应当责备那些食西不化的学者们，这是他们不加分析地援用西方式研究范式的恶果。学者心目中的中国就是农民占据中国人口的大多数，他们物质上贫穷、文化上落后以及法律权利被克减。城乡有着极大的差别，而且这样的差别已经或者正在得到法律的承认与强化，比如户籍制度即是这样的制度之一。面对这样的现状，分析法律援助问题时，难道不应当专门设定一个概念加以表述，并以此为工具进行理论建构以图改变现状吗？我们必须将这样的常识牢记于心：任何一种理论都有特定的社会效果，对不同的社会阶层而言意味着不同的利益。如果法律援助这个概念不足以对农民这个阶层带来足够的利益，我们当然可以另外找一个工具取代它。这个被选择代表及实现农民利益的工具，就是农村法律援助。我们必须认识到农村利益的独立性，体会到农民在社会主义法治建设中的主体地位，去认真保障与维护农民的利益。单一的叙事逻辑，无异于剥夺了弱者的言语权，漠视了其应有的利益诉求，貌似中庸全面的思维方式往往只是带来形式上的公正。

农村法律援助，其实是特别地对农村这一区域进行关注，专门地强调农民在这一方面的利益。语言是无力的，照顾到逻辑性而书写

的语言，更是难以全面涵盖作者的意图，农村法律援助即是一个例证。因为如今有许多农民进城务工，这些人员在城市内生存但是仍不失为农民，他们的利益可否为农村法律援助制度所涉及呢？如果从字面上看，农村法律援助只是从地域这个角度着手，应将农民工排除在外，但是这种排除对农民权益保护是实质不利的。为了照顾到论证意图，表面上的逻辑一致性就不得不被放弃，我们不能因文失意，更不能因为语言的内在天生缺陷就迁就它。既然概念很大程度上是人们的一种约定，只要约定明确，就足以作为阅读时的参照系，使理解与沟通成为可能。我们对农村法律援助的内涵持以下理解：在农村范围内，在涉及诉讼或非讼事务时，由于农民经济困难或者其他原因而不能自行支付有关法律服务的费用，则免费得到国家所提供的法律帮助，这种机制即为农村法律援助。此外，农民工在城区内所接受的法律援助，以农村法律援助论。

（二）农村法律援助机制建构的合理性分析

我们虽然不得不在实在法的层面上立足，但是在道德哲学上的根基上设计乌托邦，并不仅仅可以给自己或他人带来虚拟的乐趣，更为重要的是可以为现行制度的合理性提供诊断标准。社会发展所趋向的理想图景，对现行制度点滴的革新，有着路径上的制约性。只有对比于我们心目中的正义蓝图，现行法律援助机制的合理性才可以被分析。在这里，我们拟对农村法律援助机制的建构进行合理性的分析。

合理性，即合于理性之意，这种分析方法为韦伯倡扬之后，大行于制度分析的学术实践中。韦伯意义上的合理性，有所谓的工具合理性（目的合理性）和价值合理性之分，其体系甚为繁杂，内涵博大精深。① 我们所涉及到的合理性分析其实与合法性分析或正当性分

① 韦伯把价值合理性用于宗教文化领域的分析，得出基督教信念伦理和责任伦理。但韦伯在社会和个人行动领域却完全放弃了价值合理性，转换为目的合理性的分析。陆自荣：《社会学合理性的研究框架——对韦伯和哈贝马斯合理化理论的研究》，载《湖南科技大学学报（社会科学版）》2006 年第 7 期。

析并无太大的区别。此处所指的合法性，并不是合于实在法，而是所谓的自然法。我们知道自然法的传统，是西方法学的发展的根本线索之一，安提戈涅的悲情故事也告诉我们自然法一开始就与实在法相对立。自然法，不管是不是真正地存在，它总是被信仰为是合乎人之理性的规则，是拥有正当性光环的规则，应当成为判断实在法的外在独立根据。“自然法学论者们正是根据诸种作为判准的自然法理想图景或立法哲学为西方现代社会秩序之性质的型构和强化提供了正当性基础。他们不仅在那个时代的政治实践活动方面取得了很大的成就，而且还在立法运动方面发挥了不可估量的作用”。① 假如我们看一下西方哲学家对自然法原则的假设，就会发现它们与道德哲学上的正义、公平等不能分离，与学者们对理想社会的期望是并向而行的。

1. 农村法律援助与人道主义情怀

“人道主义本质上是一种现代性意识形态，尽管其理论渊源可以一直追溯到古罗马。这种意识形态预设一种普遍的人的本质作为前提，并强调这种本质是‘孤立的个体’的属性”。② 直接针对农民而言，农村法律援助存在之本身，意味着对人道主义理念的坚持，对其作为人的地位的尊重。人，是千古以来众多哲学家问题讨论的中心，也是人道主义与自由主义学说赖以推演的逻辑前提。人道主义起源于欧洲中世纪即将落下帷幕的时期，我们可以通过欲求得解放的市民与宗教势力的对抗，来理解这一学说的内涵。人道主义把人作为主体来看待，正如康德所说的那样，任何人都是目的，而不得被单纯地作为手段。人，开始秉持这一理想得到自尊，在强大的神的面前争取到了属于自己的一片领地。这里的人或许极为抽象，也可能被讥为原子式的怪物，但是即便这种论证的假设不具备客观性，也对

① 邓正来：《中国法学向何处去（上）——建构“中国法律理想图景”时代的论纲》，载《政法论坛》2005 年第 1 期。

② 郁建兴：《人道主义批判与社会主义人道主义》，载《哲学研究》2004 年第 3 期。

人类文明的进展具有极为重大的助益。这样的理念，并不是任何人都信以为真，并且将它作为自己行为的准则。处于弱势地位的农民，在处于诉讼之时，一方面有着百般苦痛，另一方面却又可能承受着他人的讥讽或者污辱。如果农民的法律权益受到侵害，那么他可以信赖的力量主要就是国家。在现代化的国度里，包括诉讼在内的争议解决越来越程序化，越来越强调当事人的主动性。对当事人来说，他在享有更多主动性的同时，也被施加了更为深重的义务。比如，当事人如果取证不能，那么即便实质上有着合法利益，也不可能得到国家的支持。案件的解决过程，与当事人各方的经济条件与知识水平联系越来越紧密，正义的实现不仅仅只取决于事实与法律。这是我国推行法治社会所必须面对的现实。任何立法者、司法者以及社会上的一般的公民，应当与农民换位思考，思考一下自己是对方又当如何。如果经过这种思考而破除自我固执，那么人道主义所内蕴的尊重与理解精神自会大行于社会。一言以蔽之，人道主义的受益者是以其身份而受益，他是人，他理当被尊重，理当被爱护，理当被当做与其他人一样的存在主体。

2. 农村法律援助与社会秩序的维护

法律援助对国家、社会以及一般公民而言，也有极大的功利上的益处。一个不言而喻的事实就是，社会必须要保有最起码的秩序，否则人之生存尚且不能保障，还谈何社会的发展？秩序是社会得到维持的前提，社会对秩序的需要是一种刚性的要求。必须要用社会控制的方式来保障社会秩序。① 如果现行的法律对这一要求的满足有过多的妨碍，那么它或者被违反或者被抛弃的命运，就是显而易见的。

3. 农村法律援助与和谐思想

中国共产党把建设社会主义和谐社会，作为一项基本的战略决

---

① 张纯琍：《社会控制与社会秩序构建》，载《中国人民公安大学学报》2006 年第 2 期。

策，我们可以从其八十多年的发展历程发现这一决策的重大意义。毛泽东在他的名著《湖南农民运动考察报告》中，就对农民对地主绅士的斗争持理解与支持的态度，此时的社会阶层间应当有一种斗争的关系存在，舍此社会没有发展的动力。当我国建国后，革命的任务已经完成，就不能再以阶级斗争为纲了，政党应当从革命党转变为执政党。我们党放弃阶级斗争的理念，转而采信社会和谐的原则，是我们党对自我认识的一个重大进步，也是我们国家能长治久安的根本保障之所在。①

社会和谐理论的内涵，应当说是精深而且博大的，和谐的主体林林总总为数众多，比如有人类与自然界，也有不同的社会阶层，甚至包括社区中的家家户户。我们在这里，主要是把注意点放在农民与市民之间的关系处理上。所谓的和谐，是与恶意对立相反的，是双方并存、友好相处、相互扶助，以及各得其所的良性态势。这种态势，是一种价值的认可，是一种生存状态的选择。中国文化中，是有着和谐的基因的，先古时代的天人合一思想，不仅是说人类与大自然之间的相看不厌，更为重要的是表明了一种和谐的理念。许多人利用天人合一的思想，来指导自己的人格修炼，最后得到的就是一种品格的升华，从而对恶意的竞争心存厌恶。我们认为，所谓的和谐，作为人们对待社会，对待他人的一种处理态度，是可欲的也是可得的，可以作为人们看待外界事物的一种“前见”而发挥至关重要的作用。

在国内治理上，和谐是一个基本的价值追求，那么在农民与市民这两大集团的关系确定上，也必须让两者处于极为密切的亲善关系。要做到这一点，决策者光有心地上的意愿还远远不够，必须在现实的制度建构上让农民与市民在利益上获得实质上的平等。没有实质平等的社会，是不可能存在真正的和谐的，所以和谐之道在于公平，在于实质的正义的实现。正是由于看到我国农民经济、文化与政治地位的低下，所以就必须特别地建构一种机制使农民可以让法

① 陈开先:《和谐社会与礼治文明》，载《现代哲学》2007 年第 1 期。

律成为自己利益的保障手段。在法律援助机制下，农民与市民作为公民，才可能形成一种平等的互容互生的关系，也即和谐的公民关系。

（三）农村法律援助的制度构建

农村法律援助的制度构建，从宏观上来说，是一项政治性行为，也就是国家有没有政治意愿对农民予以特殊的照顾。从微观上来说，该制度的构建，有着极为复杂的技术性色彩。内部子制度能够相互协调，从而有着内在的合理性，这是考验这项制度能否发挥出实效的关键性因素。另外，农村法律援助制度的设计，必须要与现在社会发展形势，与国家对解决农村问题的全盘考虑统一起来，做到与上位制度契合，这就涉及到农村法律援助制度构建所基于的外部环境。

应当说，我国的"三农"问题受到国家的高度重视，以前农民、农村与农业"真危险"的严重性受到了真正的关注。国家在近几年，采取了大量的措施来防止这种危险性继续发展，并取得真正的实效。"三农"问题，开始被列为我国经济与社会发展全盘工作中的首要位置。在"十一五规划"的建议中，首先用很大的篇幅来描述社会主义新农村的图景。它告诉我们，没有一个稳定、富裕的社会主义的新农村，那么就谈不上一个崛起的中华民族，也谈不上一个真正的小康社会。党和国家在近几年屡次出台文件，对一系列的涉农制度进行改革，比如进行农业税的改革，目前中国农民已不再交纳农业税了，这是一个历史性的进步。国家对农村贯彻多予少取放活的方针，在涉及到农业与工业、农村与城市的关系上，国家则明确提出"工业反哺农业，城市支持农村"的政策。为了使农民的负担得到真正减轻，在农村现在进行着大量的配套改革，比如进行乡镇的合并，以努力让农民承担其各项费用的官员减少到一个合理的水平。我们可以在这样的一个背景下来考虑农村法律援助机制的构建。

1. 城市农民工的法律援助

前面已经谈到，我们应当把农民工的法律援助问题，放在农村法

律援助问题的大背景内进行考虑。如果农民工的权益得不到有效的保障，那么农民权益维护就如同水中之月，貌真而实假。在改革开放后，农民进城成为我国社会发展一个突出现象，这是农村现代转型不可能规避的。如果处理不好，农民工问题会成为我国现代化进程之痛，使物质文明的成果不能在全社会产生最大的幸福。

涉及到农民工的法律援助，我们目前面临的最大问题，是他们不能被作为合法的居民纳入法律援助机制之内。从理论上来说，我们不能否认法律援助是一个国家对它的公民应尽的道德与法律上的责任，可是在现实生活中这样的援助却异化成城市对一些弱势人员所提供的福利。既是福利，不具有某地市民资格的农民工，就会被视而不见，不能享受到这种援助。比如，《深圳经济特区法律援助办法》第九条规定，“具有深圳市常住户口或在深圳居住满一年以上的”人员，经法律援助机构审定后，可以获得法律援助。此时这项地方性法规确立一个门槛，把那些没有该市常住户口或者居住时间较短的人员排除在法律援助的大门之外，我们有理由相信，被排除的对象中大部分就是农民工。而在申请进行法律援助的时候，前述地方性法规还明确规定，申请人要持“居民身份证、户籍证明或暂住证明”，我们知道那些农民工很多时候正是没有办法或者不去办理暂住证的人员，他们固然依据现行规则有所违规，但是他们绝不应因此就被拒绝进入法律援助范围之内。与前述地方性法规相似的，还有《广东省法律援助条例》。该条例规定，“有广东省常住户口或者暂住证的”是公民能够接受法律援助的必要条件。

对这样的不合理现象，国务院于2003年制定的《法律援助条例》做了一定程度的纠正。根据该行政法规的规定，在刑事诉讼中，被指定辩护所接受法律援助的地点，在人民法院所在地。与此相类似的，比如申请人因为请求支付劳动报酬而请求法律援助，是向支付报酬义务人所在地的法律援助机构提出。这些规则告诉我们，如果农民工是法律援助的申请人，不管他们是不是某些城市的市民，甚至也不管有没有所谓的暂住证，都有权向该城市所设立的法律援助

机构请求援助。《法律援助条例》将农民工纳入到城市法律援助的既定制度中，对保护农民工的合法权益，当然具有极为明显的意义。

不过，必须指出的是，《法律援助条例》如此规定是有一定的局限性的。因为，在该条例中被确定为法律援助的事项，是较为具体，比较有限的。依该条例第十条的规定，只有下列事项才被纳入法律援助的范围之内：依法请求国家赔偿的；请求给予社会保险待遇或者最低生活保障待遇的；请求发给抚恤金、救济金的；请求给付赡养费、抚养费、扶养费的；请求支付劳动报酬的；主张因见义勇为行为产生的民事权益的。对这些事项之外的其他事项，可以由省、自治区、直辖市人民政府做出补充规定。那么由各地方政府所做出的补充规定的法律援助事项，如果仍然按照身份歧视的原则而进行制度构建，农民工所面临的不利局面，是可想而知的。

为了彻底解决这样的问题，在立法上有必须做出统一的规定，确定所谓的非歧视性原则。亦即，必须把户籍因素排除在予以法律援助的相关考虑之外，对本地人与外地人，对市民与农民，对长久居住者与短暂停留者平等视之，让他们享有平等的权利。此外，为了更好地保障申请人的利益，在法律援助机构的选择上，应当赋予申请人以选择权，让他们在申请人所在地、有关法律援助事实发生地和纠纷解决地的法律援助机构之间进行理性选择，而被申请的法律援助机构对合法提出的申请，不能拒绝受理，在符合法律规定要件时必须提供法律援助。

2. 农村地区基层法律服务人员与法律援助

众所周知，法律援助的主力军是律师这个群体。依据《律师法》的规定，律师有应法律援助机构或者人民法院的要求，提供法律援助的义务。《法律援助条例》对律师事务所与律师，也施加了类似的义务。比如该条例第六条规定，“律师应当依照律师法和本条例的规定履行法律援助义务，为受援人提供符合标准的法律服务，依法维护受援人的合法权益，接受律师协会和司法行政部门的监督”。律师

如果无正当理由拒绝接受、擅自终止法律援助案件的，则可能被司法行政部门警告、责令改正，情节严重的，该律师会受到 1 个月以上 3 个月以下停止执业的处罚。这些都说明律师是实际进行法律援助活动的主体。

必须指出的，律师的执业活动，主要是集中于城市地区，在大多数经济比较落后的不发达的农村地区，是吸引不了律师开展业务的。如果我们仅仅把希望寄托在律师身上，很可能会厚望落空，在一个以经济利益为主要努力取向的文化氛围内，我们期求主要在城市内活动的律师群体发善心呵护农民的利益，这是不是有些奢求了？与其对律师们以义诱之，我们倒不如另开蹊径，考虑一下律师之外的其他法律工作人员，把在农村生存的基层法律工作者纳入我们的视野之内。

基层法律工作者，亦称基层法律服务工作者，是律师之外接受司法行政部门管理的职业性法律服务人员。他们必须要经过资格考试或者资格的核准，在法律服务所执业，相应地获得一定的经济报酬。依照《基层法律服务所管理办法》第二条之规定，基层法律服务所主要是在农村的乡镇与城市街道所设立的法律服务性组织，如果我们把它们称为草根法律服务机构，是不足为过的。基于这些机构的草根性，它们主要面对“基层的政府机关、群众自治组织、企业事业单位、社会团体和承包经营户、个体工商户、合伙组织以及公民”提供法律服务，那么在接触的可能性上，这些基层法律服务所是更为亲近农村与农民的。司法部在《基层法律服务工作者管理办法》中，对这些人员执业资格做出界定，我们可以看到他们在资格的获得上较之于律师，是大为容易的。比如，参加统一考试的人员只要拥有高中或者中专以上学历即可，而参加全国司法统一考试的人员一般而言要拥有法律专业的本科学历。具有法学专业本科以上学历的人员，不经考试可以直接经由考核，从而获得基层法律服务人员的执业资格。我们由此可以看出在入门条件的设置上，基层法律服务人员面临的困难较之于律师为低，这样就能使一些农村的本土人员可以比较容

易地成为本土性质的法律服务人员。我们可以作一个不太恰当的比喻，如果我们把律师当做城市正规医院的医生，那么基层法律服务工作者就是散布于农村大地的赤脚医生；如果律师是牡丹，那么这些本土法律工作者就是扎根于乡土的牵牛花。

基层法律工作者与律师相比，对于农民来说最大的特点即在于亲近性。他们与农民相处近，感情更为融合，生活习惯更为相近，那么他们进行法律服务的时候，一般不会出现文化上的冲突。此外，基层法律工作者办案，更会减少一些程序上的不必要的烦琐，直接把法律送上田间地头，而且收费相对低廉。我们完全可以用基层法律工作者，把律师不欲介入的农村法律服务领域的空白予以填补。

为了更好地发挥基层法律工作者在法律援助中的作用，有必要在以下各方面着手：

(1)在法律的层面上，确立基层法律工作者的合法地位

目前，这类法律工作者的群体，只在《基层法律服务所管理办法》与《基层法律服务工作者管理办法》获得存在的合法地位，我们知道前述两件法律性文件只是司法部制定的规章，其效力远远不及行政法规或者法律。这使基层法律服务人员好像处于法律工作者的边缘地区，有一些学者将之对比于律师，认为法律工作者会与律师恶性竞争，从而怀疑他们存在的合法性。基于我国的国情，律师的人员数额较少，不足以完全办理所有的法律服务案件，另外律师收费有着偏高的普遍现象，有着越来越明显的精英化的发展趋向，所以允许草根性质的基层法律服务人员的存在，是有着现实合理性的。在一个相当长的时期内，基层法律服务人员的地位，是不可能为律师所取代的，如果在法律的层面上赋予他们以合法的地位，是极为有利于农村地区法律服务公共产品的供给，也有利于规范律师与基层法律服务者之间的关系。其实，只要规定在刑事案件处理中基层法律工作者不得充任辩护人与代理人即可，在其他任何案件中，基层法律服务者都可以受委托或者指定而介入。同样重要的是，法律应当明确地赋

予他们以充足的办案权利,比如取证权、阅卷权等。在这一点上,司法部制定的规章《基层法律服务工作者管理办法》第三十二条有所规定,“基层法律服务工作者持基层法律服务所出具的介绍信、当事人的委托书和《法律服务工作者执业证》,经有关单位或者个人同意,可以向他人调查、收集与承办法律事务有关的证据材料;可以向人民法院申请查阅有关的案卷或者庭审材料”。笔者认为,这些规章都应当上升为法律。

(2)在法律上给基层法律服务人员施加提供法律援助的义务

司法部在规定基层法律服务所与基层法律服务人员的两件规章中,没有给这些人员施加提供法律援助的义务,这是很不妥当的。与律师一样,这个群体的人员同样应当承担为农民提供法律援助的责任。任何法律从业者,不能把自己的职业当成商业性活动,其实法律服务业是一个公益性行业,公益实比私利更重。向社会尽到法律援助的责任,是法律服务业的荣誉之所在,任何从业人员都必须予以珍视的。作为社会利益代表的立法者,为法律服务行业施加一种特殊义务,使之利用自己的专门性知识为社会公益做出贡献,也是至为合理的。除了义务之施加之外,立法者还必须设定罚责,没有罚责的义务性规则设置,是没有实质意义的。

(3)应当由法律援助机构负责协调与管理

在《法律援助条例》中,法律援助机构依法行使协调的权力,它可以为律师事务所指定法律援助案件,而律师事务所是不能随意拒绝的,否则就会面对司法行政机关的处罚。对基层法律服务机构提供的法律援助来说,也应当存有类似的协调与管理机构。我们可以把基层法律服务者纳入到《法律援助条例》所设定的制度之中,由法律援助机构与司法行政部门分别行使相应的权力。《法律援助条例》没有关注到基层法律工作者的存在,与这个群体还没有正式的合法地位有关。

3. 农村法律援助领域之拓展

一般而言,法律援助好像与诉讼业务关联较多,而一些人员更是

把依法律途径维护农民利益与出庭诉讼等同起来。其实，这样的观点很是偏颇，远远不能说尽法律援助所以发挥领域的范围。我们必须对法律援助的概念持最广义的理解，不能画地为牢，把对农民的法律援助仅仅局限于诉讼之中。有纠纷，就必有法律适用的问题，就可能需要法律援助。如果农民主动地进行某项行为，比如上访要求行使罢免村委会主任的权利，虽然此时农民不会一开始就运用诉讼的方式进行权利的主张，可此时只要他们由于经济原因或者其他原因而不能委托代理人，皆可以申请法律援助。我们认为，农民法律援助的重点领域有：

(1)农村土地承包领域

在农村土地承包的有关事项中，法律援助就有用武之地。我们知道，土地是农民的重要生产资料，而土地承包经营权是农民的基本财产权益。我们说土地是农民的根本利益之所在，是丝毫不为过的。任何非法侵犯农民土地承包经营权的行为，都会在农民中造成不稳定，都是应当被严格禁止的。一些侵害农民这些基本财产权益的行为表现形式繁多，有以下各类类型：发包方违法收回农户承包地；干涉承包方依法享有的生产经营自主权；违法调整农户承包地；不落实二轮承包政策；利用职权变更、解除土地承包合同；强迫承包方流转土地承包经营权；阻碍承包方依法流转土地承包经营权；侵占承包方的土地收益；违法发包农村土地；侵害妇女依法享有的土地承包经营权；等等。在这些纠纷中，可能会涉及到行政处理程序或者当事人之间的自行和解等。我们应当明确，在这些领域，如果有需要时，农民可以向有关法律援助机构提出法律援助的请求。

(2)行政侵权领域

有关行政侵权方面，也是法律援助的重要区域。农民地位处于弱势，容易受到行政权力的侵害。我们知道，在我国依法治国的方略实施不久，在许多农村地区人治还在一定程度上存在。人治思想加之封建思想，会突破法律给执法人员权力施加的限制，从而严重侵害农民的利益。行政侵权行为的表现形式繁多，主要有超出法定职权、

滥用职权以及程序严重违法等，所涉及到的领域有计划生育、承包地调整、生产经营与乡村建设等。在此时，法律必须要为农民建立一道屏风，让他们得以在法律的庇护下得以安生。

(3)农民工权益保护领域

由于稀缺的土地不能为广大的农民提供足够的就业机会，那么在经济现代化的情况下，农民大量地向城市迁徙就成为事之必然。农民工，就是在城市工作的农民，如果他们的权益得不到有效的保障，那么农民权益维护就成为水中之月。农民工在城市就业时，处于弱者地位，一些令人震惊的农民工权益受损案件时有发生，他们应当成为重要的法律援助的对象。诸如农民工劳动安全、劳动报酬获取等有关劳动权益保障领域，都是法律援助的重点领域。

(4)刑事诉讼领域

没有人否认我国刑事诉讼的民主性与文明性在这十几年的改革中有所提高。有效地规范国家权力不至于滥用，仍然是摆在立法者与司法人员面前的重要任务。在被追诉人的范围内有大量的农民，他们必须成为农民法律援助的对象。

4. 党与国家在农村法律援助中的作用

学者们对我国法治社会的演化动力的讨论，早已得出我国法治社会发展的突出特点，那就是有着极为鲜明的政府推进的色彩，甚至是国家强制实施的色彩。① 西方国家法治社会的形成，有一个很漫长的量的积累的过程，是社会进化的结果，而非人类有意设计的成果。一些哲学家，比如哈耶克也正是把这当做西方社会制度合理性的根据之一，而反对建构主义者对理性的滥用。② 如果我们以哈耶克等人的学说为绝对真理的话，就会对我国的法治社会的建设心存绝望，因为我们是把法治社会当做一个蓝图进行想象，将其为作为我

① 汪太贤:《中国法治模式的选择——兼评一种法治观》，载《政治与法律》1998 年第 1 期。

② 宋清华:《哈耶克有限理性论的认识论基础》，载《电子科技大学学报(社科版)》2005 年第 3 期。

国努力的目标而予以追求的，这当然意味着前无古人的社会建构的活动。我们不能面对历史长河而无动于衷，法治社会的前景是光明的，公民基本权利的享有是我们要实现的目标，即使我们把社会当做一个机器来进行设计。在农村法律援助制度的构建中，也存在类似的问题，必须强化党与国家的领导作用。

中国共产党按照党总揽全局、协调各方的原则，改革和完善党的领导方式，这样可以使各种力量在一个政治平台上进行整合，这无形当中使农村法律制度的设立成本得以大大缩减。在党的领导下，有关国家机构可以，而且必须在法律援助制度的构建中，发挥不可取代的作用。在一个相当长的时间内，农民是没有自行维护自己利益的能力的。国家机关，不仅是社会的管理者，同是在目前国情的情境中，还是民之“父母”与农民之师。我们断断不可用民主与法治文化比较发达的西方国家的一些现例，来刻舟求剑从而过分地缩减行政机关在主动维护农民利益上的责任。

党和国家在下面几个领域应当发挥出强有力的领导作用：(1)制定有关农民权益保护的法律，使农民获得法律援助的权利有法可依，让这项权利成为农民的基本权利。这是农民法律援助权得到保护的先决条件。(2)建立专门的农村法律援助的机构，在财政上予以保障，并且协调公安司法机关与其他单位、社会团体对法律援助机构的工作进行配合。(3)对法律援助中出现的侵犯法律援助者及其委托人的非法行为，进行严厉的打击，给予相关人员法纪与党纪、政纪处理。(4)在意识形态上，坚持社会主义的意识形态。确立农民权益保障事关国家长治久安的思想，并让这样的思想成为全国人民的共识。

(四)本土化的农村法律援助与农村文化

我国学术界对法治的本土资源的注意，应当说主要归功于北京大学的苏力教授，他的专著《法治及其本土资源》引发了人们对高歌猛进型法律移植的警惕，也让人们对我国法治进程可资以利用的本

土资源顿感兴趣。[①] 有关本土资源的讨论，最为重要的成果可能在于提醒人们不要盲目沉醉于西方一元文化之中，从而不至于困在西方文化中心主义的泥潭中无法自拔。在思维方式上，对本土资源的重视，就是对非此即彼的二元对立思维结构的扬弃。在学术心态上，对一个国家或地区应有主体地位的正确看待，则可以让学者们不会过于自高自大，或者不会过分地自卑谦恭，地域性文化获得了主体的独立性。

在农村法律援助制度的构建中，我们也会遇到一种不正常的思维方式和学术心态，那就是忽视农村文化，忽视农村中所存在的对构建法律援助制度必不可少的本土资源。在这种思维的主宰下，农村依附于城市，是其附属品，所谓的农民，只是成为一个符号，不再是具体的有血有肉有情感的人。那些传统文化、本土习惯与当地风俗，在城市流行规则的面前，显得不可一击，十分脆弱。另外，在制度构建上，过于注重所谓的逻辑协调性，重“一”轻“多”，试图将所有的农村地区都涵盖于单一的制度之中。此时的法律援助制度，相对农村地区来说，犹如外侵的陌生物，它名义上声称带来了福利，却引来了许多跳蚤。与农村本土资源脱节的任何制度，只是书面上的善，在实践中则可能导致恶果出现。

各地区的文化风俗各异，这是一个最为基本的常识，但是不经调查，这种文化的特殊性就不能被有效地认知和充分地注意。在我国的许多地方，农村还沉浸于中国数千年传统文化的余响之中，处于所谓的“差序格局”之中。对百姓行为的评价，道德性甚于法律性，行为动机的合乎道德性在这里受到特别的强调。百姓之间的关系、重义轻利、血脉的传承更是对地方秩序的格局发挥着举足轻重的影响。这样的文化充斥着求善求稳的气息，竞争被压抑，不和谐被隐藏，每

① 苏力著:《法治及其本土资源》，中国政法大学出版社 1996 年版；刘大生:《从“本土资源”到“本土法治”——苏力本土资源理论之学术解构》，载《山东大学学报(哲学社会科学版)》2001 年第 3 期。

一位个人都被视为能为整体牺牲个人利益的人，这是典型的东方文化对农民心态造成的影响。社会秩序形成这个难题，在这里以一种比较和谐的方式获得解决。不过在有些农村地区，这种有着田园之美的文化在一定程度上已不复存在。差序格局，已转化成为了等序格局，熟人社会也变异为陌生人社会，而农村的田园也因为工商业的作用成为城市的陪衬与附属品。韦伯意义上的合理化进程，在这些地方开始出现并在一定程度上存在。

这些不同地区的农村文化，不管它是有史以来就是存在的，还是后来又因其他文化的影响发生变异的，都对农村法律援助的制度建构有着举足轻重的影响。这两种文化，其实对应着社会控制的两种不同的模式，在传统文化中社会控制方式人治色彩明显，百姓所有的希望寄托在一些圣人身上，所谓的规则不过是工具罢了，而在一个工业社会中控制社会的方式只能是法治，圣人也不能超越于法律之外，规则是制约所有权力的最高力量。因此，在一个传统文化居主要地位的农村地区，法律援助机制恐怕必须要这样设计：(1)法律援助的重点，要在于悄悄地预防与解决纠纷，而且不能公开地将矛盾激化。要照顾到当事人各方的心理感受与在当地的名誉，纠纷机制中的竞争，并不能被过多地强调。(2)法律援助的方式，不能完全依法定的程序来进行，一些非正式的途径要充分地予以利用。比如当地知名人物的私下的协调，另如党政机关的居中调解等，这些虽与法相悖，但却是能产生实际效果的措施。(3)不能让作为受害者的农民在保护自己的权益的时候，承担所有的责任，比如举证责任等。如果我们假定他们可以理性地、有力地保护自己的利益，那么我们就没有真正地认识到传统文化对农民的消极影响，传统农民在法律机制面前的被动性要被充分认识到。这些在正常的诉讼制度中，是不可想象的，所以这也彰显出“正常”诉讼程序面对传统农村文化所具备的异质性，也表明依据农村的本土文化设计法律援助机制的重要性。

由此可以看出，所谓的法律援助制度必须得从特定文化的基础上产生，这种产生是内生，而不是从外施加的。如果基础文化是传统

型的，那么进行法律援助运作时，也不能强求形式性的法治；如果基础文化已离开了传统的色彩，那么再强调国家对法律援助的强力介入，就会造成对公民自由的不必要限制。农村法律援助，可以从两个方面来理解，一个方面是农村法律援助制度的基本架构，一个方面是该制度的具体运作。那么，就法律必须规定的基本架构，应尽量缩减其范围与领域，法律规定不可过细，比如法律仅要规定法律援助的主体、范围、资金来源等。具体到如何进行法律援助的运作时，这些权力则应归诸各地方，让它们结合自己的具体情况具体为之，国家法律不予干涉。任何现实的运作有效的农村法律援助机制，最终必然是具体的，必然是本土的，也必然是与各地方文化相契的。

总之，在建设社会主义新农村的今天，如何建构农村法律援助制度，是事关和谐社会建设的重大问题，这是农民的一项社会福利，也是国家应当担当的重要义务。本部分从尽可能保障农民利益这一论证意图出发，从农村法律援助的概念之确定、农村法律援助机制合理性的论证以及该制度的构建等方面，进行了论述与说明。在我国的目前国情下，农村法律援助制度的建立，离不开国家的强力推动，而国家在确立这项制度的时候，必须要注意到各地的不同农村文化，让得以运转的机制成为本土制度，成为由农村文化内生的具体的法律援助制度。

四、农村公益诉讼若干问题

虽然“三农”问题已被提上了党和国家的重要议事日程，但是在可以预见的时间内农民仍然处于弱势地位是不争的事实。完全依靠农民自己的力量，无法完全消除针对农民的不法侵害现象，所以呵护农民利益，必然需要社会力量与政治力量的多角度介入，形成一张农民权益保护的立体之网。在这个系统性工程中，并非农民的公民与非政府组织可以发挥出不可被取代的作用，其着力点之一就是向人民法院提起公益诉讼。公益诉讼的概念如何界定，直接影响了公益

诉讼制度的构建，本部分从概念分析入手，提出与传统概念有所区别的公益诉讼定义，并以此为基础分析保护农民权益的路径。

（一）农村公益诉讼概念之界定

公益诉讼，是起始于古罗马的一种诉讼制度，与所谓的私权诉讼相对立。意大利法学家彭梵得指出，"人们称那些为维护公共利益而设置的罚金诉讼为民众诉讼，任何市民均有权提起它"。① 对公益诉讼的概念，学者们观点不一。有人认为，公益诉讼就是特定的国家机关和相关的组织和个人，根据法律的授权，对违反法律、法规，侵犯国家利益、社会利益或不特定的他人利益的行为，向法院起诉，由法院依法追究其法律责任的活动。② 有人认为，公益诉讼是指私人对危害社会公共利益的行为提起的诉讼。③ 有人认为检察官参与的行政诉讼和民事诉讼通称为"公益诉讼"，④有人认为所谓公益诉讼制度，是指特定当事人认为行政机关的行政活动侵犯公共利益，依法向人民法院提起行政诉讼的法律制度。⑤ 由此可见，人们对公益诉讼的内涵并没有取得一致的意见，就起诉人与诉讼种类的认定等方面，学者们还存有较大的分歧。

我们认为，公益诉讼这个术语，可以这样理解：产生公益之诉讼以及追求公益之诉讼，即从其性质以及目的追求这两个方面进行本质界定，从而将它从诸多诉讼案件中独立出来。诉讼之公益性，是对诉讼之于社会所产生效果的客观考察，该案件之解决在最终后果上并非单纯使涉案当事人获得私利之满足，而且能在总体上促进至少

---

① 韩志红：《公益诉讼制度：公民参加国家事务管理的新途径——从重庆綦江"彩虹桥"倒塌案说开去》，载《中国律师》1999 年第 10 期。

② 庞正：《论社会利益的法律保护》，载《长白学刊》2005 年第 1 期。

③ 王太高：《国外行政公益诉讼制度述论》，载《山西省政法管理干部学院学报》2003 年第 3 期。

④ 胡卫列：《行政诉讼中检察职能的比较研究》，载《国家检察官学院学报》1998 年第 2 期。

⑤ 解志勇：《论公益诉讼》，载《行政法学研究》2002 年第 2 期。

一部分公众的福利。这可表现在:社会之本来存在的一些有损公众利益的制度缺陷被弥补、文化弊端被警示或利益群体被规制等。此外,公益诉讼也是一种所谓的以追求公共利益为目的的行为,即诉讼之策划、运作者选择诉讼这种纠纷解决方式,根本意图并非针对某具体的私权性的纠纷,而是借向人民法院提起诉讼追求推动制度合目的性变迁的效果。在此时,诉讼为手段和工具,而介入社会博弈以求某种主观色彩性极强的社会公益,方是当事者的本愿。我们不主张从原告不具备与案件之间的法律上的利害关系,①从取消《民事诉讼法》第一百〇八条对起诉资格的限制这个角度来理解公益诉讼的本质。其实就是在美国的涉及到环境诉讼的公民诉讼案件中,也不存在绝对的"任何公民"都有权起诉的情况,美国联邦最高法院在案件中为原告的起诉也规定了诉讼资格的条件,而且在许多案件中也认定原告由于没有客观的损害存在所以没有起诉资格。在我国法律尚没有修改的情况下,仅强调原告的任意性,并由此理解公益诉讼的本质,这无异于纸上谈兵地讨论虚拟的制度。

我们以为,对公益诉讼概念的界定,应采取这种主客观相统一的方法,将运作者主观追求与客观效果并重,从而确定公益诉讼之内涵。所谓公益诉讼,即民间运作者以推动社会制度变迁为目的,向人民法院所提起诉讼,或者支持他人诉讼,该诉讼之运作,可在一定程度上促使公众对相关议题进行讨论,使社会公众之整体利益获得维护与增进。至于农村公益诉讼,不一定仅发生于农村,当事人也不一定必为农民,而应从所维护、增进社会公益的性质着手进行界定,假如该公益主要是农民、农村与农业的利益,即可将此诉讼称为农村公益诉讼。比如,某法律协会为了废止某城市对农民工用工上的歧视性政策,经策划后鼓励并支持某农民工向人民法院提起诉讼,该诉讼

① 有些学者即是从原告并非利害关系的角度理解公益诉讼,从而为检察机关介入所谓的公益诉讼创造条件,见李喜春:《检察机关参与公益诉讼的法理思考》,载《中国律师》2006 年第 3 期。

即为我们所指的农村公益诉讼。农村公益诉讼，有如下特点：

首先，公益诉讼的提起，必须是以公益的维护与增进为目的，仅为私利之获得而进行的诉讼，不在我们的讨论范围之内。但是，在现今法律制度下，原告本人要与案件有着直接的利害关系，他本人不一定要有谋求公益的动机，重要的是在公益诉讼案件中，要有一些与案件争议无关的民间人员来介入，并且是以对原告的支持来实现自己的介入社会以求制度改变的目的。在我国现阶段，无论在民事诉讼还是在行政诉讼中，对诉讼原告资格的设定，都是有严格的限制的。如果强求公益诉讼的原告与案件之争议有直接的利害关系，这其实在相当大的程度上取消了公益诉讼现实运作的可能性。

其次，介入公益诉讼以求社会公益的人员或群体，必须是一般公民或者非政府组织的人员，不能是诸如检察官等行使国家权力的官员。有些学者，对检察机关提起的公益诉讼进行了研究，认为这是维护公益的灵丹妙药，检察职权的特性使其成为公益诉讼的最佳参与主体。① 我们认为，检察机关进行的任何行为，都是在承担法律对其施加的义务，如果具有一定的公益性，也是事之当然，照这些学者的思维方式，我们甚至可以把任何检察机关参与的刑事诉讼都称为公益诉讼，不过这种界定方式失之于过宽，没有任何的意义。这种界定反而会让公益诉讼这一术语被架空，失去应有的积极意义。公益诉讼范围的界定，也是对公益诉讼内涵的主观设定，应当有意识地凝聚一些理论的精华，从而发挥出该理论的规范作用来。我们认为，公益诉讼，是以国家与市民社会相分离的理论为基石，不仅能彰显出公益诉讼参与人作为公民对公共政策制定所可能发挥出的影响力，还可以在一定程度上反映出“社会统治”到“社会治理”变迁的合理性。基于对这种理论规范力量的认可与期望，应当把所有行使国家公权力的主体排除于提起公益诉讼的人员范围之外。

---

① 陈桂明：《检察机关应当介入公益诉讼案件》，载《人民检察》2007 年第 7 期；李喜春：《检察机关参与公益诉讼的法理思考》，载《中国律师》2006 年第 3 期。

（二）农村公益诉讼之价值

农村公益诉讼的价值，在于公益诉讼本身所能满足某些主体之需求。必须指出，该诉讼虽以维护、增进“三农”公益为主，但并非仅仅以其为受益者。公益诉讼是农民利益维护、我国社会管治制度整体变迁与知识分子价值实现等诸多系统的交叉点，因此应从多角度多方面来分析农村公益诉讼之价值。

1. 社会和谐：价值之一

和谐是人类自古以来持续执著追求的根本价值，和谐不仅意味着人际、群际关系的温和轻柔、摒弃暴力，还意味着各得其所，允许任何人群及个体享有与其主体地位相匹配的尊严、独立与自由。一个和谐的社会，是“和而不同”的社会，同样也是人道主义不断取得胜利的社会。有人认为，今天我们重提“建设和谐社会”和建构“和谐世界”的新国际秩序，乃是时代赋予中华民族的新的时代课题。用“和谐世界观”替代“革命世界观”在理论上就显得十分必要，因为革命就意味着鼓励造反，就要鼓励被统治阶级去推翻现行统治。①社会和谐作为一种理想，如上所述，具有实质的具体内容，如果被当做社会秩序合理性判断的标准的话，会借由强大的道义力量彰显出非凡的社会批判与社会建构的力量。任何导致人际、群际关系暴力化、僵硬化与隔膜化的社会制度，任何取消社会参与者主体地位的制度，都会因此被宣布死刑。农村公益诉讼制度也不例外。

农村公益诉讼有着自己特殊的作用，它正是针对某一个具体的案件入手，试图解开一个一个具体的制度纽扣，通过对细小问题的反复辩论，从而在社会上使一定的基本共识得以形成。这种方式是以讨论来形成制度变迁的共识的平和方式，也是一种渐进的改良方式，结果是使社会从内部进行缓步的结构性调整。农村公益诉讼，与其说是通过人民法院解决当事人间的具体纠纷，倒不如说是制造话题

---

① 陈开先：《和谐社会与礼治文明》，载《现代哲学》2007年第1期。

供社会公众讨论，正是在讨论中民众被启蒙，一些合理知识为民众所接纳。这正是制度能稳定变迁的关键之处。

2. 知识分子干预社会的新途径：价值之二

知识分子这个词最早出现在19世纪60年代的俄国。一般认为，所谓的知识分子不仅要具备一定的知识，关注社会问题，负有社会正义的责任，同时要游离于正统的体制以外，扮演社会批判的角色。① 知识分子对社会和谐秩序的形成，负有特殊的责任。对知识分子应具备的素质而言，有人认为："概括来看，大约有三：一、他应当是价值的维护者；二、他应当是社会的批判者；三、他应当是道德的示范者"。② 中国传统知识分子，素有治国平天下之志，他们的志趣固然一方面可借由参与政治而被实现，但更多数量的知识分子在公共领域通过设置讨论议题与参与讨论来实现个人的意图。随着我国社会变迁的进展，与国家相对应的市民社会也在不断地形成，与其相对应公共讨论领域也从无到有逐步浮出水面。可以肯定的是，知识分子在后一领域里干预社会将更加成为常态。

知识分子应当干预社会，并参与到社会制度变迁的博弈中去吗？这涉及到知识分子社会功能之定位。任何社会群体，比如资本家、农民等，都有自己特殊的利益需求，从直接感性的"利益感触"到抽象的"权利诉求"，是一个需要智识进行认识与归纳的过程，否则该利益不能被正确地认定，也不能理性地向社会提出，更不能向社会其他人员进行权利诉求的正当性的论证。利益之认定、提出及论证必须要排除暴力，以理性讨论为基础，这项工作关系到社会之和谐，可以由知识分子来担当。从一定程度上来说，利益的认定、代表与表达机制，离开了知识分子就不能有效运转，这些都说明了知识分子干预社会的必要性。

---

① 任辉：《知识的属性与知识分子的功能论略》，载《长春工业大学学报（社会科学版）》2006年第6期。

② 陈占彪：《论知识分子的三种素质》，载《烟台大学学报（哲学社会科学版）》2007年第1期。

有学者认为公益诉讼是所谓的院外游说,“院外游说是为人们广泛接受的向代议机关和政府施压的正当行为和途径,是自由民主政体的基本组成部分。……通过法院施压正日益成为流行方式。而向法院施加压力的方式正是公益诉讼。公益诉讼正是运用法律和法律技术来实现广泛集体目标的工具,公益诉讼则为人们提供了便利和恰当的施压途径和方式”。① 农村公益诉讼,正是知识分子通过院外游说以介入社会的着力点之一。在诉讼中,农民的利益被具体地表现于起诉书的诉讼请求中,而且由知识分子于法庭内外向社会进行宣示与论证。原本具有冲突性的利益之争,被转化成为了特定的法律问题争议由职业法律人进行解决,而这种法律人的活动则是程序性的、理性的与可控的。知识分子期望的并不仅在于推动法官作出一纸裁判文书,更在于向民众推介特定的智识,用这种浸润着公平与正义的智识影响公众,最后实现法律制度的立、改、废。特别值得注意的,《中华人民共和国民事诉讼法》(修改建议稿)中指出,“任何人对公益诉讼案件的处理都可以提出材料及意见,人民法院不得拒绝”。这意味着非案件当事人可以通过“法庭之友”制度向法庭提供与案件相关的背景信息、不为法院所知的案件事实或法律适用意见。② 知识分子也可以利用这个途径介入到公益诉讼中去。

3. 从社会统治到社会治理的有效方式:价值之三

前面已多次提到,公益诉讼如同一个讲堂,在这里法官成为所谓的讨论的主持者,而参与讨论的人员远远不只是当事人双方,还包括社会上任何对此话题感兴趣的人员。在这个讲堂里,没有以权压人的强制服从,也没有公民以求自利的考量,所有的只是相互的理由阐发与理性辩论,是智识与智识的交流。法院如果作出的裁判可以发挥出社会政策的制定作用固然很好,如果这个机构暂时不能起到这

---

① 张艳蕊:《公益诉讼的本质及其理论基础》,载《行政法学研究》2006 年第 3 期。

② 张小燕:《“法庭之友”与公益诉讼》,载《黑龙江省政法管理干部学院学报》2006 年第 4 期。

种效果也无妨，因为在公益诉讼的框架下，第一位要被追求的目标是民众被启蒙，只要民众被公益诉讼提起者说服，那么一切的问题都不难解决了。公益诉讼的主要价值，在于宣传民主、自由乃至法治等理念，在于影响民众的大脑。民众一旦掌握这些理念，那么这个社会的正义标准就会被重新书写，价值就会被重新设定，这是制度变迁的动力，也是社会新陈代谢的起始。我们由此可以看到，社会秩序的形成在这里有着自己的特点，没有暴力没有强制，只有说服只有智识。这样的社会管制方式，在一定程度上体现出社会治理的色彩来。这正如张艳蕊所讲的，通过（公益）诉讼，法院正日益成为公民参与的重要场所。诉讼不再专门被视为基于公认的规则维护个体权利要求的一种方法，而逐渐成为公民和团体可能借以参与决定的一种工具和途径。通过公益诉讼这一渠道，法律舞台成了一种特殊的政治论坛，法律参与具有了政治的一面。法律参与增进了法律秩序，扩增了民主价值。①

社会统治与社会治理是截然不同的两种社会秩序形成与维护方式。“社会治理思潮是西方国家为谋求解决当今时代所面临的多重严重的政府危机而兴起的一种公共行政改革思潮。它探寻建立和发展新的公共责任机制，由政府与市场、公民社会协同管理公共事务，以调节各种利益矛盾，化解各种社会危机，提高社会管理的效率与质量”。② 统治有一种“命令—服从”的特性，具备以权力施加为主要特质的单向结构，而社会治理则将政治权力在一定程度上予以分散，让被管理者也成为管理者中的一员，从而令金字塔似的权力结构扁平化。“治理理论者在多中心主张的基础上，提出作为社会控制体系的治理，应该在政府与民间、公共部门与私人部门之间建立积极、

① 张艳蕊：《公益诉讼的本质及其理论基础》，载《行政法学研究》2006 年第 3 期。

② 关学增：《当代西方国家的社会治理思潮》，载《河南师范大学学报（哲学社会科学版）》2006 年第 7 期。

有效的合作”。① “良好的社会治理通过维护和促进个人之间、团体之间的有效合作与合理竞争，满足人们的正当需要，实现公共利益的最大化”。② 这样，社会秩序的维护，也从暴力强制向理性说服转化，与此相对应的是，公民这个概念的内涵也前所未有地被丰富，传统意义上的国家、权力与政治等概念都会被重新改写。这种转变，是人类文明进化的一个伟大成果，会使公民对社会政策制定的参与程度获得扩大，也有助于社会秩序的良性形成与维护。当然，从社会统治到社会治理的过渡，是一个漫长的过程，需要多方面的力量共同作用于政治领域。公益诉讼，正是这样的一条渠道，可以让民间力量介入到公共政策的形成领域发挥作用。它与其他力量相联合，共同引导民众逐步改变对政治的传统定义，使民主这一概念所内涵的“人民主体”的理念真正焕发出青春。

（三）农村公益诉讼制度的构建

农村公益诉讼这个制度，在很大程度上还仅停留在学者们书面设计的层面上。我们尽力将公益诉讼的理念与现实法律相结合，寻找一条有一定现实操作可能性的方式，如果我们不希望公益诉讼只是一种茶杯里的风暴，就要分析研究现行法律制度给公益诉讼提供的存在空间。

1. 公益诉讼的原告

有人认为，可将我国的公益诉讼分为三类：一是机关之诉，二是团体之诉，三是民众之诉。③ 这种观点其实提到了几类原告，前已述及将检察机关提起的民事诉讼排除于公益诉讼的范围，现在只分析由私权主体作为原告的情形。传统诉讼的原告，有着比较严格的条

---

① 关学增：《当代西方国家的社会治理思潮》，载《河南师范大学学报（哲学社会科学版）》2006 年第 7 期。

② 笪素林：《社会治理与公共精神》，载《南京社会科学》2006 年第 9 期。

③ 廖深基：《试论中国特色公益诉讼制度的构建》，载《福建师范大学学报（哲学社会科学版）》2004 年第 6 期。

件限制，他们只能是与案件有着法律上的利害关系。比如《民事诉讼法》第一百〇八条就这样设定了原告的资格条件。那些力图通过诉讼而实现公益的人们，如果不符合此法条的规定，是不可能被接纳为原告的，也不可能成为民事案件之当事人在法庭上一显身手。在行政诉讼中，也是如此，这与人民法院受理行政诉讼案件的范围有着极为密切的关系。虽然我国行政诉讼案件的法院受理范围呈日益扩大的趋势，但是也是在“利害”关系这条实质标准的附近而摆动，远远没有达到让与具体行政行为没有任何关联的人员作为原告来对此行为提出异议的宽泛程度。① 面对这样的情况，有些学者就提出公益诉讼的概念，其用意之一就是建构一种新的诉讼制度，来规避刚才讲到的难题。在他们的设想中，那些主观上具有代表公益意图的个人与组织，比如一般的社会团体与公民，可以拥有权利起诉，让法院从而有可能对那些没有明显、明确被害人的违法行为进行规制。② 这种设想，就是完全在现行普通诉讼的框架外另设一套诉讼形式，这就在法院受理、诉讼费用的分配、诉讼运作程序等方面提出全新的课题。

支持这种制度设计方案的学者，往往从美国公民诉讼制度中寻找依据。其实，在美国公民诉讼中，联邦最高法院设定了诉讼资格这种限制条件。在公民诉讼中，原告为了确立其法律资格，必须满足四个条件，联邦最高法院认为原告有责任证明所有这些条件。第一，原告必须有实际的损害。它应当是具体、详细、客观与紧迫的，不能仅仅是推测性或者假设性的损害，比如原告声称自己以后不能重返原地，再看到野生生命，这样的损害就不是客观的或者紧迫的损害。法院正在逐渐放宽在这方面的要求，比如美国联邦第九巡回区上诉法院认为，一个环境保护团体声称自己的成员在美学与休闲方面的利益被侵害，这即是支持其根据水资源清洁法提出诉讼的充分损害。

---

① 郭英华：《试论环境公益诉讼适格原告》，载《河北法学》2005 年第 4 期。

② 高晓楼：《论公益诉讼原告的多元化》，载《山西省政法管理干部学院学报》2006 年第 2 期。

联邦最高法院也有类似的观点。① 第二,在原告的损害与被告的行为间必须有可探究的相当程度的因果关系。损害不是其他未被列为被告的第三人的独立行为所致。对这种因果关系的证明,不需要达到科学意义上的确定性,不只一家巡回区上诉法院指出,“间接证据,比如与污染源相接近、对排污影响的预测与过去发生的污染,可以证明伤害与因果关系的存在”。第三,在法院支持原告的情况下,必须有做出损害补救的可能。这种可能并非纯粹的推测性可能。前三项条件是从美国联邦宪法第三条关于“案件与争议”条款中演化出来的宪法性要求。第四,原告必须满足谨慎性的要求,其损害必须在法律所保护的利益范围以内。② 在环境案件中,因为有关伤害经常是抽象的,不容易被量化,所以这种障碍对原告而言特别意味着是一种负担。可见,在美国并不存在随便的任何公民都可以代表公益对某些特定案件予以起诉的制度。

此外,原告是“非利害关系人”的设想会让人们提出质疑:原告真的可以有资格来代表公益吗?谁来对这一点进行审查?这个问题的提出,其实是建立在公共利益内部存有分化乃至对立的基础之上的。简而言之,公共利益这个概念表面上有着形式上的统一性,但是其表现形式复杂多样,它至少受到时间、空间和所涉及到的人群的影响,也受到人们评价标准的制约。公共利益,不仅在客观上在不同人群中存有对立,而且也有着鲜明的主观性,即使在同一人群中也有相对立的对公共利益的认识,它们甚至都能通过正义的审查。在一起具体的公益诉讼案件中,如果仅由原告声称可以代表公益,人民法院就直接予以接受,这好像对其他人群有些不公正,至少其他民众并没有给予机会提出异议,这在公共利益的认定与代表程序上是存有不

---

① Pauker, Ninth Circuit Follows Laidlaw By Keeping the Door Open to Environmental Citizen Suits, *Ecology Law Quarterly* 2002(2), p. 438.

② Crossman, Resurrecting Environmental Justice: Enforcement of EPA's Disparate Impact Regulations Through Clean Air Act Citizen Suits, Boston College Environmental Affairs, *Law Review* 2005(3), pp. 599 – 642.

当之处的。

我们认为，要解决这些问题，可以采取如下方式：首先，将原告与公益诉讼的策划者、运作者相分离，让公益诉讼的策划者与运作者成为原告的支持者。当然，我们不排除公益诉讼的策划者与运作本身就是原告的情况。其次，公益诉讼的运作，不仅包括诉讼本身，还应包括诉讼之外的公共领域讨论，甚至后者还是更为主要的。现对此简要进行解释：

首先，这里所说的原告，就是在现行法律体系下的当事人。他在诉讼案件中追求自己的个人利益。不过，由于案件有着特殊性，某些案件之外的公民或者组织认为可以通过支持原告的诉讼，来达到维护公益的目的。甚至案件的提起，也是在经过策划后由他们主动说服原告向人民法院来起诉的。在诉讼中，这些案件人可依法被委托为诉讼代理人参与诉讼，此时的公益追求者隐藏在原告的身后，发挥着策划、支持与运作的作用。当然在诉讼中，原告为当事人，而公益追求者一定要尊重原告的意愿。这在无形当中出现公益追求者被制约的局面。值得强调的是，我们当然不排除公益追求者与原告合二为一的情况。

其次，我们所说的公益诉讼，法庭上的争论只是其中一个阶段，因为将诉讼公之于大众，直接诉诸人民才是公益诉讼发挥出影响作用的关键手段。在实践中，有些原告也是认可并利用一般人认为的“炒作”的手段。① 法庭上的争辩，必须要引申到公共政策的讨论空间，通过诸多媒体由民众进行理性的交流。如果把法庭审理当做唯一的场合，那么就会造成公益利益认定的垄断性，使其他人群因此利益受损；此外也会由于人民法院受限的法律地位，难以使公共政策得以形成或者改变。所以，不论出于何种考虑，法庭之内的论争必须推介到法庭之外，由民众发表意见才是公益诉讼的重点所在。在公共讨论中，如果有公民对公共利益的认定表达出异议，这完全可能影响

① 吴晓梅、胡梅娟：《“进沪费”催生公益诉讼》，载《瞭望》2006 年第 6 期。

其他人员的见解，使利益平衡在政策制定中成为可能。甚至这些持异议者完全可能策划、提起并支持相似的诉讼来表达自己意见。

2. 人民法院

我们现在提到人民法院，就必须在现行政治体制当中来说明人民法院在公益诉讼中所可能发挥出的作用。如果我们不分国家与政治体制，将世界范围内的法院都等同一律，这是不妥当的。名义上的同一个概念，在不同的政治语境中，其意味有着极大的不同，至于法院的职能与政治作用，更是如此。在英美法系国家的政治及社会秩序的形成中，法官发挥着举足轻重的作用。他们可以主动地创制规则，来调控社会的利益分配，从而在很大程度上行使其他国家立法者的权力，这即是常说的法官造法的现象。法官造法，说明法官可以对宏观的制度建构进行思考，有权力在这一领域影响乃至主宰一些制度的变迁。我们就不能单纯地说这时的法官，仅仅是具体案件的单纯的纠纷处理者了。

不过，在大陆法系国家，法官的职能发挥是另外一个样子。他们一般只是被作为法律的适用者，法官的角色仅仅是将立法者创制的法律与具体案件相结合，最后依照逻辑推理的规则，得出案件处理的结论。裁判的来源只有一个，即法律审判者没有在此之外独立创制规则的自由。法官没有太大的权力，同时社会对其角色期待也是另外一个样子，没有人愿意看到法官对案件之外的事情指手画脚，可能一些政治人物更是持这样的看法。社会统治的事情，由政治人物透过立法、行政以及政党进行考虑，在这些国家的政治哲学中，法官与一般的行政机关的公务员或许没有太大的区别。我国的情况，也是如此。不过，更需要注意的是，在我国地方各级人民法院在各方面受地方党委的领导，并且在人事编制与财政供给等方面受制于行政机关。

如果人民法院的裁判只能在具体案件中发挥影响力，那么法院或者会对案件所涉的制度性问题顾左右而言他，予以回避，或者勉强做出了处理但是只能停留在书面上，而没有任何现实的意义。有人

认为，法院通过拒绝把激烈对立的价值争议引入审判，限制了公民和团体对司法过程的参加或同司法的接触，并抑制了关于审判信息自由流动，所造成的后果恰恰是对参与的某种抵制，司法具有“游离于一般民众的倾向”。① 我们不能期望法院在公益诉讼中会对制度变迁起到什么样关键的作用，这样的预期在很大程度上决定了我们对公益诉讼概念的界定和运作方式的设计。也就是，我们摒弃那种将“诉讼”作为公益诉讼全部行为的思维方式，而是仅仅将诉讼作为追求公益目的的一种手段，仅仅将它当做公益诉讼流程中的一个环节。我们所讲的公益诉讼，重点在于通过诉讼提醒民众的注意，给民众设定一个可以讨论的议题。在这样的公益诉讼制度中，媒体或许比法院更为重要。

3. 费用承担

在美国公民诉讼中，为了鼓励公民在有严重经济压力的情况下提起诉讼，水资源清洁法规定法院在作出最终命令的时候，只要认为适当，可以判给胜诉方或者实质胜诉方诉讼费用，包括合理的律师费和专家证人费。② 为了避免律师费的判决引发公民滥用提起诉讼的权利，立法历史表明如果诉讼是琐碎的，或者侵扰性的，那么法院将判给胜诉的被告以诉讼费用。所以，这个有关诉讼费用判决的条款不仅鼓励公民提起有益诉讼，而且还对提起侵扰性或者琐碎案件的原告予以处罚。在我国，有的学者认为应当对公益诉讼的诉讼费用制度进行构建，以便与一般的诉讼案件的处理方式有所区别，这样能够鼓励公益诉讼的提起与进行。比如，他们认为应当对公益诉讼的诉讼费予以减免，或者由被告方尽力承担，等等。这样处理方式，是建立在纯粹公益诉讼制度为立法者所接纳的基础之上，前文讲到的两个因素，一个是原告资格的受限性，一个是人民法院的职能受限

① 张艳蕊：《公益诉讼的本质及其理论基础》，载《行政法学研究》2006 年第 3 期。

② 33U. S. C. § 1365(d)(2000)。

性，都决定了纯之又纯的公益诉讼是难以在现阶段被广泛接受的，而以普通诉讼案件为手段的公益诉讼模式，才是现实的选择。在这样的情况下，公益诉讼的费用承担，不必另外创立特殊的规则，只要依照普通诉讼的现行规则执行就可以了，其实现行诉讼费用的分担规则已足以保障胜诉者的利益了，同时也可对没有事实根据就提起“公益诉讼”的公民以一定的制约。

我们认为，解决公益诉讼费用的渠道，并不是在诉讼制度之内。因为不能把公益诉讼与普通诉讼截然地区别开来，最为有效的方式是从诉讼制度之外的方面着手来吸纳资金。支持公益诉讼的主体，有时是非营利性组织，比如基金会、协会或者其他非营利性的组织。这些非营利组织的成立，就是为了实现其成员一定的社会目的的，并且拥有自己可供展开理念推介的财产。它们可以接受社会的捐赠以及通过成员交纳会费的形式来获得资金。在公益诉讼制度中，这些资金就可以转而实现对原告诉讼的支持，从而间接地让资金的原持有人的价值观得以体现。为了更好地吸纳公益诉讼资金，首先要积极地创立以维护农村、农民与农业利益为目的的非政府组织，至少在法律的层面上不能为这些机构增加障碍。其次要在立法上规范与鼓励公民对这些非政府组织的捐赠，比如规定捐赠的金钱可以在计算纳税金额前扣除等。在我国，目前还缺少捐赠文化，以公益为目的的非政府组织的创立与运作，都存在资金上的困难，这其实也是公民未被有效说服的结果。公民被说服与非政府组织的成立乃至公益诉讼的进行，都是互为因果的，在经过一段时间后，这些环节应当能够步入一个良性的循环。

总之，为了维护农民的根本利益，使那些没有能力诉讼的当事人可以通过法律的途径来得到利益的保障，公益诉讼制度应运而生地映入人们的眼帘。其实更为重要的，公益诉讼往往只是一些有心公益的民众实现自己愿望的一个平台，他们通过直接起诉或者支持原告提起诉讼，这样可以把自己的声音传给社会上的所有民众，并引发民众思考与辩论。公益诉讼制度的存在，可以促进农民在一个民主

社会的主体地位，使我们这个社会更为和谐。在公益诉讼中，追求公益而介入诉讼的人员，主体是知识分子，这样的诉讼其实可以看做他们对社会治理的参与。公益诉讼这种纠纷解决方式不存在自上而下的命令性行为，所有的不协调在讨论与说服中得到解决，并且民众在此中发挥着重要的作用。

公益诉讼力求实现的目的，并不在于一个具体诉讼中由人民法院作出什么样的裁判，而是在于启蒙民众，推进制度的合理化变迁。在目前的法律体制下，由于人民法院受案范围的限制，也由于当事人条件的设置，公益诉讼的策划者与运作者，一般情况下只能通过支持原告及其代理人的方式介入诉讼。当然，这并不排除在符合法律规定的情况下，公益诉讼的追求者本身作为原告来提起诉讼。人民法院基于其受限的社会政策制定的功能，也不能在诉讼之中对制度变迁发挥什么样重大的作用，所以公益诉讼不满足于诉讼之中的行为，而必须把重点放在将议题诉诸民众，通过各种媒介一起加强公益诉讼的影响力。由此可见，公益诉讼制度仅仅将诉讼作为其中的一个环节，诉讼远远不是公益诉讼的全部，我们不可把公益诉讼仅仅理解成诉讼法意义上的案件处理。

后 记

本专著是我主持的安徽省哲学社会科学规划办的课题《农村法制建设中的理论与实践问题研究》(项目批准号:AHSK03-04D38)的最终成果。

项目被批准立项后,课题组成员在原有的研究基础和调研之后充分讨论了课题应研究的主要内容和写作提纲。这本专著是根据我最终确定的写作提纲分工写作形成了专著初稿并经两次修改,最后由我统稿而成。

本专著由下列同志执笔完成:专题一:欧阳仁根、赵新龙、石旭斋;专题二:李勇军;专题三、专题五:赵新龙;专题四:朱晓喆;专题六:陈岷;专题七:邱平荣;专题八:蒋鹏飞。

需要指出的是,我同时还主持了国家自然科学基金项目《农村社会保障法律制度及相关政策研究》(已经结项)和教育部人文社会科学研究项目《合作经济法律制度理论与实践研究》(即将完成)。由于本课题涉及的范围和需要研究的问题点比较多,在一本著作中难以完全容纳下相关内容。因此,对本应纳入本课题研究中的《农村社会保障法律制度研究》以及《合作经济法律制度研究》的研究成果没有纳入本著作中,将另行组织出版。即使是农村经济法制建设领域仍然还有农村金融法律制度、农村财税制度等需要继续研究的重大法律问题,这正说明我们的研究并未终结,还将继续深入。

本专著的出版得到了安徽财经大学专著出版基金资助,特此感谢!同时,还要衷心感谢人民出版社的有关领导和吴炤东编辑的热情支持与辛勤工作!

欧阳仁根

2007 年 7 月 5 日

策划编辑:吴炤东
责任编辑:万 琪 吴炤东
装帧设计:肖 辉

图书在版编目(CIP)数据

中国农村经济法制建设理论与实践研究/欧阳仁根等 著.
-北京:人民出版社,2007.10(2008.6 重印)
ISBN 978-7-01-006463-5

Ⅰ.中… Ⅱ欧… Ⅲ.农村-经济-法制-研究-中国
Ⅳ.D922.44

中国版本图书馆 CIP 数据核字(2007)第 133380 号

中国农村经济法制建设理论与实践研究

ZHONGGUO NONGCUN JINGJI FAZHI JIANSHE LILUN YU SHIJIAN YANJIU

欧阳仁根等 著

人民出版社 出版发行
(100706 北京朝阳门内大街 166 号)

北京龙之冉印务有限公司印刷 新华书店经销

2007 年 10 月第 1 版 2008 年 6 月北京第 2 次印刷
开本:880 毫米×1230 毫米 1/32 印张:15
字数:400 千字 印数:4,001-7,000 册

ISBN 978-7-01-006463-5 定价:32.00 元

邮购地址 100706 北京朝阳门内大街 166 号
人民东方图书销售中心 电话 (010)65250042 65289539